지아쌤의
교육학개론
테마별 기출뽀개기

교육행정직
시험대비

머리말
PREFACE

기출 경향 및 학습 방향

2021년도까지 교육행정직을 준비하는 수험생들은 교육학개론이 행정법총론, 행정학개론, 사회, 과학, 수학과 함께 선택과목이었기 때문에 교육학개론이 아닌 다른 과목을 선택해서 시험을 볼 수 있었다. 이는 과거에 특성화고를 졸업한 학생들도 공무원 시험에 부담 없이 도전할 수 있어야 한다는 사회적 또는 의사결정자들의 요구에서 비롯되었다고 볼 수 있다. 그러다가 2022년부터 교육행정직을 포함한 공무원 시험이 해당 직무의 전문성을 평가할 수 있어야 한다는 사회적 합의가 형성됨에 따라 행정법총론과 함께 교육학개론이 필수과목이 되었다. 그러므로 이러한 변화의 이면에는 교육학개론이 단지 선택과목에서 필수과목으로 바뀌었고 그로 인해 과목으로서의 중요성이 커졌다는 것 이상의 의미가 존재한다. 즉, 이러한 변화를 가져온 사회적 요구에 주목해야 한다. 교육행정직의 전문성을 확보해야 한다는 사회적 합의에서 이러한 변화가 시작된 것이라면 장기적으로 시험문제 역시 이러한 전문성을 담아낼 수 있는 형태로 나아갈 것이기 때문이다.

이와 관련해서 2022년 교육청 시험 총평에서 지적했던 바는 다음과 같다.

"2022년 9급 시도교육청 지방공무원 교육학개론은 선택과목에서 필수과목으로 전환된 첫해인 만큼 국가직 공무원 교육학개론 시험과 마찬가지로 기본적인 개념들 안에서 비교적 어렵지 않게 출제되었다. 이는 교육학개론이 필수과목이 된 이후로 오히려 합격의 당락을 결정짓는 과목으로 부상하는 것에 대한 부담감에서 비롯되었다고 생각한다. 즉, 기본적인 개념을 알고 있는 수험생들의 경우에는 쉽게 풀 수 있었던 문제들이 대거 출제되었다. 전에는 선택과목간에 형평성 문제로 인해 교육학개론의 난이도를 다른 선택과목들과 맞추려 했을 가능성이 크고 그 과정에서 문제가 어려워질 여지가 있었다고 생각한다. 교육학개론이 필수로 전환되면서 시험이 조금 더 어려워지지 않겠냐는 의견들이 다수였으나 오히려 자주 출제되지 않았던 범위보다는 중요한 기본 개념 위주로 다만 단순한 지식을 암기하는 수준에서가 아닌 각각의 내용을 전체적인 개념 안에서 비교하고 분석할 수 있는 능력을 요하는 문제들로 출제되었다. 이를 통해 출제범위는 기존 기출의 범위를 크게 벗어나지 않았으나 문제의 수준은 더 깊어졌다고 볼 수 있다."

(2022년 시도교육청 교육학개론 총평 중에서)

위에서 분석한대로 2022년도에 교육학개론이 합격의 당락을 결정짓는 과목으로 부상하는 것에 대한 부담감으로 전반적으로 기출문제 범위 안에서 비교적 쉽게 출제되었다면, 2023년에는 국가직과 지방직에서 조금 다른 양상을 보이면서 아래와 같이 출제가 되었다.

"2023년 9급 국가직 교육학개론의 가장 큰 특징은 그동안 상당수의 문제가 기출문제와 비슷하게 출제되던 것과는 다르게 기출문제를 그대로 재현하고 있는 문제들의 비중이 적었다는 점이다. 이를 통해 기출문제를 통해 공부할 때 기출문제 자체보다는 관련 개념들에 대한 전반적인 내용정리가 함께 이루어져야 할 것으로 보인다. 난이도에 있어서는 작년과 마찬가지로 기본적인 개념들 내에서 전반적으로 쉽게 출제되었다.

(2023년 국가직 교육학개론 총평 중)

2023년 국가직 시험이 기출문제를 그대로 재현하던 기존의 관행에서 벗어났음에도 비교적 쉬운 문제들이 출제되었다면 2023 교육청 문제는 아래와 같이 조금 다른 형태로 출제가 되었다.

"지난번 국가직 교육학개론 총평에서 교육학이 필수과목이 된 지 올해로 2년 차로 접어들면서 보여지는 양상으로 첫째, 전반적으로 평이한 수준의 난이도로 까다로운 문제가 덜 출제되고 있다고 분석하였는데, 향후 추이를 좀 더 분석해보아야 하겠으나 이번 시도교육청 시험을 통해 국어, 영어, 한국사 등의 공통과목에 비해 전공과목인 교육학개론 시험의 난이도가 높아진 것을 알 수 있다. 이것이 전체 교육학개론

머리말
PREFACE

시험의 추세로 나타날 것인지 아니면 시도교육청 시험의 특징이 될지는 좀 더 두고 봐야 하겠지만 분명한 것은 과거의 시험처럼 기출문제가 그대로 재현될 가능성은 적어졌다는 것이다".

(2023년 시도교육청 교육학개론 총평 중에서)

위와 같이 2022년에 교육학개론이 필수과목이 된 이후에 2년에 걸쳐 출제경향과 난이도에 있어 변화가 있었다. 2022년보다 2023년이, 2023년에서도 국가직보다 지방직이 다소 까다롭게 출제된 측면이 있다. 2023년 시험의 가장 큰 변화는 앞에서 살펴본 대로 기출문제를 그대로 재현하지 않았다는 점이다. 그러면서 처음 나온 문제들의 경우에 교육학적인 베이스를 지니고 있었다면 크게 어렵지 않게 풀 수 있었을 문제가 대거 출제됨으로써 교육학개론이 더는 암기과목이 아닌 이해를 요하는 과목으로 출제경향이 바뀌고 있음을 알 수 있다. 이러한 변화된 출제 경향에 맞춘 수험생들의 향후 전략은 다음과 같다.

첫째, 교육학 내에 하위 영역들을 공부하는 데 있어서 관련 내용을 유기적으로 연결해서 이해하고 전반적인 구조와 핵심적인 키워드를 중심으로 효율적으로 공부할 필요가 있다. 둘째, 다양한 영역에서 새롭게 문제들이 출제되고 있어서 이를 위해서는 기본서를 공부할 때 단순한 암기하기보다는 이해가 선행된 상태에서 즉, 교육학적인 베이스를 갖추는 것이 중요하다. 특히 교육학을 전공하지 않은 초심자들의 경우에는 이론에 대한 암기보다는 이해 위주로 공부하기를 추천하며 가능하면 기본서의 구성이 개조식보다는 서술식으로 풀어쓴 교재를 가지고 전체 교육학 내용을 이해하려고 하는 노력이 필요할 것으로 보인다. 그리고 그렇게 교육학적인 베이스가 갖춰진다면 기출로 나온 적이 없는 문제를 보게 되더라도 추론을 통해 정답을 고를 수 있을 것으로 생각한다. 지금까지 살펴본 내용들은 교육행정직의 전문성과도 관련된 부분으로 단순히 지식을 기억하는 것 이상으로 교육학적인 베이스를 지니고 있어야 풀 수 있는 문제들이 대거 출제되고 있음을 나타내는 것이다.

지아쌤의 교육학개론
테마별 기출뽀개기

2023년 교육청 시험이 끝나고 유례없이 교육학개론 시험이 어려웠다는 이야기가 많았다. 항상 모든 시험이 유독 어렵게 출제되면 나오는 이야기지만, 앞으로 교육학개론에 많은 시간과 노력을 투자해야 한다거나 방대한 양의 커리큘럼에 몇 회독의 학습량이 필요하다는 등의 이야기가 나온다. 그러나 이번 시험을 통해 수험생이 갖춰야 하는 교육학적인 베이스는 많은 양의 내용을 암기한다고 얻어지는 것이 아니라 효율적인 학습을 통해 전체 영역 간에 유기적인 구조를 이해하는 것을 통해 얻어질 수 있다는 점이다. 그러므로 공부량이 아닌 공부의 질에 대한 고민이 필요한 시기이다. 그리고 기출문제집 또한 무엇보다 이러한 질에 대한 고민, 효율적인 학습에 대한 고민의 연장선에서 만들어졌다.

책의 구성 및 활용

공부량이 아닌 공부의 질에 대한 고민의 연장선에서 수험생 여러분들의 교육학적인 체계를 처음부터 깔끔하게 효율적으로 잡아주기 위해 2007년부터 2023년까지 국가직 문제 340문항, 2015년부터 2023년까지 교육청 문제 180문제, 2007년부터 2014년까지 복원된 문제 240문항까지 총 760문항을 분석해서 아래와 같이 기출문제집을 구성하였다.

1. (단원별이 아닌) 테마별 구성

교육학개론은 교육학의 여러 영역을 다루고 있어서 교육학개론을 처음 공부하는 초심자들은 물론이고 대학에서 교육학을 전공한 사람이라고 할지라도 하위 영역들에 대한 구분이 정확하지 않을 가능성이 크다. 예를 들면, 초심자들의 경우에 브루너의 발견학습이 교육과정에 나오는지 교육심리 또는 교수방법에 나오는지 헷갈릴 수

머리말
PREFACE

있어서, 공부하거나 관련 자료를 찾아볼 때 어려움을 겪을 수도 있다. 그러나 수험생들에게 중요한 것은 발견학습의 내용이지 이것이 어느 영역에 속하는지가 중요한 것은 아니다. 그러므로 시험에 출제된 내용을 테마 그대로 기억해서 정리할 수 있도록 총 137개의 테마를 11개 CHAPTER 아래에 정리하였다. 테마를 테마 자체로 기억하는 것이 전체 교육학적인 구조를 가져가는 데 도움이 될 수 있도록 테마의 명칭을 정하는 데에도 신경을 씀으로써 수험생들이 목차를 보면서 수시로 중요한 내용을 점검할 수 있도록 하였다.

2. 교권 4법과 같은 최신 개정법안 내용 수록

지난 2023년 9월 21일 교권 4법이 국회를 통과하였다. 이처럼 교육학을 공부할 때 어려운 점 중의 하나가 매년 교육 관련 개정법안이 나오고 이러한 개정법안이 문제로 출제된다는 것이다. 교권 4법뿐만 아니라 2021년 이후에 주요 교육 관련법들이 개정되었는데 이러한 개정사항들을 테마로 묶어서 아직 기출문제로 나온 적은 없지만 앞으로 나올 가능성이 있는 법 개정사항에 대한 내용을 수록하였다.

3. 출제 경향을 통한 학습방향 체크

CHAPTER 시작 전에 각 CHAPTER 별 출제 문항 수와 출제 경향을 분석해서 제시함으로써 수험생들이 전체적인 출제 경향을 파악하고 이에 따른 학습 방향을 잡을 수 있도록 하였다.

4. 학습방법을 알려주는 기출공략

THEME 별로 가장 먼저 제시되는 기출공략은 수험생들이 해당 테마를 어떤 방식으로 접근하고 학습해야 하는지를 알려주기 위해 작성되었다. 초심자들조차도 쉽게 접근할 수 있도록 최대한 쉬운 설명과 함께 문제를 푸는 팁 등의 기출 공략법을 제시하였다.

5. 대표기출로 문제유형 파악

THEME 별로 대표문제를 수록해서 수험생들이 문제유형을 파악할 수 있도록 하였다. 가능한 한 최근에 출제된 문제이면서 해당 테마의 내용을 잘 드러낼 수 있는 문제로 선정하였다.

6. 이론플러스를 통한 개념 정리

해당 테마에서 꼭 기억해야 하는 중요한 내용을 정리해서 이론플러스에 수록하였다. 이를 통해 수험생들이 문제를 있는 그대로 기억하는 것이 아니라 같은 개념을 묻는 다른 변형문제에도 대처할 수 있도록 개념의 폭과 넓이를 조절하여 제시하였다.

7. 관련 기출로 이해도 점검

2007년부터 2014년까지 복원된 문제 240문항을 포함해 총 760문제를 검토해서 비록 예전에 교육청 시험에 나온 문제라고 하더라도 해당 테마를 이해하고 정리하는데 필요한 문제라면 관련 기출문제에 포함을 시켰으며 그렇지 못한 경우에는 제외하였다.

8. KEYWORD로 개념다지기

이론플러스가 관련 내용에 대한 이해를 돕기 위한 것이라면 키워드로 개념 다지기는 꼭 기억해야하는 내용을 키워드로 정리할 수 있도록 하는 단계이다. 이론플러스에서 다룬 내용 중에서 꼭 기억해야 하는 내용을 키워드로 만들어서 제시하고 수험생들이 앞에서 이해한 내용을 기억하고 있는지를 확인하기 위한 용도로 사용할 수 있도록 책의 가장 마지막 부분에 수록하였다.

머리말
PREFACE

책의 특징

테마별 기출뽀개기는 기존 기출문제집과 구별되는 아래와 같은 특징을 갖는다.

첫 번째, 이 책은 전적으로 9급 공무원 교육학개론 시험을 준비하고 있는 수험생들을 위한 책이다. 기출문제집을 만드는 데 있어서 가장 큰 문제의식은 기존에 9급 공무원 교육학개론 기출문제 교재가 임용고시에서나 다룰 내용을 상당히 많이 포함하고 있다는 것이었다. 같은 내용을 다룰지라도 전공수준에서 물어보는 임용고시와 개론 수준의 지식을 물어보는 공무원 교육학개론의 난이도와 깊이가 전혀 다름에도 불구하고 이 두 시험에서 필요로 하는 내용들이 서로 뒤섞여 있다는 문제의식에서 기출문제집을 작성하였다.

지난 17년간에 걸친 기출문제 분석 및 2022년도 이후의 교육학개론 시험의 출제경향을 분석하면서 무엇보다 공무원 교육학개론 고유의 난이도와 범위 및 깊이 등에 초점을 맞추어서 교재를 작성하려고 노력하였다. 물론 임용을 준비하는 수험생들 또한 이 책을 통해 각각의 테마들을 기억하고 정리하는 것이 도움이 될 수 있겠지만 난이도가 조절되지 않는 전공수준의 교육학 내용은 특히 공무원 시험을 준비하는 경우에는 도움이 되기는커녕 너무 많은 내용으로 수험생들로 하여금 핵심을 놓치게 할 가능성 또한 존재하기 때문에 공무원 시험을 준비하는 경우에는 시험에 필요한 수준까지만 학습하면서 전체적인 구조를 만들어가는 것이 중요하다.

두 번째로 단원별이 아닌 테마별 구성을 특징으로 한다. 워낙 방대한 양을 다루고 있는 교육학개론인만큼 시험에 출제되는 테마들을 중심으로 내용을 정리하고 테마 자체를 기억하는 것이 효과적일 수 있다고 판단하였다. 또한, 수험생들이 공부를 할 때도 관련 내용을 찾을 때 보다 쉽게 내용에 접근할 수 있다는 장점이 존재한다.

세 번째는 모든 테마들 사이에 교육학적인 베이스가 스며들 수 있도록 그리고 그것들이 서로 연관될 수 있도록 최선을 다해 작업했다는 점이다. 이 과정에서 교육학을 한 번도 접해본 적이 없는 초심자를 염두에 두고 그 초심자가 교육학적인 베이스를 갖출 수 있도록 하는 것에 포커스를 맞추었다. 교재 중간 중간 기본적인 개념들에 대한 반복적인 설명이라던 가 같은 개념들의 테마별 연관성 등에 대한 설명에 저자의 노력이 들어있음을 느낄 수 있을 것이다.

매번 책이 나오기까지 감사드릴 분들이 너무 많다. 특히 시험에 합격한 분들이나 아쉽게 떨어진 분들께서 개인적으로 감사의 인사를 해주시는 경우가 있는데 그럴 때 주시는 따뜻한 에너지 덕분에 뼈를 깎는(?) 시간을 헤쳐 나갈 힘을 얻게 되는 것 같다. 그래서 더욱 이번 기출문제집은 내 가족이 본다는 마음으로 더 열심히 꼼꼼하게 작업할 수 있었다. 두 번째는 책을 계획하고 작성하는 모든 과정에서 큰 힘이 되어주고 도움을 주시는 에듀에프엠 식구들께 감사를 드린다. 마지막으로 사랑하는 가족과 친구들, 그분들의 애정 어린 격려 덕분에 마지막까지 모든 집중력과 에너지를 쏟아낼 수 있었다고 생각한다. 특히, 사랑하는 우리 조카 하원이에게 이모 원고 교정봐준다고 애써줘서 고맙다는 말과 함께 부디 이 책이 교육행정직을 준비하시는 수험생 여러분들께 도움이 되어서 본 교재로 공부하신 모든 수험생 분들께 합격의 영광이 함께하기를 …

2023년 10월

목차
CONTENTS

CHAPTER 01 교육에 대한 이해

THEME 01 교육의 개념 ··· 20

CHAPTER 02 한국교육사

THEME 02 고대 삼국시기의 교육 ··· 30
THEME 03 남북국시기의 교육 ··· 34
THEME 04 고려시대의 교육 ··· 36
THEME 05 조선시대의 관학체계 : 성균관, 학당(사부학당), 향교 ··················· 40
THEME 06 조선시대의 사학체계(서원, 서당) 및 실학파 ··························· 48
THEME 07 과거제도 ··· 52
THEME 08 조선시대 자찬교재의 등장과 활용 ··································· 54
THEME 09 개화기 교육 : 신식학교의 등장과 갑오·광무개혁 ······················ 58
THEME 10 일제강점기 조선교육령 ··· 62

CHAPTER 03 서양교육사

THEME 11 고대 그리스의 교육 : 소크라테스, 플라톤, 아리스토텔레스 등 ········· 68
THEME 12 소피스트(Sophist)들과 이소크라테스(Isocrates) ···················· 74
THEME 13 로마시대의 교육 ··· 76
THEME 14 중세 기독교 사회의 교육 ··· 78

THEME 15 르네상스 및 종교개혁 ·· 80
THEME 16 실학주의(리얼리즘) 교육사상 ······························ 84
THEME 17 18세기 계몽주의 교육 ·· 88
THEME 18 19세기 신인문주의와 교육 ································· 90

CHAPTER 04 현대교육철학

THEME 19 진보주의 교육사상 : 듀이, 루소, 페스탈로치, 프레벨 등 ········ 96
THEME 20 항존주의 교육사상 ·· 102
THEME 21 본질주의 교육사상 ·· 104
THEME 22 실존주의 교육사상 ·· 106
THEME 23 분석적 교육철학 : 허스트와 피터스 ······················· 112
THEME 24 비판적 교육철학 ··· 116

CHAPTER 05 교육심리 상담

THEME 25 피아제의 인지발달이론 ······································ 122
THEME 26 비고츠키의 인지발달이론 ··································· 128
THEME 27 프로이트의 심리성적 발달이론 ···························· 134
THEME 28 에릭슨의 심리사회적 발달이론 ···························· 140
THEME 29 마샤의 정체성 지위이론 ···································· 146

목차
CONTENTS

THEME 30 보울비의 애착형성이론 ·· 148

THEME 31 브론펜브레너의 생태학적 이론 ······································ 150

THEME 32 도덕성 발달이론 : 피아제, 콜버그, 길리건 ···················· 152

THEME 33 지능이론 ··· 158

THEME 34 창의성 ·· 164

THEME 35 영재교육 ··· 166

THEME 36 특수교육 ··· 168

THEME 37 장 의존성 대 장 독립성 인지양식 ·································· 170

THEME 38 행동주의 학습이론 : 고전적 조건형성, 조작적 조건형성,
사회인지학습이론 ·· 172

THEME 39 인지주의 학습이론 : 통찰학습, 정보처리이론 ················· 182

THEME 40 동기화 이론 ·· 188

THEME 41 생활지도 ··· 194

THEME 42 청소년 비행이론 ··· 198

THEME 43 홀랜드의 직업흥미이론 ··· 200

THEME 44 정신분석 상담이론 ··· 204

THEME 45 행동주의 상담이론 ··· 208

THEME 46 인간중심 상담이론 ··· 212

THEME 47 인지적 상담이론 : 합리적 정서행동 상담이론, 현실치료, 교류분석 ············ 216

CHAPTER 06 평가 및 측정

- THEME 48 교육평가모형 ········ 226
- THEME 49 명명, 서열, 등간, 비율, 절대척도 ········ 228
- THEME 50 참고준거에 의한 평가의 종류 : 규준, 준거, 능력, 성장 참조평가 ········ 230
- THEME 51 교수-학습 진행에 의한 평가 유형 : 진단, 형성, 총괄평가 ········ 236
- THEME 52 정의적 특성 측정방법 ········ 240
- THEME 53 수행평가 ········ 244
- THEME 54 좋은 검사도구의 조건(신뢰도, 타당도, 객관도, 실용도) ········ 248
- THEME 55 표집방법 ········ 258
- THEME 56 문항분석 : 고전검사이론 & 문항반응이론 ········ 260
- THEME 57 검사결과의 해석 ········ 264

CHAPTER 07 교육사회

- THEME 58 교육평등론 ········ 272
- THEME 59 교육선발의 특징 ········ 276
- THEME 60 시험의 기능 ········ 278
- THEME 61 교육의 확대와 원인 - 지위경쟁이론 ········ 280
- THEME 62 학업성취격차와 원인 - 사회자본 ········ 284
- THEME 63 구조기능론 & 갈등론 ········ 288
- THEME 64 구조기능론 : 뒤르켐, 파슨스, 드리븐 등 ········ 294
- THEME 65 경제적 재생산론 : 보울스와 진티스 ········ 300
- THEME 66 문화적 재생산론 : 부르디외(문화자본) ········ 302
- THEME 67 갈등론 - 번스타인, 애플, 일리치, 프레이리, 알튀세르 등 ········ 306

목차
CONTENTS

THEME 68 포스트모던적 관점 ·········· 312
THEME 69 신자유주의적 관점 ·········· 314
THEME 70 신교육사회학(교육과정사회학) ·········· 318
THEME 71 문화실조론 ·········· 322
THEME 72 다문화교육 ·········· 324

CHAPTER 08 평생교육

THEME 73 평생교육의 개념 ·········· 328
THEME 74 데이브와 스캐거의 평생교육의 개념적 특징 ·········· 332
THEME 75 비형식 교육 ·········· 334
THEME 76 유네스코의 평생교육 ·········· 336
THEME 77 OECD의 순환교육 ·········· 340
THEME 78 성인교육(안드라고지) ·········· 344
THEME 79 평생학습도시 ·········· 348
THEME 80 학교와 평생교육 ·········· 352
THEME 81 평생교육법 ·········· 354
THEME 82 평생교육의 주요제도 : 평생교육사, 학점인정제도, 독학학위제, 학습계좌제, 학습휴가제 등 ·········· 358

지아쌤의 교육학개론
테마별 기출뽀개기

CHAPTER 09 교육과정

THEME 83 교육과정의 유형 ·· 372
THEME 84 타일러의 교육과정 개발 모형 ································ 378
THEME 85 블룸의 교육목표 분류 ·· 382
THEME 86 워커의 자연주의적 교육과정 개발 모형 ················ 384
THEME 87 교육내용의 조직 원리 ·· 386
THEME 88 교육과정 발달의 역사 : 교과중심, 경험중심, 학문중심 교육과정 등 ·········· 390
THEME 89 우리나라의 국가 교육과정 ···································· 398

CHAPTER 10 교수학습이론 및 교육공학

THEME 90 교수자 중심 교수학습이론 : 브루너의 발견학습 ············· 406
THEME 91 교수자 중심 교수학습이론 : 오수벨의 유의미 학습을 위한 설명식
교수이론 ·· 410
THEME 92 캐롤의 학교학습모형 ·· 414
THEME 93 구성주의적(학습자중심) 교수학습이론 ···················· 416
THEME 94 학습자-중심 교수학습이론(구성주의적 관점) : 인지적 도제학습이론 ········ 420
THEME 95 학습자-중심 교수학습이론(구성주의적 관점) : 문제중심학습 ··············· 424
THEME 96 학습자-중심 교수학습이론 (구성주의적 관점) : 상황학습이론 ··············· 426
THEME 97 교육공학의 정의와 영역 ·· 430
THEME 98 ADDIE 모형 ·· 434
THEME 99 딕과 케리의 수업체제설계모형 ······························ 438
THEME 100 가네의 학습의 조건 ·· 442

목차
CONTENTS

THEME 101 켈러의 ARCS 동기이론 ········· 446
THEME 102 협동학습 ········· 450
THEME 103 프로그램 학습(programmed learning) ········· 456
THEME 104 테크놀로지 활용 수업 : 이러닝, 온라인학습, 모바일러닝, U-러닝, 플립러닝 등 ········· 458

CHAPTER 11 교육행정

THEME 105 교육행정의 개념 ········· 468
THEME 106 교육행정의 과정 ········· 470
THEME 107 교육행정의 특성 및 원리 ········· 472
THEME 108 과학적 관리론 ········· 478
THEME 109 관료제론과 교육행정 ········· 480
THEME 110 인간관계론 ········· 484
THEME 111 학교조직의 유형 ········· 486
THEME 112 학교조직의 성격 ········· 490
THEME 113 학교풍토 ········· 494
THEME 114 상황적 리더십 이론 ········· 496
THEME 115 새로운 리더십이론 ········· 502
THEME 116 동기의 내용이론 : 허즈버그의 동기-위생이론 외 ········· 508
THEME 117 동기의 과정이론 : 브룸의 기대이론, 아담스의 공정성 이론 등 ········· 512
THEME 118 캠벨의 정책수립과정모형 ········· 516
THEME 119 의사결정에 관한 관점 : 합리적, 참여적, 정치적, 우연적 관점 ········· 520
THEME 120 교육정책 결정모형 ········· 522
THEME 121 토마스의 갈등관리이론 ········· 526

지아쌤의 교육학개론
테마별 기출뽀개기

THEME 122 조하리 창 이론 ·· 528
THEME 123 주요 교육 관련법 개정사항(2221년 이후) ··· 530
THEME 124 교육법의 체계와 내용 ··· 532
THEME 125 교육법 : 헌법 ·· 536
THEME 126 교육관련 주요 법령사항 ··· 540
THEME 127 지방교육자치제도 ··· 548
THEME 128 학교자율경영 : 학교운영위원회 ·· 554
THEME 129 교육비의 분류 ·· 558
THEME 130 교육재정제도 ··· 562
THEME 131 학교회계 예산운용 과정 ··· 568
THEME 132 학교예산편성 기법 ··· 572
THEME 133 교직에 대한 이해 ··· 576
THEME 134 교원 인사이동 및 징계 ·· 582
THEME 135 교원의 권리와 의무 ·· 588
THEME 136 교원의 연수 ·· 592
THEME 137 장학의 유형 ·· 594

부록 테마별 키워드로 개념 다지기 ··· 604

지아쌤의
교육학개론
테마별 기출뽀개기

CHAPTER

01

교육에 대한 이해

출제비율

연도	'07	'08	'09	'10	'11	'12	'13	'14	'15	'16	'17	'18	'19	'20	'21	'22	'23	총 문항수	총 출제문항
국가직							1											340	1
교육청									1		1						1	180	3

출제경향

교육의 개념을 묻는 문제가 그동안 국가직에서는 1회, 교육청 시험에서는 3회 출제되었다.
이 부분은 CHAPTER 04 현대교육철학과도 연관되는 부분으로 피터스의 교육 개념, 교육의 조작적 정의와 교육의 내재적, 외재적 목적 등에 관한 문제가 출제되었다.

THEME 01 교육의 개념

기출공략

교육학을 공부하는 데 있어서 교육학적인 베이스를 가지고 있어야 한다는 말을 많이 하는데 예를 들면, "규범"이라는 단어는 "가치"와 관련된 것이고, "인지"라는 표현은 "인식, 이해" 등과 관련되어 있다는 것을 이해하는 것을 뜻한다. 규범적 준거는 교육이 교육의 '내재적 가치'를 추구해야 한다는 것으로 여기에서 내재적 가치란 교육 그 자체가 지향하고 있는 가치를 가리키는 것이며 외부에서 주어지는 가치, 수단적 의미의 가치와 반대되는 개념이다. 이를 이해하게 된다면 교육의 목적을 내재적 목적과 외재적 목적으로 나눌 수 있게 된다. 또한, 인지라는 단어를 이해하고 있다면 다음에 나오는 인지적 준거뿐만 아니라 인지적 과정, 인지적 관점, 인지주의적 이론 등등의 표현이 인간의 이해와 인식, 지식, 안목 등과 관련된 의미임을 알 수 있을 것이다.

두 번째 인지적 준거와 관련해서, 피터스는 교육이 신념체계 전체를 변화시키는 '전인적 교육'이어야 하며, 제한된 기술이나 사고방식을 길러주는 전문화된 '훈련'의 경우에 교육이라고 부를 수 없다고 주장하는데, 이를 통해 교육과 훈련을 분리해서 이해할 수 있다.

마지막으로 교육은 도덕적으로 온당한 방식, 과정에 의해 이루어져야 하고 그 과정을 학습자가 인지하고 있어야 한다는 점에서 조건화, 세뇌 등을 교육이라고 말할 수 없다는 점도 유념해야 한다.

한편, 피터스는 현대 교육철학에서도 살펴보게 될 학자로, 허스트와 함께 분석적 철학의 전통에 서 있다.

대표문제

2023 교육청

08 다음 설명에 해당하는 피터스(Peters)가 제시한 교육의 개념적 기준은?

> ○ 교육은 일반적인 훈련과 달리 전인적 계발을 지향해야 한다.
> ○ 교육받은 사람은 폭넓은 안목을 가짐으로써 자신과 분야가 다른 인간의 삶과 어떤 관련을 맺고 있는지를 깊이 이해할 수 있어야 한다.

① 규범적 기준
② 내재적 기준
③ 과정적 기준
④ 인지적 기준

해설

피터스(Peters)가 제시한 교육의 개념적 기준은 다음과 같다.
① 규범적 준거는 교육은 교육의 '내재적 가치'를 추구하는 일이어야 한다는 것으로, '외재적'으로 규정되어서는 안 된다는 것이다.
② 인지적 준거는 교육의 내재적 가치가 '내용' 면에서 구체화된 것으로, '지식, 이해, 인지적 안목'이다. 즉, 지식과 정보 등이 유리되어 있지 않고 사물 전체를 조망할 수 있는 포괄적이고 통합된 안목이 형성된 상태를 의미한다. 이 기준에 따르면, 교육은 신념체계 전체를 변화시키는 '전인적 교육'이어야 하며, 제한된 기술이나 사고방식을 길러주는 전문화된 '훈련'이어서는 안 된다.
③ 과정적 준거는 교육이 학습자의 이해를 포함하는 도덕적으로 온당한 방식으로 이루어져야 한다. '조건화(Conditioning)', '세뇌(brain-washing)'는 온당한 방식에 해당하지 않는다.

정답 ④

이론 플러스

교육의 개념

(1) 교육에 대한 비유
 ① 주형의 비유(=주입의 비유) : 교육만능설, 로크의 백지설, 행동주의 교육관
 ② 성장의 비유 : 루소, 진보주의 교육관
 ③ 성년식의 비유 : 미성년자가 성년식을 거쳐 어른이 되고 부족사회의 일원이 되는 것처럼 교육은 학생을 '문명화된 삶의 양식', 즉 인류 문화유산에 입문시키는 일이다. 성년식의 비유는 교육내용과 교육방법의 관계가 분리되지 않고 서로 관련되어 있음을 보여준다.

구분	주형의 비유	성장의 비유
비유내용	• 교육의 과정 : 장인이 재료를 틀에 부어 물건을 만들어내는 과정 • 교사 : 장인 • 학생 : 재료	• 교육의 과정 : 식물의 성장 • 교사 : 정원사 • 학생 : 식물
강조점	• 교육의 역할 • 교육내용	• 학생의 잠재적 능력, 흥미 • 교육방법
대표적 형태	• 로크의 교육관 • 행동주의 교육관	• 루소의 교육관 • 진보주의 교육관

▲ 주형의 비유와 성장의 비유

(2) 교육의 정의 방식
  ① 조작적 정의
    관찰할 수 없는 것을 관찰 가능한 형태로 정의하는 것이다. 교육을 "인간행동의 계획적인 변화"라고 규정한 정의에서 조작은 '계획' 또는 교육프로그램이다. 그러므로 이 정의에 의하면 하나의 활동이 교육인가 아닌가 하는 것은 그 활동(즉, 교육프로그램 또는 조작)이 의도하는 인간행동의 변화가 실제로 관찰되는가 아닌가에 달려 있다.
  ② 약정적 정의
    약정적 정의는 의사소통을 위해 복잡한 현상을 무엇이라 부르자고 약속하는 정의이다. 예를 들면, 성적 등급을 표시하는 '수', '우', '미', '양', '가'를 각각 정의하는 경우에서 반드시 수우미양가가 아닌 전혀 무의미한 부호를 써도 상관이 없다. 중요한 것은 91점에서 100점, 81점에서 90점 등을 부르는 이름을 만들어서 쓰기로 약속하면 되는 것이다. 그리고 그 이름은 그 약속에 비추어 정의된다. 이런 종류의 정의를 약정적 정의라고 부를 수 있다.
  ③ 기술적 정의
    기술적 정의가 무엇인지를 알려면 국어사전을 보면 된다. 예컨대, '교육'이라는 단어가 국어사전에 어떻게 풀이되어 있는지 찾아보면, "지식과 기술 따위를 가르치며 인격을 길러줌"이라고 되어 있다. '서술적 정의'라고도 하는 기술적 정의는 하나의 개념을 이미 알고 있는 다른 말로 설명함으로써 그 개념이 무엇인지 알려주는 정의를 말한다. 또한 가능한 한 가치판단을 배제한 가치중립적 태도로 있는 그대로를 객관적으로 규정한다.
  ④ 규범적 정의(강령적 정의)
    피터스에 의하면, 교육은 근본적으로 교육의 내재적 가치를 도덕적으로 온당한 방식으로 의도적으로 전달하는 행위이다. 이처럼 하나의 정의에 '어떻게 해야 하는가? 어떻게 하는 것이 옳은가?'와 같은 규범 내지 강령이 들어 있는 정의를 말한다. 기술적 정의가 객관적이고 가치중립적으로 규정하는 데 관심이 있다면 규범적 정의는 가치판단이나 가치 주장을 담고 있다.

관련 기출

001 다음 내용에 가장 부합하는 것은?

2017 교육청

- 교육은 학습자와 교육내용을 모두 고려해야 한다.
- 교육내용의 내재적 가치는 선험적으로 정당화된다.
- 교육은 합리적인 사고와 지적 안목을 도덕적인 방식으로 전달하는 과정이다.
- 교육은 인류의 문화유산이라는 공적(公的) 전통으로 학생을 안내하는 과정이다.

① 주입(注入)으로서의 교육
② 주형(鑄型)으로서의 교육
③ 성년식(成年式)으로서의 교육
④ 행동수정(行動修正)으로서의 교육

해설

피터스가 주장한 교육에 대한 성년식(成年式, initiation)의 비유는 주형의 비유와 성장의 비유에 대한 대안적인 비유로서 미성년자가 성년식을 거쳐 어른이 되고 부족사회의 일원이 되는 것처럼 교육은 학생을 '문명화된 삶의 양식', 즉 인류 문화유산에 입문시키는 일이라고 본다. 이 관점에서는 학생을 문명화된 삶의 형식으로 입문시키기 위해 전달하는 교육내용과 그것을 비판하고 발전시키는 교육방법상의 원리는 별개일 수 없다. 성년식의 비유는 교육내용과 교육방법의 관계가 분리되지 않고 서로 관련되어 있음을 보여준다.
한편 이 문제에서 주어진 선택지들을 살펴보면, ① 주입(注入)으로서의 교육, ② 주형(鑄型)으로서의 교육, ④ 행동수정(行動修正)으로서의 교육이 같은 의미를 갖는다고 볼 수 있다. 그러므로 선택지에 나온 내용들에 대한 이해도가 있다면 ③ 성년식(成年式)으로서의 교육을 정답으로 쉽게 고를 수 있는 문제이다.

정답 ③

002
교육의 목적을 내재적 외재적 목적으로 구분할 때, 〈보기〉에서 외재적 목적에 해당하는 것으로만 묶은 것은?   2015 교육청

• 보기 •
ㄱ. 국가 경쟁력 강화
ㄴ. 지식의 형식 추구
ㄷ. 인적 자원의 개발
ㄹ. 합리적 마음의 계발

① ㄱ, ㄴ ② ㄱ, ㄷ
③ ㄴ, ㄹ ④ ㄷ, ㄹ

해설

교육에서 내재적 가치 또는 내재적 목적이라는 용어가 사용될 때는 외재적 가치와 반대되는 개념, 즉 다른 외적인 목적이나 수단에 의해서가 아닌 교육 그 자체를 위한 가치 또는 목적이라는 의미로 이해해야 한다. 본질적 가치로 이해해도 무방하다. 이 문제는 외재적 목적, 수단적 가치, 외부에서 주어지는 목적에 해당하는 것을 물어보고 있으므로 ㄱ. 국가 경쟁력 강화와 ㄷ. 인적 자원의 개발을 선택하면 된다. ㄴ. 지식의 형식 추구와 ㄹ. 합리적 마음의 계발은 내재적 목적에 해당한다.

정답 ②

003 다음 내용에서 교육의 조작적 정의와 관계 있는 것을 모두 고른 것은? 2011 교육청

> (가) 교육은 인간행동의 계획적인 변화의 결과로 본다.
> (나) 비의도적 학습, 성숙에 의한 행동변화를 포함한다.
> (다) 추상적인 용어를 행동적 용어로 바꾸어 보여준다.
> (라) 교육이 수행하는 외적 기능의 중요성을 강조한다.
> (마) 교육 개념을 과학적으로 규정하려 할 때 사용한다.

① (가), (나), (라)
② (가), (다), (마)
③ (나), (다), (라)
④ (나), (다), (라), (마)
⑤ (가), (나), (다), (라), (마)

해설

조작적 정의는 관찰할 수 없는 것을 관찰 가능한 형태로 정의하는 것으로 교육에 대한 대표적인 조작적 정의는 교육을 "인간행동의 계획적인 변화"라고 규정한 것이다. 이 정의에서 조작은 '계획' 또는 교육프로그램이다. 그러므로 이 정의에 의하면 하나의 활동이 교육인가 아닌가 하는 것은 그 활동(즉, 교육프로그램 또는 조작)이 의도하는 인간행동의 변화가 실제로 관찰되는가 아닌가에 달려 있다. 여기서 실제로 관찰가능하다는 의미는 주어진 보기에서 행동적 용어로 바꾼다거나 교육 개념을 과학적으로 규정하는 것과 관련된 것으로 볼 수 있다.

정답 ②

004 교육의 개념에 대한 설명으로 옳지 않은 것은?   2013 국가직

① 교육의 사회적 기능이 부각되면서 사회가 요구하는 가치나 규범을 내면화하는 개념으로 사회화라는 개념이 쓰이게 되었다.
② 교육의 기초인 양육은 물질적인 원조뿐만 아니라 정신적, 심리적 조력을 모두 포괄하는 개념이다.
③ 조작적 정의를 견지하는 학자들은 교육을 '인간행동을 계획적으로 변화시키는 과정'이라고 본다.
④ 훈련(training)은 자연의 원리에 따르는 교육에서 유래한 것으로, 신념체계 전체를 변화시키는 '전인적' 교육이다.

해설

선택지 ④에서 훈련(training)은 교육에 비하여 제한된 특수기술의 연마, 인간특성 일부의 변화, 기계적 학습 강조, 가치중립적 활동, 단기간에 걸쳐 나타남을 특징으로 한다. 피터스에 따르면, 교육은 신념체계 전체를 변화시키는 '전인적 교육'이어야 하는데, 제한된 기술이나 사고방식을 길러주는 전문화된 '훈련'은 사물 전체를 조망할 수 있는 포괄적이고 통합된 안목이 형성된 상태라고 볼 수 없으므로 교육이라고 볼 수 없다.

정답 ④

지아쌤의
교육학개론
테마별 기출뽀개기

CHAPTER 02

한국교육사

출제비율

연도	'07	'08	'09	'10	'11	'12	'13	'14	'15	'16	'17	'18	'19	'20	'21	'22	'23	총 문항수	총 출제문항
국가직	1	2	1		1	1	1	1	1	1	1	1	1	1	1	2	2	340	18(5%)
교육청									1	1	1	1	1	1	2		1	180	9(5%)

출제경향

한국교육사에서는 매년 1문제 정도 출제되고 있다. 고구려의 경당, 신라의 화랑도, 통일신라시대 국학, 고려시대의 국자감, 조선시대의 교육기관 및 과거제도에 대한 문제가 출제되었다. 특히 성균관 및 자찬 교재에 관한 문제가 여러 번 출제되었다. 개화기 교육 관련해서는 신식학교들과 갑오개혁, 일제강점기 조선교육령에 대한 문제가 출제되었다.

THEME 02 고대 삼국시기의 교육

기출공략

한국교육사 문제는 시기별로 관학과 사학으로 나누어서 교육체계를 정리하고 있어야 한다. 고대 삼국시대의 경우에도 각 국가별로 관학과 사학을 정리하고 각각의 특징을 살펴보아야 한다.

대표문제

2022 국가직

14 고구려의 경당에 대한 설명으로 옳지 않은 것은?

① 문과 무를 아울러 교육하였다.
② 미혼 자제들을 위한 교육기관이다.
③ 문선(文選)을 교재로 사용하였다.
④ 유교 경전으로는 사서(四書)를 중시하였다.

해설

경당은 일반 평민과 미혼 자녀를 대상으로 하여 습자 위주로 문무 일치교육을 시행한 지방 교육기관으로 우리나라 최초 사학교육 기관이다.

종류	교재
경서	오경 [시(모시)·서(상서)·역(주역)·예(예기)·춘추(춘추)]
역사서	사기·한서·후한서·삼국지·진춘추
자서	옥편, 자통, 자림
문학서	문선

▲ 경당의 독서교재

위 표에서처럼 오경을 기본으로 역사서와 문학서로 문선을 교재로 사용하였다. 선택지 ④와 관련해서 사서(四書)는 《대학(大學)》 《논어(論語)》 《맹자(孟子)》 《중용(中庸)》의 네 가지 경서(經書)로 《대학》과 《중용》은 원래 각각 《예기(禮記)》 속의 한 편(編)이었으나, 유교 교설의 뛰어난 개론으로서 주목되어 주자(朱子)가 그것을 빼내어 《논어》, 《맹자》와 함께 사서라 부르게 되었다. 주자(1130년~1200년)에 의해 사서가 등장하였으므로 고구려(기원전 37년~668년)와는 시기가 맞지 않는다. 그러므로 '사서'는 고려(918년부터 1392) 말 또는 조선시대에서나 교재로 사용하는 것이 가능하다.

정답 ④

> 이론 플러스

고대 삼국시기의 교육

(1) 고구려의 교육
   ① **태학**: 우리나라 최초의 유교식 학교, 왕족이나 귀족 자제들을 대상으로 함
   ② **경당**: 민간 교육기관이자 서민 자제들의 교육 장소, 문·무·겸전을 추구한 우리나라 최초의 사학교육 기관, 오경과 함께 문선을 교재로 사용

(2) 백제의 교육
   태학/오경박사, 전업박사 → 체계적인 학교 교육 및 유학을 주 내용으로 하는 인문교양교육과 전문기술교육이 있었음을 시사함

(3) 신라의 교육
   화랑도: 진흥왕 말년(576)에 '원화' 제도를 개편하여 만들어짐, 유·불·선 삼교의 이념을 통합하여 탄생한 청년조직, 문·무 양 방면에서 지도적 인재를 양성하고 선발하는 역할을 함, 세속오계를 교육이념으로 함

관련 기출

001 다음 〈보기〉의 내용과 관련된 교육기관은?

2007 교육청

• 보기 •

일반 평민과 미혼 자녀를 대상으로 하여 습자 위주로 문무 일치 교육을 실시한 지방교육과 우리나라 최초 사학교육 기관

① 서당 ② 경당
③ 서원 ④ 태학
⑤ 화랑도

해설

민간 교육기관이자 서민 자제들의 교육 장소로 문·무·겸전을 추구한 우리나라 최초 사학교육 기관은 고구려 시대의 경당이다.

정답 ②

002 다음 내용에 해당하는 우리나라 교육제도는?

2015 교육청

> ○ 유(儒)불(佛)선(禪)삼교의 융합
> ○ 청소년들의 심신을 수련하는 교육 집단
> ○ 원광(圓光)의 세속오계를 통한 교육이념의 체계화

① 고구려의 경당
② 신라의 화랑도
③ 고려의 국자감
④ 조선의 성균관

해설

화랑도는 고구려의 경당과 여러 면에서 유사한 성격을 갖고 있었다. 양자 모두 우리 고유의 교육전통에 기반하고 있으며, 그 주축이 미성년 청년들이었고 문과 무를 겸비하는 교육을 실시하였다. 그 구성원들이 평상시에 교육집단을 이루고 있다가 유사시에는 전사 집단으로 전환하는 것도 공통점이라 할 수 있다. 그러나 경당이 일정한 지역에 고정된 거점과 시설을 갖추고 있던 교육기관의 성격을 갖고 있었다면, 화랑도는 일정한 장소에 머물지 않고 무리를 지어 이동하며 심신을 수련하는 교육 집단의 성격을 갖고 있었다는 점에서 차이를 보인다.
신라 화랑도의 교육이념은 7세기 초에 신라의 고승 원광에 의하여 세속오계로 체계화되었다.
세속오계는 첫째는 임금 섬기기를 충으로 하고, 둘째는 어버이 섬기기를 효로써 하고, 셋째는 친구 사귀기를 신의로써 하고, 넷째는 전쟁에 임하여 물러서지 않고, 다섯째는 생명 있는 것을 죽이되 가려서 하는 것이다.

정답 ②

THEME 03 남북국시기의 교육

기출공략

신라는 화랑도를 근간으로 별도의 교육기관을 두지 않고 있다가 통일 이후에 통일국가 체제를 정비해 나가는 과정에서 중앙에 '국학'이라는 유교식 대학을 정식으로 설립하고 이후에 지방의 9주(州)에도 지방 관학인 주학(州學)을 설립하고 조교(助敎)를 두었다. 남북국 시기라 함은 통일신라와 발해를 포함하는 것으로 통일신라시대의 국학의 특징과 함께 발해의 주자감과 여성교육에 대해서도 살펴보아야 한다.

대표문제

2019 교육청

05 신라시대의 국학(國學)에 대한 설명으로 옳은 것은?

① 교수와 훈도를 교관으로 두어 교육하게 하였다.
② 6두품 출신 자제들에게만 입학 자격이 부여되었다.
③ 독서삼품과를 도입하여 독서의 정도에 따라 관직에 진출시켰다.
④ 수학 기간은 관직에 진출할 때까지 누구에게도 제한하지 않았다.

해설

통일신라 시대의 국학(國學)은 신문왕 2년(682)에 당(唐)의 국자감 제도를 모방하여 설립한 국립 유교대학이다. 원성왕 4년(788년)에 졸업시험이자 관리선발제도인 독서삼품과를 설치하여 독서의 정도에 따라 상·중·하의 삼품으로 평가하여 관직을 제수하였다. ①은 향교(鄕校)에 해당하며, 국학은 박사와 조교로 교관을 구성하였다. ②는 15~30세까지의 무위자(無位者, 관직에 오르지 않은 자)로부터 대사(大舍, 12등급)까지의 귀족 자제들에게 입학자격을 부여하였다. 졸업 후에는 신라 17관 등 중 10번째와 11번째에 해당하는 대나마, 나마의 자격을 부여받았다. 이것에 비추어보면 국학에는 신라의 골품제도에서 적어도 관등이 대나마와 나마까지 오를 수 있는 5두품 이상 출신이어야 입학이 가능했던 것으로 보인다. ④는 수업연한은 9년으로서 실력이 저능(低能)한 자는 퇴학 조치하였다.

정답 ③

> 이론 플러스

남북국시기의 교육

(1) 통일신라의 교육
　① 중앙에 '국학'이라는 유교식 대학을 설립하고, 지방의 9주에도 지방 관학인 주학을 설립하고 조교를 둠.
　② **국학**: 박사나 조교를 두어 교육하게 함. 논어, 효경을 필수로 하여 오경과 문선을 세 코스로 나누어 가르침, 5두품 이상, 수학 기간은 9년을 원칙으로 함, 독서삼품과를 도입하여 독서의 정도에 따라 관직에 진출시킴
　③ **독서삼품과**: 독서한 정도를 평가하여 국학생들에게 벼슬을 주는 제도, 국학생들에게 새로 직위를 주거나 기존의 직위를 높여주는 제도로서 9년을 원칙으로 하는 재학 기간 중 국학생들은 독서의 진척 정도에 따라 직위가 승급되어 최종적으로 나마, 대나마에 이르면 국학을 졸업하였을 것으로 보인다. 인재 선발에서 성취적 요인의 중요시, 성취의 핵심적 요소로 유교적 교양과 학식을 인재 선발의 새로운 기준으로 제도화한 것이다. 또한 귀속적 요인보다 성취적 요인을 강조하고, 무사적 능력보다 문사적 교양을 중요시한다는 점에서 고려시대에 정식으로 도입되는 과거제도의 전신이라 평가할 수 있다.

(2) 발해의 교육
　① **주자감**: 왕실의 귀족 집안의 자제들을 교육하는 유교식 대학, 교육을 주관하는 장으로 감장을 둠, 오경을 중심으로 하는 전통적 유학 교육과정 및 유·불 융합의 도덕과 가치가 강조되었을 것으로 짐작됨.
　② **여성 교육**: 정효공주(757~792)의 묘지명에 남아있는 흔적과 정효공주가 유학 교육의 보편적 내용이라 할 수 있는 시와 예, 즉 시서예락(試書藝樂)을 즐겨 공부했다는 점을 통해 당시의 여성 교육이 추구한 가치가 단순한 부덕에만 그치지 않았다는 것을 알 수 있다.

THEME 04 고려시대의 교육

기출공략

고려시대의 교육관련해서는 국자감에 대한 문제가 출제되었다. 국자감의 특징과 함께 시기별 변천사항에 대한 정리도 필요하다. 고려시대의 관학체계는 중앙의 최고 학부인 국자감(이후 성균관)과 그 하위 학교인 학당이 존재하고, 각 지방에는 향교가 존재하였으며, 사학은 개경에 '십이도'로 불렸던 열두 개의 유명한 사학(사학 십이도)과 함께 민간교육기관인 서당이 있었다.

대표문제

2011 국가직

20 고려시대 국자감에 대한 설명으로 옳지 않은 것은?

① 국자감은 유학부와 기술부의 이원체제로 운영되었다.
② 국자감의 유학부에서는 논어와 주역을 필수교과로 하였다.
③ 예종 때에 국자감에 설치한 7재에는 무학도 포함되어 있었다.
④ 국자감은 향사의 기능을 가진 문묘와 강학의 기능을 가진 학당이 별도로 있었다.

해설

국자감은 고려 시대에 유학을 가르치던 최고의 국립 교육 기관으로 고려 시대에는 국자감, 조선시대에는 성균관으로 명칭만 바뀌어 계승되었다. ≪효경≫과 ≪논어≫가 공통(필수) 과목이었고 ≪주역≫이나 ≪예기≫ 등을 공부했다. 성균관이 순수 유학기관이었던 것과 다르게 국자감은 유학부와 기술부의 이원체계로 운영되었다는 점이 중요하다.

정답 ②

이론 플러스

고려시대의 교육

(1) 국자감의 창설과 변천
- 성종 11년(992) 왕명에 의해 창건, 창설 당시에는 유학 3학부(국자학, 태학, 사문학)만으로 시작해서 각각 박사와 조교를 두어 교육을 담당하게 하다가 인종 때 잡학 3학부(율학, 서학, 산학)를 갖춘 '경사육학' 체제를 형성하여 유학부와 기술부의 이원체제로 운영됨
- 예종 때에 국자감에 설치한 7재에는 무학도 포함되어 있었으며 장학재단으로 양현고를 설치하였다.
- 신라의 국학과 마찬가지로 효경과 논어를 필수과목으로 삼았다.
- 고려 후기 명칭이 성균관(1362)으로 바뀌었으며, 공민왕 16년(1367)에 임박의 건의로 성균관에 사서오경재를 설치하여 유학 교육과정을 개편
- 공양왕 원년(1389)에는 기존의 잡학 3학부, 즉 율학, 서학, 산학을 분리시켜 성균관을 순수한 유학 교육기관으로 재편

(2) 사학 십이도의 발달(십이공도)
- 고려의 수도인 개경에는 '십이도'로 불렸던 열두 개의 유명한 사학이 존재
- 최충의 9재 학당이 시초였으며 과거시험 준비기관의 성격을 띠었다.

(3) 향교와 학당, 서당
- 고려 말 학당의 설립과 함께 중앙에는 최고 학부인 성균관과 그 하위 학교인 학당이 존재하고, 각 지방에는 향교가 위치하는 고려의 관학체제가 틀을 갖춤
  ① 향교
  - 지방의 관학으로 처음에는 국가에서 박사를 파견했으나 이후에 지방관청에서 초빙하거나 지방의 수령이 직접 교육을 맡기도 하였다.
  - 국자감과 마찬가지로 문묘가 설립되어 성현들에 대한 제사가 이루어졌다.
  ② 학당
  - 조선시대 사부학당의 시초가 된 학당은 자체 문묘를 가지고 있지 않았으며 중등수준의 관립학교였다.
  ③ 서당(민간교육기관)
  - 고려시대에도 조선시대의 서당과 유사한 교육기관이 존재하였다.

(4) 과거제도
- 문관을 선발하는 제술과(진사과)와 명경과(생원과), 기술관을 선발하는 잡과, 교종과 선종의 승려를 선발하는 승과, 무관을 선발하는 무과가 있었다.
- 고려시대의 과거는 기본적으로 양인이면 누구나 응시할 수 있었다.

공무원시험 대비

관련 기출

001 통일신라의 국학과 고려의 국자감에서 공통으로 필수 과목이었던 두 책은?

2021 지방직

① 논어와 맹자
② 논어와 효경
③ 소학과 가례
④ 소학과 대학

정답 ②

THEME 05 조선시대의 관학체계 : 성균관, 학당(사부학당), 향교

기출공략

성균관, 사부학당, 향교로 이어지는 조선시대의 관학체계와 조선 후기 서원과 지방의 민간교육 기관인 서당으로 이어지는 사학 체계를 분리해서 각 기관별 특징을 정리하는 것이 좋다. 조선시대의 경우에는 성균관과 관련된 문제가 많이 문제가 출제되고 있으므로 성균관의 학령을 포함한 주요 특징들을 성균관의 전신인 고려 시대의 국자감과 비교하여 정리해 둘 필요가 있다.

대표문제

2016 국가직

07 조선시대 성균관에 대한 설명으로 옳지 않은 것은?

① 문묘와 학당이 공존하는 묘학(廟學)의 형태를 띠고 있었다.
② 고려의 국자감과 달리 순수한 유학(儒學) 교육기관으로 운영되었다.
③ 유생들이 생활하며 공부할 때 지켜야 할 수칙으로 학령(學令)이 존재하였다.
④ 재학 유생이 정원에 미달하면 지방 향교(鄕校)의 교생을 우선적으로 승보시켰다.

해설

② 고려 시대 국자감은 고려 후기 명칭이 성균관(1362)으로 바뀌었으며, 공민왕 16년(1367)에 성균관에 사서오경재를 설치하여 유학 교육과정을 개편하였다. 공양왕 원년(1389)에는 기존의 잡학 3학부, 즉 율학, 서학, 산학을 분리시켜 순수한 유학 교육기관으로 재편했다.
④ 성균관 재학 유생이 정원에 미달하면 사부학당(四學)의 교생을 우선적으로 승보시켰다. 다음으로 소과초시 급제자, 공신과 3품 이상의 자제, 현직관료 등을 입학시켰다.

정답 ④

이론 플러스

조선시대의 관학 체계

(1) 성균관
- 중앙에 설립된 최고 학부이자 대학
- 문묘와 학당이 공존하는 묘학(廟學)의 형태
- 성균관의 입학자격은 생원, 진사를 원칙으로 하였고, 정원은 200명이었다. 정원을 채우지 못할 경우 사학(=사부학당), 즉 한성부의 동·서·남·중학의 생도나 공신 자제 가운데에서 일정한 시험을 거쳐 선발한 인원으로 결원을 보충하였다.
- 지켜야 할 수칙으로는 총 13개 조항으로 된 '학령'이 있었다.
- 성균관의 수학 연한은 별도로 없었다.
- 성균관에서 아침, 저녁으로 도기에 표기를 하면 원점 1점을 부여하였는데 총 300점을 획득해야 문과 대과에 응시할 자격을 주었다(원점법).
- 성균관 유생들은 재회라고 하는 자치 조직을 운영, 유생들은 이 재회를 중심으로 유소, 권당, 공재, 공관 등의 집단활동을 할 수 있었다.

(2) 사부학당(四部學堂, 또는 四學)
- 성균관의 부속(예비) 학교와 같은 성격을 지니며 운영 또한 성균관에서 총괄
- 향교와 비슷한 수준의 교육기관 역할, 향교와 달리 자체 문묘가 없었다.
- 사학의 정원은 동·서·남·중학 각각 100명씩으로서 모두 400명
- 사학은 기본적으로 정원 내의 유생 중 일정 수만 번을 나누어 돌아가면서 머물고 성균관 유생들과 마찬가지의 일수로 사서오경을 읽어나가도록 했다.
- '유월도회'라는 제도를 운영, 매년 6월에 네 곳의 학당에서 우수한 성적을 거둔 10명을 곧바로 생원이나 진사의 복시에 응시하게 하는 제도로 이 제도는 각 도의 향교에서도 운영하였다.

(3) 향교
- 조선시대의 향교는 부·목·군·현에 1읍 1교 원칙에 따라 설치된 지방 관학
- 16세 이상의 양반 이외에 일반 양인(良人) 신분도 등록할 수 있었다.
- 성균관과 마찬가지로 문묘와 학당을 양대 축으로 한 묘학의 구조
- 교관으로는 중앙에서 파견하는 교수와 훈도가 있었다.
- 과거시험 준비를 위한 국립 중등 교육기관, 소학, 사서, 오경 중심의 교육
- 향교의 재학생들에게 면역의 혜택을 주었다.

공무원 시험 대비

관련 기출

001 조선시대 성균관 유생의 출석 확인을 위한 방식은?
2019 국가직

① 학교모범(學校模範)
② 원점법(圓點法)
③ 탕평책(蕩平策)
④ 학교사목(學校事目)

해설

② 원점법(圓點法): 조선시대 성균관과 사학(四學) 등에 거재(居齋)하는 유생들의 출석·결석을 점검하기 위하여 아침·저녁으로 식당에 들어갈 때마다 도기(到記)에 원점을 찍게 하던 규정
① 학교모범(學校模範): 조선 전기 문신·학자 이이가 왕명으로 학교·가정·사회생활의 규칙을 정하여 1582년에 저술한 규정집. 16조로 되어 있는데 당시 청소년의 교육을 쇄신하기 위한 것으로서, 학령(學令)의 미비한 점을 보충하였다. 학교생활뿐만 아니라 가정 및 사회생활의 준칙까지 제시되어 있다.
④ 학교사목(學校事目): 학교모범과 마찬가지로 이이가 교육 쇄신을 위하여 왕명을 받아 1582년에 저술한 규정집. 모두 10항목으로 되어 있다. 《학교모범 學校模範》과 더불어 학령(學令)의 미비한 점을 보충하고 있다. 전 5항은 교사의 선택과 임용 승급 및 대우에 관한 것이고, 후 5항은 학생의 입학·정학·선발·거재·대우·장학 및 자격에 관한 규정을 다루었다.
③ 탕평책(蕩平策)은 조선 영조가 붕당을 막고자 당파간의 세력 균형을 위해 추진한 정책이다.

정답 ②

002 조선시대 성균관의 학령에 대한 설명으로 옳은 것을 〈보기〉에서 고른 것은?

2018 교육청

— 보기 —

ㄱ. 사서오경과 역사서뿐만 아니라 노자와 장자, 불교, 제자백가 관련 서적도 함께 공부하도록 하였다.
ㄴ. 매월 옷을 세탁하도록 주어지는 휴가일에는 활쏘기와 장기, 바둑, 사냥, 낚시 등의 여가 활동을 허용하였다.
ㄷ. 유생으로서 재물과 뇌물을 상의하는 자, 주색을 즐겨 말하는 자, 권세에 아부하여 벼슬을 꾀하는 자는 벌하도록 하였다.
ㄹ. 매년 여러 유생이 함께 의논하여 유생들 중 품행이 탁월하고 재주가 출중하며 시무에 통달한 자 한두 명을 천거하도록 하였다.

① ㄱ, ㄴ
② ㄱ, ㄹ
③ ㄴ, ㄷ
④ ㄷ, ㄹ

해설

유생들이 성균관에서 생활하며 공부할 때 지켜야 할 수칙으로는 '학령'이 있었다. 총 13개 조항으로 된 학령 가운데 유의해서 살펴 볼 몇 가지는 다음과 같다.

2. … 많이 배우려 힘쓰지 말고 반드시 자세하게 연구하도록 한다.
3. 유생들이 독서할 때에는 먼저 이치를 분명히 하여 만가지 변화에 통달하도록 해야 하며, 헛되이 장구(章句)나 숭상하거나 문구의 뜻에 얽매여서는 안 된다. 항상 사서오경과 여러 역사서와 같은 책들을 읽고 노장(老莊)에 관한 책이나 불경, 잡류, 제자백가의 책과 같은 것들은 끼고 다니지 않아야 한다. 위반하는 자는 벌한다.
4. … 혹여 시체를 변경하거나 부박하고 화려한 것을 선동하는 자는 쫓아낸다. 글씨를 해서체로 반듯하게 쓰지 않는 자 또한 벌한다.
9. … 길을 다닐 때 말을 타고 다니는 것은 모두 엄히 금지한다. 위반한 자는 벌한다.
10. 매월 8일과 23일에는 유생들이 의복을 세탁하기 위한 휴가를 청하는 것을 허락한다. 그날에는 반드시 복습에 힘써야지 활쏘기나 장기·바둑, 사냥 구경이나 낚시 등과 같은 여러 놀이를 해서는 안 된다. 위반한 자는 벌한다.
13. 유생들 중 품행이 탁월하고 재주가 출중하며 시무에 통달한 자 한두 명을 매년 말 여러 유생이 함께 천거를 의논하여 학관에게 알리면 학관이 해당 관서에 보고하여 거용하게 한다.

주어진 〈보기〉에서 ㄱ. 사서오경과 역사서와 같은 책을 읽고 노자와 장자, 불교, 제자백가 관련 서적을 읽어서는 안 된다. ㄴ. 매월 옷을 세탁하도록 주어지는 휴가일에는 활쏘기와 장기, 바둑, 사냥, 낚시 등의 여가 활동을 금지하였다.

정답 ④

003 조선시대의 학규(學規)에 대해 옳게 설명한 것은?   2010 교육청

① 진학절목 - 이이가 만든 것으로 소학의 중요성을 강조하였다.
② 권학사목 - 조익이 만든 것으로 서당에 관한 규칙을 정하였다.
③ 학교모범 - 권근이 지은 것으로 조선 초기의 학령을 보충하였다.
④ 구재학규 - 예조에서 만든 것으로 성균관의 교육단계를 구체적으로 서술하였다.
⑤ 원점절목 - 예조에서 만든 것으로 도성과 지방의 모든 학교에 관한 규칙을 정하였다.

해설

① **진학절목** : 1470년(성종 1) 예조에서 제정한 학사행정규칙. 교사의 취임과 전직, 학생의 근태에 관하여 보충한 규정이다.
② **권학사목** : 조선전기 문신·학자 권근이 작성한 8조목의 교육 지침을 수록한 규정집. 조선 초 유학의 진흥과 학제 및 과거제의 정착을 도모한 학술진흥책이다.
③ **학교모범** : 1582년(선조 15) 이이(李珥)가 왕명에 의하여 지은 교육 훈규. 16조로 되어 있는데 당시 청소년의 교육을 쇄신하기 위한 것으로서, 학령(學令)의 미비한 점을 보충하였다. 학교생활뿐만 아니라 가정 및 사회생활의 준칙까지 제시되어 있다.
④ **구재학규** : 1458년(세조 4), 예조에서 성균관의 교육을 위해서 만든 학규. 사서오경인 대학·논어·맹자·중용·시·서·춘추·예기·주역 등을 그 전문적인 성격에 따라 각각 재(齋)로 편성하여 구재(九齋)로 하고, 대학에서부터 순차적으로 주역에까지 이르게 하는 단계적인 9개의 교육과정을 명시함.
⑤ **원점절목** : 조선시대 성균관의 재(齋)에서 공부하던 유생들의 근면·태만의 성적을 점수로 평정하던 학사규정.

정답 ④

004 조선시대 성균관에 대한 설명으로 옳은 것은?   2013 국가직

① 양반(귀족)의 자제면 누구나 입학할 수 있다.
② 성현의 제사를 지내는 것이 주 목적이다.
③ 강독, 제술, 서법 등이 교육내용이다.
④ 생원이나 진사가 되기 위한 준비기관이다.

해설

① 양반이라 하더라도 일정한 자격요건(생원, 진사 등)을 갖춘 자가 입학할 수 있었다.
② 성균관의 교육목적은 고급 관리 양성과 성현의 존경이 주목적이다.
④ 성균관은 문과(대과)시험을 위한 준비기관으로 생원·진사시(소과)에 합격한 사람들이 입학하였다.

정답 ③

005 조선시대 사학(四學)에 대한 설명으로 옳지 않은 것은? 2009 국가직

① 경서중에서 소학(小學)은 필수과목이었다.
② 향교와 같이 중등교육을 담당하였다.
③ 성균관과 같이 명륜당과 문묘를 갖추고 있었다.
④ 입학 후 15세 이상이 되어 학문이 우수하면 성균관에 입학할 수 있었다.

해설

관학(官學)과 대비되는 사학(私學)과 이 문제의 사학(四學)을 구별해야 하는데, 사학(四學)은 사부학당(四部學堂)의 줄임말로서 향교와 비슷한 조선시대의 국립중등교육 기관에 해당한다. 향교가 일읍일교의 원칙에 따라 지방에 설립되어 지방 교육을 담당하던 것에 비해 4부 학당은 한성(漢城)의 각 부(部)에 위치하였으며 성균관의 부속(예비) 학교와 같은 성격을 지니며 운영 또한 성균관에서 총괄하였다. 성균관, 향교와 달리 자체 문묘가 없다는 특징을 가지고 있다.

정답 ③

006 조선시대의 향교에 대한 설명으로 옳지 않은 것은? 2021 국가직

① 전국의 부·목·군·현에 일읍일교(一邑一校)의 원칙에 따라 설립된 지방 관학이다.
② 교관으로는 중앙에서 파견하는 교수(敎授)나 훈도(訓導)가 있었다.
③ 성균관과 마찬가지로 문묘와 학당으로 구성된 묘학(廟學)의 구조를 갖추고 있었다.
④ 향교 유생들은 성균관 유생들을 대상으로 거행하는 알성시나 황감제, 도기과 등의 시험에 함께 응시할 수 있었다.

해설

조선시대 향교는 중등 정도의 관학으로 전국의 부·목·군·현에 일읍일교(一邑一校)의 원칙에 따라 설립되었고, 교관은 중앙에서 파견하는 교수(敎授)나 훈도(訓導)가 있었다. 중앙의 성균관과 마찬가지로 문묘와 학당으로 구성된 묘학(廟學)의 구조를 갖추고 있었다.

④ 알성시는 과거 특별시험의 일종으로 왕이 성균관 문묘제에 나갈 때 보았고, 황가제는 성균관(成均館)과 사학(四學) 유생들의 사기를 높이고 학문을 권장하기 위하여 제주도에서 진상된 귤을 유생들에게 나눠주고 그들만을 대상으로 실시한 과거 특별시험 가운데 하나이고, 도기과는 일정한 도기(到記) 점수를 딴 성균관 유생에게 실시하던 과거시험으로 중종 때 처음 실시하였다. 알성시나 황감제, 도기과 등의 각종 별시는 주로 성균관 유생들의 학업을 장려하기 위하여 실시된 특별시험이었기 때문에 향교의 유생들은 해당되지 않았다.

정답 ④

007 향교(鄕校)에 대한 설명으로 옳지 않은 것은? 2008 국가직

① 향교의 기능은 크게 제례(祭禮)와 강학(講學)의 두 가지로 나뉜다.
② 향교는 조선시대에 처음 설치된 관학 교육기관이다.
③ 향교의 교생은 양반 이외에 일반 양인(良人) 신분도 등록할 수 있었다.
④ 향교에 대한 관리와 감독은 지방 수령의 기본 업무 중 하나이다.

❖ 해설

향교는 고려시대에 처음 설치된 관학 교육기관이다.
조선시대 지방관의 근무 성적을 평가하는 일곱 가지 기준 가운데 '수명학교(修明學校; 학교를 수리하고 학문의 풍토를 밝게 함)'라는 것이 있어서 각급 지방관들은 향교 교육의 진흥에 관심을 기울이지 않을 수 없었다.

정답 ②

THEME 06 조선시대의 사학체계(서원, 서당) 및 실학파

기출공략

조선 후기 서원의 출현으로 서원과 사당으로 이어지는 사학 체계가 형성되고, 향촌 서당의 발달과 함께 실학파들이라고 불리는 학자들에 의한 교육체제 개편안이 제시되었다. 실학파 학자들에 대한 문제가 아직 출제된 적은 없지만, 언제든지 출제될 수 있으므로 학자와 저서와 같은 기본적인 내용에 대한 정리가 필요하다.

대표문제

2017 교육청

02 조선시대 교육기관인 서원(書院)에 대한 설명으로 옳지 않은 것은?

① 관학(官學)인 향교(鄕校)와 대비되는 사학(私學)이다.
② 퇴계 이황은 서원의 교육목적을 위인지학(爲人之學)에 두었다.
③ 원규(院規) 혹은 학규(學規)라고 불리는 자체의 규약을 갖추고 있었다.
④ 교육의 기능뿐만 아니라 선현(先賢)을 숭상하고 그의 학덕을 기리는 제사의 기능도 겸하였다.

해설

② 퇴계 이황은 서원의 교육목적을 위기지학에 두었다. 위기지학은 자기 자신을 위해 학문을 하는 것으로, 이는 학문을 통해 자신을 성찰하고 인격을 수양하여 자신의 도덕적 완성을 추구하는 것을 목적으로 한다. 즉, 공부 그 자체가 목적이 되는 것이다. 반면에 위인지학은 남을 위하여 학문하는 것으로 거짓으로 꾸미고 외형을 좇아서 명성이나 칭찬을 구하는 것을 말한다.

정답 ②

> 이론 플러스

조선시대의 사학 체계 및 실학파

(1) 조선 후기 서원의 발달
- 1543년 풍기 군수 주세붕의 백운동서원이 최초
- 명종 5년(1550) 풍기 군수로 부임한 이황이 백운동서원에 조정의 사액을 바라는 글을 올리고 국가의 지원을 요청, 이에 명종은 '소수서원'이라고 쓴 현판을 내렸다. 이로써 소수서원은 조선 최초의 사액서원이 됨
- 문묘(제사) 기능을 갖춤
- 원규 또는 학규로 불리는 자체의 규약이 있음
- 위기지학의 이념을 표방 : 자기 자신을 위해 학문을 하는 것으로, 이는 학문을 통해 자신을 성찰하고 인격을 수양하여 자신의 도덕적 완성을 추구하는 것을 목적으로 한다. 즉, 공부 그 자체가 목적이 되는 것이다. 반면에 위인지학은 남을 위하여 학문하는 것으로 거짓으로 꾸미고 외형을 좇아서 명성이나 칭찬을 구하는 것을 말한다.

(2) 조선 후기 향촌 서당의 발달과 실학파들에 의한 교육체제의 재편
- 1732년(영조 8)에 반포된 조현명의 권학절목에 향촌 서당을 기반으로 한 조선 후기 지방 교육 체제 개편 방안이 구체적으로 제시된다. 권학절목의 내용은 위로부터 도에서 각 고을을 거쳐 면과 그 아래의 동리에 이르는 행정구역의 위계와 결부된 전일적 교육체제의 수립을 지향하고 있다.
- '실학파'는 조선 후기에 등장한 비판적 유학지식인들로서 조선 후기의 사회적 모순을 극복하기 위한 여러 방면의 개혁안을 제기
- 유형원은 『반계수록』의 〈학교사목〉에서 향상·방상에서 출발하여 읍학·사학, 영학·중학을 거쳐 태학으로 이어지는 4단계의 위계적 학교체제 수립을 제안
- 정약용도 『경세유표』의 〈교민지법〉에서 행정조직과 일치하는 위계적 학교제도의 수립을 제안.

관련 기출

001 다음에서 조선의 성리학자들이 공통적으로 말하고 있는 것은? 2016 교육청

> ○ 도리(道理)를 우리들이 마땅히 알아야 할 것으로 삼고 덕행(德行)을 우리들이 마땅히 실천해야 할 것으로 삼아 먼 곳보다 가까운 데서 겉보다 속부터 공부를 시작해서 마음으로 터득하여 몸소 실천해야 한다.
> — 퇴계 이황, 『퇴계집』의 언행록 —
>
> ○ 처음 배우는 이는 먼저 뜻을 세우되, 반드시 성인(聖人)이 될 것을 스스로 기약해야 하며 조금이라도 자신을 별 볼 일 없게 여겨 물러나려는 생각을 가져서는 안 된다.
> — 율곡 이이, 『격몽요결』의 입지 —

① 위기지학(爲己之學)
② 격물치지(格物致知)
③ 실사구시(實事求是)
④ 권학절목(勸學節目)

해설

① **위기지학(爲己之學)**: 자기 자신을 위해 학문을 하는 것으로, 이는 학문을 통해 자신을 성찰하고 인격을 수양하여 자신의 도덕적 완성을 추구하는 것을 목적으로 한다. 즉, 공부 그 자체가 목적이 되는 것이다. 반면에 위인지학은 남을 위하여 학문하는 것으로 거짓으로 꾸미고 외형을 좇아서 명성이나 칭찬을 구하는 것을 말한다.
② **격물치지(格物致知)**: 사물의 이치를 궁극에까지 이르러 나의 지식을 극진하게 이른다.
③ **실사구시(實事求是)**: 사실에 입각하여 진리를 탐구하려는 태도
④ **권학절목(勸學節目)**: 조선시대 학문을 권장시키기 위해 제정한 규정

정답 ①

002 각 시대별 교육기관이 바르게 짝지어진 것은?

2012 국가직

① 백제(경당), 고구려(국학), 고려(오경박사), 조선(국자감)
② 통일신라(사부학당), 백제(서당), 고려(향교), 조선(국학)
③ 고구려(태학), 통일신라(국학), 고려(십이공도), 조선(향교)
④ 고구려(경당), 백제(학당), 고려(국학), 조선(성균관)

해설

경당은 고구려, 오경박사는 백제, 국자감은 고려, 사부학당 및 서당은 조선시대에 해당한다. 즉, 고구려(태학, 경당), 백제(오경박사), 통일신라(국학), 고려(국자감, 향교, 십이공도), 조선(성균관, 사부학당, 향교)으로 정리해야 한다.

정답 ③

003 한국 교육사의 내용을 잘못 설명한 것은?

2011 교육청

① 우리나라 최초의 교육기관으로 관학은 고구려의 태학, 사학(私學)은 경당이다.
② 고려의 12 공도는 오늘날 사립대학에 해당하며 국가에서 수시로 교육을 감독하였다.
③ 조선의 중등관학기관인 중앙의 사학(四學)과 지방의 향교는 교육과 문묘제례를 중시하였다.
④ 19세기에 설립된 관료양성학교인 육영공원 졸업생은 과거급제를 통하여 분야별 관리가 될 수 있었다.
⑤ 중학교 무시험 진학제도와 대학입학예비고사제도가 발표된 해에 국민교육헌장이 선포되어 교육의 방향성을 제시하였다.

해설

③ 조선의 중등관학 기관인 중앙의 사학(四學)은 향교와 달리 자체 문묘를 지니고 있지 않았다.

정답 ③

THEME 07 과거제도

기출공략

958년에 처음 시행된 과거는 1894년 갑오개혁으로 폐지될 때까지 936년이나 존속된 한국 전통사회의 대표적인 인재선발제도이다. 고려시대의 과거는 기본적으로 양인이면 누구나 응시할 수 있었다. 서인이라도 과거에 응시할 수 있어 고려시대의 과거 응시자격이 조선시대에 비해 비교적 개방적이었음을 알 수 있다. 아래 대표 기출처럼 세부적인 내용에 대해서도 물어볼 수 있으므로 과거제도의 주요 특징들에 대한 정리가 필요하다.

대표문제

2014 국가직

09 조선시대 과거제도에 대한 설명으로 옳지 않은 것은?

① 문과 대과에 급제한 자에게는 홍패(紅牌)가 지급되었다.
② 생진과의 복시(覆試)에 합격한 자에게는 성균관에 입학할 수 있는 자격이 주어졌다.
③ 생원시에서는 유교경전을, 진사시에서는 부(賦), 시(詩) 등의 문학을 시험보았다.
④ 과거시험은 정규시험인 정시(庭試)와 특별시험인 별시(別試)로 구분된다.

해설

생원, 진사 및 잡과 합격자에게는 백패가 문과와 무과의 최종합격자에게는 홍패가 주어졌다.

정답 ④

이론 플러스

과거제도

- 정규시험인 식년시(매 3년)와 특별시험인 증광시, 별시, 알성시, 정시, 춘광대시 등으로 구분

(1) 생원·진사시(소과)
- 초시(각 지역별 시험)에 합격한 사람들을 서울에 모아 복시를 보고, 복시에 합격하면 생원 또는 진사의 칭호를 얻게 되고 성균관에 입학할 수 있는 자격을 갖는다.
- 소과의 생원시는 사서오경에 관한 논술시험, 진사시에서는 시부 중심의 문학적 능력 시험
- 복시의 시험과목은 초시와 같으나, 복시 응시자들은 소학(小學)과 가례(家禮)에 대한 독습여부를 평가받는 학례강이라는 예비시험을 통과해야만 했다.

(2) 문과(대과)
- '대과'로서 초시, 복시, 전시의 3단계로 구성
- 대과 응시자격으로 생원 혹은 진사가 된 후 성균관 원점 300점을 받도록 요구
- 지역별로 치르는 초시에서는 총 240명을 선발하고, 초시 합격자들을 모아 서울에서 치르는 복시에서는 최종적으로 33명을 선발, 회시에서는 먼저 『경국대전』과 『가례』에 대한 예비시험인 전례강을 치른 다음 본시험에 나아간다.
- 마지막 단계인 전시는 일종의 순위 시험이다.
- 생원, 진사 및 잡과 합격자에게 백패, 문과와 무과는 홍패가 주어짐

THEME 08 조선시대 자찬교재의 등장과 활용

기출공략

자찬(自撰)교재, 즉 우리나라 학자들이 만든 우리식 교재의 등장은 조선시대 교육사의 중요한 특징 중 하나다. 조선시대 자찬교재를 조선전기와 후기로 나누어서 책의 핵심적인 특징과 학자 위주로 정리해두는 것이 좋다.

대표문제

2022 국가직

15 다음에 해당하는 조선 후기의 자찬 교재는?

> ○ 『천자문』이 갖고 있던 문자학습 교재로서의 결함을 극복하기 위해 만든 한자 학습서이다.
> ○ 상·하권으로 나누어, 상권은 유형적 개념, 하권은 무형적 개념 위주로 2,000자를 수록하였다.

① 사소절 ② 아학편
③ 아희원람 ④ 하학지남

해설

① 사소절: 『소학』의 부적합성을 지적하며 만든 교재, 사전과 부의, 동규 세 편으로 나누어 선비와 부녀자, 아동이 일상생활에서 지키고 실천해야 할 바를 제시함
③ 아희원람: 유교적 윤리 규범의 테두리를 벗어난 박물관적 관심이 중요한 특징이다.
④ 하학지남: 하학의 지침서, '하학'은 비근한 것, 즉 가까이 있어 알고 실천하기 쉬운 것들에 대한 공부이고, 그 핵심은 날마다 행하는 떳떳한 윤리이다. 이러한 하학공부가 참된 공부의 시작이 되어야 한다는 교육관을 담은 책

정답 ②

이론 플러스

자찬교재의 등장과 활용

(1) 조선전기 자찬교재

① 입학도설 : 권근의 '유학 입문용 교재', 사서오경의 핵심내용을 도표로 그리고 설명을 덧붙임
② 동몽선습 : 박세무가 저술, 동몽들이 무엇보다 먼저 익혀야 할 내용을 경(經)과 사(史)로 나누어 제시한 책, 단군에서 조선에 이르는 우리나라의 역사를 기술하고 있는 최초의 교재
③ 유합 : 『천자문』의 문제점을 비판하며 등장한 자찬 한자 학습교재, 유합의 원칙(한자를 같은 종류끼리 묶어서 제시하는 것)을 사용, 이 원칙은 『훈몽자회』를 비롯한 여러 자찬 한자 학습교재에 그대로 계승됨
④ 훈몽자회 : 최세진이 지은 한자 학습서로서, 상·중·하 3권으로 나누어 33개 항목에 걸쳐 총 3,360자를 담고 있다. 책머리의 범례에 '언문자모'를 실어놓았는데 이는 한글 자음과 모음의 읽는 법과 자·모음의 결합에 의하여 글자가 만들어지는 원리 등을 체계적으로 설명한 것으로 최초의 한글교본이다.
⑤ 삼강행실도 : 군신·부자·부부의 '삼강'에 모범이 될 만한 충신·효자·열녀들의 행실을 모아 그림을 그리고 설명을 덧붙인 윤리 교육용 교재, 우리나라 최초로 실물 삽화를 담고 있는 책
⑥ 내훈 : 최초의 여성용 교재

(2) 조선후기 자찬교재

① 하학지남 : 안정복이 편찬, 하학의 지침서, '하학'은 비근한 것, 즉 가까이 있어 알고 실천하기 쉬운 것들에 대한 공부이고, 그 핵심은 날마다 행하는 떳떳한 윤리로 하학공부가 참된 공부의 시작이 되어야 한다고 주장
② 사소절 : 이덕무가 저술한 가학용 교재로서, 사전과 부의, 동규 세 편으로 나누어 선비와 부녀자, 아동이 일상생활에서 지키고 실천해야 할 바를 제시
③ 동현학칙 : 황덕길이 지은 책, 『소학』의 형식을 그대로 채용하여 편찬, 우리 아이들의 교육에는 우리 선현들의 말씀과 행정을 담은 우리의 교재가 더 효과적이라는 생각에서 편찬된 책
④ 아희원람 : 장혼의 '듣는 것보다 보는 것', '먼 것보다 가까운 것'이 더 우선해야 한다는 교육관이 반영, 책의 내용이 유교적 윤리 규범의 테두리 안에 머물지 않고 자연과 사회, 역사 속에서 아동이나 청소년들의 견문을 넓히는 데 도움이 된다고 판단되는 다양한 사건이나 현상, 이야기들로 구성
⑤ 아학편 : 정약용이 『천자문』의 내용 및 체계상의 결점을 극복하고자 하는 목적으로 엮은 한자 학습용 교재, 상·하 양 권으로 나누어 각각 1,000자의 한자를 수록하여 모두 2,000자로 구성, '유합'의 원칙을 강조

관련 기출

001 다음 설명에 해당하는 조선시대 교재는?   2020 국가직

○ 소학(小學) 등 유학 입문용 교재이다.
○ 중종 때 박세무가 저술하였다.
○ 학습내용을 경(經)과 사(史)로 나누어 제시하였다.
○ 일제 강점기에는 우리 역사를 다룬다는 이유로 서당의 교재로 쓰지 못하게 하였다.

① 동몽선습
② 유합
③ 입학도설
④ 훈몽자회

해설

선택지에 나온 교재들은 모두 조선전기 자찬교재로서 다음과 같은 특징을 갖는다.
② **유합**: 『천자문』의 문제점을 비판하며 등장한 자찬 한자 학습교재. 유합의 원칙(한자를 같은 종류끼리 묶어서 제시하는 것)을 사용. 이 원칙은 『훈몽자회』를 비롯한 여러 자찬 한자 학습교재에 그대로 계승됨.
③ **입학도설**: 권근의 '유학 입문용 교재'. 사서오경의 핵심내용을 도표로 그리고 설명을 덧붙임
④ **훈몽자회**: 최세진이 지은 한자 학습서로서, 상·중·하 3권으로 나누어 33개 항목에 걸쳐 총 3,360자를 담고 있다. 책머리의 범례에 '언문자모'를 실어놓았는데 이는 한글 자음과 모음의 읽는 법과 자·모음의 결합에 의하여 글자가 만들어지는 원리 등을 체계적으로 설명한 것으로 최초의 한글교본이다.

정답 ①

002 다음 설명에 해당하는 저서는?

2017 국가직

> - 체계적 한자 학습을 위하여 엮은 교육용 교재로서 천자문의 결점을 극복하기 위하여 만들어졌다.
> - 상하 각각 1,000자를 수록하여 2,000자로 구성이 되었다.
> - 상권에는 유형적 개념에 해당하는 한자를 담았고, 하권에는 계절, 기구, 방위 등의 무형적 개념에 해당하는 한자를 담았다.

① 아학편(兒學編)
② 성학집요(聖學輯要)
③ 격몽요결(擊蒙要訣)
④ 학교모범(學校模範)

해설

① **아학편(兒學編)** : 조선후기 자찬교재로 정약용이 『천자문』의 내용 및 체계상의 결점을 극복하고자 하는 목적으로 엮은 한자 학습용 교재이며 '유합'의 원칙을 강조하였다.
② **성학집요(聖學輯要)** : 조선전기 문신·학자 이이가 제왕의 학을 위하여 1575년에 저술한 정치서.
③ **격몽요결(擊蒙要訣)** : 조선전기 문신·학자 이이가 일반 학도들에게 도학의 입문을 지시하기 위해서 1577년에 간행한 유학서. 유학입문서.
④ **학교모범(學校模範)** : 조선전기 문신·학자 이이가 왕명으로 학교·가정·사회생활의 규칙을 정하여 1582년에 저술한 규정집. 16조로 되어 있는데 당시 청소년의 교육을 쇄신하기 위한 것으로서, 학령(學令)의 미비한 점을 보충하였다. 학교생활뿐만 아니라 가정 및 사회생활의 준칙까지 제시되어 있다.

정답 ①

THEME 09 개화기 교육 : 신식학교의 등장과 갑오·광무개혁

기출공략

개화기 교육관련해서는 이 시기에 신설된 신식학교들의 명칭과 특징들을 알고 있어야 하며 갑오·광무개혁의 내용과 고종이 반포한 교육입국조서의 내용을 기억하는 것이 중요하다.

대표문제

2021 교육청

10 개화기에 설립된 우리나라 관립 신식학교에 해당하는 것만을 모두 고르면?

> ㉠ 동문학   ㉡ 육영공원   ㉢ 연무공원

① ㄱ, ㄴ
② ㄱ, ㄷ
③ ㄴ, ㄷ
④ ㄱ, ㄴ, ㄷ

해설

㉠ 동문학 : 1883년 4월에 설립된 관립 외국어 교육기관이다. 통변학교라고도 한다. 개화기의 관립(官立) 근대학교, 1882년 임오군란(壬午軍亂) 뒤 청국의 세력이 뻗치면서 독일 사람 묄렌도르프가 통상아문의 부속기관으로 설립한 학교로서 일명 통변학교(通辯學校)로 불리었다.

㉡ 육영공원 : 1886년 9월 23일에 개교하였다. 학교 이름인 육영공원(育英公院)은 '(젊은) 영재를 기르는 공립학교'라는 의미이다. 우리나라 최초의 외국어 학습 기관인 동문학(同文學)이 1883년에 설립되어 영어 통역관을 양성하는 역할을 하였으나, 육영공원이 설립되어 외국어를 중요시하고 영어 학습을 강력히 실시하자, 같은 관립 학교인 동문학의 역할을 대신하게 되어 동문학은 3년 만에 폐쇄되었다.

㉢ 연무공원 : 1888년(고종 25)2월에 설치된 한국 최초의 근대식 사관양성학교이다.

위 세 학교 모두 우리나라 관립 신식학교에 해당한다.

정답 ④

이론 플러스

신식학교의 등장과 발달

(1) 관립 신식학교
  ① 동문학 : 영어 통역관 양성을 위한 학당으로 출발, '통변학교'로도 불림
  ② 육영공원 : 1886년 9월에 설립한 대표적인 관립 신식 교육기관, '육영공원'은 '엘리트 양성을 위한 관립학교'라는 뜻으로, 고급의 신식학교
  ③ 연무공원 : 1888년에 설립한 '무예 수련을 위한 관립학교'로서 신식 무관을 양성

(2) 기독교계 신식학교
  ① 배재학당 : 1885년 서울에 설립되었던 중등과정의 사립학교, 선교사 아펜젤러가 세운 최초로 외국인이 설립한 근대적 사학

(3) 민간 신식학교
  ① 원산학사 : 한국 최초의 근대식 사립학교, 1883년에 설립된 원산학사는 민간에서 자발적으로 설립한 대표적인 신식학교이면서 관민이 연합하여 설립한 학교이다. 초등 및 중등교육을 함.
  ② 점진학교 : 1899년 안창호가 세운 초등과정의 학교, 남녀공학을 실시한 최초의 소학교, 학교의 명칭은 점진적으로 공부와 수양을 계속하여 민족의 힘을 길러야 한다는 안창호의 점진론을 나타내고 있다. 이는 그가 평소에 강조하던 무실역행사상을 그대로 담은 것이다.
  ③ 대성학교 : 1908년에 안창호가 평양에 세운 중등교육기관

갑오·광무개혁과 근대교육의 제도화

(1) 갑오개혁(갑오경장); 1894년~1896년까지의 일련의 개혁운동
  • 과거 제도를 폐지, 문벌과 반상제도의 혁파, 문존무비의 차별폐지
  • 홍범 14조 반포(1895년 1월 7일)
  • 학무아문이 학부로 개편
  • 고종의 교육입국조서가 반포(1895년 2월) : 근대적 국민교육 제도 수립의지를 국가 차원에서 선포한 것으로 교육을 '국가를 보존하는 근본'으로 인식하고 '허명'을 버리고 실용에 힘써야 할 것이라 강조하며 덕양, 체양, 지양을 교육의 3대 강령으로 제시, 1895년 이후 근대적 교육개혁이 의욕적으로 추진되었으나 1895년 한성사범학교와 외국어학교, 소학교 4~5개교 정도가 설치된 것을 제외하고는 기타중학교나 실업학교, 전문학교 등은 설립되지 못함.

(2) 광무개혁 ; 1899년
  • 초등교육 기관으로는 관·공·사립의 소학교가 설립되고, 중등교육기관으로는 중학교와 사범학교, 외국어학교, 의학교, 농상공학교, 광무학교, 법관양성소 등이 설립, 기존의 성균관을 근대적 대학으로 개편하는 작업이 추진, 그 결과 완전한 형태는 아니지만 초·중·고등교육을 망라한 근대적 국민교육 제도의 기본 틀을 갖춤

관련 기출

001 우리나라 개화기 교육에 대한 설명으로 옳지 않은 것은? 2020 교육청

① 동문학은 통역관 양성을 위한 목적으로 출발하였다.
② 배재학당은 우리나라 최초로 설립된 민간 신식교육기관이다.
③ 육영공원은 엘리트 양성을 위한 목적으로 설립된 관립 신식교육기관이다.
④ 안창호는 대성학교를 설립하여 무실역행을 강조하였다.

해설

배재학당은 1885년 선교사 아펜젤러에 의해 설립된 근대식 중등 교육기관이며 원산학사는 1883년 민간에 의해서 함남 원산에 세워진 한국 최초의 근대적 교육기관이다. 그러므로 선택지 ②는 원산학사에 해당한다.
안창호는 대성학교, 점진학교를 설립, 대성학교는 평양에 설립한 중등 교육기관, 점진학교는 민간인이 세운 최초의 사립학교인 동시에 남녀공학을 실시한 최초의 소학교이다. 무실역행은 안창호의 교육이념으로 실제에 힘쓰고 온 힘을 다해 행한다는 뜻으로 말이나 이론보다는 행동하고 실천하여 내실을 다지는 것을 말한다.

정답 ②

002 새로운 교육의 방향을 제시하기 위해 고종이 갑오개혁 시기에 반포한 교육입국조서의 내용으로 옳은 것만을 모두 고른 것은? 2018 국가직

ㄱ. 초등 단계의 의무교육을 시행할 것임을 선언하였다.
ㄴ. 유교식 교육기관인 성균관을 근대식 대학으로 전환할 것을 천명하였다.
ㄷ. 교육의 3대 강령으로 덕양(德養), 체양(體養), 지양(智養)을 제시하였다.
ㄹ. 과거의 허명(虛名)교육을 버리고 실용(實用)교육을 중시할 것임을 밝혔다.

① ㄱ, ㄴ   ② ㄱ, ㄹ   ③ ㄴ, ㄷ   ④ ㄷ, ㄹ

해설

ㄱ. 우리 나라의 의무교육은 1950년 6월부터 시작되었으나 법률로 정한 것은 1948년<헌법>, 1949년 <교육법>, 그리고 1952년 <교육법시행령>의 제정·공포로 확립되었다. 소학교는 1895년에 설치된 근대적 초등교육기관이다. 1894년 7월부터 1896년 2월 초까지 3차에 걸친 갑오개혁 중 제3차 개혁을 을미개혁(1895년 8월부터 1896년 2월)이라고 하는데, 이 시기에 소학교령이 발표되면서 소학교가 설치되었다.
ㄴ. 유교식 교육기관인 성균관을 근대적 대학으로 개편하는 작업이 추진된 것은 광무개혁이다.

정답 ④

003 구한말 고종이 선포한 '교육입국조서'의 내용으로 옳지 않은 것은? 2007 국가직

① 체·덕·지 순으로 그 중요성을 강조하였다.
② 교육을 통한 국가건설을 주창하였다.
③ 허명(虛名)을 버리고 실질을 숭상할 것을 역설하였다.
④ 학교를 널리 세워 인재를 양성할 것을 제창하였다.

해설

교육입국조서는 근대적 국민교육 제도 수립의지를 국가 차원에서 선포한 것으로 교육을 '국가를 보존하는 근본'으로 인식하고 '허명'을 버리고 실용에 힘써야 할 것이라 강조하며 덕양, 체양, 지양을 교육의 3대 강령으로 제시하였다.
이 조서는 재래의 경전중심(經典中心)의 교육을 지양하고, 세계 정세에 눈을 뜨게 하는 새로운 교육의 중요성을 강조했으며, 교육의 삼대강령(三大綱領)으로 덕육·체육·지육 등의 전인교육(全人敎育)의 방향을 내세워 혁신적인 풍교(風敎)를 세우고, 사회를 향상시키며, 근로와 역행(力行)의 정신과 습성을 기르고, 사물의 연구를 철저히 하여 국가중흥의 강력한 힘이 될 것을 역설함으로써, 한국 근대교육 설립에 결정적인 영향을 준 것이었다. 이를 계기로 하여 학부관제(學部官制, 1895)·각학교관제(各學校官制, 1895 이후) 등 근대적인 학제(學制)가 마련되기 시작했다. 그러므로 체·덕·지 순으로 그 중요성을 강조한 것이 아니라 전인교육을 강조한 것으로 볼 수 있다.

정답 ①

004 1894년부터 1896년까지 추진된 갑오개혁의 과정에 관제(官制) 또는 영(令)에 의해 설립된 근대 교육기관이 아닌 것은? 2023 교육청

① 소학교
② 중학교
③ 외국어학교
④ 한성사범학교

해설

갑오개혁은 1894년(고종 31) 7월~1896년 2월까지의 일련의 개혁운동을 가리키며, 1885년 이후 근대적 교육개혁이 의욕적으로 추진되었으나 1895년 한성사범학교와 외국어학교, 소학교 4~5개교 정도가 설치된 것을 제외하고는 기타중학교나 실업학교, 전문학교 등은 설립되지 못하였다. 한편, 중학교 교육이 근대학교로 제도화되어 실시된 것은 1899년 4월 공포된 「중학교관제」 이후의 일이다.

정답 ②

THEME 10 일제강점기 조선교육령

기출공략

일제의 식민교육정책은 4차에 걸쳐 공포된 조선교육령에 잘 나타나 있는데 각 시기별 조선교육령의 특징을 기억하고 있어야 한다.

대표문제

2021 국가직

18 다음 내용을 포함하고 있는 일제강점기의 조선교육령은?

> ○ 보통학교의 수업연한은 6년으로 한다. 단, 지역의 상황에 따라 5년 또는 4년으로 할 수 있다.
> ○ 전문교육은 전문학교령에, 대학교육 및 그 예비교육은 대학령에 의한다.

① 제1차 조선교육령 ② 제2차 조선교육령
③ 제3차 조선교육령 ④ 제4차 조선교육령

해설

일제강점기 조선교육령은 총 4차에 걸쳐 이루어졌는데, 각각의 주요 특징은 다음과 같다.
① 제1차 (1911-1922) : 보통학교 수업연한 단축 (6년 → 4년)
② 제2차 (1922-1938) : 보통학교 6년, 고등보통학교 수업연한 5년제로 연장, 조선어 필수과목, 사범학교 설립 및 대학에 관한 규정 마련, 경성제국대학 설립
③ 제3차 (1938-1943) : 조선어 선택과목화(1년 후 사실상 폐지), 교육기관명 변경(소학교, 중학교, 여자고등학교)
④ 제4차 (1943-1945) : 중학교, 고등여학교 수업연한 4년, 조선어, 역사교육 금지, 전시동원체제

이 중에서 보통학교의 수업연한을 6년으로 한 것은 제2차 조선교육령에 해당한다. 1919년의 3·1운동을 계기로 1910년의 무단통치를 일부 완화하여 문화통치로 전환한 일제는 1922년에 기존의 조선교육령을 개정한 제2차 조선교육령을 공포하면서 그간의 차별을 철폐하고 동일한 제도를 조선에 적용하겠다는 취지에서 보통학교와 고등보통학교의 수업연한을 각각 6년과 5년으로 연장하는 등 일본 학제와의 차별을 일부 완화하였다.

정답 ②

> 이론 플러스

일제강점기의 조선교육령

① 제1차 조선교육령(1911~1922)
- 차별적 교육, 명칭과 수업연한 모두 격을 낮추어 차별
- 서당에 대한 통제를 강화하여 민족교육을 억제

② 제2차 조선교육령(1922~1938)
- 1919년의 3·1운동을 계기로 문화통치로 전환, 보통학교와 고등보통학교의 수업연한을 각각 6년과 5년으로 연장, 조선어를 필수과목으로 지정
- 대학 설립이 가능한 법적 기초 마련→ 경성제국대학 설립

③ 제3차 조선교육령(1938~1943)
- 전시체제 중심으로 전환, '내선일체'의 이념을 강화, '소학교'로, '중학교'와 '고등여학교'로 명칭을 통일, 그러나 민족 별학체제는 기본적으로 유지
- 1941년에는 기존의 소학교를 '국민학교'로 개칭, 필수과목이었던 조선어와 조선역사를 선택과목으로 변경

④ 제4차 조선교육령(1943~1945)
- 1941년 태평양전쟁을 개시한 일제는 본국과 식민지를 전시총동원 체제로 재구축, 중학교의 수업연한이 4년으로 단축되고 전문학교도 3~6개월이 단축됨
- 학교의 교육적 기능이 변질되면서 군사체제화 됨

공무원 시험 대비

> 관련 기출

001 일제 강점기의 제2차 조선교육령에 대한 설명으로 옳지 않은 것은? 2015 국가직
① 조선어를 필수과목으로 정했다.
② 고등보통학교의 수업연한을 3년으로 정했다.
③ 대학 설립에 관한 조항을 두었다.
④ 3·1운동으로 표출된 반일감정을 무마하기 위한 회유책이었다.

> 해설

일제 강점기의 제2차 조선교육령(1922~1938)은 1919년의 3·1운동을 계기로 문화통치로 전환한 시기에 이루어진 것으로 문화정치의 일환에서 그동안 명칭과 수업연한에서 모두 격을 낮추어 차별하던 것에서 다시 보통학교와 고등보통학교의 수업연한을 각각 6년과 5년으로 연장하고 조선어를 필수과목으로 지정하는 등의 차별을 완화하는 정책을 폈다. 또한, 이 시기에 대학 설립이 가능한 법적 기초 마련하고 경성제국대학 설립하였다.

정답 ②

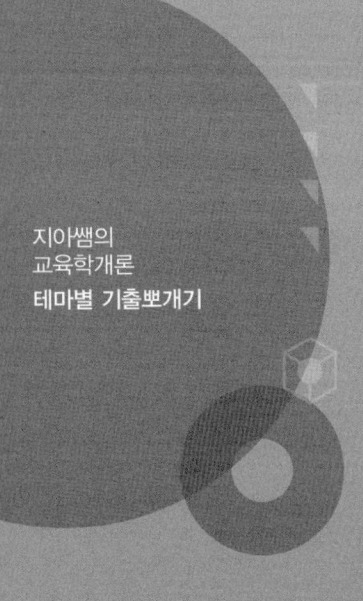

지아쌤의
교육학개론
테마별 기출뽀개기

CHAPTER 03

서양교육사

출제비율

연도	'07	'08	'09	'10	'11	'12	'13	'14	'15	'16	'17	'18	'19	'20	'21	'22	'23	총문항수	총출제문항
국가직	2	1	1		1	1				1	1	1	1				1	340	11(3%)
교육청									2	1	2	2	2	1			1	180	11(6%)

출제경향

서양교육사에서는 국가직에서보다 교육청 시험에서 자주 출제가 되었으며 최근 들어서는 예전보다 덜 출제 되고 있다. 가장 많이 출제되었던 부분은 고대 그리스 교육으로 소크라테스, 플라톤, 아리스토텔레스에 대한 문제가 출제되었다. 이어서 실학주의(리얼리즘) 교육사상에서, 그리고 신인문주의 교육의 사상가들에 관한 문제가 여러 번 출제되었다.

THEME 11 고대 그리스의 교육 : 소크라테스, 플라톤, 아리스토텔레스 등

기출공략

고대 그리스 교육은 인문주의적이고 인본주의적인 특징을 지녔으며, 다양한 교육적 실천을 통해 최초의 교육이론 및 개념이 정립된 시기라고 볼 수 있다. 이러한 교육적 성과의 중심에 소크라테스, 플라톤, 아리스토텔레스와 같은 위대한 교육사상가들이 있었다.

대표문제

2017 교육청

05 다음 내용과 관련이 있는 교육사상가는?

> 교사는 학생에게 정답을 미리 알려주지 않고 학생이 알고 있는 것이 참인지 거짓인지를 판단하면서 학생 스스로 진리의 세계로 들어갈 수 있도록 돕는 역할을 한다. 이를 위해 교사는 반어적인 질문을 학생에게 던짐으로써 학생 자신이 무지를 깨닫게 한다. 지적(知的)인 혼란에 빠진 학생은 교사와의 끊임없는 대화를 통해 진리를 성찰하게 되면서 점차 참된 지식에 이를 수 있게 된다.

① 아퀴나스(T. Aquinas)　　② 소크라테스(Socrates)
③ 프로타고라스(Protagoras)　　④ 아리스토텔레스(Aristoteles)

해설

소크라테스는 참된 지(知)를 얻을 수 있는 방법을 귀납법에서 찾고, 사람들의 대화에 의한 문답법에서 독단적인 잘못된 지식을 비판하고 제거하면서 일반적인 진리에 도달할 수 있다고 하였다. 소크라테스의 대화법은 목적과 방법의 차이에 따라 두 가지로 분류된다. 하나는 반어법이고 다른 하나는 산파술이다. 반어법은 소크라테스가 상대방으로 하여금 자신의 잘못된 주장이나 신념을 깨닫도록 하기 위한 것이다. 반어법이 주로 무지의 자각에 그 목표를 둔다면, 산파술은 이미 획득된 지식을 전제로 하여 논리적 연역을 함으로써 새로운 지식을 획득하는 데 목표를 둔다. 제시된 지문은 반어적인 질문을 학생에게 던짐으로써 학생 자신이 무지를 깨닫게 하는 소크라테스의 반어법에 관한 내용이다.

정답 ②

> 이론 플러스

고대 그리스의 교육 : 소크라테스, 플라톤, 아리스토텔레스

(1) 소크라테스(B.C. 470~399)
- 실천지(實踐知)를 중시, 참된 지(知)를 얻을 수 있는 방법을 귀납법에서 찾고, 사람들의 대화에 의한 문답법에서 독단적인 잘못된 지식을 비판하고 제거하면서 일반적인 진리에 도달할 수 있다고 하였다.
- 소크라테스의 대화법은 반어법과 산파술이다.
- 지식과 진리의 절대성과 객관주의적 관점을 고수

(2) 플라톤(B.C. 427~347)
- 여성교육에 있어서 최초의 옹호자.
- 철인왕 사상 ; 철학자가 왕이 되든지, 왕이 철학자가 되어야 한다.
- 플라톤이 기획한 이상적인 국가는 자신의 능력에 따라 그 역할이 정해져 있다. 그리고 국가는 이 타고난 능력에 맞는 교육을 시켜야 한다.
- 위계론적 지식유형론을 보여준다.
- 플라톤에게 세계는 이원적으로 구분된다. 우리의 감각기관을 통해 지각되는 세계는 현상계이다. 그러나 이 세계는 사물의 참된 모습과는 거리가 먼 허상의 세계일 뿐이다. 반면에 현상계의 각 사물의 이상적인 본질은 이데아의 세계에 존재한다(이원론).
- 이러한 구분에 따라 플라톤은 참된 이데아, 특히 선의 이데아에 도달하는 것이 인간 교육의 최대목표라고 주장한다. 플라톤은 이를 설명하기 위해 동굴의 비유를 든다.

(3) 아리스토텔레스(B.C. 384~322)
- 질료는 형상을 이루게 될 가능태이고 형상은 질료가 이후에 실현해나갈 현실태가 됨(형상 질료론), 일원론
- 모든 존재자는 이후에 무언가로 실현해 나갈 요소를 그 속에 이미 함유하고 있다(목적론).
- 교육적 이상형-시민, 시민의 자질로 도덕적 탁월성과 지적인 탁월성을 언급, 도덕적 탁월성이란 용기, 절제 등과 같이 중용의 덕을 발휘하여 성취될 수 있는 것들이고, 지적 탁월성이란 관조를 통해서 획득된다.
- 교육의 궁극적 목적은 사람들로 하여금 행복한 삶을 살도록 하는 것이다.
- 아리스토텔레스는 특히 이론적 지식을 가르치는 자유 교육은 시민을 위한 교육으로 적합한 것이라고 생각하였다. 시민은 자유교육을, 시민이 아닌 사람들은 직업교육을 받도록 하는 것이다.
- 플라톤의 윤리학은 스승 소크라테스의 '지행합일'에 기초한 주지주의, 즉 완벽한 지식교육의 완성을 이룬다면 도덕적 품성계발이 이루어진다는 생각에 머물러 있었다면, 아리스토텔레스는 이러한 주지주의를 완전히 부정하지는 않았지만 주의주의, 즉 의지나 욕구를 강조하면서 현실적인 접근을 한다. 이성적 능력의 계발뿐만 아니라 습관형성이나 훈련과 같은 방안을 제시한다.

관련 기출

001 고대 그리스의 소크라테스 교육사상에 대한 설명으로 틀린 것은? 2015 교육청

① 덕(德)과 지식은 동일하다고 주장하였다.
② 도덕성 함양을 위해 습관 형성을 강조하였다.
③ 교육방법으로 대화법과 산파술을 사용하였다.
④ 절대적이고 객관적인 진리의 존재를 역설하였다.

해설

② 도덕성 함양을 위해 습관 형성을 강조한 것은 아리스토텔레스이다.

정답 ②

002 소크라테스의 '산파술'에 대한 설명으로 적절하지 않은 것은? 2008 국가직

① 교육자는 상대가 이미 알고 있다고 생각하는 관념에 대해 그것이 과연 타당한 것인지 계속해서 질문을 제기한다.
② 교육자는 대화를 통해 상대방이 스스로 발견한 지식의 옳고 그름을 판정해주는 역할을 한다.
③ 교육자가 피교육자에게 무엇인가를 일러주는 것이 아니라 피교육자 스스로 생각하도록 유도하는 교육방법이다.
④ 상대방으로 하여금 결국 자신이 모르고 있었다는 것을 깨닫게 하여 배움의 새로운 단계로 이끄는 교육방법이다.

해설

교육자는 학생과 대화를 통해 정답을 미리 알려주지 않고 학생이 알고 있는 것이 참인지 거짓인지를 판단하면서 학생 스스로 진리의 세계로 들어갈 수 있도록 돕는 역할을 한다.

정답 ②

003 플라톤이 국가론에서 주장한 내용으로 옳은 것은? 2019 교육청

① 교육의 궁극적인 목적은 개인의 자아실현에 있다.
② 국가는 능력에 따라 구분된 계급에 적합한 교육을 시켜야한다.
③ 모든 인간은 백지상태에서 태어나므로 개인의 사회적 역할은 평등하다.
④ 국가는 교육에 최소한으로 개입하여 개인의 발달을 보장해야 한다.

해설

플라톤은 인간은 태어나면서 각기 다른 능력을 타고나며 이 능력에 따라 각자의 역할이 정해져 있으므로 국가는 능력에 따라 구분된 계급에 적합한 교육을 시켜야한다고 주장한다.
① 아리스토텔레스(Aristoteles)
③ 로크(Locke)의 백지설
④ 루소(Rousseau) 또는 진보주의 교육관에 해당한다.

정답 ②

004 다음 내용과 가장 관련이 깊은 것은? 2018 교육청

- 핵심 주제는 정의, 즉 올바른 삶이다.
- 올바른 삶을 위해 가장 중요한 것은 이성의 덕인 지혜를 갖추는 것이다.
- 초기교육은 음악과 체육을 중심으로 하고, 후기 교육은 철학 또는 변증법을 강조한다.

① 플라톤(Platon)의 『국가론』
② 루소(J. J. Rousseau)의 『에밀』
③ 듀이(J. Dewey)의 『민주주의와 교육』
④ 피터스(R. S. Peters)의 『윤리학과 교육』

해설

플라톤의 저서인 국가론은 보통 '국가 혹은 정의에 대하여'라고 불리기도 한다. 그것은 시종일관하여 "정의란 무엇이고, 그리고 그것은 인간 삶에 있어서 어떠한 의미를 가지고 있는가"라는 물음으로 관철되어 있다고 할 수 있다.
② 루소(J. J. Rousseau)의 『에밀』과 ③ 듀이(J. Dewey)의 『민주주의와 교육』은 진보주의적 관점에서 쓰여진 책이며 피터스(R. S. Peters)는 『윤리학과 교육』에서 교육의 3가지 개념적 준거(규범적, 인지적, 과정적 준거)에 관해서 주장하였다.

정답 ①

005 아리스토텔레스의 교육사상에 대한 설명으로 옳은 것만을 모두 고르면? 2020 교육청

ㄱ. 모든 인간은 장차 실현될 모습을 스스로 지니고 있다는 목적론적 세계관을 지향한다.
ㄴ. 교육의 최종적인 목적은 행복한 삶을 영위할 수 있는 인간을 기르는 것이다.
ㄷ. 자유교육은 직업을 준비하거나 실용적인 목적을 위해 행해지는 것이 아니라 지식 자체의 목적에 맞추어져 있다.

① ㄱ, ㄴ　　　　　　　　② ㄱ, ㄷ
③ ㄴ, ㄷ　　　　　　　　④ ㄱ, ㄴ, ㄷ

해설

아리스토텔레스는 시민은 자유교육을, 시민이 아닌 자들은 직업교육을 받아야 한다고 주장했다.

정답 ④

006 아리스토텔레스의 교육 사상에 대한 설명으로 옳지 않은 것은? 2016 교육청

① 교육은 시민들의 행복한 삶을 다룬다는 점에서 정치와 동일하다.
② 도덕적 탁월성이란 개인이 가진 내적 소질을 최대한 발현시키는 것이다.
③ 인간을 포함하여 존재하는 모든 것은 장차 실현될 모습을 스스로 지니고 있다.
④ 반어법(反語法)과 산파술(産婆術)은 학습자의 무지를 일깨우기 위한 교수법이다.

해설

④ 반어법(反語法)과 산파술(産婆術)은 학습자의 무지를 일깨우기 위한 소크라테스의 교수법이다.

정답 ④

007 고대 그리스 시대의 교육에 대해 잘못 설명한 것은?

2010 교육청

① 플라톤은 여성교육을 소홀히 하였다.
② 아리스토텔레스는 자유교육을 주장하였다.
③ 스파르타에서는 국가주의적 교육을 강조하였다.
④ 이소크라테스(Isocrates)는 수사학 학교를 세웠다.
⑤ 소피스트는 공동체보다 개인의 목적을 더 중시하였다.

해설

① 플라톤은 국가론에서 이상 국가를 이데아(모든 형상의 숨겨진 원형)를 볼 수 있는 '철인왕'이 통치해야 한다고 주장했는데 그 철인은 남성뿐 아니라 여성도 될 수 있다고 말함으로써 남녀에 차별을 두지 않았으며 남자든 여자든 간에 각자 타고난 능력에 적합한 교육을 하는 것을 중요하게 생각했다.

정답 ①

THEME 12 소피스트(Sophist)들과 이소크라테스(Isocrates)

기출공략

고대 그리스 교육의 한쪽 끝에 플라톤이 있고 또 한쪽 끝에 소피스트가 있다면 그들과 삼각형을 이루는 또 한쪽의 끝에는 이소크라테스가 있다. 이소크라테스가 지향하고자 했던 것이 플라톤과 같은 완벽한 철학적 사유도 아니었으며 프로타고라스와 같은 소피스트들처럼 논쟁에서 승리할 수 있는 정치적 지혜와 아레떼만을 강조한 것이 아니었기 때문이다. 오히려 이소크라테스의 교육은 당시 그리스를 이끌었던 두 부류의 교육을 교묘히 섞어 놓은 듯한 인상을 준다. 이소크라테스 관련해서는 그동안 아래 대표기출 한 문제밖에 출제되지 않았지만 고대 그리스 교육을 정리하는 과정에서 소피스트들과 함께 간단하게 정리해두면 좋을 것이다.

대표문제

2011 국가직

17 소피스트들과 이소크라테스(Isocrates)의 교육 방식과 철학에 대한 비교로 옳지 않은 것은?

① 대부분의 소피스트들은 연속적이고 체계적인 교육을 제공하였지만, 이소크라테스(Isocrates)는 인간의 삶에 관계되는 다양한 질문을 하면서 산발적이며 비형식적인 교육을 하였다.
② 소피스트들은 젊은이들에게 수사학의 기술을 가르쳐 유능한 대중 연설가로 키우는 것이 목적이었으나, 이소크라테스(Isocrates)는 수사학의 기술과 함께 이들에게 인간의 정신을 도야하도록 가르쳤다.
③ 소피스트들은 출세위주의 입신양명에 교육목적을 두었으나, 이소크라테스(Isocrates)는 자신이 소피스트가 아니라고 주장했다.
④ 자유분방한 소피스트들은 법과 권위를 당연한 것으로 받아들이지 않는 회의주의적 도덕관을 가졌으나, 이소크라테스(Isocrates)는 보편적인 인간교육 이념을 확산시켰다.

해설

소피스트란 그리스어로 지혜로운 자 또는 지혜를 만들어내는 사람이라는 뜻으로, BC 5~4세기의 그리스의 철학자들을 말한다. 이들은 그리스의 여러 국가를 돌아다니면서, 다양하고 폭넓은 주제에 대해서 강연하였다. 원래 소피스트는 돌아다니면서 강연하는 교사를 의미하지만, 지혜로운 스승을 의미하기도 한다. 그러므로 선택지 ①에서 산발적이며 비형식적인 교육을 한 것은 소피스트들에 해당한다. 오히려 이소크라테스는 기원전 392년, 정치적 공간에서 벌어질 '수사'를 위한 학교를 세웠다. 그가 설립한 학교는 플라톤이 세운 아카데미아(Academia)보다 5년이나 앞선 것이었고, 소피스트들이 여러 지역을 돌아다니며 가르치던 시대였기에 큰 성공을 거두었다.

정답 ①

이론 플러스

소피스트들과 이소크라테스(Isocrates)

(1) 소피스트(Sophist)
- 소피스트는 '지혜로운 자' 혹은 '현명하고 신중한 자'를 뜻하는 그리스어에서 유래했다. 본래는 현인이나 시인, 장인, 철학자들에게 존중하는 의미로 사용되었던 말이었으나 웅변술과 상대주의를 설파하는 교사의 강연이 인기를 누린 기원전 5세기 말부터는 교육자를 뜻하는 말로 고착화되었다. 그들은 여러 도시들을 여행하며 사람들에게 지식과 재주를 가르치고 보수를 받았다. 기원전 5세기부터 기원전 4세기까지 그리스를 중심으로 활동했던 철학사상가이자 교사들이다. 설득을 목적으로 하는 논변술을 강조하였으며, 진리와 정의를 상대적인 기준으로 바라보았다. 자유분방한 소피스트들은 출세 위주의 입신양명에 교육목적을 두고 법과 권위를 당연한 것으로 받아들이지 않는 회의주의적 도덕관을 가졌다.

(2) 이소크라테스(Isocrates)
- 이소크라테스는 기원전 4세기 펠로폰네소스 전쟁으로 어수선하던 시기에 성공적인 삶을 영위하는 인간을 만드는 데 관심을 가지고 있었으며, 훌륭한 웅변가를 양성하는 것을 자신의 교육적 과제로 삼았다. 그가 생각했던 훌륭한 웅변가란 당시 혼란해진 그리스를 구해줄 정치지도자였다. 이소크라테스에게 있어서 웅변은 덕 있고 지혜로운 정신의 반영이기 때문이다. 이와 함께 보편적인 인간교육 이념을 확산시켰다.
- 기원전 392년, 나이 44세에 그는 정치적 공간에서 벌어질 '수사'를 위한 학교를 세웠다. 그가 설립한 학교는 플라톤이 세운 아카데미아(Academia)보다 5년이나 앞선 것이었고, 소피스트들이 여러 지역을 돌아다니며 가르치던 시대였기에 큰 성공을 거두었다. 비싼 수업료 때문에 소수의 학생만이 들어갈 수 있었지만, 그의 학교를 통해 걸출한 정치가들과 사상가들이 많이 배출되었다. 아리스토텔레스도 플라톤의 아카데미에 들어가기 전에 그의 학교에서 잠시 수학했을 정도였다.

THEME 13 로마시대의 교육

기출공략

로마시대의 교육은 자주 출제되는 영역은 아니지만 공화정시대와 제정시대로 나누어 주요 특징에 대한 정리가 필요하다.

대표문제

2007 국가직

11 고대 로마의 교육에 대한 진술 중 옳지 않은 것은?

① 로마 초기에는 부모가 자녀교육에 대하여 절대적인 권한을 행사하였다.
② 문법학교가 수사학교보다 높은 수준의 교육기관이었다.
③ 중등교육기관에서는 7자유학과를 체계적으로 가르쳤다.
④ 현학적인 학문보다 실용적인 학문을 더 중요시하였다.

해설

문법학교는 중등교육을 담당하고 수사학교는 고등교육기관으로 지도자를 양성하였다.

정답 ②

> 이론 플러스

로마시대의 교육

(1) 공화정 시대의 로마교육
- 가부장적 권위에 입각한 가정교육이 교육의 근간, 로마 종족 전통의 잔재 多, 교육적 이상은 스파르타 교육에서도 등장하는 군국주의적 인간상과 비슷, 공화정 시기의 교육에 대한 흔적은 12동판법이 남아있을 뿐이다.
- 기원전 3세기 공화정 말기에 그리스 문물을 받아들이면서 학교가 등장, 일종의 사립학교로 설립된 학교인 루두스에서는 읽기, 말하기, 셈하기와 같은 기초 교육이 행해졌다. 가정교육에 비해 보조적인 역할임.
- 초등학교 단계인 루두스 이외에 중등학교에 해당하는 문법학교도 이 시기에 출현

(2) 제정시대 로마의 교육
- 가정교육과 사회교육은 쇠퇴, 학교교육이 융성 → 정치인 양성에 교육의 목적을 둠, 실제적이면서 실용적인 문화 기반을 구축하는 특성을 지님
- 제정시대 초등학교인 루두스는 공화정 시대처럼 읽기, 쓰기, 셈하기 등의 3R's 교육과 12동판법을 중점으로 하는 교육을 실시
- 중등교육을 담당하는 문법학교는 당시 고등교육의 예비과정으로서 7 자유학과를 새로운 교양과목으로 부과하였다. 문법학교에서 7 자유학과를 통해서 예비교양을 쌓은 학생은 고등교육을 받을 수 있었다. 당시 로마 사회에는 고등교육기관으로 수사학교, 철학학교, 법률학교가 있었으며 수사학교는 지도자를 양성하는 교육기관이었다.

THEME 14 중세 기독교 사회의 교육

기출공략

중세기독교사회의 교육에서는 체계적으로 이루어진 기사도 교육과 함께 각 학교(문답, 수도원, 사원학교, 길드학교 등)의 특징 및 주요사상가로서 아우구스티누스, 토마스 아퀴나스에 대한 정리가 필요하다.

대표문제

2007 국가직

04 유럽 중세의 교육에 대한 설명 중 가장 적절하지 않은 것은?

① 초기의 대학은 조합(길드)의 형태로 발전하였다.
② 기사를 양성하는 기사도 교육이 체계화되었다.
③ 문답학교는 수도사를 양성하는 교육기관이었다.
④ 도제제도는 수공업 기술자를 양성하기 위한 제도였다.

해설

이교도들의 기독교화를 위한 문답학교 등에서는 초보적 3R(reading, writing, arithmetic) 교육이 시행되었으며 중세 후기 대교구의 성당에 부속된 사원학교들에서 성직자 교육이 이루어졌다.

정답 ③

이론 플러스

중세 기독교 사회의 교육

- **문답학교** : 초보적 3R 교육
- **수도원 학교** : 수도사들을 중심으로 한 교육과 외부의 일반인을 대상으로 한 기독교 교육
- **사원학교** : 성직자 교육, 스콜라 철학의 중심지가 됨
- 기사교육은 중요한 위치를 지님
- 도시의 발달 → 도시의 경제, 사회를 이끌고 갈 인간의 필요 → 시민학교(길드학교) 출현
- 길드학교는 특정 직업에서 숙련된 장인이 행하는 도제교육의 형식을 취함
- 중세 사회가 인류사에 공헌한 발견 중 하나 → 대학

주요사상가

(1) 아우구스티누스(Augustinus, 354~430)
- 교부철학과 신(新)플라톤 학파의 철학을 종합
- 이성은 지성에 복종하는 도구적 역할을 함
- 교육의 내용으로 삼아야 하는 것은 고대의 철학 및 학문이라고 주장하며 7 자유 교과를 주요 교육내용으로 삼음

(2) 토마스 아퀴나스(Thomas Aquinas, 1225~1274)
- 『신학대전』, 아리스토텔레스 철학을 바탕으로 기독교 교리를 체계화한 것
- 교사의 조력행위, 특히 논리적 과정을 통해 끄집어내는 것이 중요하다고 주장
- 진리의 절대적 준거를 신뢰하면서 인류의 오래된 유산으로서 고전의 가치를 다시금 강조한 항존주의에 영향을 끼침.

THEME 15 르네상스 및 종교개혁

기출공략

16세기 르네상스 시기의 인문주의 교육사상은 고대 그리스·로마의 자유교육의 이상을 계승한 것이며 르네상스에 의한 인간 자율성 신장과 개인의 주체성 부각은 종교개혁을 일으키고, 라틴어 대신 모국어로 된 성서들이 번역되면서 성서해독을 위한 기본적 문해교육이 강조된다. 만인제사직을 주장한 루터는 국가의 대중교육에 대한 책무를 강조했는데 이는 이후 공교육제도 혹은 의무교육제도의 설립에 기반이 되었다. 이와 같이 르네상스 및 종교개혁이 교육에 끼친 영향을 중심으로 정리해두어야 한다.

대표문제

2017 교육청

04 16세기 서양의 인문주의 교육사상에 대한 설명으로 옳은 것은?

① 고대 그리스·로마의 자유교육의 이상을 계승하였다.
② 자연이나 실재하는 사물을 매개로 하는 실물교육을 도입하였다.
③ 민족적으로 각성된 관점에서 공동체 의식을 기르는 데 주력하였다.
④ 고등교육이 아닌 초등교육 수준에서 구체적인 교육 방안을 제안하였다.

해설

① 16세기 르네상스 시기의 인문주의 교육사상은 고대 그리스 로마의 자유교육의 이상을 계승하였다.
② 자연이나 실재하는 사물을 매개로 하는 실물교육을 도입한 것은 실학주의에 관한 내용이며 실학주의는 16세기 인문주의를 비판하면서 등장하였다.
③ 민족적으로 각성된 관점에서 공동체 의식을 기르는 데 주력한 것은 19세기 국가주의에 대한 설명이다.

정답 ①

> 이론 플러스

르네상스 및 종교개혁

(1) 르네상스 및 인문주의 운동
- 고대문화를 복원하고 인간적 가치를 회복하고자 하는 인문주의 교육에 대한 관심으로 라틴어 중심의 고대문화 학습을 위한 학교들이 설립됨.
- 이탈리아의 인문주의 교육에서는 자기표현 및 창조적 능력의 실현을 강조한 반면에 북유럽의 인문주의 교육은 개인보다는 사회 개혁에 주된 관심을 가졌다.

(2) 종교개혁
- 르네상스에 의한 인간 자율성 신장과 개인의 주체성 부각은 종교개혁을 일으킨다. 루터(만인제사직), 칼뱅 등의 선구자들에 의하여 구교의 권위를 무너뜨리는 데 크게 기여
- 라틴어 대신 모국어로 된 성서들이 번역되었고 성서해독을 위한 기본적 문해교육이 강조
- 루터는 국가의 대중교육에 대한 책무를 강조
- 모든 직업을 하나님의 소명으로 보는 루터의 소명론은 이후에 칼뱅의 직업윤리로 이어짐
- 종교개혁과 루터의 교육사상이 끼친 영향은 보통교육사상, 여성 교육의 필요성 또한 포함됨. 공교육제도 혹은 의무교육제도의 설립에 기반이 됨

공무원 시험 대비

관련 기출

001 르네상스 시기의 인문주의 교육에 대한 설명으로 옳지 않은 것은? 2016 국가직

① 인간 중심적 사고를 강조하였다.
② 감각적 실학주의를 비판하며 등장하였다.
③ 북유럽의 인문주의 교육은 개인보다는 사회 개혁에 주된 관심을 가졌다.
④ 이탈리아의 인문주의 교육에서는 자기표현 및 창조적 능력의 실현을 강조하였다.

해설

② 실학주의는 인문주의 흐름에서 등장한 특정한 경향인 언어 및 문자교육의 폐단을 지적하면서 등장하였다. 인문주의 운동은 중세 신 중심 사상에서 벗어나 고대 그리스 로마의 인간적인 삶을 부활하자는 운동이었다.

정답 ②

002 종교개혁 시기의 교육과 가장 관계 깊은 것은? 2010 교육청
① 교육의 과학화 운동이 본격화되었다.
② 칼뱅은 고타교육령에 영향을 주었다.
③ 전인교육이 교육이념으로 발달하였다.
④ 도시의 발달로 대학이 처음 생겨났다.
⑤ 공교육제도 발달에 영향을 주었다.

해설

종교교육과 루터의 교육사상이 끼친 교육사적인 영향은 '모든 국민에게 교육을!'이라는 슬로건으로 요약되는 보통교육사상이다. 이 슬로건에는 여성 교육의 필요성 또한 포함되어 있으며 여성 교사에 대해서도 찬성하는 입장을 보였다. 이는 나중에 공교육제도 혹은 의무교육제도의 설립에 기반이 되는 생각이었다.

정답 ⑤

THEME 16 실학주의(리얼리즘) 교육사상

기출공략

실학주의가 16세기 르네상스시대의 인문주의 교육에 대한 반발로 등장하였다는 것을 이해하는 것이 중요하다. 실학주의 교육사상 관련해서는 그동안의 기출문제 모두 감각적 실학주의, 특히 코메니우스에 관해서 묻는 문제들이 출제되었다. 이에 감각적 실학주의의 특징과 코메니우스의 교육사상에 관한 내용을 중심으로 정리하되 인문적, 사회적 실학주의의 특징도 함께 정리하는 것이 필요하다.

대표문제

2023 국가직

04 코메니우스(Comenius)의 교육사상에 대한 설명으로 옳지 않은 것은?

① 모든 사람에게 모든 것을 철저하게 가르쳐야 한다고 주장하였다.
② 그림을 넣은 교재인 『세계도회』를 제작하여 문자 위주 언어교육의 문제를 해결하고자 하였다.
③ 동굴의 비유를 통해 교육의 핵심적 원리와 지식의 단계를 제시하였다.
④ 어머니 무릎 학교, 모국어 학교, 라틴어 학교, 대학으로 이어지는 단계적 학교 제도를 제안하였다.

해설

코메니우스는 17세기 감각적 실학주의에 속하는 사상가로서 교육을 이끌어가는 방법상의 원리를 자연에서 찾고, 인간의 감각적 직관에 기초한 사물 교육, 실물이나 표본을 감각적으로 직접 관찰·학습할 것을 강조하였으며 『세계도회』, 『대교수학』을 집필하였다.
③은 플라톤에 해당한다.

정답 ③

이론 플러스

실학주의(리얼리즘)

- 경험할 수 있는 사물에 기반을 두는 교육, 인문주의의 언어 및 문자교육의 폐단을 지적하면서 등장, 자연현상이나 실제적인 사회제도를 중요한 교육적 소재로 삼는 것을 추구한다.

(1) 인문적(언어적) 실학주의
  - 고전을 중요한 교육요소로 활용하긴 하지만 실용성과 실제적인 성격을 보여줌

(2) 사회적 실학주의
  - 몽테뉴의 교육사상이 대표적, 교육의 목적은 사회생활을 잘 영위해 나가는 '신사(紳士)'를 양성하는 데 있다. 신사는 인문적 교양을 갖춘 인간이 아니라 실생활의 다양한 접촉을 하는 데 유능한 사회인을 가리킨다.
  - 중요시하는 교육내용은 책을 통한 것이 아니라 풍부한 사회적 경험 그 자체이다.

(3) 감각적(과학적) 실학주의
  - 라트케, 베이컨, 코메니우스 등, 코메니우스는 『세계도회』, 『대교수학』 등의 저서를 통하여 자연적 성장의 원리에 근거한 실물 중시의 접근을 통한 언어 및 세계 이해를 강조
  - 교육형식은 실물 관찰주의와 실험주의를 강조, 대중적인 교육형식을 취함. 관찰과 실천(행동)에 의한 감각훈련을 강조, 귀납법에 입각한 사물 학습도 중시, 교육을 이끌어가는 방법상의 원리를 자연에서 찾는다.

관련 기출

001 서양의 감각적 실학주의(Sensual Realism)에 관한 설명으로 가장 적절한 것은?

2018 교육청

① 인문주의 교육을 비판한 몽테뉴(Montaigne)가 대표적인 사상가이다.
② 고전을 중시하지만, 고전을 가르치는 목적이 현실 생활을 이해하는 데 있다.
③ 세상은 가장 훌륭한 교과서이며, 세상사에 밝은 인간을 기르는 데 교육의 목적이 있다.
④ 자연과학의 지식과 방법론을 활용하여 교육의 현실적 적합성과 실용성을 추구한다.

해설

①과 ③은 사회적 실학주의, ②는 인문적 실학주의에 해당한다.

정답 ④

002 17세기 서양의 실학주의 철학 사조에서 강조하는 교육의 특징으로 옳지 않은 것은?

2018 국가직

① 인문적 실학주의 - 고전연구를 통해 현실 생활에 잘 적응하는 유능한 인간 양성을 강조하였다.
② 사회적 실학주의 - 여행과 같은 경험중심 교육을 통하여 사회적 조화와 신사 양성을 교육목적으로 강조하였다.
③ 감각적 실학주의 - 감각적 경험을 통하여 생활의 지식을 습득하며, 이해와 판단을 중시하는 교육방법을 강조하였다.
④ 인문적 실학주의 - 고전중심의 교과를 토의와 설명에 의해 개별적으로 교육하는 것을 강조하였다.

해설

③에서 감각적 실학주의는 감각적 경험을 통하여 생활의 지식을 습득하며, 자연의 질서에 따르는 교육방법을 중시하였다. 즉, 인간의 감각적 직관에 기초한 사물 교육, 실물이나 표본을 감각적으로 직접 관찰·학습할 것을 강조하였다.

☀ 정답 ③

003 다음에서 설명하고 있는 교육사조로 가장 적절한 것은?

2009 국가직

○ 교육내용으로 과학과 모국어를 중시했다.
○ 시청각 중심의 교육방법을 채택하여 합리적이고 과학적인 교육을 하였다.
○ 이 사조를 대표하는 사람인 코메니우스(Comenius)는 감각에 의존하는 실물학습을 강조하였다.

① 실학주의　　　　　　　　② 인문주의
③ 실존주의　　　　　　　　④ 본질주의

해설

코메니우스는 교육방법으로 관찰과 실천(행동)에 의한 감각훈련을 강조한 감각적 실학주의의 학자이다.

☀ 정답 ①

004 코메니우스(J. A. Comenius)의 교육사상에 대한 설명으로 옳지 않은 것은? 2019 국가직

① 고전(古典)의 내용을 체계적으로 전달하고 이해하는 것이 중요하다.
② 감각교육의 중요성을 강조한다.
③ 교육을 이끌어가는 방법상의 원리를 자연에서 찾는다.
④ 수업에서는 사물이 사물에 대한 언어보다 앞서야 한다.

해설

코메니우스는 감각적 실학주의 학자로서 감각교육의 중요성을 강조하고 교육을 이끌어가는 방법상의 원리를 자연에서 찾고 수업에서는 사물이 사물에 대한 언어보다 앞서야 한다고 주장하였다.

정답 ①

005 서양교육사에서 나타난 사실로 옳은 것은? 2017 국가직

① 고대 그리스의 스파르타에서는 신체와 영혼의 균형을 교육의 목적으로 추구하여 교육과정에서 읽기, 쓰기, 문학, 철학의 비중이 컸다.
② 고대 로마시대에는 초기부터 공립학교 중심의 공교육체제가 확립되어 유행하였다.
③ 17세기 감각적 실학주의는 감각을 통한 지각, 관찰학습, 실물학습을 중시하였다.
④ 산업혁명기 벨(A. Bell)과 랭커스터(J. Lancaster)의 조교법(monitorial system)은 소규모 토론식 수업방법이었다.

해설

①은 스파르타가 아니라 아테네의 교육이다. 스파르타는 국가에 충성하는 용감한 군인을 기르기 위해 인문학적 소양보다는 애국심과 군사적 소양을 중요시하였다.
②에서 고대 로마시대 초기 공화정시대에는 가부장적 권위에 입각한 가정교육이 교육의 근간이었으며, 기원전 3세기 공화정 말기에 그리스 문물을 받아들이면서 학교가 등장하였으나 가정교육의 보조적인 역할을 했다.
④에서 산업혁명기 벨(A. Bell)과 랭커스터(J. Lancaster)의 조교법 (monitorial system)은 아동 중에서 성적이 우수하고 상급생인 아이를 조교로 임명하여 하급생을 지도하도록 함으로써 한 사람의 교사가 많은 아동을 담임할 수 있도록 한 일종의 대량교육방식이었다.

정답 ③

THEME 17 18세기 계몽주의 교육

기출공략

16세기 르네상스 시대의 인문교육, 17세기 실학주의, 18세기 계몽주의 교육, 19세기 신인문주의로 넘어가는 시대적인 교육사조에 대한 기본개념을 가지고 있어야 한다. 그리고 나서 각각의 특징과 각 사조별 관계 등을 정리하는 것이 중요하다. 16세기 인문교육에 대한 반작용으로 실학주의가 나타났고 18세기 계몽주의 교육은 실학주의 교육사조의 계승자이며 이에 대한 반작용으로 다시 신인문주의가 대두되었다.

대표문제

2015 교육청

02 18세기 유럽의 계몽주의 교육사조에 대한 설명으로 틀린 것은?

① 인간의 이성적 능력을 신뢰하였다.
② 전통적인 관습과 권위에 도전하였다.
③ 인문 예술 교과를 통한 감성 교육을 강조하였다.
④ 교육을 통한 무지의 타파와 사회 개혁을 추구하였다.

해설

③ 인문 예술 교과를 통한 감성 교육이 아니라 실생활에 기초한 교육을 강조, 사회적 분업에 따른 유용한 인간을 양성하는 데 목적이 있었다.

정답 ③

이론 플러스

계몽주의 교육

- 계몽주의는 18세기 자유를 속박하는 인위적인 제도나 관습에 저항하는 합리주의적 세계관을 가리킨다.
- 교육방법의 원칙은 첫째, 교육은 합리적인 자연의 원리에 합당해야 한다는 것이고, 둘째, 실생활에 기초한 교육이다. 교육의 목표를 구체적으로 사회적 분업에 따른 유용한 인간을 양성하는 데 둔다. 그 결과 유용성과 기능성이 인간 교육의 원칙이 되어 전인적 능력과는 거리가 먼 '파편화된' 인간을 길러냈다는 비판을 받음, 이러한 모순을 날카롭게 비판하면서 새로운 교육관을 제시하는 흐름이 등장하였는데, 그것이 바로 신인문주의이다. 셋째, 실물을 이용한 직관적 교육방법이다. 계몽주의는 자연과학적 사고를 교육적으로 철저히 활용, 이는 계몽주의가 17세기 실학주의 교육사조의 계승자임을 확인해준다.

THEME 18. 19세기 신인문주의와 교육

> **기출공략**
>
> 16세기 인문주의와 19세기 신인문주의를 구분하고 19세기 신인문주의 학자들(루소, 페스탈로치, 프뢰벨, 헤르바르트 등)의 특징을 정리해서 기억해야 한다. 특히, 헤르바르트의 4단계 교수론의 각 단계를 구별할 수 있어야 한다.

대표문제

2023 교육청

10 다음과 같이 주장한 교육학자는?

> 교육의 목적은 궁극적으로 학생의 도덕적 품성을 강화하는 것이다. 도덕적 품성은 다섯 가지 기본 이념으로 이루어져 있으며, 내적 자유의 이념, 완전성의 이념, 호의(선의지)의 이념, 정의(권리)의 이념, 공정성(보상)의 이념이다.

① 페스탈로치(Pestalozzi) ② 피히테(Fichte)
③ 프뢰벨(Fröbel) ④ 헤르바르트(Herbart)

해설

① 페스탈로치(Pestalozzi)는 루소의 교육사상을 교육 실제에 적용하여 구체적인 형태(빈민학교)로 실현하였으며, 민중교육, 전인교육, 직업교육을 중시하고 교육방법으로 직관교수의 실시를 주장하였다.
② 피히테(Fichte)는 국가를 위한 국민교육을 주장하였다.
③ 프뢰벨(Fröbel)은 유아교육사상의 기틀을 잡았으며, 실질적인 의미에서 유치원 교육의 선구자이다. 루소의 자연주의에 영향을 받았다.
④ 헤르바르트(Herbart)는 윤리학과 심리학을 기반으로 하여 교육학을 학적으로 체계화시킨 학자이다. 헤르바르트는 교육의 주요 목적을 도덕적 품성을 기르는 데에 두고, 도덕적 품성으로 내적 자유의 이념, 완전성의 이념, 호의(선의지)의 이념, 정의(권리)의 이념, 공정성(보상)의 이념을 제시하였다.

정답 ④

> 이론 플러스

신인문주의와 교육

- 신인문주의는 18세기 이래 계몽주의 사조의 지나친 이성중심주의, 합리주의, 주지주의, 공리주의, 세속주의 경향에 대해 반발하면서 등장, 인간성의 새로운 탐구와 각성을 촉구하면서 인간 본성의 미적, 지적 차원의 조화로운 발달을 추구하였다.
- 16세기 인문주의가 로마가 라틴어로 남긴 그리스의 유산을 재생하는 데 초점을 두었던 반면에, 신인문주의는 민족적 관점에서 그리스를 들여다보았다.

(1) 루소

저서 『에밀』에서 "조물주의 손에서는 선하게 태어난 인간이 인간의 손으로 넘어오면서 타락했다."는 유명한 명제부터 시작하여 에밀이라는 소년의 성장 과정을 제시함으로써 진보주의 교육학에 큰 영향을 주었다.

(2) 페스탈로치

이론가보다는 실천가, 스위스에서 빈민대중의 교육에 직접적으로 관여하면서 직관주의적 교육원리 및 실물교수법을 적용하였다.

(3) 헤르바르트

윤리학과 심리학을 기반으로 하여 교육학을 학적으로 체계화시킨 학자, 헤르바르트는 교육의 주요 목적을 도덕적 품성을 기르는 데에 두고, 자라나는 세대들로 하여금 자신이 속한 사회의 규범을 습득하고 행동적으로 안정된 인간으로 살아가게 하는데 있다고 주장한다. 그는 도덕적 품성은 다섯 가지 기본이념(①내적 자유, ②완전성, ③호의, ④정의, ⑤공정성 혹은 보상의 이념)이 서로 결합되어 실현되는 성질이라고 보았다.

헤르바르트의 4단계 교수론

① **명료화** : 학습자로서는 오늘 배울 내용이 무엇인지 아는 단계요, 교사에게는 가르칠 주제를 쉬우면서 분명하게 제시하는 단계이다. 대체로 수업상황에서 도입부에 해당한다.
② **연합** : 이전에 배운 주제와 새로 배울 내용을 결합시킨다. 교사로서는 이미 가르친 주제와 연계되는 새로운 혹은 심화된 내용을 선정하는 것이 관건이고, 학습자는 이 상황에서 사전 경험을 회상하면서 새로 배우는 주제를 그와 관련짓는다.
③ **체계** : 체계라는 용어는 학습내용이 일종의 질서가 잡힌 구조임을 가리키며 새로 배운 주제를 기존의 지식체계 내에 위치시키는 단계로 학습자에게 가장 중요한 단계이다.
④ **방법** : 방법이라는 용어는 오늘날 우리가 사용하는 용어로 적용 및 응용에 해당되며, 새로 배운 주제를 응용하는 과정이다.

> 관련 기출

001 헤르바르트(J. F. Herbart) 4단계 교수론에서 다음이 설명하는 단계는? 2019 교육청

> 이 단계에서는 지식 사이의 중요한 관련과 중요하지 않은 관련이 명백히 구분되고, 지식은 하나의 통일된 전체로 배열된다. 이 단계에서 학습의 성공은 학습자의 내부에 들어있는 표상들이 완전한 통합을 이루도록 하는 데 있다.

① 명료화(clearness)
② 연합(association)
③ 방법(method)
④ 체계(system)

해설

지식이 하나의 통일된 전체로 배열되는 단계는 새로 배운 주제를 기존의 지식체계 내에 위치시키는 단계로서 헤르바르트의 4단계 교수론에서 세 번째 체계 단계에 해당한다.

헤르바르트의 4단계 교수론
① **명료화**: 학습자로서는 오늘 배울 내용이 무엇인지 아는 단계요, 교사에게는 가르칠 주제를 쉬우면서 분명하게 제시하는 단계이다. 대체로 수업상황에서 도입부에 해당한다.
② **연합**: 이전에 배운 주제와 새로 배울 내용을 결합시킨다. 교사로서는 이미 가르친 주제와 연계되는 새로운 혹은 심화된 내용을 선정하는 것이 관건이고, 학습자는 이 상황에서 사전 경험을 회상하면서 새로 배우는 주제를 그와 관련짓는다.
③ **체계**: 체계라는 용어는 학습내용이 일종의 질서가 잡힌 구조임을 가리키며 새로 배운 주제를 기존의 지식체계 내에 위치시키는 단계로 학습자에게 가장 중요한 단계이다.
④ **방법**: 방법이라는 용어는 오늘날 우리가 사용하는 용어로 적용 및 응용에 해당되며, 새로 배운 주제를 응용하는 과정이다.

정답 ④

002 서양의 사상가와 그 교육사상을 시대순으로 바르게 나열한 것은? 2012 국가직

> ㄱ. 로크(인간의 마음계발)
> ㄴ. 피히테(국가를 위한 국민교육)
> ㄷ. 스펜서(과학과 실용성에 기초한 교육)
> ㄹ. 코메니우스(대교수학)

① ㄱ - ㄹ - ㄷ - ㄴ
② ㄹ - ㄱ - ㄷ - ㄴ
③ ㄹ - ㄱ - ㄴ - ㄷ
④ ㄱ - ㄹ - ㄴ - ㄷ

해설

ㄱ. 로크(인간의 마음계발) (1632~1704)
ㄴ. 피히테(국가를 위한 국민교육) (1762~1814)
ㄷ. 스펜서(과학과 실용성에 기초한 교육) (1820~1903)
ㄹ. 코메니우스(대교수학) 1592~1670

정답 ③

지아쌤의
교육학개론
테마별 기출뽀개기

CHAPTER

04

현대교육철학

출제비율

연도	'07	'08	'09	'10	'11	'12	'13	'14	'15	'16	'17	'18	'19	'20	'21	'22	'23	총 문항수	총 출제문항
국가직	1	1		1	1		1	2		1	1	1	1	1	1	1	2	340	16(5%)
교육청										1	1	1	1	1		3		180	8(4%)

출제경향

현대교육철학에서는 매년 한 문제 정도 출제되고 있다. 이 부분은 서양교육사와 연결되는 부분으로 서양교육사와 현대교육철학을 묶어서 매년 2~3문제 정도 출제된다고 볼 수 있다. 가장 많이 출제가 된 부분은 서양교육사에 나오는 신인문주의 교육사상의 연장선으로 볼 수 있는 진보주의 교육사상이다. 2019년 이후부터 실존주의 교육사상에 대한 문제가 자주 출제되었으며, 분석적 교육철학에서는 피터스와 허스트를 중심으로 문제가 출제되었다. 비판적 교육철학에서도 여러 번 출제가 되었는데 이 부분은 7장 교육사회와도 연관된 부분이다.

THEME 19　진보주의 교육사상 : 듀이, 루소, 페스탈로치, 프레벨 등

기출공략

지식의 객관성과 확실성을 부정하며 아동의 흥미를 일차적으로 중요하게 생각하는 진보주의 교육사상을 발전시킨 대표적 사상가로는 듀이, 루소, 페스탈로치, 프레벨, 몬테소리 등을 꼽을 수 있다. 아래 대표 기출처럼 항존주의, 본질주의 등과 대비되는 진보주의 교육사상을 묻는 문제뿐만 아니라 진보주의 교육사상을 발전시킨 교육학자들에 대해서도 물어보고 있으므로 진보주의 교육사상의 특징과 함께 개별 학자들에 대한 특징도 함께 정리해두어야 한다.

대표문제

2022 교육청

08 진보주의 교육원리에 대한 설명으로 옳지 않은 것은?

① 미래의 생활을 위한 준비가 아니라 현재의 생활 자체를 의미 있게 만들어야 한다.
② 학습자의 관심과 흥미를 강조한다.
③ 고대 그리스의 자유교양교육을 교육적 이상으로 삼는다.
④ 경험에 의한 학습과 학습자의 참여를 중시한다.

해설

진보주의 교육학자로 루소, 페스탈로치, 프뢰벨, 듀이 등이 있으며, 진보주의 교육의 목적은 경험의 재구성을 통한 아동의 성장과 현실 생활에 적응할 수 있는 전인적인 인간 양성이다.

정답 ③

이론 플러스

진보주의 : 아동중심교육, 경험(생활)중심교육

(1) 루소
- 저서 『에밀』, '자연의 본성을 따르는 교육'을 강조, 교육의 원리는 첫째, 자연인을 위한 교육이다. 최고의 자유 상태에서 자율성의 원리에서 도덕적 실천을 하는 도덕적 자유인을 목적으로 하고 있다. 둘째, 소극적 교육의 원리이다. 이는 '가급적 아동에 개입하지 않는 교육'을 의미한다. 이 원리는 아동의 자연적 성장과 자발성에 기초한 교육을 강조한다. 셋째, 아동 중심 교육 사상에 기초해 있다. 교육은 아동의 발달과 성장을 앞지르지 않아야 한다. 루소의 교육사상은 이후 아동중심, 생활중심, 경험중심 교육 흐름의 선구적인 아이디어를 제공했다.

(2) 페스탈로치의 교육사상
- 루소의 교육사상을 교육 실제에 적용하여 구체적인 형태(빈민학교)로 실현
- 민중 교육의 이념은 첫째, 전인교육이다. 둘째, 직업교육이다. 셋째, 민중의 역사의식 함양이다. 넷째, 지역 간, 계층 간의 화해로 이루어진다. 교육방법은 첫째, 노작(작업, 근로) 교수의 원리이다. 둘째, 직관교수의 원리이다. 그는 아동의 자발적 활동을 중시하고 실물과 경험에 의한 직관교육의 실시를 주장하였다. 셋째, 합자연의 원리이며 자발성의 원리, 방법의 원리, 생활공동체의 원리를 내용으로 한다.

(3) 프뢰벨의 교육사상
- 유아교육사상의 기틀을 잡았으며, 유치원 교육의 선구자, 그가 고안한 은물(Gabe)은 체계적인 구성형식을 띠고 있으며 하나의 놀이 기구에 교육과정의 원리인 계열성과 위계성이 적용되어 있는 획기적인 유아용 교구이다. 놀이가 교육이라는 역사적으로 획기적인 발상의 전환을 제시하였다.

(4) 듀이의 교육사상
- 듀이의 교육사상은 다른 말로 실용주의, 실험주의로 나타낼 수 있다.
  ① **실용주의** : 궁극적이고 절대적인 존재에 대한 추구를 부정하고, 자연과 인간의 변화 가능성을 강조하며 지식이나 진리의 실용성을 중시. 지식이란 환경에 대한 인간의 적응을 돕는 도구라는 입장, 듀이는 반성적 사고를 문제해결의 심리적 과정을 나타내는 말로 사용하고 있다.
  ② **실험주의** : 과학의 이론은 영구한 진리가 아닌 잠정적으로 통용되는 가설이며, 현재의 이론으로 풀 수 없는 문제에 봉착했을 때에는 새로운 가설이 수립되고 이 같은 과정은 과학의 영역에서 부단히 반복된다는 입장이다.

관련 기출

001 진보주의 교육사조와 가장 거리가 먼 것은?

2010 국가직

① 학습자의 필요와 흥미에 따른 학습 중시
② 경험 중심 교육과정 운영
③ 사회적 자아실현을 교육목적으로 추구
④ 구안법(project method) 수업

해설

③ 진보주의 교육 사조는 교사가 학습자인 아동의 잠재력을 최대한 발휘할 수 있도록 도와주는 역할을 해야 한다고 생각한다. 이에 사회적 자아실현이 아니라 개인적 자아실현을 교육목적으로 추구한다고 볼 수 있다.
④ 구안법은 교사가 주도하는 기존의 암기식 교과 지도법에서 탈피하여 생활 그 자체를 교육으로 간주하는 교육원리를 구체화하고 학습자의 자발적인 참여를 강조하는 학습지도법을 말하면 진보주의 교육학자들이 지향하는 교육방법에 해당한다.

정답 ③

002 다음 설명에 해당하는 교육사상가는?

2022 교육청

○ 아동이 무엇을 배울 수 있을 것인가에 대해 생각하지 않고 성인이 알아야 할 것에 대해서만 열중하고 있다는 점을 비판하였다.
○ 자연주의 교육사상을 주장하였다.
○ 자신의 교육관을 담은 『에밀(Emile)』을 저술하였다.

① 루소(Rousseau)
② 페스탈로치(Pestalozzi)
③ 듀이(Dewey)
④ 허친스(Hutchins)

해설

루소, 페스탈로치, 듀이 모두 아동중심 교육, 자연주의 교육, 경험중심 교육을 강조한 진보주의 교육사상가이다. 이 중에서 『에밀(Emile)』을 저술한 것은 루소이다. 허친스는 항존주의 교육사상가에 해당한다.

정답 ①

003 다음 글에 해당하는 교육사상가는?
2014 국가직

"모든 것은 조물주의 손에서 나올 때는 순전히 선하나 인간의 손에 넘어오면서 타락한다."고 주장하며, 인위적 교육을 비판하고 자연의 원리에 맞는 교육을 해야 한다고 강조하였다.

① 니일(A. S. Neill)
② 루소(J. J. Rousseau)
③ 듀이(J. Dewey)
④ 로크(J. Locke

해설

제시된 지문은 루소가 그의 책 『에밀(Emile)』에서 주장한 내용으로 루소는 이 책에서 자연인을 위한 교육을 주장한다. 여기서 자연인이란, 인간의 선한 본성이 그대로 보존되어 있는 상태, 성선설에 입각한 인간상이다. 최고의 자유 상태에서 자율성의 원리에서 도덕적 실천을 하는 도덕적 자유인을 목적으로 하고 있다.

정답 ②

004 다음 글은 유아기 교육에 관한 어느 교육 사상가의 교육지침이다. 누구의 어떤 사상을 설명한 것인가?
2007 국가직

"아이가 울 때 배가 고파서 우는 것이 아니라면 내버려 두어라."
"아이를 지나치게 보호하여 우상처럼 떠받들지 말고 강하게 키워라."
"아이로 하여금 다양한 감각 경험을 하도록 하여라."

① 코메니우스(Comenius)의 실학주의
② 루소(Rousseau)의 자연주의
③ 페스탈로치(Pestalozzi)의 계발주의
④ 프뢰벨(Fröbel)의 신비주의

해설

제시된 지문은 모두 루소의 『에밀(Emile)』에 나와있는 내용으로 루소의 자연주의 교육을 나타내고 있다.

정답 ②

005 페스탈로치(Pestalozzi)의 교육사상에 대한 설명으로 옳지 않은 것은? 2023 국가직

① 『일반교육학』을 저술하여 심리학적 원리에 기초한 교육방법을 정립하였다.
② 아동의 자발적 활동과 실물을 활용한 직관교육을 중시하였다.
③ 루소의 자연주의 교육사상을 교육 실제에 적용하여 빈민학교를 설립하였다.
④ 전체적인 구조 속에서 신체적 능력, 도덕적 능력, 지적 능력의 조화로운 발달을 주장하였다.

해설

①은 헤르바르트에 대한 설명이다. 교육의 목적은 윤리학에, 방법은 심리학에 의존해야 한다고 주장하면서 윤리학과 심리학에 기초를 둔 교육학을 조직화하였다.

정답 ①

006 다음 글에서 듀이(J. Dewey)의 반성적 사고의 특징을 설명한 것으로만 묶은 것은?

2011 국가직

ㄱ. 궁극적으로 변화를 추구한다.
ㄴ. 과학적 탐구과정의 수단으로 활용될 수 있다.
ㄷ. 문제해결과정에서 최초 목표에 대한 수정이 불가능하다.
ㄹ. 개인의 내적 사고과정이므로 타인과의 상호작용에 가치를 두지 않는다.

① ㄱ, ㄴ
② ㄱ, ㄹ
③ ㄴ, ㄷ
④ ㄷ, ㄹ

해설

듀이(J. Dewey)는 반성적 사고를, 문제해결의 심리적 과정을 나타내는 말로 사용하고 있다. 듀이에 의하면, 인간의 행위는 주어진 상황적 조건을 수단의 원천으로 하여 어떤 목적 혹은 목표를 세워놓고 그것을 추구하는 과정이다. 이 과정이 방해를 받는 상황을 문제상황이라고 하고, 문제의 해결을 위하여 가설적인 생각들을 검토하여 목적의 실현을 기하려는 통제된 사고의 전개를 반성적 사고라고 한다. 이러한 반성적 사고는 궁극이고 절대적인 존재에 대한 추구를 부정하고, 자연과 인간의 변화 가능성을 강조하며 지식이나 진리의 실용성을 중시하는 입장에서 나온다. 그러므로 ㄱ. 궁극적으로 변화를 추구하고, ㄴ. 과학적 탐구과정의 수단으로 활용될 수 있다. 또한, 이러한 과학적 탐구과정은 혼자만의 과정이 아니라 타인과의 상호작용이 중요하게 고려되는 과정이다.

정답 ①

THEME 20 항존주의 교육사상

> **기출공략**
>
> 항존주의는 진보주의가 가정하는 자연주의, 반지성주의에 반대하며 교육을 통하여 최고 속성인 이성을 계발해야 하는데, 특히 수 세기 동안에 거쳐 이루어진 위대한 저서, 고전을 정하여 읽게 함으로써 현대 사회의 문화적 혼란을 극복할 수 있다고 믿었다. 뒤에 나올 항존주의 교육과정과 마찬가지로 고전에 대한 중요성을 언급하면 이를 키워드로 항존주의를 선택하면 된다.

대표문제

2023 국가직

01 항존주의 교육철학에 대한 설명으로 옳은 것은?

① 아동 존중의 원리를 채택한다.
② 교육을 통한 사회 개조를 중시한다.
③ 지식이나 진리의 영원성을 강조한다.
④ 실제적인 삶의 문제를 해결하는 데 초점을 둔다.

해설

① 경험주의 ② 재건주의 ④ 실용주의(경험주의)

정답 ③

이론 플러스

항존주의

- 교육을 통하여 최고 속성인 이성을 계발해야 한다. 이성 혹은 지성의 단련은 논리학, 수사학, 문법, 수학 교육을 통하여 이루어지며, 특히 수 세기 동안에 거쳐 이루어진 위대한 저서, 고전을 정하여 읽게 함으로써 현대 사회의 문화적 혼란을 극복할 수 있다고 믿었다.
- 교육의 세속화에 반대하고 형이상학과 신학이 고등교육의 교육과정에 포함되어야 한다고 주장하였다. 경험적이거나 논리적인 과정을 통해 타당한 지식이나 진리에 도달할 가능성에 회의적이며 진리 획득에 있어 직관을 강조하였다.
- 엄격한 훈육을 강조하고 교육의 내용은 일상적 삶의 실제적 문제에 대한 고려 없이 오랜 세월 동안 축적되어 온 문화유산에서 선정되어야 하며 권위주의적 도덕규범, 지적 수월성, 사회적 미덕을 강조하였다.

THEME 21 본질주의 교육사상

기출공략

항존주의, 본질주의 교육사조는 교육철학에서 보다는 교육과정에서 좀 더 비중있게 다뤄지고 있다. 여기서는 앞서 나온 진보주의, 항존주의와 구별해서 본질주의 교육사조의 특징을 기억하도록 한다. 항존주의의 핵심키워드가 '고전'이었다면 본질주의의 핵심키워드는 '문화유산'이다.

대표문제

2014 국가직

05 현대 교육철학 사조 중 본질주의에 대한 설명으로 옳은 것은?
① 인류의 전통과 문화유산을 소중히 여기며 교육을 통해 문화의 주요 요소들을 다음 세대에 전달할 것을 강조한다.
② 진리를 인간의 경험에서 나오는 실험적 혹은 가설적인 것으로 간주한다.
③ 교육에서 전통과 고전의 원리를 강조하고 불변의 진리를 인정한다.
④ 교육이 문화의 기본적인 가치를 실현시키는 새로운 사회질서를 창조하는 일에 전념할 것을 강조한다.

해설

①은 본질주의 교육 사조의 특징이다. 본질주의는 인류의 문화 유산 가운데 본질적이고 필수적인 문화유산을 다음 세대에 전달하는 것을 교육의 중요한 목적으로 삼는 교육 사조이다.
②는 진보주의, ③은 항존주의, ④ 재건주의 사상에 해당한다.

정답 ①

이론 플러스

본질주의

- 학교는 교수, 훈육을 강조하는 프로그램으로 인간 고유의 능력을 최대한 개발하여 학생들을 문명화해야 한다. 본질주의 교육사상은 표현 그대로 본질적인 것을 강조하는데, 여기서 본질적인 것이란 사람들이 살아가는 데 필요불가결한 과거와 현재의 인간 경험을 의미한다. 역사를 통하여 인간 경험이 축적되고 문화유산이 전수되어 왔다면 그 문화의 본질은 오늘 우리에게도 필수불가결하다는 주장이다. 본질주의에서 생각하는 교육의 목적은 문화전수이다.
- 인류의 전통과 문화유산을 소중히 여기며 교육을 통해 문화의 주요 요소들을 다음 세대에 전달할 것을 강조한다.

THEME 22 실존주의 교육사상

기출공략

진보주의 다음으로 실존주의 교육철학에서 문제가 많이 출제되고 있으며 이 영역은 상담영역에서도 최근 중요하게 다뤄지고 있으므로 관련 내용을 서로 연결할 수 있도록 기본 개념을 정확하게 이해해야 한다.

대표문제

2022 교육청

18 실존주의 교육철학에 대한 설명으로 옳지 않은 것은?

① '나 – 너'의 진정한 만남을 통해 인간의 본래 모습을 회복한다.
② 불안, 초조, 위기, 각성, 모험 등의 개념에 주목한다.
③ 부버(Buber), 볼르노(Bollnow) 등이 대표적인 학자이다.
④ 의도적인 사전 계획과 지속적인 훈련을 강조한다.

해설

실존주의는 무엇보다 인간에 대해 관심을 가지고 있으며 존재 혹은 실존(existence)의 의미와 기능을 밝히려는 철학적 입장이다. 대체적으로 존재의 특수성과 개별성을 강조하고 실존의 주체성과 자율성을 강조한다. 이러한 실존주의 교육사상의 의의는 보편화와 획일화를 지향하는 현대교육의 경향을 인간의 개성과 주체성을 최대한 존중하는 교육으로 이끌고자 했다는 점에 있다. 그러므로 ④ 의도적인 사전 계획과 지속적인 훈련을 강조하는 것은 실존주의 교육철학에 해당하지 않는다.

정답 ④

> 이론 플러스

실존주의

- 실존의 주체성과 자율성을 강조, 사르트르는 "실존은 본질에 앞선다."고 하면서 객관적으로 주어진 것으로 판단하던 본질에 대한 전통적 철학의 경향에 도전하였다. 본질은 주어진 것이 아니라, 실존하는 인간이 스스로 선택하거나 결정할 성질의 것이다. 그리고 실존은 단순한 객관적 존재가 아니라, 행동하는 주체적 존재, 즉 자기의 존재에 대하여 질문하고 지각하며 자유를 행사하고 그것에 책임을 지는 존재이다.
- 실존주의 교육사상의 의의는 보편화와 획일화를 지향하는 현대교육의 경향을 인간의 개성과 주체성을 최대한 존중하는 교육으로 이끌고자 했다는 점에 있다.
- 부버는 자신의 철학적 원리라고 할 수 있는 '대화', '만남', '관계' 또는 '사이'의 개념을 철학은 물론 종교, 윤리, 사회, 그리고 교육에 적용하여 만남과 대화의 사상을 펼치고 있다.
- 인격을 바탕으로 한 실존주의 교육사상에서는 실존과 실존의 인격적 만남, 즉 너와 나의 인격적 상호관계가 중요시된다. 실존은 단지 관조하는 사람이 아니라 주체적으로 실천하는 사람의 삶 속에서 실현된다.
- 실존주의 사상의 선구자로 알려진 키에르케고는 인간의 실존적 주체성의 획득을 주장하면서 인간은 이미 정형화된 사유의 체계를 단순히 넘겨받는 일이나 동일한 행위 양식에 빠져드는 데에서 벗어나 각기 주어진 상황마다 주체적인 결단을 내릴 수 있어야 한다고 말한다.

관련 기출

001 실존주의 교육철학의 특징에 해당하는 것은? 2020 교육청

① 삶의 긍정적·부정적 측면을 통해 학습자 스스로가 삶의 문제를 해결하고 주체적으로 성장할 수 있다.
② 교육의 사회적 역할을 강조하고 교육을 통한 사회개조를 강조한다.
③ 교육의 주도권은 교사에게 있고 교육과정의 핵심은 소정의 교과를 철저하게 이수하는 것이다.
④ 교육에서 현실의 학문을 무시하고 고전의 지식을 영원한 것으로 여기며 지적인 훈련을 매우 강조한다.

해설

실존주의는 실존의 주체성과 자율성을 강조하는 입장이다. 실존은 단순한 객관적 존재가 아니라, 행동하는 주체적 존재, 즉 자기의 존재에 대하여 질문하고 지각하며 자유를 행사하고 그것에 책임을 지는 존재를 말한다. 그러므로 실존주의 교육철학은 ① 삶의 긍정적·부정적 측면을 통해 학습자 스스로가 삶의 문제를 해결하고 주체적으로 성장할 수 있다고 본다.
②는 재건주의, ③은 본질주의, ④는 항존주의 교육철학에 해당한다.

정답 ①

002 실존주의 교육철학관에 대한 설명으로 옳지 않은 것은? 2019 국가직

① 교육의 목적은 자유롭고 주체적이며 창조적인 인간형성에 있다.
② 교육은 자기결정적인 자아의 형성을 위한 것이다.
③ 교육에서는 인간적인 만남이 중요하다.
④ 인간의 본질을 규격화된 것으로 이해한다.

해설

④에서 실존주의는 인간의 본질을 주어진 것이 아니라, 실존하는 인간이 스스로 선택하거나 결정할 성질의 것으로 본다.

정답 ④

003 다음은 학교장이 학부모 연수에서 강조한 내용이다. 이에 가장 부합하는 교육철학은?

2018 교육청

> 우리 학교는 지금까지 지식 교육에 매진해 온 결과, 학업성취도에서는 우수한 성과를 거두었습니다. 하지만 학생들은 그다지 행복하지 않은 것 같고, 왜 교과 지식을 배우는지도 모르는 것 같습니다. 그래서 저는 앞으로 교과보다는 학생에 관심을 기울이고, 교사와 학생의 인격적 만남을 중시하며, 교과 지식도 학생 개개인의 삶에 의미 있는 것이 되도록 하는 학교를 만들어 가겠습니다.

① 분석적 교육철학
② 항존주의 교육철학
③ 본질주의 교육철학
④ 실존주의 교육철학

해설

교사와 학생의 인격적 만남을 중시하며, 개성과 주체성을 최대한 존중하는 교육, 교과 지식이 학생 개개인의 삶에 의미 있는 것이 되도록 노력하는 것은 실존주의 교육철학이 지향하는 바이다.

정답 ④

004 다음과 같은 주장을 하는 현대교육사상가는?

2019 교육청

> 현대의 위기상황에서 잃어버린 인간의 본래적 모습을 회복할 수 있는 방안은 인간들 간의 대화적, 실존적 만남 속에서 서로의 독특성을 발견하는 데 있다. 교육도 이러한 인격적 만남에 기초해야만 한다. 따라서 교수 목표는 지식 교육이 아니라 아동과의 관계 형성을 통한 정체성 확립에 있다.

① 부버(M. Buber)
② 듀이(J. Dewey)
③ 브라멜드(T. Brameld)
④ 허친스(R. M. Hutchins)

해설

'대화', '만남', '관계' 또는 '사이'의 개념을 철학은 물론 종교, 윤리, 사회, 그리고 교육에 적용하여 만남과 대화의 사상을 강조하는 부버에게 있어서 교육은 인격적 만남에 기초해야만 하며 교수 목표 또한 지식 교육이 아니라 아동과의 관계 형성을 통한 정체성 확립에 있다.
② 듀이는 경험주의, ③ 브라멜드는 재건주의, ④ 허친스는 항존주의를 주장하였다.

정답 ①

THEME 23 분석적 교육철학 : 허스트와 피터스

기출공략

분석철학은 교육철학이 하나의 학문으로 성립하는 데 중요한 토대를 제공한 철학으로 기존 교육사상들의 신념, 판단 및 논의의 가정들을 형성하고 있는 언어를 명료화시켜서 언어의 혼란으로 인한 문제를 제거하기 위해 노력한다. 이러한 분석철학 고유의 특징과 함께 분석적 교육철학자인 허스트와 피터스의 주장을 정리한다. 피터스의 경우에는 테마 1 교육의 개념과도 연관되어 있다. 그리고 허스트의 주장은 전기와 후기로 주장으로 나눠서 살펴보아야 한다.

대표문제

2021 국가직

15 다음의 주장과 가장 관계가 깊은 현대 교육철학자는?

> 교육의 내용은 일차적으로 특정한 사회적 활동(social practices)의 영역에 학생을 입문시키는 일로 이루어져야 한다. 그러한 활동들은 '사회적으로' 발전되거나 형성된 것들로서, 해당 사회를 구성하는 사람들이 개인적으로나 집단적으로 종사하는 행위의 패턴들이다. 교육에서 가장 근본적인 것은 건강한 삶을 사는 것이며, 바로 이 활동들이야말로 개인의 건강한 삶을 구성하는 요소들이 된다.

① 피터스(Peters)
② 허스트(Hirst)
③ 프레이리(Freire)
④ 마르쿠제(Marcuse)

◈ 해설

영국인 철학자 피터스와 허스트는 유사한 시기에 분석적 교육철학을 선도했던 인물들이라 할 수 있다. 피터스가 행한 교육의 개념적 분석, 지식의 형식들과 자유교육에 대한 허스트의 논의, 그리고 90년대 이후 허스트의 사회적 활동들 개념은 교육철학 논의가 풍성해지는 계기를 제공했다. 피터스는 '교육의 세 가지 개념적 기준' – 규범적, 인지적, 결과적 - 으로 잘 알려져 있다. 허스트의 이론은 전기와 후기로 나누어서 살펴볼 수 있는데, 전기 허스트는 지식의 형식들의 교육을 통한 자유교육의 개념으로, 그리고 후기 허스트는 사회적 활동들의 교육을 통한 보다 풍성한 인간삶의 추구라는 주장으로 요약해볼 수 있다. 전기 허스트가 교육의 핵심을 지식의 형식들을 가르치고 배움으로써 마음을 개발하는 데서 찾았다면, 후기 허스트는 학생들을 구체적이고도 실질적인 활동의 복합체로 입문케 함으로써 그들이 건강한 삶 또는 좋은 삶을 살도록 하는데서 교육의 핵심을 찾았다.

프레이리와 마르쿠제는 비판이론가들로 비판이론은 1920년대 이래 프랑크푸르트 대학의 사회연구소를 중심으로 형성된 이른바 '프랑크푸르트학파'의 이론을 지칭한다. 이 학파의 중심인물로 호르크하이머, 아도르노, 마르쿠제 등이 있다. 이후에 후기 비판이론가들로는 하버마스, 지루, 프레이리로 이어진다.

정답 ②

이론 플러스

분석적 교육철학

- 문장이 어떤 맥락에서, 우리 삶의 어떤 상황들 속에서 그것을 사용하는 사람들의 어떤 삶의 형식들 속에서 쓰이는지를 펼쳐 보이고 그것들과의 관계 속에서 문장의 의미를 탐색하는 것, 분석철학은 교육철학이 하나의 학문으로 성립하는 데 중요한 토대를 제공하게 되었다.
- 셰플러에 따르면 분석적 교육철학은 교육이라는 대상에 관한 언어들을 분석철학적인 방법으로 탐구하는 학문으로, 기존 교육사상들의 "신념, 판단 및 논의의 가정들을 형성하고 있는 개념적 장치를 명료화하고 개념들의 일관성과 타당성의 검토를 통해 언어의 혼란으로 빚어진 교육문제를 제거하는 일에 관심 둔다"

(1) 피터스의 교육의 개념적 기준들

어떠한 행동이 교육적이기 위해서는 다음과 같이 세 가지 개념적 기준을 만족해야 한다.
① **교육의 규범적 기준**: '가치 있는 것'을 추구하는 활동
② **교육의 인지적 기준**: 내용에 관한 지식뿐만 아니라 '폭넓은 안목'을 지니고 있어야 함
③ **교육의 과정적 기준**: 그 과정에 참여하고 있는 학생들이 '자기가 무엇을 배우고 있고 무엇을 하고 있는지 알며 자기가 도달해야 할 기준이 어떤 것인가를 파악'하고 있어야 한다는 점, 그리고 그 점에서 그 과정에 자발적으로 참여하고 있어야 한다는 것을 요구할 수 있다.

(2) 허스트의 지식의 형식들과 사회적 활동들

- 허스트는 '자유교육'의 개념적 기반을 다진 사람이다. 허스트는 자유 교육의 의미를 '지식의 형식'들의 중요성을 통해서 설명했다. '전기 허스트'는 지식의 형식들의 교육을 통한 자유교육의 개념으로, '후기 허스트'는 사회적 활동(social practice)들의 교육을 통한 보다 풍성한 인간 삶의 추구라는 논제로 요약될 수 있다.

관련 기출

001 다음에서 피터스(Peters)가 제시한 교육의 개념적 기준을 모두 묶은 것은? 2007 교육청

(가) 정의적 기준 (나) 규범적 기준 (다) 실증적 기준
(라) 인지적 기준 (마) 과정적 기준 (바) 심미적 기준

① (가), (라)
② (나), (바)
③ (나), (다), (마)
④ (나), (라), (마)
⑤ (가), (다), (라), (바)

해설

피터스는 어떤 행동이 교육적이기 위해서는 다음과 같이 세 가지 개념적 준거를 충족해야 한다고 주장하였다.
① **교육의 규범적 기준**: '가치 있는 것'을 추구하는 활동
② **교육의 인지적 기준**: 내용에 관한 지식뿐만 아니라 '폭넓은 안목'을 지니고 있어야 함
③ **교육의 과정적 기준**: 그 과정에 참여하고 있는 학생들이 '자기가 무엇을 배우고 있고 무엇을 하고 있는지 알며 자기가 도달해야 할 기준이 어떤 것인가를 파악'하고 있어야 한다는 점. 그리고 그 점에서 그 과정에 자발적으로 참여하고 있어야 한다는 것을 요구할 수 있다.

정답 ④

002 피터스(R. Peters)는 교육의 개념을 3가지 준거로 구분하였다. 그중에서 규범적 준거(normative criterion)에 근거한 교육의 개념으로 옳은 것만을 모두 고른 것은?

2018 국가직

> ㄱ. '무엇인가 가치 있는 것'을 추구하는 활동이다.
> ㄴ. 학습자의 의식과 자발성을 전제하는 것이다.
> ㄷ. 지식, 이해, 인지적 안목을 길러주는 것이다.

① ㄱ　　　② ㄷ　　　③ ㄴ, ㄷ　　　④ ㄱ, ㄴ, ㄷ

해설

ㄱ. '무엇인가 가치 있는 것'을 추구하는 활동이어야 하는 것은 규범적 준거에 해당하고
ㄴ. 학습자의 의식과 자발성을 전제하는 것은 과정적 준거에 해당한다.
ㄷ. 지식, 이해, 인지적 안목을 길러주는 것은 인지적 준거이다.

정답 ①

003 다음과 같이 주장하는 교육철학은?

2016 교육청

> 교육철학은 철학 이론들로부터 교육실천의 함의를 이끌어 내는 데 주력하지 말고, 교육의 목적이나 교육의 실제 그 자체에 대해 철학적으로 사고하는 일에 집중해야 한다. 또한 기존 교육사상들이 가정하고 있는 개념적 구조를 명료화하고 개념의 일관성과 타당성을 검토함으로써 언어의 혼란으로 인해 빚어진 교육 문제를 제거하는 일에 관심을 두어야 한다.

① 분석적 교육철학　　　② 비판적 교육철학
③ 실존주의 교육철학　　④ 프래그머티즘 교육철학

해설

개념적 구조를 명료화하고 개념의 일관성과 타당성을 검토함으로써 언어의 혼란으로 인해 빚어진 교육 문제를 제거하는 일에 관심을 두어야 한다고 주장하는 사상은 분석적 교육철학이다.

정답 ①

THEME 24 비판적 교육철학

기출공략

프랑크푸르트학파에서 시작된 비판이론의 흐름이 교육학에 영향을 미쳐서 비판적 교육철학 또는 비판 교육학으로 이어졌다. 비판교육학에 대해서는 뒤에 교육사회에서 자세히 다루게 될 것이므로 여기서는 간단하게 프랑크푸르트학파 이후에 비판이론이라고 불리는 학자들에 대해 개략적으로 살펴보고자 한다. 중요한 것은 비판철학이든 비판 교육학이든 간에 지식이 가치중립적인 것이 아니라 어느 한쪽의 이해를 위해 도구적으로 사용되고 있음을 지적한다는 점이다.

대표문제

2020 국가직

06 비판적 교육철학 또는 비판교육학(critical pedagogy)에 대한 설명으로 옳지 않은 것은?

① 인간의 자유로운 의식의 형성을 억압하고 왜곡하는 사회적, 경제적, 정치적 제약요인들을 분석하고 비판한다.
② 하버마스(J. Habermas), 지루(H. Giroux), 프레이리(P. Freire) 등이 대표적인 학자이다.
③ 지식 획득을 포함한 인간의 모든 인식행위는 가치중립적인 것으로 간주한다.
④ 교육문제에 대해 좀 더 실제적이고 정치사회적인 관점을 취한다.

◈ 해설

비판적 교육철학에서는 지식 획득을 포함한 인간의 모든 인식행위가 가치중립적인 것이 아니며 가치가 개입된다고 간주한다.

☀ 정답 ③

이론 플러스

프랑크푸르트 학파와 비판이론

- '비판이론'이라는 용어가 고유명사로 쓰일 때, 1920년대 이래 프랑크푸르트 대학의 사회연구소를 중심으로 형성된 이른바 '프랑크푸르트 학파'의 이론가를 지칭한다. 호르크하이머, 아도르노, 마르쿠제, 하버마스 등이 있다.
- 비판이론가들은 도구적 이성의 문제를 지적했는데, 도구적인 기능밖에는 수행하지 못하는 이성이라는 말로서, 실현해야 할 가치가 외부에서 먼저 주어지면, 비로소 이성은 그것을 실현하거나 달성하는 데 가장 효과적인 방법은 무엇인지 탐색하는 데 동원되고 추구하는 가치나 목적이 과연 바람직한지, 정당한 것인지에 대하여 그 이성은 아무런 판단도 할 수 없다는 점에서 반쪽짜리 이성이라는 평가를 받는다.
- 기존 비판이론가들이 도구적 이성에 대한 회의적인 분석만을 하고 있을 때 후기 비판이론가인 하버마스는 의사소통행위에 의한 이 세계의 합리화가 가능하다고 주장한다. 그는 도구적 이성의 원리에 따라 운영되고 있는 '체제'의 측면 말고 우리 삶이 영위되는 또 하나의 합리적인 영역인 '생활세계' 영역에서 작동하는 합리성을 '의사소통적 합리성', 그리고 이 합리성에 따라 이루어지는 행위를 '의사소통적 행위'라고 부른다. 의사소통적 행위는 대화에 참여하는 사람들 간의 이해를 지향하며, 그것의 목적은 "상호 이해, 지식의 공유, 상호 신뢰와 조화를 통한 간주관적 공통성의 형성을 기반으로 한 합의를 이끌어내는 것이다." 하버마스는 바로 이와 같은 개방적이고 왜곡되지 않은 의사소통이라는 개념을 통해서 인간 해방이라는 비판이론 고유의 주제를 재구성하고자 한다.

관련 기출

001 다음 내용과 관련이 있는 교육철학은?

2017 교육청

- 프랑크푸르트 학파의 이론적 성과를 수용하였다.
- 교육 현상에 대해 규범적, 평가적, 실천적으로 접근하였다.
- 자본주의 사회의 불평등 문제와 교육의 관련성에 주목하였다.
- 인간의 의식과 지식이 사회, 정치, 경제에 의해 결정되는 것으로 보았다.

① 비판적 교육철학
② 분석적 교육철학
③ 홀리스틱 교육철학
④ 프래그머티즘 교육철학

해설

② 분석적 교육철학은 교육이라는 대상에 관한 언어들을 분석철학적인 방법으로 탐구하는 학문. 기존 교육 사상들이 가정하고 있는 개념적 구조를 명료화하고 개념의 일관성과 타당성을 검토함으로써 언어의 혼란으로 인해 빚어진 교육 문제를 제거하는 일에 관심을 둔다.
③ 홀리스틱 교육철학은 인간의 신체적, 정서적, 심리적, 도덕적, 영성적 성장에 주목하여 충분히 발달한 인간을 목표로 하는 교육이다. 여러 요소들의 조화와 통합을 강조한다.
④ 프래그머티즘 교육철학 즉, 실용주의는 모든 가치를 유용성의 입장에서 판단하고 가치를 결정하기 때문에 일상 생활에서 도움이 되는 가치를 바람직한 가치로 여긴다. 이러한 입장에서 존 듀이는 도덕이나 윤리도 변화하고 성장하며, 고정적이며 절대적인 가치는 존재하지 않는다고 주장하였다. 즉, 상대론적인 입장에서 말하고 있다.

정답 ①

002 다음에 해당하는 현대 교육철학 사조는?

2016 국가직

- 교육이 처해 있는 사회 구조나 제도에 대해 의문을 제기한다.
- 의사소통적 합리성이라는 개념을 통해 교육에서 조작이나 기만, 부당한 권력 남용 등을 극복할 수 있는 발판을 마련하였다.
- 교육을 교육의 논리가 아니라 정치·경제·사회의 논리에 의해 해석하는 경향이 있다.

① 실존주의 교육철학
② 분석적 교육철학
③ 비판적 교육철학
④ 포스트모더니즘 교육철학

해설

비판이론가인 하버마스는 의사소통적 합리성을 통해 이 사회를 합리화시킬 수 있다고 주장한다.

정답 ③

지아쌤의
교육학개론
테마별 기출뽀개기

CHAPTER 05

교육심리 상담

출제비율

연도	'07	'08	'09	'10	'11	'12	'13	'14	'15	'16	'17	'18	'19	'20	'21	'22	'23	총 문항수	종 출제문항
국가직	4	3	3	2	3	3	3	4	5	4	4	3	4	4	3	3	5	340	60(18%)
교육청									2	3	3	3	4	3	4	4	3	180	29(16%)

출제경향

교육심리 상담과 평가 및 측정을 하나로 묶는 경우가 많아서 평가 및 측정에서 출제가 많이 되면 심리상담에서는 적게 출제가 되는 경향이 있다. 평가 및 측정을 제외하고도 교육심리 상담영역은 교육행정 다음으로 출제가 많이 된 영역으로 평균 3~4문제 정도가 출제되었다. 교육심리 상담영역에서 가장 출제가 많이 된 부분은 행동주의 학습이론이다. 행동주의 학습이론만큼은 아니지만, 인지주의 학습이론에서도 자주 출제가 되었다. 그 외에 피아제, 비고츠키의 발달단계 이론, 프로이트의 심리성적 이론(주로 방어기제), 에릭슨의 이론, 콜버그의 도덕성 이론, 지능이론, 동기화 이론(귀인이론)과 상담이론 등에서 여러 번 출제가 되었다. 상담이론의 경우에는 행동주의, 인간중심, 인지적 상담이론에서 비슷하게 출제가 되었다.

THEME 25 피아제의 인지발달이론

> **기출공략**
>
> 피아제 이론이 워낙 방대하기 때문에 기출에서 다루고 있는 인지발달단계, 동화와 조절, 보존개념, 가역성 등의 주요개념 등을 중심으로 내용을 정리하는 한편 피아제의 인지발달이론의 기본 가정에도 주의해야 한다.

대표문제

2019 교육청

12 피아제(J. Piaget)의 인지발달단계를 순서대로 바르게 나열한 것은?

ㄱ. 전조작기	ㄴ. 형식적 조작기
ㄷ. 감각운동기	ㄹ. 구체적 조작기

① ㄱ → ㄴ → ㄷ → ㄹ
② ㄱ → ㄷ → ㄴ → ㄹ
③ ㄷ → ㄱ → ㄹ → ㄴ
④ ㄷ → ㄴ → ㄱ → ㄹ

해설

피아제의 인지발달단계는 다음과 같다.
① 감각운동기 : 대상 영속성의 습득, 지연 모방능력 형성
② 전조작기 : 직관적 사고와 중심화
③ 구체적 조작기 : 구체적 상황에서의 논리적 사고발달, 보존개념
④ 추상적 조작기 : 논리적으로 추상적인 문제해결, 가설 연역적 추리 가능

정답 ③

| 이론 플러스 |

피아제의 인지발달단계

(1) 주요개념
   ① 동화 : 자신이 이미 가지고 있는 도식 또는 인지구조에 맞추어 새로운 경험을 이해하는 인지과정
   ② 조절 : 기존의 도식이 새로운 경험을 동화하는 데 적합하지 않아 인지 갈등이 유발되어 지적 불평형 상태가 될 때 새로운 경험에 맞도록 자신이 가지고 있는 도식이나 구조를 바꾸는 인지과정

(2) 인지발달단계
   ① 감각운동기 : 대상영속성의 습득, 지연모방능력 형성
   ② 전조작기 : 직관적 사고와 중심화
   ③ 구체적조작기 : 구체적 상황에서의 논리적 사고 발달, 보존개념
   ④ 추상적조작기 : 논리적으로 추상적인 문제 해결, 가설 연역적 추리가능

(3) 피아제의 인지발달단계 이론의 기본 전제
   ① 모든 아동이 동일한 순서로 네 단계를 거쳐 발달한다.
   ② 각 단계는 그 이전 단계의 인지구조들이 통합되어 나타나기 때문에 다음 단계는 이전단계와 질적으로 다르며 수준이 더 높다.
   ③ 어느 한 단계도 건너뛸 수는 없으며, 각 단계를 거치는 속도는 아동에 따라 개인차가 있다.
   ④ 발달단계는 문화적 보편성이 있다.

관련 기출

001 피아제(J. Piaget)는 인지발달이론에서 "인간은 적응을 위해 새로운 경험과 도식을 서로 조정한다"라고 하였다. 다음의 예와 피아제가 제시한 적응의 유형이 옳게 짝지어진 것은?

2017 국가직

> (가) 다른 나라를 방문할 때 그 나라의 문화와 음식, 언어에 빠르게 순응하려고 노력하는 것
> (나) 아빠는 양복을 입은 사람이라는 생각을 가진 유아가 양복을 입은 사람을 모두 '아빠'라고 부르는 것

	(가)	(나)
①	탈중심화	중심화
②	조절	동화
③	중심화	탈중심화
④	동화	조절

해설

동화가 자신이 이미 가지고 있는 도식 또는 인지구조에 맞추어 새로운 경험을 이해하는 인지과정으로 (나)에 해당한다면 (가)의 경우처럼 조절은 새로운 경험에 맞도록 자신이 가지고 있는 도식이나 구조를 바꾸는 인지과정으로 적응행동에 가깝다.

정답 ②

002 피아제(J. Piaget)의 인지발달이론에서 구체적 조작기의 특징으로 옳지 않은 것은?

2008 국가직

① 물활론적 사고
② 가역적 사고
③ 보존개념
④ 탈중심화

해설

전-조작기 다음에 나타나는 구체적 조작기(7~11세) 아동은 체계적이고 논리적인 사고를 할 수 있게 되고 가역성의 개념을 획득하여 보존과제를 성공적으로 수행할 수 있게 된다. 또한, 타인의 관점과 생각이 자신과 다를 수 있음을 이해하게 됨으로써 탈중심화가 일어난다.
① 물활론적 사고는 생명이 없는 대상에게 생명과 감정을 부여하는 사고로 전-조작기(2세~7세) 아동의 사고방식이다.
② 가역적 사고는 일어난 행위를 거꾸로 원상태로 돌릴 수 있는 사고 능력을 가리킨다.
③ 보존개념은 물질의 모양이나 위치가 변해도 물질의 속성은 동일하다는 개념을 이해하는 것이다.
④ 탈중심화는 타인의 관점과 생각이 자신과 다를 수 있음을 이해하는 것이다.

정답 ①

003 다음 중 피아제의 가역적 사고는 어느 발달단계에 해당하는가? 2007 교육청
① 전조작기
② 감각 운동기
③ 형식적 조작기
④ 구체적 조작기

해설

가역적 사고는 일어난 행위를 거꾸로 원상태로 돌릴 수 있는 사고 능력을 가리키는 것으로 이를 통해 구체적 조작기 아동이 보존개념을 이해할 수 있게 해 준다.

정답 ④

004 피아제의 이론에서 물활론적 사고가 이루어지는 시기는? 2008 교육청
① 전조작기
② 감각동작기
③ 구체적 조작기
④ 형식적 조작기
⑤ 상징적 조작기

해설

① 물활론적 사고는 생명이 없는 대상에게 생명과 감정을 부여하는 사고로 전-조작기(2세~7세) 아동의 사고방식이다.

정답 ①

005 수빈이의 행동 중 피아제(Piaget)의 구체적 조작기(period of concrete operations)의 특징을 가장 잘 나타내주는 예는? 2007 국가직

① 아빠가 "토끼가 뭐야?"라고 묻자, 수빈이는 "토끼는 하얀 거야, 그리고 눈이 빨간 거야."라고 말하였다.
② 수빈이는 빨간 사과, 빨간 꽃, 노란 오렌지, 노란 꽃을 꽃과 과일별로 나누기도 하고, 색깔별로 나누거나 묶기도 하면서 논다.
③ 수빈이는 앞마당에 떨어진 나뭇잎들을 모아놓고 반찬이라고 하면서 소꿉놀이하기를 좋아한다.
④ 수빈이는 미래에 어떤 직업인이 될지 고민하면서 상담실을 방문하였다.

해설

구체적 조작기(7~11세) 아동은 체계적이고 논리적인 사고를 할 수 있게 되고 가역성의 개념을 획득하여 보존과제를 성공적으로 수행할 수 있게 된다. 또한, 타인의 관점과 생각이 자신과 다를 수 있음을 이해하게 됨으로써 탈중심화가 일어난다. 특히, 이 시기에 유목화와 서열화의 개념을 갖게 된다. 유목화는 선택지 ②의 경우처럼 부분과 전체의 논리적 관계, 상하의 위계적 관계를 이해하는 것이다.

정답 ②

THEME 26 비고츠키의 인지발달이론

기출공략

근접발달영역을 중심으로 비고츠키의 인지발달이론에 대한 문제가 자주 출제되고 있다. 비고츠키의 이론을 피아제의 인지발달 이론과 구별해서 정리해두어야 한다. 피아제가 아동의 발달단계를 중시한 반면에 비고츠키는 사회적 상호작용을 중시하고 있다는 점이 특징적이며 특히 아동의 혼잣말에 관해서도 두 학자의 입장이 상반됨을 알 수 있다.

대표문제

2023 국가직

02 비고츠키(Vygotsky)의 사회문화이론에 근거할 때, (가)에 들어갈 말은?

> 타인의 도움을 받아서 수행할 수 있는 수준과 자기 혼자서 독립적으로 수행할 수 있는 수준 사이에 ㅤ(가)ㅤ 이 있다.

① 집단 무의식
② 근접발달영역
③ 학습된 무기력
④ 잠재적 발달영역

해설

타인의 도움을 받아서 수행할 수 있는 수준(잠재발달수준)과 자기 혼자서 독립적으로 수행할 수 있는 수준(실제 발달수준) 사이에 근접발달영역이 있으며 아동의 학습은 이 영역에서 일어난다.

정답 ②

> 이론 플러스

비고츠키의 인지발달이론

(1) 근접발달영역

아동이 스스로의 힘으로 문제를 해결할 수 있는 실제 발달수준과 성인이나 유능한 또래로부터 도움을 받아 문제를 해결할 수 있는 잠재발달수준의 중간 영역을 의미하며, 아동의 학습은 이 영역에서 일어난다.

(2) 비계설정

문제해결을 위한 교사의 힌트 또는 친구들과의 협동학습은 학습자의 인지발달을 앞당길 수 있다.

(3) 언어

피아제와 달리 언어가 인지발달에 중요한 역할을 한다고 주장함. 즉, 비계설정을 포함하여 대부분의 사회적 상호작용이 언어를 통해 이루어지며 언어는 스스로 문제를 해결할 수 있도록 돕는다는 것이다. 아동은 자신의 실제 능력보다 어려운 문제에 직면했을 때, 사회적 언어를 통해 주변 사람의 도움을 구하거나, 자신의 행동에 수반되는 혼잣말을 함으로써 문제를 해결하고자 노력한다. 그러나 과제를 수행하는 동안 아동에게 말을 하지 못하게 하면 주어진 과제를 완수하지 못할 수도 있다. 여러 연구에 따르면 사적 언어를 열심히 사용한 아동이 그렇지 않은 아동보다 복잡한 과제를 더 효과적으로 학습하는 것으로 나타났다.

피아제와 비고츠키 이론의 비교

① 비고츠키는 학습이 발달을 주도한다고 보는 반면 피아제는 발달에 기초하여 학습이 이루어진다고 본다.
② 피아제는 아동은 스스로 세계를 구조화하고 이해하는 존재라고 생각한 반면 비고츠키는 아동이 타인과의 관계에서 영향받아 성장하는 사회적 존재임을 강조한다.
③ 피아제는 혼잣말을 미성숙하고 자기중심적 언어로 보지만 비고츠키는 혼잣말이 자신의 사고를 위한 수단, 문제해결을 위한 사고의 도구라고 생각한다.
④ 피아제는 개인 내적 지식이 사회적 지식으로 확대 또는 외면화된다고 보는 반면 비고츠키는 사회적 지식이 개인 내적 지식으로 내면화된다고 본다.

관련 기출

001 다음에서 설명하는 개념은?
2017 국가직

- 학생의 인지발달을 위해서 교사가 찾아야 하는 것
- 학습자가 주위의 도움을 받아서 문제를 해결할 수 있는 범위
- 학습자의 실제적 발달 수준과 잠재적 발달 수준 간의 차이

① 비계(scaffolding)
② 근접발달영역(ZPD)
③ 내면화(internalization)
④ 메타인지(metacognition)

해설

근접발달영역(ZPD)은 아동이 스스로의 힘으로 문제를 해결할 수 있는 실제 발달수준과 성인이나 유능한 또래로부터 도움을 받아 문제를 해결할 수 있는 잠재발달수준의 중간 영역을 의미하며, 학습이 실제로 이 영역에서 일어나기 때문에 교사는 학생의 인지발달을 위해서 근접발달영역을 찾아야 한다.

정답 ②

002 비고츠키(Vygotsky)의 근접발달영역을 가장 잘 설명한 것은?
2007 국가직

① 아동의 실제 인지적 발달 수준을 나타낸 것이다.
② 아동의 미발달 능력을 나타낸 것이다.
③ 아동의 발달된 능력과 발달 중인 능력을 합한 영역이다.
④ 아동이 다른 사람의 도움을 받아 발달할 수 있는 영역이다.

해설

근접발달영역은 아동이 스스로의 힘으로 문제를 해결할 수 있는 실제 발달수준과 성인이나 유능한 또래로부터 도움을 받아 문제를 해결할 수 있는 잠재발달수준의 중간 영역을 의미한다.

정답 ④

003 학생이 문제해결능력이 없는 경우, 교사가 어떤 역할을 해야 하는지에 대한 비고츠키(L. Vygotsky)의 관점으로 보기 어려운 것은?

2015 국가직

① 구조화를 형성할 수 있는 단서를 제공한다.
② 세부사항과 단계를 기억할 수 있도록 조력하고 격려한다.
③ 표준화 지능검사 문항을 풀게 하여 학생의 지적 발달 수준을 측정한다.
④ 학생이 혼자서 풀 수 있는 문제와 도움을 받아야 하는 문제를 모두 평가하여 지적 발달 수준을 측정한다.

해설

비계설정에 대해서 물어보고 있는 문제이다. 비계는 건물을 지을 때 높은 곳에서 공사를 할 수 있도록 임시로 설치하는 안전 가설물을 칭한다. 비계는 건물을 조금 더 빨리 그리고 효율적으로 건설할 수 있도록 돕는다. 학습에서도 마찬가지이다. 문제해결을 위한 교사의 힌트 또는 친구들과의 협동학습은 학습자의 인지발달을 앞당길 수 있다. 즉, 비계설정은 근접발달영역에서 제공되는 더 뛰어난 친구나 성인의 도움을 뜻한다. 우드 등은 근접발달영역 내에서 비계설정이 이루어져야 한다고 주장하였다. 또한 효과적인 비계 설정은 학습자 스스로 할 수 있도록 지원해 주는 것으로 국한해야 한다. 교사와 부모는 도움을 줄 수 있을 뿐, 실제로 학습의 주체는 자신이어야 한다. 그리고 학습에서의 비계설정은 초기 단계에서는 많은 도움을 제공하다가 점점 지원을 줄여서 스스로 할 수 있는 단계까지 이끌어 나가야 한다.
교사는 효과적인 비계설정을 위해서 근접발달영역을 찾고자 학생이 혼자서 풀 수 있는 문제와 도움을 받아야 하는 문제를 모두 평가하여 지적 발달 수준을 측정할 수 있다. 그러나 ③ 표준화 지능검사 문항을 풀게 하여 학생의 지적 발달 수준을 측정하는 것은 비계설정과 관련이 없으므로 해당하지 않는다.

정답 ③

004 아동의 혼잣말(private speech)에 대한 비고츠키(L. Vygotsky)의 견해로 옳지 않은 것은?

2017 교육청

① 자기중심적 언어로서 미성숙한 사고를 보여준다.
② 자신의 사고과정과 행동을 스스로 조절하고 주도한다.
③ 연령이 증가함에 따라 점차 줄어들면서 내적 언어로 바뀐다.
④ 쉬운 과제보다 어려운 과제를 해결할 때 더 많이 사용한다.

해설

비고츠키는 피아제와 달리 언어가 인지발달에 중요한 역할을 한다고 주장한다. 아동은 자신의 실제 능력보다 어려운 문제에 직면했을 때, 사회적 언어를 통해 주변 사람의 도움을 구하거나, 자신의 행동에 수반되는 혼잣말을 함으로써 문제를 해결하고자 노력한다. 그러나 과제를 수행하는 동안 아동에게 말을 하지 못하게 하면 주어진 과제를 완수하지 못할 수도 있다는 것이다.
① 자기중심적 언어로서 미성숙한 사고를 보여준다는 것은 피아제의 견해이다.

정답 ①

005 다음 중 러시아의 학자 비고츠키가 주장하는 내용은? 2007 교육청

① 아동의 자기중심적 언어는 미성숙의 표시다.
② 인지발달은 더 성숙하고 유능한 사람과의 상호작용을 통해 촉진된다.
③ 사고가 언어발달을 촉진시키는 것이지 언어가 사고를 발달시키는 것은 아니다.
④ 실제적 발달수준은 부모나 교사의 도움을 받아 문제를 해결하는 능력수준이다.

해설

비고츠키는 피아제와 달리 언어가 인지발달에 중요한 역할을 한다고 주장한다. 아동은 자신의 실제 능력보다 어려운 문제에 직면했을 때, 사회적 언어를 통해 주변 사람의 도움을 구하거나, 자신의 행동에 수반되는 혼잣말을 하는 것은 문제를 해결하고자 노력하는 것이다. 이러한 관점에서 ③언어가 사고를 발달시킨다고 보는 것이다. ④는 실제적 발달 수준이 아니라 근접발달수준이다.
②의 내용처럼 비고츠키의 이론은 상호작용을 중시하기때문에 사회적 인지발달이론이라고도 불린다.

정답 ②

006 비고츠키(L. Vygotsky)의 인지발달이론을 가장 잘 설명한 것은? 2008 국가직

① 학생의 현재 발달수준보다 앞선 내용을 가르치는 것은 효과적이지 않다.
② 성인과의 상호작용보다는 또래와의 상호작용이 인지발달에 유용하다.
③ 문제해결에 있어서 곤란도가 높아지면 내적 언어사용은 감소한다.
④ 언어의 습득은 아동의 인지발달에 있어 매우 중요한 변인이다.

해설

③ 문제해결에 있어서 곤란도가 높아지면 내적 언어사용은 증가하며 비고츠키는 혼잣말이 자신의 사고를 위한 수단, 문제해결을 위한 사고의 도구라고 생각한다.
④ 비고츠키는 언어가 아동의 인지발달에 있어 매우 중요한 변인이라고 주장한다.

정답 ④

007 아동의 인지발달과정에 대한 피아제(Piaget)와 비고츠키(Vygotsky) 이론의 차이점으로 옳지 않은 것은? 2020 교육청

① 피아제는 학습이 발달을 주도한다고 보는 반면 비고츠키는 발달에 기초하여 학습이 이루어진다고 본다.
② 피아제는 아동은 스스로 세계를 구조화하고 이해하는 존재라고 생각한 반면 비고츠키는 아동이 타인과의 관계에서 영향받아 성장하는 사회적 존재임을 강조한다.
③ 피아제는 혼잣말을 미성숙하고 자기중심적 언어로 보지만 비고츠키는 혼잣말이 자신의 사고를 위한 수단, 문제해결을 위한 사고의 도구라고 생각한다.
④ 피아제는 개인 내적 지식이 사회적 지식으로 확대 또는 외면화된다고 보는 반면 비고츠키는 사회적 지식이 개인 내적 지식으로 내면화된다고 본다.

해설

① 비고츠키는 학습이 발달을 주도한다고 보는 반면 피아제는 발달에 기초하여 학습이 이루어진다고 본다.

정답 ①

008 발달학자들이 제시하는 발달의 일반적 원리로 볼 수 없는 것은? 2016 국가직

① 발달은 일정한 순서와 단계를 따른다.
② 발달은 성숙과 학습의 상호작용의 결과이다.
③ 발달 속도는 개인 간 및 개인 내 차이가 있다.
④ 특수한 반응에서 전체적인 반응으로 이행하며 발달해 나간다.

해설

④ 특수한 반응에서 전체적인 반응으로 이행하며 발달해 나가는 것이 아니라 전체적인 반응에서 특수한 반응으로 발달해 나간다.

정답 ④

THEME 27 프로이트의 심리성적 발달이론

> **기출공략**
>
> 그동안 주로 방어기제 위주로 출제가 되다가 아래 대표문제처럼 기본개념을 묻는 문제가 처음으로 출제되었다. 프로이트 이론의 기본개념과 함께 방어기제, 발달 단계를 정리해서 기억해야 한다.

대표문제

2022 국가직

07 다음에 해당하는 프로이트(Freud)의 성격 구조 요소는?

- 도덕적 원리를 추구한다.
- 부모나 양육자로부터 영향을 많이 받는다.
- 양심과 자아이상이라는 두 가지 하위체계로 구성된다.

① 무의식　　　　　　　　② 원초아
③ 자아　　　　　　　　　④ 초자아

해설

① 무의식 : 개인이 자각하지 못하는 경험과 기억
② 원초아 : 인간의 가장 기본적인 생물적 충동, 쾌락의 원리에 지배됨
③ 자아 : 고차원적인 정신 활동을 행하며, 원초아와 초자아 사이에서 현실적으로 개체를 적절히 유지시킨다.

정답 ④

> 이론 플러스

프로이트의 심리성적 발달이론

(1) 주요개념
- ① 의식 : 개인이 현재 자각하고 있는 생각
- ② 전의식 : 의식과 무의식의 중간에 있는 자각
- ③ 무의식 : 개인이 자각하지 못하는 경험과 기억, 무의식을 측정하는 방법으로 자유연상법, 꿈의 분석, 사례연구 등이 있다.
- ④ 리비도 : 인간의 정신활동과 육체활동의 모든 근원이 되는 심리적 에너지

(2) 성격의 구조
- ① 원초아 : 태어날 때부터 존재하는 인간의 가장 기본적인 생물적 충동
- ② 자아 : 판단력과 분별력을 지님으로써 원초아를 통괄하려는 힘, 원초아와 초자아 사이에서 현실적으로 개체를 적절히 유지시키는 기능을 함
- ③ 초자아 : 자아를 매개체로 원초아의 욕구를 억압하는 작용, 양심의 체계나 자아 이상의 두 가지 하위체계가 포함되며 도덕원리에 의해 작용

(3) 성격의 발달
- ① 구강기(출생~1세) : 수유의 충족이나 결핍 또는 과잉이 중요한 원천
- ② 항문기(2세~3세) : 배설 및 배변훈련이 중요
- ③ 성기기(=남근기, 4세~5세) : 오이디푸스, 엘렉트라 콤플렉스
- ④ 잠복기(6세~12세, 13세) : 성적본능의 휴면상태
- ⑤ 생식기(12세, 13세 이후의 사춘기) : 리비도가 성기에 집중

(4) 방어기제
- ① 반동형성 : 정반대되는 행동으로 자신의 욕구나 동기를 은폐
- ② 퇴행 : 불안하지 않았던 과거로 돌아가고자 하는 것
- ③ 부정 : 위협적이고 외상적인 사건 혹은 그 사건과 관련된 감정을 생각하거나 심지어 인정하는 것조차 거부하는 것
- ④ 투사 : 다른 사람에게 그 원인을 돌리는 것
- ⑤ 전위(치환) : 충동을 다른 대상으로 대체하여 표현하는 것
- ⑥ 승화 : 사회적으로 수용 가능한 형태와 방법을 통하여 표현되는 것
- ⑦ 억압 : 무의식의 깊은 곳에 억눌러 버림
- ⑧ 합리화 : 어떤 행위에 대한 원래의 동기를 숨기기 위해 그럴듯한 이유를 대서 자신의 행동을 정당화하는 것, 예 여우의 신포도

관련 기출

001 다음과 같이 비판을 받는 교육 심리학 이론에 대한 설명으로 알맞은 것은? 2007 교육청

> ○ 인간의 욕망을 지나치게 강조하였다.
> ○ 오이디푸스 콤플렉스나 여성에 대한 견해는 보편성을 결여하였다.
> ○ 주위 사람들의 격려, 인정, 처벌이 양심에 미치는 영향을 간과하였다.

① 실존주의 사상에 이론적 바탕을 두었다.
② 행동의 무의식적 결정 요인을 강조하였다.
③ 관찰과 측정이 가능한 유기체의 외적 활동을 강조하였다.
④ 인간의 존엄성과 가치에 관심을 가지고 잠재력 개발에 중점을 두었다.
⑤ 인간이 사회 속에서 맺는 사회적 관계에 따라 일생을 8단계로 나누었다.

해설

프로이트의 심리성적 발달이론에 대한 비판으로 이 이론은 행동의 무의식적 결정요인을 강조한다.

정답 ②

002 다음 설명에 해당하는 방어기제는?

2019 국가직

> ○ 사회적으로 용인될 수 없는 충동을 정반대의 말이나 행동으로 표출하는 과정
> ○ 친구를 좋아하면서도 표현하기가 힘든 아이가 긴장된 상황에서 '난 네가 싫어!'라고 말하는 것

① 억압(repression)
② 반동형성(reaction formation)
③ 치환(displacement)
④ 부인(denial)

해설

① **억압** : 무의식의 깊은 곳에 억눌러 버림
② **반동형성** : 정반대되는 행동으로 자신의 욕구나 동기를 은폐
③ **전위(치환)** : 충동을 다른 대상으로 대체하여 표현하는 것
④ **부정** : 위협적이고 외상적인 사건 혹은 그 사건과 관련된 감정을 생각하거나 심지어 인정하는 것조차 거부하는 것

정답 ②

003 스트레스에 대처하는 다양한 방어기제들에 대한 설명으로 옳지 않은 것은? 2012 국가직

① 퇴행 – 만족이 주어졌던 발달 초기의 수준으로 돌아가 미숙한 반응을 나타내어 불안을 극복하려는 것
② 합리화 – 사회적으로 용납될 수 없거나 수치스러운 욕구가 외부로 나타나지 않도록 욕구와 반대되는 행동과 태도를 보이는 것
③ 승화 – 사회적으로 가치있는 일을 성취하려고 노력함으로써 자신이 억압당하고 있는 욕구를 만족시키는 것
④ 동일시 – 다른 사람의 행동특성이나 심리특성을 자신의 특성처럼 받아들여 불안을 극복하려는 것

해설

②는 반동형성에 해당하며 합리화는 어떤 행위에 대한 원래의 동기를 숨기기 위해 그럴듯한 이유를 대서 자신의 행동을 정당화하는 것을 말한다.

정답 ②

004 용모에 자신 없는 학생이 복장, 소지품 등으로 타인의 관심을 끌려고 하는 적응기제는? 2007 교육청

① 승화
② 합리화
③ 보상
④ 동일시

해설

주어진 내용은 자기의 결함을 다른 장점으로 보충하여 열등감에 대처하는 것으로 ③과 관련된다.

정답 ③

005 다음 중 〈보기〉의 내용과 관련되는 방어기제는?

2007 교육청

• 보기 •
- 어린아이들의 소꿉놀이, 병정놀이
- 친구가 국회의원이라고 자랑하는 경우
- "이번 시험에서 내 친구가 1등으로 합격했어!"
- 자식이 출세하는 것으로 성취감을 느끼는 부모의 경우

① 보상
② 투사
③ 승화
④ 합리화
⑤ 동일시

해설

주어진 보기의 내용은 자기가 실현할 수 없는 욕구를 우수한 타인이나 집단과 동일한 것으로 느낌으로써 욕구를 만족하는 것으로 ⑤와 관련된다.

정답 ⑤

006 방어기제에 대한 설명 중 틀린 것은?

2007 교육청

① 투사 – 책임을 전가하는 것이다.
② 승화 – 사회적으로 가치 있는 일을 함으로서 욕구를 충족하는 것이다.
③ 합리화 – 변명을 통해서 자신을 보호하는 것이다.
④ 동일시 – 우수한 타인과 동일시함으로써 욕구에 만족한다.
⑤ 반동형성 – 욕구를 배제한다.

해설

⑤에서 반동형성은 본능적인 감정을 숨기고 그와 정반대되는 행동을 하며 자기를 보호하는 경우이다. '욕구배제'는 도피기제 중 '억압'과 관련된다.

정답 ⑤

THEME 28 에릭슨의 심리사회적 발달이론

기출공략

과거 교육청 문제에서 자주 출제되었던 영역으로 프로이트의 성격발달단계와 에릭슨의 심리사회적 발달이론을 매칭시켜 기억하는 것이 중요하다. 또한, 단계별 교육에의 시사점을 물어보는 문제가 나오면 해당 단계의 연령대에 맞는 방법을 먼저 선택하는 것이 중요하다. 가령, 주도성을 증진시키기 위한 방법을 물어본다면 이 시기 아동의 나이가 3세~5세임을 감안해서 이 나이대에 적절한 방법을 고르는 것이 중요하다.

대표문제

2018 국가직

06 에릭슨(E. Erikson)의 심리사회적 발달단계에 대한 설명으로 옳은 것만을 모두 고른 것은?

> ㄱ. 인생 주기 단계에서 심리사회적 위기가 우세하게 출현하는 최적의 시기는 개인에 따라 차이가 있지만, 그것이 출현하는 순서는 불변한다고 가정한다.
> ㄴ. 현 단계에서는 직전 단계에서 실패한 과업을 해결할 수 없다고 본다.
> ㄷ. 청소년기에는 이전 단계에서의 발달적 위기가 반복하여 나타난다고 본다.

① ㄱ
② ㄴ
③ ㄱ, ㄷ
④ ㄱ, ㄴ, ㄷ

해설

※ 정답 ③

> 이론 플러스

에릭슨의 심리사회적 발달이론

(1) 주요개념
　① 심리사회적 위기 : 발달의 각 단계에는 심리사회적 위기가 있다.
　② 점진적 분화의 원리(점성적 원리) : 인간발달이 선천적으로 예정된 시점에 따라 이루어진다는 것이다.

(2) 성격의 발달
　① 기본적 신뢰감 대 불신감(출생~1세) : 프로이트의 구강기
　② 자율성 대 의심 및 수치심(2~3세) : 프로이트의 항문기
　③ 주도성 대 죄책감(3세~5세) : 프로이트의 성기기(남근기)
　④ 근면성 대 열등감(6세~13세) : 프로이트의 잠복기
　⑤ 정체감 대 역할혼미(12세~18세 사춘기) : 심리적 유예기간, 이전의 발달적 위기가 다시 반복됨
　⑥ 친밀성 대 고립(성인초기)
　⑦ 생산성 대 침체(중년기)
　⑧ 통합성 대 절망(노인기)

공무원 시험 대비

관련 기출

001 에릭슨(Erikson)의 심리사회적 발달단계에 따라 취학 전 아동의 주도성(initiative)을 격려하기 위한 수업지침으로 가장 적절한 것은?   2013 국가직

① 어린이들이 좋아하는 이야기에 어울리는 옷을 스스로 선택하고 등장인물이 되어 실연하면서 학습에 참여하게 한다.
② 짧고 간단한 숙제부터 시작해서 점차 양이 많은 과제를 내어주고, 향상 점검점(check point)을 설정하여 목표를 향해 열심히 학습하도록 격려한다.
③ 유명한 위인들의 생일을 표시한 달력을 만들어 각각의 생일마다 그 사람의 업적에 대해서 토론하고 자신의 미래 직업에 대해 탐색하게 한다.
④ 수학 문제를 틀렸을 경우, 다른 어린이들의 모범답안을 보여주어 자신의 문제 풀이 과정과 비교할 수 있게 한다.

해설

주도성 대 죄책감이 발달하는 시기는 3세~5세이다. 이 시기 아동의 주도성은 ①은 다양한 역할로 가상놀이를 격려하는 전략으로 이루어진다.
②는 학생 자신이 확실히 기회를 설정하고 실제 목표를 향하여 작업하도록 격려하는 방안으로 6세~13세 아동의 근면성을 격려하는 방법이다.
③은 직업선택과 성인의 역할에 대한 많은 모델을 제시하는 방법으로 12세~18세 사춘기 청소년의 정체감 형성을 지원하는 방법이다.
④는 학생에게 실제적 피드백을 주는 방법으로 정체감 형성을 지원하는 방법이다.

정답 ①

002 에릭슨(E. Erikson)의 사회심리적 발달이론에서 볼 때, 다음과 같이 지도한 결과로 형성되는 것과 가장 관련이 있는 것은?   2011 국가직

> ○ 자서전을 쓰게 한다.
> ○ 자신의 약점과 강점을 스스로 평가하게 한다.
> ○ 학습한 내용이 직업에서 어떻게 활용될 수 있는지 생각하게 한다.

① 자율성
② 주도성
③ 근면성
④ 정체성

해설

주어진 내용은 청소년들이 자신들의 역할과 정체성을 형성하기 위해 도움이 되는 행동들이다.

정답 ④

003 다음 내용은 프로이드(S. Freud)의 발달이론에서 잠복기에 대한 설명이다. 이 단계와 가장 관계 깊은 에릭슨(E. Erikson)의 발달 단계는?   2011 교육청

> 성적인 욕구에 대한 흥미가 약해지는 시기로, 지적인 호기심이 강해지고 동성의 친구와 우정을 쌓아가며, 사회생활에 필요한 기술을 익힌다.

① 신뢰감 대 불신감
② 주도성 대 죄책감
③ 자율성 대 수치심
④ 근면성 대 열등감
⑤ 자아정체감 대 역할혼미

해설

프로이드(S. Freud)의 발달이론에서 잠복기는 6세에서 12,13세로 에릭슨의 발달단계로 근면성 대 열등감단계에 해당한다.

정답 ④

004 에릭슨 성격심리학 설명 중 옳지 않은 것은?
2009 교육청

① 자율성 대 수치심은 3~6세에 나타난다.
② 청년기에 자아 정체감을 찾지 않으면 역할 혼란을 가져온다.
③ 프로이드(Freud)의 이론을 발전시켜 독자적인 인성발달이론을 정립시켰다.
④ 유치원 아동들에게는 자기 주도적 활동을 최대한 허용해야 한다.
⑤ 초등학교 시기는 근면성과 열등감과 관련된다.

◈ 해설

①에서 자율성 대 수치심은 배변활동과 관련이 있으며 2~3세에 나타난다.

※ 정답 ①

005 프로이드가 제안한 성격발달단계와 에릭슨이 제안한 심리사회적 발달단계를 짝지은 것 중 시기적으로 유사하지 않은 것은?
2010 국가직

① 항문기 – 자율성
② 구강기 – 기본적 신뢰
③ 남근기 – 주도성
④ 잠복기 – 친밀성

◈ 해설

프로이트의 잠복기는 에릭슨의 근면성 단계로 6세~13세에 해당한다. 에릭슨의 친밀성 단계는 성인 초기에 해당한다.

※ 정답 ④

006. 다음 밑줄 친 '이 시기'에 해당하는 에릭슨(Erikson)의 심리적·사회적 발달단계의 특징은?

2008 교육청

> 피아제에 의하면 이 시기에는 고차원적인 추상 능력이 발달하고 추상적 개념을 사용하여 가설을 설정하고 검증 및 결론을 추론한다.

① 주도성 대 죄책감
② 정체성 대 역할 혼미
③ 친밀감 대 고립감
④ 자율성 대 수치감

해설

피아제의 형식적 조작기는 12세 이상으로 에릭슨의 발달단계에서는 정체감 대 역할혼미(12~21세)와 관련된다.

정답 ②

007. 발달 이론에 대해 옳게 설명한 것은?

2010 교육청(변형)

① 프로이드(S. Freud)는 잠복기를 성격발달에 있어 결정적 시기로 보았다.
② 피아제(J. Piaget)의 근접발달영역(ZPD)은 누군가의 노움을 받아 해결할 수 있는 잠재적 발달 수준을 말한다.
③ 에릭슨(E. Erikson)은 8단계를 제시하고 3단계에서 주도성(initiative)을 형성할 수 있다고 보았다.
④ 브루너(J. Bruner)는 인지발달에서 사고의 발달이 핵심적이며 언어의 발달은 그에 따라 일어난다고 보았다.

해설

①은 남근기에 해당하며, ②는 비고츠키(Vygotsky)에 해당하고 ④는 피아제(Piaget)에 해당한다.

정답 ③

THEME 29 마샤의 정체성 지위이론

기출공략

마샤의 정체성 지위이론은 정체성 지위(정체감 성취, 정체감 유예, 정체감 유실, 정체감 혼미)에 대해 각각의 특징을 구별해낼 수 있어야 한다.

대표문제

2021 국가직

14 다음에 해당하는 자아정체감의 개념은?

> 의사결정을 할 때, 대안을 고려하지 않고 부모 등이 제시하는 역할이나 가치를 그대로 선택하거나 수용한다.

① 정체감 성취(achievement)
② 정체감 유예(moratorium)
③ 정체감 유실(foreclosure)
④ 정체감 혼미(diffusion)

해설

마르샤 Marcia 의 자아정체감 4가지 지위 개념에 대한 문제로 마르샤는 각 개인의 자아정체감 상태를 자신에 대한 탐구(exploration)와 결정에 대한 관여(Commitment)의 두 가지 차원에 따라 4가지 정체감 유형으로 구분한다.
① 정체감 성취는 심리적으로 건강하며 성취동기, 도덕추론, 친밀감 등에 있어서 높은 수준을 보이고 많은 문제에 대해 스스로 결정할 수 있는 능력이 있는 상태이다. ③ 정체감 유실은 자신에게 중요한 문제에 관해 스스로 탐구하거나 고민하지 않고 타인의 결정이나 가치를 수용하는 것을 말한다. ② 정체감 유예는 자신의 정체감을 아직 형성하지 못했지만 이를 위해 노력을 하고 있는 상태를 말한다. ④ 정체감 혼미란, 자신의 문제에 관해 탐구하거나 결정하지 않았으며 이러한 문제에 대해 아무런 관심이 없는 가장 부정적인 상태를 말한다.

정답 ③

이론 플러스

마샤의 정체성 지위이론

정체성 지위	정체성 위기경험 여부	과업에 대한 전념 여부
정체감 혼미	×	×
정체감 유실	×	○
정체감 유예	○	×
정체감 성취	○	○

THEME 30 보울비의 애착형성이론

기출공략

보울비의 애착형성이론이 최근에 출제된 적은 없지만 출제될 수 있는 부분이므로 애착의 4단계를 키워드를 중심으로 기억할 필요가 있다.

대표문제

2009 교육청

05 보울비(Bowlby)의 애착 형성 이론에서 다음과 같은 특징과 관련 깊은 단계는?

- 6개월 ~ 3세
- 애착 인물의 존재 유무에 관심
- 애착이 강해지며, 타 대상에게는 배타적

① 능동적 접근 단계
② 선택적인 반응 단계
③ 동반자적 반응 단계
④ 비선택적인 반응 단계

해설

보울비의 애착 발달과정 4단계에서 1단계(0~3개월)는 비선택적인 반응단계로 대다수의 사람에게 비선택적으로 비슷한 반응을 보이며, 2단계(3~6개월)는 선택적인 반응단계로 아기의 요구에 잘 응해주는 사람에게 강한 애착을 형성하면서 옹알이도 대상에 따라 선택적으로 하게 된다. 3단계(6개월~3세)는 능동적 접근단계로 6개월 된 아기는 애착 인물의 존재와 무존재에 관심을 보이며 부존재시 울게 된다. 7개월 된 아기는 능동적으로 애착 대상을 추적하며 애착이 강해지면 타 대상에게도 배타적이 된다. 그리고 마지막 4단계(3세~아동기말)는 동반자적 반응단계로 애착대상과 신뢰감이 형성되어 있다면 애착 대상이 자기를 떠나는 것을 심리적으로 허용 가능한 단계이다.

정답 ①

이론 플러스

보울비의 애착형성이론

영아가 주 양육자와 형성하는 강한 정서적 결속인 애착이 영아의 생존 및 심리, 사회적 발달에 중요한 영향을 미친다는 이론

단계	시기	특징
1단계	0~3개월	**인간에 대한 무분별한(비선택적인)반응성** 아직 사람을 구별해서 지각하는 능력이 없기 때문에 상대를 변별하지 않고 애착 전조행동을 보임
2단계	3~6개월	**낯익은 사람에게(선택적인)초점 맞추기** 애착형성단계, 주양육자를 다른 사람들과 구별할 수 있게 되지만 친숙한 몇몇의 성인에게만 애착행동이 제한되며 단 한 명의 특정한 대상에게 완전한 애착이 형성된 것은 아님
3단계	6개월~3세	**능동적 접근 추구** 분명한 애착의 단계, 영아의 애착행동이 한 사람을 향해 좀 더 능동적으로 이루어지는 단계
4단계	3세~아동기말	**동반자 행동** 다양한 주변사람에게 애착을 확장하는 단계, 양육자와의 분리를 허용하며 분리되더라도 곧 다시 돌아온다는 것을 앎

THEME 31 브론펜브레너의 생태학적 이론

기출공략

아래 대표문제에서 처음 출제가 되었으나 출제 가능성이 있으므로 개인에게 동시에 영향을 주는 다섯 가지 수준의 환경체계를 키워드를 중심으로 기억할 필요가 있다.

대표문제

2015 국가직

08 브론펜브레너(U. Bronfenbrenner)에 의해 제안된 인간발달의 생태이론에서 중간체계(mesosystem)에 대한 설명으로 가장 적절한 것은?

① 아동이 속해 있는 사회의 이념, 가치, 관습, 제도 등을 의미한다.
② 아동과 아주 가까운 주변에서 일어나는 활동과 상호작용을 나타낸다.
③ 가정, 학교, 또래집단과 같은 미시체계들 간의 연결이나 상호관계를 나타낸다.
④ 아동이 직접적으로 접촉하고 있지는 않지만 아동에게 영향을 주는 환경(부모의 직장, 보건소 등)을 나타낸다.

해설

①은 거시체계, ②는 미시체계, ④는 외체계를 나타낸다.

정답 ③

| 이론 플러스 |

브론펜브레너의 생태학적 이론

생태학적 이론은 개인에게 동시에 영향을 주는 다섯 가지 수준의 환경을 미시체계, 중간체계, 외체계, 거시체계, 시간체계로 제시하였다.
① **미시체계** : 아동이 직접 접하는 환경으로 가정, 학교, 부모, 친구, 선생님 등이 포함
② **중간체계** : 다양한 미시체계 간의 상호관계, 아동과 부모, 학생과 교사, 학부모와 교사, 친구들은 서로 연결되어 영향을 미침
③ **외체계** : 아동이 포함되지 않지만, 아동에게 간접적인 영향을 주는 외부체계 혹은 기관과 미시체계 사이의 연결로 이루어짐, 대중매체, 이웃, 사회복지기관, 지역정부기관, 부모의 직업, 가족의 친구 등을 포함하는 개인에게 더 큰 영향을 주는 체계
④ **거시체계** : 문화적 영향, 개인에게 영향을 미치는 관념, 법, 관습 등
⑤ **시간체계** : 시간의 차원으로 일생동안 일어나는 인간의 변화와 사회역사적 환경의 변화를 포함

THEME 32 도덕성 발달이론: 피아제, 콜버그, 길리건

기출공략

그동안 콜버그의 도덕성 발달이론에서만 문제가 출제되었으나 피아제의 도덕성 발달이론을 보완하고 확장시킨 것이 콜버그의 도덕성 이론이며 최근에 여성의 도덕성이라는 측면에서 길리건의 여성 중심의 도덕성 발달단계가 주목받고 있으므로 세 학자의 도덕성 발달단계를 함께 정리할 필요가 있다. 각각의 이론상의 특징뿐만 아니라 각 단계별 특징도 기억해야 한다.

대표문제

2023 국가직

06 콜버그(Kohlberg)의 도덕성 발달이론에 대한 설명으로 옳은 것은?

① 아동 초기에 초점을 둔 이론으로 도덕성 발달은 동화와 조절의 과정을 거쳐 이루어진다.
② 전인습(preconventional) 수준에서 도덕성 발달의 시작은 처벌을 피하기 위한 행동에서 비롯된다.
③ 선악을 판단하는 초자아(superego)의 작동에 의해 도덕성이 발달한다.
④ 인습(conventional) 수준에서 도덕성은 정의, 평등, 생명과 같은 보편적인 원리를 지향한다.

해설

① 피아제, ③ 프로이드, ④ 인습 이후 수준을 가리킨다.

정답 ②

이론 플러스

피아제의 도덕성 발달이론

(1) 전도덕성 : 2~4세의 아동, 도덕적 인식 ×
(2) 도덕적 실재론에 따른 타율적 도덕성 : 5~9세의 아동, 도덕적 사실주의
(3) 도덕적 상대론에 의한 자율적 도덕성 : 8~11세의 아동

콜버그의 도덕성 발달이론

인습 이전 수준	1단계 복종과 처벌 지향
	2단계 개인적 쾌락주의 지향
인습 수준	3단계 대인간 조화 또는 착한소년/소녀 지향
	4단계 사회질서와 권위 지향
인습 이후 수준	5단계 사회계약 지향
	6단계 보편적 윤리 원리 지향

길리건의 도덕성 발달이론

- 콜버그의 도덕성 발달이론이 남성중심의 이론이며 여성의 도덕성 판단기준은 남성과 다르다고 비판하며 배려윤리로서의 도덕성을 강조
(1) 1단계 : 개인적 생존지향/ 전환기-책임감과 관계성을 중시하는 쪽으로 발달
(2) 2단계 : 자기희생/전환기-더 넓은 범위에서의 배려와 희생 고려
(3) 3단계 : 비폭력의 도덕적 지향

관련 기출

001 콜버그(L. Kohlberg)의 도덕성 발달이론에 비추어 볼 때, 다음 상황에 대한 아동의 대답이 해당하는 발달단계는?

2019 교육청

〈상황〉
한 남자의 아내가 죽어가고 있다. 아내를 살릴 수 있는 약이 있지만 너무 비싸고, 약사는 싼 가격에는 약을 팔려고 하지 않는다. 남자는 아내를 위해 하는 수 없이 약을 훔쳤다. 남자는 정당한 일을 하였는가?

〈아동의 대답〉
"나는 찬성한다. 좋은 남편은 아내를 잘 돌보아야 하기 때문에 사랑하는 아내를 살리기 위한 이러한 행위는 정당하다."

① 1단계 : 복종과 처벌 지향
② 2단계 : 개인적 쾌락주의
③ 3단계 : 착한 소년/소녀 지향
④ 4단계 : 사회질서와 권위 지향

해설

콜버그의 도덕성 발달 세 번째 단계는 대인 간 조화를 중시하며, 착한 소년/소녀를 지향하는 단계로 다른 사람을 기쁘게 하고, 도와주는 행위 여부가 선악을 결정한다. 아동의 대답이 좋은 남편을 지향하고 있으며 아내를 돕는 행위가 선한 행위라고 생각하므로 3단계에 해당한다.

정답 ③

002 콜버그(L. Kohlberg)의 도덕성 발달이론에 대한 설명으로 옳은 것을 〈보기〉에서 고른 것은?

2016 교육청

● 보기 ●

ㄱ. 피아제(J. Piaget)가 구분한 아동의 도덕성 발달단계를 더 세분화하여 성인기까지 확장하였다.
ㄴ. 도덕적 사고력을 길러 주기 위해서는 성인에 의한 사회적 전수가 중요한 교육방법이라고 하였다.
ㄷ. 다섯 번째 단계인 '사회계약 정신 지향' 단계에서는 '착한 소년·소녀'처럼 타인으로부터 도덕적이라고 인정받는 것이 중요하다.
ㄹ. 길리건(C. Gilligan)은 콜버그의 도덕성 발달이론에 대해 남성 중심의 이론이며 여성의 도덕성 판단 기준은 남성과 다르다고 비판하였다.

① ㄱ, ㄷ
② ㄱ, ㄹ
③ ㄴ, ㄷ
④ ㄴ, ㄹ

해설

ㄴ. 아동의 도덕적 사고력을 길러주기 위해 교사들은 일반교과는 물론이지만 특히 사회과의 수업계획에서 가상적으로 꾸민 것 또는 실제로 있었던 도덕적 딜레마를 제시하고 토론함으로써 길러질 수 있다.
ㄷ. '착한 소년·소녀'처럼 타인으로부터 도덕적이라고 인정받는 것이 중요한 단계는 3단계에 해당한다.

정답 ②

003 다음 글과 가장 적합한 콜버그(L. Kohlberg)의 도덕성 발달 단계는? 2011 국가직

> ○ 주변에서 착한 아이라는 말을 듣기 좋아한다.
> ○ 부모님을 기쁘게 해 드리기 위해 열심히 공부한다.
> ○ 부모님이 걱정하시지 않도록 일찍 귀가한다.

① 처벌-복종지향 단계
② 상대적인 쾌락주의 단계
③ 대인관계 조화 단계
④ 법과 질서의 도덕적 추론 단계

해설

주어진 내용은 콜버그 도덕성발달 단계 중 세 번째 단계로 대인관계 조화 단계, 착한 소년-소녀를 지향하는 단계에 해당하며 타인으로부터 도덕적이라고 인정받는 것이 중요한 단계이다.

정답 ③

THEME 33 지능이론

기출공략

지능이론에서 학자별 이론의 특징을 묻는 문제들이 자주 출제되고 있다. 이에 학자별 지능이론을 키워드별로 정리할 필요가 있다.

대표문제

2022 교육청

02 다음 설명에 해당하는 것은?

> ○ 지능은 사회문화적 맥락의 영향을 받는, 서로 독립적인 다양한 능력으로 구성되어 있다.
> ○ 지능의 예로 언어 지능, 논리수학 지능, 음악 지능, 공간 지능, 신체운동 지능, 대인관계 지능 등이 있다.
> ○ 학습자는 누구나 강점 지능과 약점 지능을 가지고 있으므로, 수업방식을 다양화하는 교육방식이 필요하다.

① 스피어만(Spearman)의 일반요인이론
② 길포드(Guilford)의 지능구조모형
③ 가드너(Gardner)의 다중지능론
④ 캐롤(Carroll)의 지능위계모형

해설

① 스피어만(Spearman)의 일반요인이론 : 인간의 지능은 두 개의 주요요인, 즉 모든 종류의 지적활동에 필수적으로 관여하는 일반요인(general : g)과 특정 과제에만 관여하는 특수지능요인(s 요인)이 있다. 모든 지능에 군림하는 단일 능력으로서의 일반능력으로 언어, 수, 정신속도, 주의, 상상의 다섯 가지 요인이 존재한다.
② 길포드(Guilford)의 지능구조모형 : 인간의 지능은 내용, 조작, 산출의 세 차원으로 구성된다.
④ 캐롤(Carroll)의 지능위계모형 : 혼(Horn)과 캐롤(Carroll)은 일반요인이론과 카텔(Cattell)이 제시한 지적 능력의 하위 속성을 결합하여 C-H-C(Cattell-Horn-Carroll) 모델을 제안, 위계적 지능이론으로 불리는 CHC

모델은 위계 구조에서 상층(계층 Ⅲ)에 일반지능을 두고, 중간층(계층 Ⅱ)은 유동적 추론, 결정적 지능, 수리적 지식, 읽기와 쓰기, 장기기억 저장과 복구, 단기기억, 시공간적 능력, 청각적 처리, 인지과정 속도, 결정과 반응 시간이라는 10개의 상이한 능력으로 구성된다. 또한 하층(계층 Ⅰ)은 중간층에 포함되는 70여 개의 정교한 세부 속성으로 구성된다.

☀ 정답 ③

이론 플러스

지능이론

(1) 스피어만의 일반요인이론(2요인설, g요인설)

(2) 서스톤의 기초정신 능력이론 : 일곱 가지의 기초정신능력

(3) 길포드의 지력구조론 : 내용, 조작, 산출의 세 차원으로 구성

(4) 카텔의 유동적 지능과 결정적 지능
 ① 유동적 지능은 문화적 영향을 받지 않고 문화적으로 보편적인 일반요인으로서 생물학적·유전적으로 결정되는 요인이다.
 ② 결정적 지능은 환경 및 경험, 문화적 영향에 의해 발달하는 지능으로 가정환경 및 교육의 정도, 직업 등의 영향을 받는다.

(5) 카텔-혼-캐롤의 지능이론(CHC 이론) : 위계적 지능이론

(6) 가드너의 다중지능이론 : 상호 독립적이면서 상호작용하는 8개의 지능
 ① 지능은 사회문화적 맥락의 영향을 받는, 서로 독립적인 8개의 지능으로 구성되어 있다.
 ② 누구나 강점지능과 약점지능을 지니고 있다.

(7) 스턴버그의 성공지능이론 : 분석지능, 창의지능, 실제지능
 ① 세 가지 하위지능은 초기이론인 삼원지능이론의 하위요소에서 추출한 것
 ② 하위요소 : 요소(분석), 경험, 일상적 상황(맥락)

> 관련 기출

001 지능에 대한 설명으로 옳지 않은 것은? 2020 국가직

① 서스톤(Thurstone) – 지능의 구성요인으로 7개의 기본정신능력이 존재한다.
② 길포드(Guilford) – 지능은 내용, 산출, 조작(operation)의 세 차원으로 구성되어 있다.
③ 가드너(Gardner) – 8개의 독립적인 지능이 존재하며, 각각의 지능의 가치는 문화나 시대에 따라 달라진다.
④ 스턴버그(Sternberg) – 지능은 유동적 지능과 결정적 지능으로 구성되며 결정적 지능은 경험에 따라 변할 수 있다.

> 해설

④에서 스턴버그는 성공지능 이론을 주장했는데, 성공지능은 분석지능, 창의지능, 실제지능으로 나뉜다. 유동적 지능과 결정적 지능은 카텔의 이론으로 유동적 지능은 문화적 영향을 받지 않고 문화적으로 보편적인 일반요인으로서 생물학적·유전적으로 결정되는 요인이며, 결정적 지능은 환경 및 경험, 문화적 영향에 의해 발달하는 지능으로 가정환경 및 교육의 정도, 직업 등의 영향을 받는다.

정답 ④

002 지능에 대한 학자의 설명으로 옳은 것은?

2016 국가직

① 길포드(J. P. Guilford)는 지능이 내용, 형식, 조작, 산출이라는 4개의 차원으로 구성된다고 가정하였다.
② 스턴버그(R. J. Sternberg)는 지능이 맥락적 요소, 정신적 요소, 시간적 요소로 구성된다는 삼위일체이론을 주장하였다.
③ 가드너(H. Gardner)는 지능이 사회문화적 맥락의 영향을 받지 않는, 서로 독립적이며 다양한 능력으로 구성되어 있다고 보았다.
④ 카텔(R. B. Cattell)은 지능을 유동적 지능과 결정적 지능으로 구분하고, 결정적 지능은 교육이나 훈련의 결과로 형성되는 것으로 보았다.

해설

④에서 카텔(R. B. Cattell)은 지능을 생리학적으로 정해지는 유동적 지능과 환경적 경험에 의해 발달하는 결정적 지능으로 구분하였다. 결정적 지능은 교육이나 훈련의 결과로 형성되는 것으로 보았다.
①에서 길포드(J. P. Guilford)는 지능이 '내용', '산출', '조작'의 3개의 차원으로 구성된다고 가정하였다.
②에서 스턴버그(R. J. Sternberg)는 지능이 맥락적 요소, 분석적 요소, 경험적 요소로 구성된다는 삼위일체이론을 주장하였다. 후에 이를 발전시켜 분석지능, 창의지능, 실제지능으로 구성된 성공지능이론을 주장한다.
③에서 가드너(H. Gardner)는 지능이 사회문화적 맥락의 영향을 받는, 서로 독립적이며 다양한 능력으로 구성되어 있다고 보았다.

정답 ④

003 지능이론에 대한 설명으로 옳지 않은 것은? 2014 국가직

① 유동지능은 탈문화적이고 비언어적인 능력과 관련되며 두뇌발달에 영향을 받는다.
② 삼원지능이론에서는 일상적인 문제와 사회적 상황을 효과적으로 처리하고 반응하는 것이 지능의 주요 요소 중 하나이다.
③ g요인설을 통해 언어 능력과 추론 능력이 동시에 우수한 사람에 대한 설명이 가능하다.
④ 결정지능은 태어날 때 이미 결정되어 있기 때문에 새로운 지식이나 경험이 영향을 미치지 않는다.

해설

④ 카텔의 유동적 지능과 결정적 지능에서 결정적 지능은 환경 및 경험, 문화적 영향에 의해 발달하는 지능으로 가정환경 및 교육의 정도, 직업 등의 영향을 받는다. 태어날 때 이미 결정되어 있기 때문에 새로운 지식이나 경험이 영향을 미치지 않는 지능은 유동적 지능이다.
② 삼원지능이론에서 일상적인 문제와 사회적 상황을 효과적으로 처리하고 반응하는 것에 관여하는 요소는 일상적 상황(맥락)요소로 이는 성공지능의 실제지능으로 전환되었다.

정답 ④

004 지능에 대한 설명으로 가장 옳은 것은? 2009 국가직

① 지능지수는 생활연령과 정신연령의 차이로 계산한다.
② 가드너(Gardner)의 다중지능 가운데 공간적 능력은 조각가와 관련이 있다.
③ 스턴버그(Sternberg)의 삼원지능이론은 실제적 능력, 자기성찰적 능력, 대인적 능력으로 구성되어 있다.
④ 써스톤(Thurstone)은 인간의 기본 정신능력의 핵심요소로서 언어능력, 수리능력, 예술적 능력을 들고 있다.

해설

② 가드너(Gardner)의 다중지능(MI) 유형 중 공간지능은 시·공간에 대한 지각 및 구성, 변형 능력에 해당하며, 조각가는 공간구성력이 뛰어난 사람에 해당한다.
①은 지능지수(IQ)는 생활연령에 대한 정신연령의 비로 나타낸다.
③은 스턴버그(Sternberg)는 실제적 능력, 분석적 능력, 경험적 능력의 삼원지능이론을 주창하였다.
④는 써스톤(Thurstone)은 언어이해, 수, 공간, 지각, 연합적 기억, 추리, 언어 유창성 등 7가지 정신능력을 기본정신능력으로 보았다.

정답 ②

005 가드너의 다중지능 이론에 포함되지 않는 것은?
2009 교육청

① 논리 수학적 지능
② 음악적 지능
③ 공간적 지능
④ 상황적 지능
⑤ 신체 운동적 지능

해설

가드너의 다중지능은 ① 언어적 지능 ② 논리-수학적 지능 ③ 공간적 지능 ④ 신체-운동적 지능 ⑤ 음악적 지능 ⑥ 대인간 지능 ⑦ 개인 내 지능 ⑧ 자연관찰 지능 총 8개의 지능을 제시하였다.
④는 스텐버그(R. J. Sternberg)의 삼원지능이론과 관련된다.

정답 ④

006 10세인 재인이의 정신연령이 12년 6개월이라면 재인이의 IQ는 얼마인가?
2007 교육청

① 80
② 100
③ 125
④ 135

해설

터만(Terman)이 제시한 지능지수 산출 공식은 생활연령에 대한 정신연령의 비율이다.
주어진 문제에서 생활연령은 10년 즉 120개월, 정신연령은 12년 6개월 즉 150개월이다.
150개월/120개월 × 100 = 125이다.

정답 ③

THEME 34 창의성

기출공략

창의성 관련해서 예전 교육청문제를 제외하고는 비록 출제된 적은 없으나, 언제든지 출제될 수 있는 영역이므로 키워드를 중심으로 창의성의 특징을 정리해두어야 한다. 특히, 독창성, 유연성, 유창성 등의 개념을 헷갈리지 않도록 주의해야 한다.

대표문제

2011 교육청

02 창의성에 대해 옳게 설명한 것은?

① 창의성은 지능이 높을수록 비례하여 높아진다.
② 길포드(J. Guilford)의 확산적 사고는 창의성과 관계 깊다.
③ 창의성은 타고난 특성으로 교육이나 훈련을 통해서도 전혀 변화하지 않는다.
④ 창의적인 사람은 문제가 주어졌을 때 참을성이 부족하여 가능한 한 빨리 해결책을 찾으려 한다.
⑤ 창의성 요소인 독창성은 문제의 해답이 될만한 아이디어를 가능한 한 많이 생각해내는 특성이다.

해설

① 창의성에 지능이 어느 정도 필요하지만, 지능이 높다고 해서 반드시 창의적인 것은 아니다. 이와 같은 관점은 앤더슨의 식역이론(threshold theory)이 뒷받침한다. 그는 IQ 120까지는 창의성과 지능이 어느 정도 정적 상관을 보이지만 120 이상부터는 관계가 없다고 주장하였다.
③ 극소수의 사람만이 지니는 능력이 아니라 누구나 교육이나 훈련을 통해 생산적인 사고를 할 수 있다.
⑤ 창의성 요소인 독창성은 남들이 생각하지 못하는 답을 내는 특성이며 많은 답을 내는 능력은 유창성이다.

정답 ②

이론 플러스

창의성

① 길포드는 지능구조모형에서 창의적 사고는 지능구조의 한 부분인 확산적 사고 능력을 포함하는 것으로 보았다. 그는 확산적 사고의 요인을 많은 답을 내는 유창성과 다양한 답을 내는 유연성, 그리고 남들이 생각하지 못하는 답을 내는 독창성, 아이디어를 세심하게 발전시킬 수 있는 정교성이라고 보았다. 또한 창의적 사고에는 이러한 확산적 사고에 추가로 문제에 대한 민감성과 재정의 능력이 포함된다고 하였다.
② 에드워드는 창의성을 수평적 사고로 정의
③ 극소수의 사람만이 지니는 능력이 아니라 누구나 교육이나 훈련을 통해 생산적인 사고를 할 수 있다.
④ 창의성에 지능이 어느 정도 필요하지만 지능이 높다고 해서 반드시 창의적인 것은 아니다.
⑤ 지능과 창의성은 어느 정도까지만 관계가 있고 그 이상에서는 별개의 능력

THEME 35 영재교육

기출공략
영재성의 세 가지 요소를 기억하고 우리나라 영재선발 절차가 시험에 의한 선발이 아니라 교사관찰선발로 이루어진다는 점에 주의해야 한다.

대표문제

2021 교육청

12 렌즐리(Renzulli)가 제시한 영재성의 세 가지 요소에 해당하지 않는 것은?

① 높은 도덕성
② 높은 창의성
③ 높은 과제집착력
④ 평균 이상의 능력

해설
렌즐리에 따르면, 영재성의 세 가지 요소는 평균 이상의 능력, 높은 창의성, 강한 과제집착력이다.

정답 ①

이론 플러스

영재교육

① 영재의 의미 : 렌즐리에 따르면, 영재성의 세 가지 요소는 평균 이상의 능력, 높은 창의성, 강한 과제집착력이다.
② 영재의 판별 : 교사관찰추천제
③ 영재를 위한 교육 : 속진보다는 심화학습방법을 선호

관련 기출

001 렌즐리(J. S. Renzulli)가 제안한 영재성 개념의 구성요인이 아닌 것은? 2014 국가직
① 평균 이상의 능력
② 평균 이상의 지도성
③ 높은 수준의 창의성
④ 높은 수준의 과제집착력

해설

렌즐리에 따르면, 영재성의 세 가지 요소는 평균 이상의 능력, 높은 창의성, 강한 과제집착력이다.

정답 ②

THEME 36 특수교육

기출공략

특수교육에서는 다양한 특수교육 학습자 유형에 대한 정리가 필요하다. 또한 최근 특수교육이 지향하는 바가 정상화, 주류화, 최소제한환경의 개념을 포함하는 통합교육이라는 점도 기억해야 한다.

대표문제

2018 국가직

03 특수 학습자 유형을 바르게 설명한 것은?

① 학습부진(under achiever) – 정서적 혼란과 같은 의미로 사용되며 개인적 불만, 사회적 갈등, 학교성적 부진이 지속적으로 나타난다.
② 학습장애(learning disabilities) – 지능 수준이 낮지 않으면서도 말하기, 쓰기, 읽기, 셈하기 등 특정 학습에서 장애를 보인다.
③ 행동장애(behavior disorders) – 지적 수준이 심각할 정도로 낮고, 동시에 적응적 행동의 결함을 보인다.
④ 정신지체(mental retardation) – 선수학습 결손으로 인해 자신의 지적능력에 비해서 최저 수준에 미달하는 학업 성취를 보인다.

해설

①에서 학습부진(under achiever)은 성격, 태도, 학습동기, 학습습관과 같은 개인의 내적 요인이나 학습결손, 부적절한 교수방법, 가정환경 등과 같은 개인이 외적 요인으로 인하여 학습결과가 학습자의 잠재능력에 미치지 못하는 경우를 말한다.
②에서 학습장애(learning disabilities)는 일반적으로 지적 능력이나 외부적인 문제가 없는 데도 말하기, 쓰기, 읽기, 셈하기 가운데 하나 이상의 영역에서 매우 낮은 학업성취도를 보이는 경우를 말한다.
③에서 행동장애(behavior disorders)란 고질적으로 그리고 현저하게 일상 환경에서 사회적으로 용납되지 않는 행동을 하거나 자기 자신에게 불만족스러운 행동으로 반응하는 경우를 말한다.
④에서 정신지체(mental retardation)란 평균 이하인 지적 기능과 동시에 적응상의 제한성이 두 가지 혹은 그 이상의 실제 적응기술 영역들(예: 의사소통, 자기관리, 가정생화, 사회성 기술, 지역사회 활동, 자기지시, 건강과 안정, 기능적 교과학습, 여가, 직업기술영역 등)의 문제를 나타내는 것을 말한다(미국정신지체학회, 1992).

정답 ②

> 이론 플러스

특수학습자 유형

(1) 지적장애(정신지체)
    ① 미국 지적장애 및 발달장애협회는 2010년 정신지체를 지적장애로 변경
    ② 지적기능과 개념적·사회적·실제적 적응기술로 표현되는 적응 행동에 있어서 심각한 제한을 가지는 것으로 규정

(2) 학습장애
    ① 평균적인 지적 능력을 가지고 있으면서도 특정 영역의 학습에 심각한 결함을 보이는 경우
    ② 이러한 원인이 시각장애와 청각장애 같은 감각장애나 정서장애, 지적장애 또는 신경장애에 있는 경우는 학습장애로 분류하지 않는다. 또한, 학습부진의 경우 정상적인 지적 능력과 학교 수업을 올바로 할 수 있는 잠재력을 지니고 있으면서도 학습장애나 주의력결핍, 학교생활 부적응, 가정 환경, 건강 문제 등의 내적 또는 외적 요인으로 인하여 교육 목표에서 설정한 최저 수준의 학업 성취에 미치지 못하는 경우이다. 학습장애와 유사한 개념으로 혼동되기도 하지만, 학습장애는 뇌의 기능장애나 인지적 결함 등의 기질적 문제가 원인이라는 점에서 학습부진과는 구별된다.

(3) 주의력결핍 과잉행동장애(ADHD)

(4) 정서·행동장애
    정서 및 행동이 또래 집단의 규준에서 심각하게 일탈하여 학업 및 일상생활 등에서 자신 및 타인을 곤란하게 하는 장애

(5) 통합교육
    정상화, 주류화, 최소제한환경의 개념을 포함

THEME 37 장 의존성 대 장 독립성 인지양식

기출공략

자기 자신과 주변상황(장)을 분리하는 능력에 따라 장의존성 대 장 독립성 인지양식으로 나눈다. 각각의 특성을 암기하기 보다는 이해하면서 정리, 두 가지 인지구조의 특성을 구별할 수 있어야 한다.

대표문제

2015 교육청

09 인지 양식을 장독립적 양식과 장의존적 양식으로 구분할 때, 장독립적 양식을 지닌 학습자의 일반적인 특성으로 옳은 것은?

① 정보를 분석적으로 처리한다.
② 개별학습보다는 협동학습을 선호한다.
③ 비구조화된 과제의 수행에 어려움을 겪는다.
④ 교사 또는 동료 학생과의 대인 관계를 중시한다.

해설

① 정보를 분석적으로 처리하는 것은 장독립적 양식을 지닌 학습자의 일반적인 특성이며, ② 개별학습보다는 협동학습을 선호하고, ③ 비구조화된 과제의 수행에 어려움을 겪고 ④ 교사 또는 동료 학생과의 대인 관계를 중시하는 것은 장의존적 양식을 지닌 학습자의 특성이다.

정답 ①

이론 플러스

장 의존성 대 장 독립성 인지양식

학습유형	
장 독립형	장 의존형
• 분석적으로 지각 • 섬세한 방식으로 경험 : 구조나 제한조건을 부여 • 개념을 구체적으로 구분 • 사회 과목을 단지 과제로 학습 • 개념 그 자체에 관심 • 자기 자신이 세운 목표와 강화를 가짐. • 자신이 구조화할 수 있음. • 비판에 영향을 적게 받음. • 개념 획득을 위해 가설검증 접근	• 전체적으로 지각 • 전체적 방식으로 경험 : 주어진 구조에 고착 • 개념의 일반적 관계를 봄 : 폭넓은 구별 • 사회 과목을 가장 잘 학습 • 자신의 경험과 관련된 자료에 관심 • 외적으로 부과된 목표와 강화를 요구 • 구조화된 것이 필요함. • 비판에 영향을 많이 받음. • 개념 획득을 위해 관망자적 접근

관련 기출

001 위트킨(Witkin)의 장(場)의존적 인지 양식에 대한 설명으로 옳은 것은? 교육청 2009

① 수렴적·직관적으로 지각하고 인지한다.
② 분화가 잘 이루어져 분석적이고 논리적이다.
③ 사물을 지각할 때 그 사물이 속한 배경의 영향을 적게 받는다.
④ 자극을 받으면 그들 간의 상호 독립성을 유지시켜 가면서 자극을 지각하고 인지한다.

해설

장의존적 인지양식은 자극에 대해 비교적 덜 분석적이고 직관적으로 지각하고 인지한다. 따라서 답은 ①이다. ②, ③ ④는 장 독립적 인지양식과 관련된다.

정답 ①

THEME 38 행동주의 학습이론: 고전적 조건형성, 조작적 조건형성, 사회인지학습이론

기출공략

행동주의 학습이론에 고전적 조건형성, 조작적 조건형성, 사회인지학습이론이 포함되어 있다는 것을 아는 것이 무엇보다 중요하다. 다만 환경이 인간행동에 일방적으로 영향을 미친다는 고전적/조작적 조건형성이론에 반대하여 사회인지학습이론이 개인을 둘러싸고 있는 환경과 행동의 상호작용을 강조한다는 점에 있어 차이를 보인다는 점, 또한 사회인지학습이론이라고 불리는 이유가 학습이 일어나는 과정에서 학습자의 자기자각, 기대, 믿음 등 인지적 속성이 개입되기 때문이라는 점에도 주의해야 한다. 각각의 하위 이론들의 특징 및 주요 개념들에 대한 정리 역시 필요하다.

대표문제

2023 교육청

03 행동주의 학습이론과 관련이 없는 것은?

① 강화
② 사회학습이론
③ 조작적 조건화
④ 통찰학습이론

해설

④ 통찰학습이론은 인지주의 학습이론이다.

정답 ④

> 이론 플러스

행동주의 학습이론

(1) 고전적 조건형성
① 자극에 대한 정서적·심리적 반응(연합이론, S-R이론)
② 고전적 조건형성의 적용: 역조건 형성, 노출법, 체계적 둔감법

(2) 조작적 조건형성
① 행동한 결과로 주어지는 자극(강화)에 따라 일어나는 변화
② 강화는 바람직한 행동을 증가시키는 방법으로 정적강화(칭찬스티커, 칭찬)와 부적강화(준비물을 잘 챙겨오는 학생에게 교실 청소를 면제시켜줌)가 있다. 반면, 처벌은 바람직하지 않은 행동의 빈도를 감소시키는 방법으로 정적(꾸중, 벌) 벌과 부적(외출 금지, 좋아하는 스포츠 활동 금지, 타임 아웃 등) 벌이 있다.
③ 프리맥원리는 학습자에게 빈번하게 일어나는 행동이 상대적으로 덜 빈번하게 일어나는 행동의 빈도를 증가시키기 위한 강화물로 사용될 수 있다.
④ 조작적 조건형성의 적용: 조형, 행동수정(소거(무시하기), 차별강화, 포만 등 사용)
⑤ 부분 강화 계획의 종류

고정간격 강화계획	일정한 시간 간격을 기준으로 강화가 제시되는 것, 한 학기 동안 고정적으로 시행하는 시험, 전체 3시간의 자율학습시간 중에 교사가 1시간마다 학생들의 학습 점검 실시
변동간격 강화계획	강화가 제시되는 시기를 학생들이 예측할 수 없도록 설정하여 행동의 빈도를 증가시키고 유지하는 방법
고정비율 강화계획	정해진 반응 횟수에 따라 강화물이 제시되는 것, 예를 들어, 영어단어 20개를 외우면 10분의 휴식을 주는 경우
변동비율 강화계획	학생들이 강화물을 얻기 위해서 수행해야 하는 수행 횟수를 전혀 예측하지 못하도록 강화물을 제시하는 것, 독서권장프로그램에서의 강화 시기 조절

(3) 사회인지 학습이론
① 직접적인 강화나 벌 없이도 다른 사람의 행동을 관찰하고 모방하는 것으로 새로운 학습이 습득된다고 본다. 이 이론은 환경이 인간행동에 일방적으로 영향을 미친다는 행동주의 이론(고전적, 조작적 조건형성이론)에 반대하여 개인을 둘러싸고 있는 환경과 행동의 상호작용을 강조함
② 반두라의 관찰학습: 주의집중단계, 파지단계, 재생단계, 동기화단계
③ 파지단계는 주의집중을 통해 얻은 모델의 행동이 학습자의 기억에 전이되는 단계이다. 재생단계는 모델의 기억된 행동을 능숙하게 재생하는 단계이다. 동기화 단계는 앞서 3단계에 모두 관여하는 것으로, 행동을 실제로 할 것인지의 여부는 동기화 과정에 달려있고 이 과정에서 실제 능력보다 자기효능감(특정한 과제를 수행할 때 필요한 일련의 행동을 조직하고 완성할 수 있다는 자신의 능력에 대한 믿음)이 더 큰 영향을 준다.

관련 기출

001 다음과 가장 관계가 깊은 학습 이론은?
2022 국가직

> 영수는 국어 성적이 좋지 않아서 시험 성적이 나올 때마다 여러 번 국어 선생님으로부터 꾸중을 들었고, 꾸중을 들을 때마다 기분이 상해서 얼굴이 붉어졌다. 어느 날 영수는 우연히 국어 선생님을 복도에서 마주쳤는데, 잘못한 일이 없음에도 불구하고 자신도 모르게 얼굴이 붉어졌다.

① 구성주의 이론
② 정보처리 이론
③ 고전적 조건형성 이론
④ 조작적 조건형성 이론

해설

자극에 유발된 반응적 행동을 고전적 조건화라고 부르고, 강화과정을 거쳐 자발적으로 행하는 조작적 행동을 조작적 조건화라고 부른다. 문제에서는 국어 선생님을 만날 때마다 '자신도 모르게 얼굴이 붉어지는' 반응이 나타난 경우이므로 고전적 조건화에 해당한다.

정답 ③

---

002 강화에 대한 설명으로 옳은 것만을 모두 고르면?
2021 교육청

> ㄱ. 행동의 강도와 빈도를 높이는 데 있어 강화보다 벌이 더 효과적이다.
> ㄴ. 선호하지 않는 것을 제거함으로써 행동의 강도와 빈도를 높일 수 있다.
> ㄷ. 선호하는 것을 제거함으로써 행동의 강도와 빈도를 높일 수 있다.

① ㄱ, ㄴ
② ㄱ, ㄷ
③ ㄴ, ㄷ
④ ㄱ, ㄴ, ㄷ

해설

ㄱ. 행동의 강도와 빈도를 높이는 데 있어 강화가 벌보다 더 효과적이다.

정답 ③

003 다음에 해당하는 학습원리는?

2021 국가직

> ○ 학습태도가 좋은 학생을 칭찬한다.
> ○ 미술시간에 과제를 잘 수행한 학생의 작품을 전시한다.

① 정적 강화
② 부적 강화
③ 수여성 벌
④ 제거성 벌

해설

강화(reinforcement)란 특정 행동이나 반응의 확률 또는 빈도를 증가시키는 과정을 말하며 처벌은 행동의 빈도를 감소시키는 과정을 말한다. 이 둘 모두 행위자가 좋아하는 것이든 싫어하는 것이든 자극을 제공하는 것은 정적인 것이고 빼앗거나 없애주는 것은 부적인 것이다. 그러므로 정적강화는 행위자가 좋아하고 긍정적인 것을 제공해줌으로써 특정 행동의 빈도를 증가시키는 것을 말하며, 부적 강화는 싫어하고 부정적인 것을 없애줌으로써 특정 행동의 빈도를 증가시키는 것을 말한다. 한편, 정적처벌(수여성 벌)은 행위자가 싫어하고 부정적인 것을 제공해줌으로써 특정 행동의 빈도를 감소키는 것을, 부적처벌(제거성 벌)은 좋아하고 긍정적인 것을 빼앗음으로써 특정 행동의 빈도를 감소시키는 것을 나타낸다.
이 문제는 칭찬과 전시기회를 줌으로써 특정 행동의 반응을 증가시키는 원리에 해당하므로 정적강화에 해당한다.

정답 ①

004 행동주의 심리학의 '부적 강화(negative reinforcement)'에 대한 예로서 알맞은 것은?

2008 국가직

① 과제를 잘 해온 학생들에게 별도의 놀이시간을 제공한다.
② 과제를 안 해온 학생들은 반성문을 작성하게 한다.
③ 과제를 안 해온 학생들에게는 일주일간 동아리 활동을 금지시킨다.
④ 과제를 잘 해온 학생들에게는 원할 때 꾸지람을 면제해 준다.

해설

부적 강화는 싫어하고 부정적인 것을 없애줌으로써 특정 행동의 빈도를 증가시키는 것이다.

정답 ④

005 행동주의 학습이론에 대한 설명으로 옳은 것은? 2020 교육청

① 고정비율 강화계획은 일정한 시간 간격을 기준으로 강화가 제시되는 것을 의미한다.
② 부적 강화란 어떤 행동 후 싫어하는 자극을 제거함으로써 특정 행동을 증가시키는 것을 의미한다.
③ 일차적 강화물은 그 자체로 강화능력을 가지고 있지 않는 자극이 다른 강화물과 연합하여 가치를 얻게 된 강화물이다.
④ 프리맥 원리는 차별적 강화를 이용하여 목표와 근접한 행동을 단계적으로 형성해 나가는 것이다.

해설

① 일정한 시간 간격을 기준으로 강화가 제시되는 것은 고정간격 강화계획을 의미한다. 고정비율 강화계획은 정해진 반응 횟수에 따라 강화물이 제시되는 것. 예를 들어, 영어단어 20개를 외우면 10분의 휴식을 주는 경우이다.
③ 일차적 강화물은 그 자체로 강화 능력을 갖고 있는 자극(먹이 등)을 말하며 이차적 강화물은 그 자체로 강화능력을 가지고 있지 않은 자극(칭찬 스티커 등)이 다른 강화물과 연합하여 가치를 얻게 된 강화물이다.
④ 차별적 강화를 이용하여 목표와 근접한 행동을 단계적으로 형성해 나가는 것을 행동조형이라고 부른다. 프리맥원리는 높은 확률로 일어나는 행동을 강화물로 사용하여 일어날 확률이 적은 행동을 하도록 촉진하는 기법을 의미한다. 예를 들어, 공부를 하지 않으려고 하는 아이에게 공부를 하면 아이가 좋아하는 게임을 할 수 있도록 해주는 것이다.

정답 ②

006 스키너(Skinner)의 '선택적 강화'를 사용한 행동수정의 단계를 순서대로 바르게 나열한 것은?

2009 국가직

ㄱ. 바라는 방향으로 행동을 변화시킬 수 있는 강화인자를 확인한다.
ㄴ. 목표행동을 설정한다.
ㄷ. 목표행동이 일어났을 때 강화를 제공한다.
ㄹ. 다양한 방법을 사용하여 행동을 관찰하고 기록한다.

① ㄴ → ㄹ → ㄱ → ㄷ
② ㄱ → ㄴ → ㄷ → ㄹ
③ ㄷ → ㄴ → ㄹ → ㄱ
④ ㄹ → ㄷ → ㄱ → ㄴ

해설

차별적 강화를 이용하여 목표와 근접한 행동을 단계적으로 형성해 나가는 것을 행동조형이라고 부른다.

정답 ①

007 다음 사례에서 교수가 사용한 행동수정의 기법은?

2007 교육청

> (가) 교수는 행동수정의 시범으로 갑돌이를 선정했다.
> (나) 교사는 갑돌이의 여러 행동에 대한 목록과 빈도를 측정했다.
> (다) 교사는 갑돌이의 행동목록 중에서 가장 빈도가 높은 행동은 운동장에 나가서 놀기와 딱지치기, 빈도가 가장 낮은 행동은 수학 공부와 독서라는 것을 조사했다.
> (라) 교사는 갑돌이에게 "수학 공부를 10분하고 독서를 10분하면, 운동장에 나가 놀거나 딱지치기를 해도 좋다"라고 지시했다.
> (마) 교사는 갑돌이가 하기 싫어하는 수학과 독서 시간을 조금씩 늘려가면서 그의 행동을 강화했다.

① 포화(satiation)
② 타임-아웃(time-out)
③ 상표제도(token economy)
④ 행동계약(behavior contract)
⑤ 프리맥 원리(premack principle)

해설

프리맥원리는 높은 확률로 일어나는 행동을 강화물로 사용하여 일어날 확률이 적은 행동을 하도록 촉진하는 기법을 의미한다. 위 사례에서 가장 빈도가 적은 행동(수학 공부와 독서)을 하면 가장 빈도가 높은 행동(운동장에 나가서 놀기와 딱지치기)을 허락해줌으로써 가장 빈도가 적은 행동이 늘어나도록 유도하고 있다.

정답 ⑤

008 행동주의 학습이론에 대한 설명으로 옳지 않은 것은?
2019 교육청

① 환경은 학습자의 행동에 영향을 끼치는 변인이다.
② 학습자는 상황에 관계없이 스스로 사고하고 판단하는 존재이다.
③ 바람직한 행동뿐만 아니라 부적응 행동도 학습의 결과이다.
④ 학습은 외현적 행동으로 나타나기 때문에 과학적 연구가 가능하다.

해설

행동주의 학습이론은 학습자를 환경의 영향을 받는 수동적인 존재로 가정한다.

정답 ②

009 행동주의에 기반한 교수설계 원리로 옳지 않은 것은?
2014 국가직

① 학습목표는 수업이 끝났을 때 학습자가 성취해야 하는 결과를 관찰 가능한 행동목표로 진술해야 한다.
② 학습이 이루어질 수 있도록 내재적 동기를 유발할 수 있는 교수전략을 수립해야 한다.
③ 수업의 내용은 쉬운 것에서부터 어려운 것으로 점진적으로 제시해야 한다.
④ 바람직한 수행을 유도하기 위하여 지속적인 평가와 피드백을 제공해야 한다.

해설

행동주의 학습이론은 외부에서 주어지는 강화물(보상)이나 처벌과 같은 외적 자극이 중요하지 감정과 같은 내적 현상은 중요하지 않다고 생각한다.

정답 ②

010 사회인지이론에서 주장하는 관찰학습의 단계를 순서대로 바르게 나열한 것은?

2019 국가직

① 파지단계 → 재생단계 → 동기화단계 → 주의집중단계
② 주의집중단계 → 파지단계 → 재생단계 → 동기화단계
③ 동기화단계 → 주의집중단계 → 파지단계 → 재생단계
④ 재생단계 → 주의집중단계 → 동기화단계 → 파지단계

해설

반두라의 관찰학습의 단계는 주의집중단계 → 파지단계 → 재생단계 → 동기화단계이다.

정답 ②

011 다음에 해당하는 학습이론은?

2016 국가직

- 강화 없이 관찰하는 것만으로 학습이 일어날 수 있다.
- 강화는 수행을 위해 필요한 조건이지 학습을 위해 반드시 필요한 조건은 아니다.
- 인간의 행동은 보상이나 처벌보다는 자기 조절에 의해 이루어진다.

① 형태주의 학습이론
② 사회인지 이론
③ 행동주의 학습이론
④ 병렬분산처리 이론

해설

사회인지 학습이론은 행동주의 이론에서는 직접적인 강화와 벌에 의해서만 학습이 일어난다고 하였으나 직접적인 강화나 벌 없이도 다른 사람의 행동을 관찰하고 모방하는 것으로 새로운 학습이 습득된다고 주장하며 환경이 인간행동에 일방적으로 영향을 미친다는 기존 행동주의 이론에 반대하여 개인을 둘러싸고 있는 환경과 행동의 상호성을 강조하였다.

정답 ②

012 스키너(B. F. Skinner)의 행동주의 학습과 반두라(A. Bandura)의 사회인지학습의 공통점에 해당하지 않는 것은?

2017 국가직

① 강화와 처벌의 개념을 받아들인다.
② 학습의 요인으로 경험의 중요성을 인정한다.
③ 신념과 기대가 행동의 변화를 가져온다고 본다.
④ 행동을 촉진하기 위해서는 피드백이 중요하다고 본다.

해설

두 이론 모두 행동주의 학습이론으로 ①②④의 공통점을 지니지만 스키너의 고전적 조건형성에서는 외부에서 주어지는 강화물(보상)이나 처벌과 같은 외적 자극이 중요하지 신념과 기대와 같은 내적 현상은 중요하지 않다고 생각한다. 그러나 반두라의 사회인지학습에서는 학습이 일어나는 과정에서 학습자의 자기 자각, 기대, 믿음 등 인지적 속성이 개입된다고 본다.

정답 ③

THEME 39 인지주의 학습이론 : 통찰학습, 정보처리이론

기출공략

인지주의 학습이론에 통찰학습(형태이론), 정보처리이론이 포함된다는 것과 부호화 전략에 대한 이해가 필요하다.

대표문제

2022 교육청

13 학습에 대한 관점 중 정보처리이론에 대한 설명으로 옳은 것은?

① 감각기억 – 인지과정에 대한 자각과 통제로 자신의 사고를 확인하고 점검하는 기능을 한다.
② 시연 – 관련 있는 내용을 공통 범주나 유형으로 묶는 과정이다.
③ 정교화 – 새로운 정보를 저장된 지식에 연결하고 의미를 부여하기 위해 정보를 재처리하는 과정이다.
④ 조직화 – 정보에 대한 시각적 이미지를 머릿속에 표상하는 과정이다.

해설

①은 초인지(메타인지), ②는 조직화, ④는 심상에 해당한다.
시연은 작업기억에서 이루어지는 인지적 과정으로 들어온 정보를 변형하지 않고 있는 그대로 반복적으로 되뇌는 과정이다.

정답 ③

> 이론 플러스

인지주의 학습이론

(1) **통찰학습(형태주의, 게슈탈트)**
  ① 학습자는 세상을 지각할 때 외부자극을 단순히 합하는 것 이상의 작업을 수행한다.
  ② 문제 장면에 존재하는 다양한 요소의 관계를 파악하는 통찰에 주목한다.

(2) **정보처리이론**
  ① 감각기관으로 들어오는 모든 정보는 우선 감각기억(감각등록기)에 매우 짧은 시간 동안 저장된다. 이들 중에서 중요하다고 판단된 정보는 주의와 지각의 과정을 거쳐 작업기억(단기기억)으로 이동한다. 작업기억은 기억용량과 저장시간이 제한되어 있다. 따라서 파지가 필요한 정보는 부호화 과정을 거쳐 용량과 저장 기간의 제한이 없는 장기기억에 저장된다. 저장된 정보는 필요에 따라 인출되어 작업기억을 통해 반응으로 나타난다. 그리고 이 모든 과정은 초인지에 의해 통제 및 조절된다.
  ② 부호화는 새로운 정보를 시각적 또는 언어적 상징의 형태로 전환하여 장기기억에 저장하는 과정으로 정교화, 조직화, 심상 등이 있다.
    ㉠ 정교화-새로운 정보를 장기기억에 저장되어 있는 정보와 연결
    ㉡ 조직화-정보를 기억할 때 범주로 묶거나 위계 관계를 만드는 것
    ㉢ 심상-새로운 정보를 우리의 마음속에 그림으로 만드는 과정

관련 기출

001 다음 내용과 가장 관련이 깊은 학습이론은?
2018 교육청

> 굶주린 침팬지가 들어 있는 우리의 높은 곳에 바나나를 매달아 놓았다. 침팬지는 처음에는 이 바나나를 먹으려고 손을 위로 뻗거나 뛰어오르는 등 시행착오 행동을 보였다. 몇 차례의 시도 후에 막대를 갖고 놀던 침팬지는 마치 무엇을 생각한 듯 행동을 멈추고 잠시 서 있다가 재빠르게 그 막대로 바나나를 쳐서 떨어뜨렸다. 쾰러는 이것이 통찰에 의해 전체적 관계를 파악함으로써 학습이 이루어지는 좋은 예라고 주장하였다.

① 구성주의
② 인간주의
③ 행동주의
④ 형태주의

해설

정답 ④

002 학습이론에 대한 설명으로 옳지 않은 것은?
2021 교육청

① 형태주의 심리학에 따르면 학습은 계속적인 시행착오의 결과이다.
② 사회인지이론에 따르면 개인, 행동, 환경의 상호작용에 의해 학습이 이루어진다.
③ 행동주의 학습이론에 따르면, 학습의 근본적인 원리는 자극과 반응 간의 연합이다.
④ 정보처리이론에 따르면 정보저장소는 감각기억, 작업기억, 장기기억의 세 가지로 구분된다.

해설

① 행동주의 학습이론에 따르면 학습은 계속적인 시행착오의 결과이다.

정답 ①

003 형태주의(Gestalt psychology)에 대한 설명으로 옳지 않은 것은? 2019 국가직

① 학습자는 세상을 지각할 때 외부자극을 단순히 합하는 것 이상의 작업을 수행한다.
② 문제 장면에 존재하는 다양한 요소의 관계를 파악하는 통찰에 주목한다.
③ 학습은 인지구조의 변화가 아니라 행동의 변화를 나타낸다.
④ 쾰러의 유인원 실험은 중요한 근거를 제공한다.

해설

③은 행동주의의 입장이다.

정답 ③

004 인지주의 학습이론에 대한 설명으로 옳지 않은 것은? 2020 국가직

① 부호화 – 제시된 정보를 처리가능한 형태로 변형하는 과정
② 인출 – 장기기억 속에 있는 정보를 작업기억으로 가져오는 과정
③ 조직화 – 기존에 가지고 있던 정보를 새 정보에 연결하여 정보를 유의미한 형태로 저장하는 과정
④ 메타인지 – 사고과정에 대한 지식으로 자신의 인지과정 전체를 지각하고 통제하는 정신활동

해설

③은 정교화 과정이고 조직화는 정보를 기억할 때 범주로 묶거나 위계 관계를 만드는 것을 말한다.

정답 ③

005
인지주의 학습전략 중 기존에 가지고 있던 정보를 새로운 정보에 연결하여 정보를 유의미한 형태로 바꾸는 것은?
2019 국가직

① 정적 강화
② 부적 강화
③ 체계적 둔감화
④ 정교화

해설

①②③은 행동주의 학습전략에 해당한다.

정답 ④

006
다음은 정보처리이론에서 부호화(encoding)를 촉진하기 위한 전략을 설명한 것이다. (가)~(다)에 해당하는 전략을 바르게 짝지은 것은?
2017 교육청

(가) 개별적 정보를 범주나 유형으로 묶는다. 도표나 그래프, 위계도를 작성하는 것이 그 예이다.
(나) 정보를 시각적인 형태인 그림으로 저장한다. 자동차를 언어적 서술 대신에 그림으로 기억하는 것이 그 예이다.
(다) 새로운 정보를 기존의 지식과 관련짓는다. 학습한 정보를 자신의 말로 바꾸어 보거나 또래에게 설명해 보는 것이 그 예이다.

	(가)	(나)	(다)
①	정교화	심상	조직화
②	정교화	조직화	심상
③	조직화	정교화	심상
④	조직화	심상	정교화

해설

조직화는 범주로 묶는 것을 가리키고, 심상을 그림으로 저장하는 것을, 정교화는 기존의 지식과 연결 또는 관련짓는 과정에 해당한다.

정답 ④

007 정보처리 이론의 부호화 과정에 해당하지 않는 것은?

2016 국가직

① 필요한 정보를 도표, 개념지도, 개요 등으로 조직화한다.
② 새로운 정보를 장기기억에 저장되어 있는 선행지식과 연결시키는 작업을 한다.
③ 새로운 정보를 유사하고 유관한 정보 조각과 연합하여 유의미하게 한다.
④ 새로운 자극에 주의를 기울일 수 있도록 화려한 멀티미디어를 사용한다.

해설

① 조직화, ② 정교화, ③ 정교화에 해당한다.

정답 ④

008 인지학습이론(cognitive learning theories)에 기초한 수업방식으로 적절하지 않은 것은?

2013 국가직

① 관련된 모든 내용을 학생들에게 제공하여 더 많은 정보를 얻게 한다.
② 주어진 내용을 분명하게 조직적으로 제시한다.
③ 학생들의 주의를 환기하고 유지하기 위해 다양성, 호기심, 놀라움을 강조한다.
④ 새로운 내용과 이미 알고 있는 내용을 연결할 수 있도록 도와준다.

해설

관련된 모든 내용을 학생들에게 제공하기보다는 중요하고 필수적인 내용에 대한 정보를 부호화 전략을 사용해서 장기기억에 저장할 수 있도록 선택적으로 제공하는 것이 바람직하다.

정답 ①

THEME 40 동기화 이론

> **기출공략**
> 목표지향성 이론의 숙달목표와 수행목표의 특징, 귀인이론에서 각 귀인별 특징을 구별할 수 있어야 한다.

대표문제

2021 국가직

07 와이너(Weiner)의 귀인이론에 의하면 그 요소가 외적이며, 안정적이고, 통제불가능한 귀인은?

① 운
② 능력
③ 노력
④ 과제난이도

해설

귀인이론은 관찰된 행동의 원인을 기술하는 일반적 법칙을 규명함으로써 인간행동에 대한 설명과 예측을 가능하게 하려는 동기이론이다. 이 이론은 개인이 어떤 특정한 상황에서 성취결과, 즉, 성공 혹은 실패에 대하여 그 원인을 무엇이라고 인식하느냐에 따라 그의 행동이 결정된다고 가정한다.

와이너의 귀인이론은 4가지 요소로 각각은 외적, 내적, 안정성 여부, 통제가능성 여부에 따라 구분할 수 있다. 문제에서 외적이며 안정적이고 통제불가능한 귀인은 과제난이도이다. 운은 외적, 불안정적, 통제불가능하고, 능력은 내적, 안정적, 통제불가능, 노력은 내적, 불안정적, 통제가능한 것에 해당한다.

정답 ④

> 이론 플러스

동기화 이론

- 행동주의 이론에 근거한 강화이론에서는 높은 점수, 칭찬, 인정, 상 등의 강화를 통해 행동과 동기를 증진할 수 있는 외재 동기를 중심으로 동기화를 설명한다. 욕구위계 이론과 자기결정성 이론은 인본주의 관점에서 개인의 내적 심리 요인을 중요하게 여기는데 인간의 내재동기의 원천을 선천적인 욕구에 있다고 보고 타고난 내재동기를 격려하는 것을 동기화로 설명한다. 목표지향성 이론과 귀인이론은 인지주의 관점에서 내재동기를 중요하게 생각하면서 행동은 사고에 의해 결정된다고 믿었다. 목표지향성 이론은 학생의 목표와 의도에 비추어 동기를 설명하고, 귀인이론은 행동과 그 결과의 원인을 어떻게 인지하는가에 따라 동기를 설명한다.

(1) 목표지향성 이론
① **숙달목표**: 과제의 숙달 및 향상, 이해 증진 등 학습 과정 자체에 가치를 부여하며 자신의 유능감을 발전시키는 것을 중요하게 생각, 도전 추구
② **수행목표**: 자신의 유능함과 능력이 다른 사람의 능력과 어떻게 비교되는가에 초점을 둔 목표, 능력입증

(2) 귀인이론
① 학습자가 자신의 성공과 실패의 원인을 어떻게 지각하느냐에 따라서, 즉 좋은 성적을 얻게 된 원인이 어디에 있었다고 지각하는지에 따라서 후속 학습에 대한 동기 수준은 달라진다.
② 학습자가 가장 많이 귀인하는 것은 자신의 능력, 노력, 과제의 난이도, 운이다.

귀인	차원 분류		예시
능력	내부	안정 / 통제불가능	나는 어학에 소질이 없어.
노력	내부	불안정 / 통제 가능	시험공부를 열심히 하지 못했어
과제난이도	외부	안정 / 통제불가능	영어시험이 너무 어려웠어
운	외부	불안정 / 통제불가능	운이 나빠서 공부하지 않은 부분에서 시험문제가 출제되었어.

③ 학습자가 성공과 실패를 외적 요인보다는 내적 요인으로, 안정적 요인보다는 불안정적 요인으로, 통제불가능한 요인보다는 통제가능한 요인으로 귀인할 때 동기는 증가한다.

관련 기출

001 다음 설명에 해당하는 동기이론은?
2015 국가직

- 학생은 자기 자신의 행동과 운명을 자율적으로 선택할 수 있다.
- 학습에 대한 선택권을 제공함으로써 학생의 자율성을 신장시킬 수 있다.
- 학생이 스스로 과제를 선택할 때, 보다 오랫동안 과제에 참여하고 즐거운 학습경험을 하게 된다.

① 귀인 이론
② 기대-가치 이론
③ 자기결정성 이론
④ 자기효능감 이론

해설

자기결정성 이론은 개인이 환경에 대해 어떤 행동을 취할 것인가를 스스로 결정하는 것으로 개인의 의지를 사용한다는 것으로 인간은 외부의 힘에 의해 통제받기보다는 스스로 결정하는 것을 더 선호한다는 관점이다.

정답 ③

002 숙달목표 지향성의 특징에 해당하지 않는 것은?
2020 국가직

① 도전 추구
② 능력 입증
③ 노력 귀인
④ 절대적, 내적 자기참조

해설

숙달목표 지향성은 과제의 숙달 및 향상, 이해 증진 등 학습 과정 자체에 가치를 부여하며 자신의 유능감을 발전시키는 것을 중요하게 생각하고 도전을 추구하는 특징을 지닌다.
② 능력 입증은 수행목표 지향성의 특징이다.

정답 ②

003 다음 내용에 가장 부합하는 동기 이론은?

2015 교육청

> 학생들의 학습 동기는 두 가지로 구분할 수 있다. 첫째, 숙달(mastery)에 초점을 맞추는 학생은 공부의 목적을 학습 자체에 두고 지식이나 기능을 습득하며, 적극적으로 학습활동에 참여하고, 도전적인 과제를 선택하는 경향이 있다. 둘째, 수행(performance)에 초점을 맞추는 학생은 다른 사람에게 자신의 능력을 과시하거나 인정을 받기 위해 공부하며, 어려운 과제보다 쉬운 과제를 선택하는 경향이 있다.

① 강화이론(reinforcement theory)
② 충동감소이론(drive reduction theory)
③ 목표지향성이론(goal orientation theory)
④ 인지부조화이론(cognitive dissonance theory)

해설

목표지향성 이론은 성취상황에서 학생들이 지닌 목표와 동기를 연결시켜 설명하는 이론이다. 목표는 숙달목표(mastery goal)와 수행목표(performance goal)로 분류된다.

정답 ③

004 와이너(B. Winner)의 귀인이론에서 (가)에 들어갈 귀인요소는?   2011 국가직

귀인요소	원인의 소재	통제가능성	안정성
(가)	외적	통제불가	안정
( )	내적	통제가능	불안정
( )	내적	통제불가	안정
( )	외적	통제불가	불안정

① 운
② 과제난이도
③ 노력
④ 능력

해설

귀인요소	원인의 소재	통제가능성	안정성
과제난이도	외적	통제불가	안정
노력	내적	통제가능	불안정
능력	내적	통제불가	안정
운	외적	통제불가	불안정

정답 ②

005

체육시간에 A와 B가 한팀, C와 D가 한 팀을 이루어 테니스 시합을 하여 C와 D팀이 이겼다. 테니스 시합에 대해 각 사람이 다음과 같이 한 이야기를 토대로 판단해 볼 때, 시합에서의 승패를 외적 요인에 귀인하고 있는 사람은?

2009 국가직

> A : 오늘 우리 팀이 좋은 기량을 발휘하지 못했어.
> B : 평상시 연습을 게을리한 탓이야.
> C : 너희가 진 건 그냥 운이 안 좋아서 그랬던 것뿐이야.
> D : 우리 실력이 향상된 건 코치 선생님이 가르쳐 준 기술을 열심히 연습했기 때문이야.

① A ② B ③ C ④ D

해설

귀인		차원 분류		예시
A 능력	내부	안정	통제불가능	나는 어학에 소질이 없어.
B/D 노력		불안정	통제 가능	시험공부를 열심히 하지 못했어
과제난이도	외부	안정	통제불가능	영어시험이 너무 어려웠어
C 운		불안정	통제불가능	운이 나빠서 공부하지 않은 부분에서 시험문제가 출제되었어.

시합에서의 승패를 외적 요인에 귀인하고 있는 사람은 C이다.

정답 ③

006

다음은 귀인이론에서 외적이며 안정성 차원과 관련되는 것은?

2008 교육청

① 시험 당일 아파서 성적이 안 나왔다.
② 시험문제가 너무 어려워 성적이 잘 안 나왔다.
③ 중요한 시험이 아니라 공부를 안 해서 성적이 잘 안 나왔다.
④ 머리가 나빠서 성적이 잘 안 나왔다.

해설

외적이며 안정성 차원은 과제난이도에 해당한다.

정답 ②

THEME 41 생활지도

기출공략

생활지도가 치료나 교정보다 예방을 목적으로 하기 때문에 모든 학생을 대상으로 한다는 점과 생활지도의 세부 영역 및 활동에 대한 문제가 자주 출제되므로 이에 관한 이해가 필요하다.

대표문제

2023 국가직

20 생활지도 활동과 적용 사례가 바르게 짝지어진 것은?

① 학생조사 활동 – 진로 탐색을 위한 학생 맞춤형 프로그램을 실시하였다.
② 정보제공 활동 – 신입생에게 학교의 교육과정 및 특별활동에 관한 안내 자료를 배부하였다.
③ 배치(placement) 활동 – 학생들의 수업 적응 정도를 점검하고 부적응 학생을 상담하였다.
④ 추수(follow-up) 활동 – 학기 초에 학생에 관한 신체적·지적 특성과 가정환경 등 기초적인 정보를 수집하였다.

해설

①은 배치활동, ③은 추수활동, ④는 학생조사활동이다.
① 학생조사 활동 - 학생을 정확히 이해하고 지원하는데 필요한 각종 자료를 수집하는 활동
③ 배치(placement) 활동 – 학생의 능력이나 흥미에 맞게 적절하게 배치하는 활동
④ 추수(follow-up) 활동 – 생활지도를 받은 학생의 추후 적응상태를 지속적으로 관찰하여 더욱 효과적으로 적응하도록 도와주는 활동

정답 ②

이론 플러스

생활지도의 영역과 활동

① **학생조사활동** : 학생을 이해하고 지원하기 위한 각종 자료 수집
② **정보제공활동** : 학생, 교사, 학부모 등이 요구하는 정보(교육정보, 직업정보, 개인 및 사회적응 정보)를 수집해서 제공, 학교 자체에서 조사하거나 각종 인쇄물을 이용해 수집·정리·보관
③ **상담활동** : 생활지도에서 핵심적인 활동
④ **배치활동[정치활동]** : 학생의 능력이나 흥미에 맞게 적절하게 배치하는 활동
⑤ **추수활동** : 일정 기간 생활지도를 받았던 학생이 진학하거나 졸업한 후 사회적응을 제대로 하고 있는지를 지속적으로 확인하는 활동

> 관련 기출

001 학교교육에서 생활지도의 기본 원리로 옳지 않은 것은? 2014 국가직
① 치료나 교정보다 예방에 중점을 두고 있다.
② 학교 교육과정과 통합될 필요가 있다.
③ 문제유발 가능성이 없는 학생은 대상에 포함되지 않는다.
④ 개인의 권리와 존엄성 및 가치의 인정을 기초로 한다.

해설

③에서 생활지도는 모든 학생을 대상으로 한다.

정답 ③

002 생활지도의 활동 중 정치(定置)활동으로 옳은 것을 〈보기〉에서 고른 것은? 2016 교육청

• 보기 •
ㄱ. 학생의 희망 및 능력에 맞추어 동아리를 선택하도록 도와주고 배정하는 활동
ㄴ. 학생을 이해하고 지도하는 데 필요한 가정환경, 교우관계, 심리적 특성 등에 관한 기초 자료를 수집하는 활동
ㄷ. 학생이 진로를 현명하게 선택할 수 있도록 학생의 적성과 흥미 등을 고려하여 도와주거나 안내하는 활동
ㄹ. 생활지도를 일차 완료한 후 학생의 적응 상태와 변화 정도를 점검하고, 필요하면 추가로 도움을 제공하는 활동

① ㄱ, ㄷ   ② ㄱ, ㄹ   ③ ㄴ, ㄷ   ④ ㄴ, ㄹ

해설

정치활동 또는 배치활동이란 학생의 능력이나 흥미에 맞게 적절하게 배치하는 활동을 말한다. ㄴ은 학생이해활동(조사활동)이고, ㄹ은 추수활동에 해당한다.

정답 ①

003 (가), (나)에 해당하는 생활지도 영역을 바르게 짝지은 것은?

2018 교육청

(가) 생활지도 업무를 담당하는 김 교사는 학기 초에 생활지도 계획을 수립하기 위해 전교생에게 학교 생활 적응검사를 실시하였다.
(나) 취업지도 업무를 담당하는 송 교사는 기업체에 취업한 졸업생들에게 전화를 걸어 직장생활에 잘 적응하고 있는지를 점검하고 격려하였다.

	(가)	(나)
①	조사(調査)활동	정치(定置)활동
②	정보(情報)활동	정치(定置)활동
③	조사(調査)활동	추수(追隨)활동
④	정보(情報)활동	추수(追隨)활동

해설

(가)는 학생을 정확히 이해하고 지원하는데 필요한 각종 자료를 수집하는 학생 조사활동이고, (나)는 생활지도를 받은 학생의 추후 적응상태를 지속적으로 관찰하여 더욱 효과적으로 적응하도록 도와주는 추수활동이다.

정답 ③

THEME 42 청소년 비행이론

> **기출공략**
> 청소년 비행이론의 명칭과 특징들을 키워드를 중심으로 기억해야 한다.

대표문제

2023 국가직

19 다음 설명에 해당하는 청소년 비행 관련 이론은?

> ○ 뒤르켐(Durkheim)의 이론을 발전시켜 머튼(Merton)이 정립하였다.
> ○ 문화적인 가치와 사회적 수단 간의 불일치로 인한 사회·심리적 긴장 상태에서 벗어나고자 비행을 시도한다.

① 낙인 이론
② 사회통제 이론
③ 아노미 이론
④ 합리적 선택 이론

🔍 해설

① 낙인 이론은 일탈 혹은 범죄 행동이 특정 행동에 대한 사회문화적 평가와 소외의 결과로 규정된다고 보는 이론이며, ② 사회통제이론은 인간은 누구나 일탈 행동을 할 수 있는 잠재성을 가지고 있다고 전제하며 인간의 일탈 행동을 억제하는 사회통제가 약해졌을 때 일탈 행동이나 범죄가 발생한다고 설명한다.

정답 ③

> 이론 플러스

청소년 비행이론

① **아노미 이론**: 뒤르켐의 이론을 발전시켜 머톤이 정립, 문화적인 가치와 사회적 수단 간의 불일치로 인한 사회·심리적 긴장 상태에서 벗어나고자 비행을 시도
② **낙인이론**: 일탈 혹은 범죄행동이 특정 행동에 대한 사회문화적 평가와 소외의 결과로 규정된다고 보는 이론
③ **사회통제이론**: 인간은 누구나 일탈 행동을 할 수 있는 잠재성을 가지고 있다고 전제, 인간의 일탈 행동을 억제하는 사회통제가 약해졌을 때 일탈 행동이나 범죄가 발생
④ **차별접촉이론**: 모든 종류의 범죄와 비행은 학습된 것으로 비행학습은 가까운 친구들로부터 이루어진다.
⑤ **비행하위문화이론**: 하류계층 청소년들의 비행행위는 중산층의 규범과 가치에 대한 반항이라고 본다.

> 관련 기출

001 청소년 비행에 관한 사회학적 이론 중 다음 내용과 관계 깊은 것은? 　　2007 교육청

- 모든 종류의 범죄와 비행은 학습된 것이다.
- 비행학습은 가까운 친구들로부터 이루어진다.
- 비행은 그것을 고무하는 분위기가 억제하는 분위기를 압도할 때 시도된다.

① 낙인이론　　　　　　　　　　② 아노미이론
③ 사회통제이론　　　　　　　　④ 차별접촉이론
⑤ 비행하위문화이론

> 해설

① **낙인이론**: 일탈 혹은 범죄행동이 특정 행동에 대한 사회문화적 평가와 소외의 결과로 규정된다고 보는 이론
② **아노미 이론**: 뒤르켐의 이론을 발전시켜 머톤이 정립, 문화적인 가치와 사회적 수단 간의 불일치로 인한 사회·심리적 긴장 상태에서 벗어나고자 비행을 시도
③ **사회통제이론**: 인간은 누구나 일탈 행동을 할 수 있는 잠재성을 가지고 있다고 전제, 인간의 일탈 행동을 억제하는 사회통제가 약해졌을 때 일탈 행동이나 범죄가 발생
④ **차별접촉이론**: 모든 종류의 범죄와 비행은 학습된 것으로 비행학습은 가까운 친구들로부터 이루어진다.
⑤ **비행하위문화이론**: 하류계층 청소년들의 비행행위는 중산층의 규범과 가치에 대한 반항이라고 본다.

정답 ④

THEME 43 홀랜드의 직업흥미이론

기출공략

6가지 직업 성격유형에서 인접한 직업 흥미 유형 간에 유사성이 높고, 반대편과는 유사성이 가장 낮다. 각 성격 유형의 특징을 물어보는 문제와 함께 유형별 상관도를 물어보는 문제가 출제되기 때문에 유형별 특징과 함께 홀랜드의 육각형 모형안에서 각 성격유형의 위치를 기억해야 한다.

대표문제

2020 국가직

15 홀랜드(Holland)가 제안한 직업흥미유형 간 유사성이 가장 낮은 조합은?

① 탐구적(I) - 기업적(E)
② 예술적(A) - 사회적(S)
③ 사회적(S) - 기업적(E)
④ 예술적(A) - 탐구적(I)

해설

홀랜드는 직업성격유형을 현실형, 탐구형, 예술형, 사회형, 기업형(진취형), 관습형 등 6가지로 나눈다. 인접한 직업흥미유형간에 상관도가 높고, 반대편과는 상관도가 가장 낮다. 가령, 현실형은 탐구형, 관습형과 상관도가 높고, 반대편인 사회형과는 상관도가 가장 낮다. 탐구형과 기업형은 반대편에 위치한다.

정답 ①

이론 플러스

홀랜드의 직업흥미이론

- 아래 그림은 홀랜드의 6가지 직업성격유형을 나타낸 것이다. 인접한 직업흥미유형간에 상관도가 높고, 반대편과는 상관도가 가장 낮다.

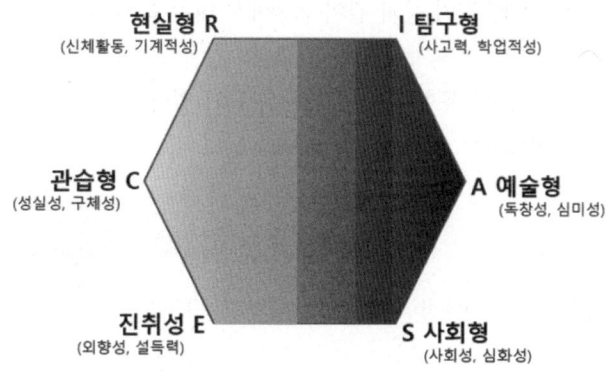

▲ 홀랜드 육각형 모형

각각의 특징을 살펴보면 다음과 같다.
① 현실형: 구체적이고 체계적이며 몸으로 부딪쳐 문제를 해결하는 유형
② 탐구형: 지적, 논리적이고 호기심이 많고 독립적인 유형
③ 예술형: 다양한 자원을 이용하여 새로운 것을 창작하는 활동을 하고 싶어하는 유형
④ 사회형: 다른 사람을 가르치거나 돌보거나 치유하고 돕는 일을 좋아하는 유형
⑤ 기업형: 다른 사람을 이끌거나 설득하는 지도자의 역할에 관심이 많은 유형
⑥ 관습형: 자료를 정리하는 등의 체계적이고 조직적인 일을 좋아하는 유형

관련 기출

001 홀랜드(Holland)의 진로이론에 대한 설명으로 옳지 않은 것은? 2012 국가직

① 대부분의 사람들은 실재적, 탐구적, 예술적, 사회적, 기업가적인 다섯 가지 유형 중의 하나로 분류될 수 있다.
② 실재적 유형은 기계, 전기 등과 같이 옥외에서 하는 육체 노동에 관련된 직업을 선택하는 경향이 높다.
③ 사회적 유형과 예술적 유형은 매우 높은 상관이 있다.
④ 진로의식의 핵심요소로 직업흥미를 중시한다.

해설

홀랜드는 직업성격유형을 현실형, 탐구형, 예술형, 사회형, 기업형(진취형), 관습형 등 6가지로 나눈다.

정답 ①

THEME 44 정신분석 상담이론

기출공략

프로이트의 정신분석 상담이론과 함께 열등감을 키워드로 하는 아들러의 개인 심리학적 상담이론도 함께 정리할 필요가 있다. 최근 들어 상담기법에 대한 문제가 자주 출제되므로 주요 상담기법과 다른 상담이론과 구별되는 특징들을 정리해서 기억하는 것이 중요하다.

대표문제

2023 국가직

13 정신분석 상담의 주요 기법에 해당하지 않는 것은?

① 전이 분석
② 저항의 분석
③ 자유연상법
④ 비합리적 신념 논박

해설

④ 비합리적 신념 논박은 인지적 상담이론에 해당하는 합리적 정서행동 상담이론의 주요 기법에 해당한다.

정답 ④

| 이론 플러스 |

정신분석상담이론

(1) 프로이트의 정신분석 상담이론
   ① 프로이트에 의해 창시된 이론, 그의 인간관은 결정론과 비관론이다.
   ② 상담의 목적은 내담자의 무의식을 의식화하는 것이다. 자유연상, 꿈 분석, 전이, 저항, 해석 등과 같은 다양한 상담기법을 사용

(2) 아들러의 개인심리학적 상담이론
   ① 기본적으로 정신역동적인 기반을 가지고 있지만 인간주의적 상담의 이론적 기틀을 조성하였다.
   ② 인간으로서 누구나 느끼는 열등감을 극복하여 자기완성을 이룰 것을 강조하면서, 자기완성을 위한 필수요인으로서 열등감을 긍정적인 측면에서 보았다.
   ③ 주요 개념으로 열등감과 보상, 우월추구, 생활양식, 허구적 목적, 공동체감과 사회적 관심, 가족구도와 출생순위, 삶의 과제 등이 있고, 변화를 위한 핵심 요인으로 격려를 강조한다.
   ④ 주요 상담기법으로는 초기기억, 꿈 분석, 단추 누르기, 수프에 침 뱉기, '마치 ~인 것처럼' 행동하기, 자기포착하기, 과제 설정하기, 역설 기법, 격려 등이 있다.

> 관련 기출

001 프로이트의 정신분석학적 상담이론에 대한 설명으로 옳지 않은 것은? 2017 교육청
① 내담자는 합리적으로 불안을 조절할 수 없을 때 자아방어기제에 의존한다.
② 상담자는 내담자의 불안을 초래한 행동자극을 분석하고 체계적 둔감법을 활용한다.
③ 상담자는 내담자의 저항과 전이 감정을 분석하여 무의식적 갈등을 해결하도록 돕는다.
④ 내담자의 행동은 무의식 속에 억압된 과거의 경험과 심리성적인 에너지에 의해서 결정된다.

> 해설

② '체계적 둔감법'은 행동주의 상담이론에서 사용하는 방법이다.

정답 ②

002 정신분석이론에 기초한 상담기법이 아닌 것은?

2015 국가직

① 자유연상
② 꿈의 분석
③ 전이의 분석
④ 무조건적인 긍정적 수용

해설

④ 무조건적인 긍정적 수용은 인간주의 상담 기법이다.

정답 ④

THEME 45 행동주의 상담이론

기출공략
행동주의 학습이론(THEME 38)과 연결해서 이해하려는 노력이 중요하다. 행동주의 상담기법에 대한 이해와 함께 다른 상담이론과 구별되는 특징을 중심으로 행동주의 상담이론의 특징을 정리하는 것이 필요하다.

대표문제

2018 교육청

12 조건형성 원리에 기초한 상담기법을 〈보기〉에서 고른 것은?

• 보기 •

ㄱ. 상담자는 내담자에게 상담 약속을 이행할 때마다 칭찬 스티커를 주고 그것을 다섯 개 모으면 즐거운 게임을 함께 하였다.
ㄴ. 상담자는 '두 개의 빈 의자'를 사용하여 대인 갈등 상황에서 내담자가 경험하는 자신의 숨은 욕구와 감정을 자각하도록 촉진하였다.
ㄷ. 집단상담자는 '타임아웃(time-out)'을 적용하여 집단원이 집단상담 규칙을 어길 때마다 지정된 공간에서 3분간 머물게 하여 참여를 제한하였다.
ㄹ. 집단상담자는 집단원에게 "기적이 일어나서 각자의 소망이 이루어진다면 여러분의 삶은 어떻게 달라질까요?"라고 질문하여 변화에 대한 욕구를 확인하였다.

① ㄱ, ㄴ　　② ㄱ, ㄷ　　③ ㄴ, ㄹ　　④ ㄷ, ㄹ

해설

〈보기〉에서 ㄱ은 정적 강화의 한 유형인 토큰제도(token system, 토큰 강화)에 해당하며, ㄷ은 부적 벌의 한 유형인 타임아웃(time-out)에 해당한다. 타임아웃(Time-out, 일시적 격리)은 바람직하지 못한 행동을 감소시키기 위해 정적 강화를 받을 수 있는 기회를 박탈하거나 강화를 받을 수 있는 장면에서 추방하는 방법을 가리킨다.
ㄴ은 형태주의 상담기법인 '빈 의자 기법', ㄹ은 해결중심 상담의 기법인 '기적 질문'에 해당한다.

정답 ②

> 이론 플러스

행동주의 상담이론

(1) 개요
  ① 인간의 부적응 문제를 관찰과 측정이 가능한 외현적 행동으로 설명하며 과거 경험보다는 현재의 문제 행동에 초점을 둔다.
  ② 대표 학자로는 스키너, 울페, 행동주의와 인지심리학의 다리 역할을 한 반두라 등이 있다.

(2) 상담기법
  ① 부적응 행동을 감소시키는 기법
     ㉠ 소거 : 부적응 행동이 반복되어 나타나도록 강화하는 요인을 제거하는 것
     ㉡ 노출법 : 내담자가 두려워하는 자극이나 상황에 반복적으로 노출시켜 직면하게 함
     ㉢ 체계적 둔감법 : 울페의 의해 개발된 탈 조건형성방법으로 두려움을 적게 느끼는 상황부터 두려움을 많이 느끼는 상황의 단계를 개발한 후 각각의 단계에서 두려움을 극복하도록 하면서 궁극적으로 가장 두려움을 많이 느끼는 상황을 극복하도록 하는 행동 치료이다.
  ② 적응 행동을 증진하는 기법
     ㉠ 행동조성
     ㉡ 모델링
     ㉢ 토큰경제

관련 기출

001 행동주의 상담이론에 대해 옳게 설명한 것은?
2010 교육청

① 조건형성, 우월성의 추구, 열등감 등을 중시하였다.
② 인간은 형태를 완성하려는 경향성을 가지고 있다.
③ 대표자로는 스키너(B. Skinner), 펄스(F. Perls) 등이 있다.
④ 신경증적인 행동을 포함한 모든 정상적, 비정상적 행동은 학습된 것이다.
⑤ 비지시적 방법을 사용하여 내담자가 자발적으로 외적인 행동을 변화시키도록 하였다.

해설

①은 아들러(Adler)의 개인심리 상담이론, ②은 펄스(Perls)의 형태주의 상담이론, ③에서 펄스(Perls)는 형태주의 상담이론가이며, ⑤는 로저스(Rogers)의 인간중심 상담이론에 해당한다.

정답 ④

002 다음 중에서 행동주의 상담이론의 전제 조건만으로 옳게 묶은 것은?
2009 교육청

> ㉠ 인간은 자아실현의 성향을 타고난다.
> ㉡ 인간은 저마다 독특한 주관적인 경험 세계 속에서 존재한다.
> ㉢ 인간의 언행은 학습된 것이며 따라서 변화시킬 수 있다.
> ㉣ 강화와 관찰학습 등과 같은 사회학습의 원리가 상담에 활용될 수 있다.

① ㉠, ㉡   ② ㉡, ㉢   ③ ㉡, ㉣   ④ ㉢, ㉣

해설

㉠㉡은 인간중심 상담이론에 해당한다.

정답 ④

003 정신분석 상담과 행동주의 상담의 공통점에 해당하는 것은?

2018 국가직

① 상담과정에서 과거 경험보다 미래 경험을 중시한다.
② 상담기법보다는 상담자의 인간적 자질과 진솔한 태도를 중시한다.
③ 인간의 행동을 인과적 관계로 해석하는 결정론적 관점을 가진다.
④ 비합리적 신념을 인식하고 수정하는 논박 과정을 중시한다.

해설

①에서 정신분석과 행동주의 상담은 과거경험을 중시한다.
②에서 정신분석과 행동주의 상담은 상담기법을 중요시 하며, 상담자의 인간적 자질과 진솔한 태도를 중시하는 것은 인간중심 상담이다.
③에서 정신분석학은 정신적 결정론, 행동주의는 환경결정론에 근거를 두기 때문에 인간의 행동을 인과적 관계로 해석한다.
④에서 비합리적 신념을 인식하고 수정하는 논박 과정을 중시하는 상담이론은 인지적 상담의 REBT(합리적 정서적 행동적 이론)이다.

정답 ③

THEME 46 인간중심 상담이론

기출공략

그동안 로저스의 인간중심 상담이론에서만 출제가 되었으나 다른 이론, 게슈탈트 상담이론과 실존주의 상담이론도 함께 인간중심 상담이론으로 묶고 이들이 서로 묶일 수 있는 공통적인 특징을 인간중심 상담이론의 특징으로 정리할 필요가 있다. 또한, 공통점과 함께 개별 상담이론들의 구별되는 특징들도 키워드로 정리해야 한다.

대표문제

2022 교육청

05 로저스(Rogers)의 인간중심적 상담에서 상담자에게 필요한 태도로 옳지 않은 것은?

① 체계적 둔감
② 공감적 이해
③ 일치성
④ 무조건적 긍정적 존중

해설

③ 일치성을 뜻하는 Congruence란 용어는, 진실성, 진솔성이라고도 번역이 된다. 일치성이라고 할 때 첫째 상담자와 내담자의 상담목표와 동기의 일치, 둘째 상담자의 내적인 경험과 외적 표현의 일치라고 볼 수 있는데 두 번째의 일치성은 진실성, 진솔성으로도 표현 가능하다.
① 체계적 둔감법은 행동주의 상담기법으로 역조건형성을 이용하여 공포를 일으키는 자극에 점진적으로 노출시켜 공포를 소거하는 방법으로 부정적 정서를 가지게 하는 원인을 찾아 위계적으로 나누어 가장 낮은 단계부터 직면하여 극복할 수 있도록 도와준다.

정답 ①

[이론 플러스]

인간중심 상담이론

- 개인의 주관적 경험과 자유의지를 강조하는 인본주의 상담이론으로는 펄스의 게슈탈트 상담이론, 로저스의 인간중심상담이론, 실존주의적 상담이론(프랭클의 의미치료) 등이 있다.

(1) 펄스(F. Perls)의 게슈탈트(Gestalt) 상담
  ① 게슈탈트란, 자신의 욕구나 감정을 하나의 의미 있는 전체로 조직화하여 지각한 것을 말한다.
  ② 게슈탈트 상담에서 게슈탈트를 형성할 때 관심의 초점이 되는 부분을 전경이라 하고, 관심 밖에 놓여 있는 부분을 배경이라고 한다. 게슈탈트를 형성한다는 것은 어느 한순간에 가장 중요한 욕구나 감정을 전경으로 떠올린다는 것이다.
  ③ 전경과 배경의 교체는 자연스러워야 하는데, 과거에 만성적인 부정적 정서의 경험이나 외상적 사건은 교체과정에 방해가 될 수 있다. 이런 경우 고정된 게슈탈트가 형성되고, 이를 미해결 과제라고 한다. 이것은 새로운 게슈탈트의 형성을 방해하는 요인이 된다.

(2) 로저스의 인간중심 상담
  ① 인간의 잠재력과 가능성에 대한 신뢰를 바탕으로 로저스가 창시한 이론으로, 인간의 자유의지와 자아실현에 초점을 두고 인간을 연구하는 인본주의 심리학을 기반으로 한다.
  ② 로저스는 상담이론과 기법에 대한 상담자의 지식보다 상담자의 태도와 인간적 특성이 중요하며 상담자가 내담자와 맺는 관계의 질이 상담결과를 결정하는 중요한 요인이라고 강조하였다.
  ③ 상담기법으로 일치성(진실하려고 노력하기, 진솔성), 무조건적인 긍정과 존중, 공감적 이해, 지금-여기 즉시성을 들 수 있다.

(3) 실존주의 상담
  ① 인간에 대한 실존주의 철학의 기본 가정을 현상학적 방법과 결합시켜 내담자에게 자신의 내면세계를 있는 그대로 자각하고 이해하도록 하며, 지금-여기의 자기 자신을 신뢰하도록 하는 데 목표를 두는 상담 접근법이다.
  ② 기본 가정은 다음과 같다. 첫째, 실존은 본질에 선행한다(우리가 하고 있는 것이 우리가 누구인가를 결정). 둘째, 우리는 선택할 자유가 있으며 선택한 결과에 책임이 있다. 셋째, 인간의 삶은 항상 죽음에 대한 견해를 가지고 영위된다. 넷째, 우리의 실존은 결코 다른 사람과 세계의 실존으로부터 완전히 분리되어 있지 않다.
  ③ 실존의 방식으로 주변세계(환경), 공존세계, 고유세계(자신의 세계), 영적세계가 있다. 상담자는 내담자의 어떤 존재의 방식이 가장 문제인가를 파악하여 그를 조력하는 것이 필요하다.
  ④ 실존주의 상담에서는 무엇보다도 내담자와 상담자의 관계를 매우 중시한다. 상담자와 내담자가 참 만남을 경험할 수 있어야 하는데, 참 만남이란 새로운 세계가 열리고 새로운 사고방식을 경험하여 세계관과 성격에 현격한 변화를 가져오게 되는 내적 경험이다. 메이는 상담 과정을 친밀한 관계의 수립, 고백, 해석, 내담자의 인격 변형의 4단계로, 프랭클(의미치료)은 증상의 확인, 의미의 자각, 태도의 수정, 증상의 통제, 삶의 의미발견의 5단계로 제시하였다.

관련 기출

001 다음의 특징을 가진 상담기법은?
2019 교육청

- 비지시적 상담이라는 별칭을 갖고 있다.
- 상담자와 내담자 사이의 촉진적 관계를 강조한다.
- 인간은 합목적적이고 건설적이며 선한 존재라고 가정한다.
- 상담의 목표는 내담자가 자신의 모습대로 살아가게 하고 잠재력을 실현하도록 하는 데 있다.

① 인지적 상담기법
② 행동주의 상담기법
③ 인간중심 상담기법
④ 정신분석 상담기법

해설

인간중심 상담기법의 중심 키워드는 비지시적 상담과 인간의 자아실현 및 잠재력 실현이다.

정답 ③

002 로저스의 인간중심 상담이론에 대한 설명으로 적절하지 않은 것은?
2017 국가직

① 인간에게는 선천적으로 자아실현의 경향이 있다고 본다.
② 내면의 경험을 자각하고 수용할 수 있도록 하기 위해 지금-여기보다 과거에 더 주목한다.
③ 상담자가 갖추어야 할 중요한 태도로 진솔성, 무조건적 긍정적 존중, 공감적 이해를 제안하였다.
④ 외적으로 부여된 가치의 조건화가 주관적인 경험을 왜곡하고 부정할 때 문제가 발생한다고 본다.

해설

② 내면의 경험을 자각하고 수용할 수 있도록 하기 위해 과거보다 지금-여기를 더 중시한다.

정답 ②

003 다음 내용과 가장 관련이 깊은 상담이론가는?
2015 교육청

> ○ 비지시적 상담 혹은 내담자 중심 상담을 제안하였다.
> ○ 인간의 잠재력과 성장 가능성을 신뢰하며, 상담자와 내담자 사이의 인간관계를 중시하였다.
> ○ 상담자의 자세로 진실성(congruence), 무조건적인 긍정적 존중, 공감적 이해를 강조하였다.
> ○ 충분히 기능하는 인간(fully functioning person)이 되는 것을 상담의 목표로 하였다.

① 올포트(G. Allport)
② 로저스(C. Rogers)
③ 프랭클(V. Frankle)
④ 매슬로우(A. Maslow)

해설

주어진 내용은 인간중심 상담에 관한 설명으로 인간중심 상담이론을 주장한 ②로저스(C. Rogers)가 가장 관련이 깊다.
① 올포트(G. Allport)는 성격심리학자로서 특질이론을 주장하였다.
③ 프랭클(V. Frankle)은 실존주의 상담 기법인 의미치료의 창안자이다.
④ 매슬로우(A. Maslow)의 이론은 동기화 이론과 욕구위계이론이 가장 대표적이다. 인본주의 심리학자이긴 하지만 상담이론가는 아니다.

정답 ②

004 내담자 중심 상담이론으로 볼 수 없는 것은?
2010 국가직

① 인간에 대한 결정론적 관점에 반대하고 인간의 자유의지를 중요시한다.
② 인간주의 심리학을 기반으로 하고 있으며, 대표적인 학자로는 매슬로우, 로저스 등이 있다.
③ 자아실현을 강조하고, 인간행동을 설명할 때 원인보다는 목적, 과거보다는 미래에 관심을 갖는다.
④ 개인의 심리적 특징과 성공적 직업행동 요인에 중점을 두는 상담이론으로 대표적 학자는 윌리엄슨이 있다.

해설

지시적 상담 혹은 상담자중심 상담으로도 일컬어지는 특성-요인상담은 윌리엄슨(Williamson)에 의해서 시작된 것으로서 상담이론으로서는 유일하게 진로 상담을 기초로 출발한 이론이다.

정답 ④

THEME 47

인지적 상담이론 : 합리적 정서행동 상담이론, 현실치료, 교류분석

기출공략

인간의 인지 또는 사고과정을 중시하는 인지적 상담이론에 합리적 정서행동 상담이론, 현실요법(현실치료), 교류분석이론이 있다는 것을 이해해야 한다. 이들 인지적 상담이론들이 어떤 공통점으로 묶이고 다른 관점의 상담이론들과 어떤 차이를 지니고 있는지를 이해하고 인지적 상담이론 안에 세 가지 이론들의 특징 또한 키워드를 중심으로 기억해야 한다.

대표문제

2022 교육청

16 다음 설명에 해당하는 상담은?

> ○ 엘리스(Ellis)가 창시자이다.
> ○ 상담과정은 A(Activating events, 선행사건) → B(Beliefs, 신념) → C(Consequences, 결과) → D(Disputing, 논박) → E(Effects, 효과) 과정으로 진행된다.
> ○ 자신, 타인, 세상에 대한 비현실적인 기대와 요구를 합리적으로 변화시키는 데 초점을 둔다.

① 합리적·정서적 행동 상담　　　② 게슈탈트 상담
③ 개인심리학적 상담　　　　　　④ 정신분석적 상담

해설

합리적·정서적 행동 상담은 인간의 감정, 즉 정서적 문제의 원인이 비합리적 신념임을 가정하고 이를 합리적 신념으로 변화시키기 위한 치료기법을 개발하였다. 이 합리적·정서적 행동 상담에서 상담자는 내담자로 하여금 자신의 문제가 왜곡된 지각과 신념에 기인한 것임을 깨닫도록 논박한다.

② 게슈탈트 상담 : 펄스(F. Perls)가 창시한 상담으로 지금-여기에 대한 인식과 개인과 환경 간 접촉의 질을 강조하는 경험적 심리치료로서 개체를 여러 개의 심리적인 요소로 분할하여 분석하는 대신에, 전체 장(field)의 관점에서 통합적으로 이해한다.

③ 개인심리학적 상담 : 아들러의 개인심리학적 상담이론은 기본적으로 정신역동적인 기반을 가지고 있지만 인간주의적 상담의 이론적 기틀을 조성하였다. 인간으로서 누구나 느끼는 열등감을 극복하여 자기완성

을 이룰 것을 강조하면서, 자기완성을 위한 필수요인으로서 열등감을 긍정적인 측면에서 보았다.
④ 정신분석적 상담 : 프로이트에 의해 창시된 이론, 그의 인간관은 결정론과 비관론이다. 상담의 목적은 내담자의 무의식을 의식화하는 것으로 자유연상, 꿈 분석, 전이, 저항, 해석 등과 같은 다양한 상담기법을 사용한다.

정답 ①

이론 플러스

인지적 상담이론

(1) 합리적 정서행동 상담이론(REBT : Rational Emotive Behavior Therapy)
① 앨버트 엘리스가 개발, 인간은 객관적 사실 때문에 혼란스러워 하는 것이 아니라 그 사실에 대한 자신의 관점(비합리적인 신념) 때문에 혼란스러워한다는 것을 강조하고 이를 수정하는 데 도움을 주는 상담이론
② 개인의 신념체계, 즉 해석방식의 중요성을 강조. 또한, 인간의 인지, 정서, 행동이 상호작용하는 과정에서 인지가 핵심이 되어 정서와 행동에 영향을 미친다고 주장
③ 'ABC 이론'으로 알려져 있는 ABCDEF는 상담과정에서도 중요한 치료절차로 이용되는데, 이는 선행사건(A) → 신념(B) → 결과(C) → 논박(D) → 효과(E) → 감정(F)을 나타낸다. 즉, 어떤 사건의 발생(activating events : A) 후에 그 사건에 대해 가지는 자신의 비합리적 신념 (irrational belief : B) 때문에 인간의 불안이나 우울, 열등감, 시기, 질투 등의 정서적 반응 (consequence : C)이 일어난다. 이러한 혼란된 정서는 합리적 신념에 의해 효과적으로 논박 (dispute : D)될 때 사라진다. 이러한 논박의 결과로 새로운 철학이나 새로운 인지체계를 가져오는 효과(effects : E)와 그에 따른 감정(feeling : F)을 갖게 된다.

(2) 현실요법(현실치료)
① 글래서가 현실, 책임, 옳고 그름의 세 가지 개념을 토대로 소개한 상담 접근이다. 현재 시점을 강조하고, 내담자의 생각과 행동의 변화를 유도하여 보다 나은 삶을 살 수 있도록 조력하는 데 초점을 두는 상담이론이다.
② 내담자의 자기 결정을 강조하면서 결과보다는 과정을 중요시한다. 상담장면에서 내담자의 변명을 인정하지 않는다. 그 대신 자신이 선택하고 결정한 것에 대한 책임을 질 수 있도록 격려한다.
③ 질문하기, 직면하기, 역설적 기법, 유머 사용하기 등의 상담기법이 있다.

(3) 교류분석
번(E. Berne)은 내담자가 갖는 자아 상태를 바탕으로 의사소통의 교류가 어떻게 이루어지는가를 탐색하여 조력하는 교류분석을 창시하였다. 인간의 의식적인 측면을 강조하며, 특히 세 가지 자

아 중에서 합리적 생각의 주역인 성인자아 상태가 가장 원활하게 기능하는 것을 중요하게 본다.
① **부모자아 상태**: 아동이 대체로 초등학교에 입학할 때까지 형성되며, 개인이 생애를 통해 권위적 인물과 상호작용하면서 계속적인 적응이 이루어진다.
② **성인자아 상태**: 개인이 현실세계와 관련해서 기능하는 성격의 부분이다. 이것은 성격의 합리적이고 객관적인 측면을 나타낸다. 성인자아 상태는 현실을 검증하고 문제를 해결하며, 다른 두 자아 상태를 중재한다.
③ **아동자아 상태**: 이 자아 상태는 우리 각자의 아동기의 유물인 일련의 감정, 태도, 행동유형이다. 자발성, 창의성, 충동, 매력, 그리고 기쁨 등이 아동자아 상태의 특성이다.

관련 기출

001 엘리스(A. Ellis)의 합리적·정서적 상담에 대한 설명으로 옳은 것은? 2016 교육청

① 내담자의 이상적 자아와 현실적 자아의 일치를 정신건강의 지표로 간주한다.
② 주요 상담기법으로 자유연상, 꿈의 분석, 전이의 분석, 저항의 해석이 있다.
③ 상담자는 내담자로 하여금 자신의 문제가 왜곡된 지각과 신념에 기인한 것임을 깨닫도록 논박한다.
④ 내담자는 부모, 어른, 아이의 세 가지 자아를 필요에 따라 적절하게 사용할 수 있는 능력을 갖추는 것이 중요하다.

◈ 해설

엘리스(A. Ellis)의 합리적·정서적 상담이론은 인간의 심리적 고통이 대부분은 비합리적인 정서적 반응 때문에 생긴다고 보았다. 또한, 이러한 정서적 장애는 주로 비적응적인 사고 과정의 결과이기때문에 이 잘못된 사고과정을 재구성하는 것이 상담의 주요 과제라고 본다. 노이로제나 여러 가지 유형의 부적응적 행동은 비합리적이고 비현실적이며, 비논리적이고 융통성이 결여된 사고에 의하여 생기기 때문에 상담은 비논리적이고 비합리적이며 비현실적인 신념에 근거를 둔 적개심, 분노, 죄책감, 불안을 제거 또는 감소시킴으로써 그릇된 생각을 현실적이고 합리적으로 바로잡아야 한다고 주장한다.
①은 인간중심 상담이고, ②는 정신분석적 상담이며, ④는 교류분석 상담에 해당한다.

☀ **정답 ③**

002 다음 설명에 해당하는 상담이론으로 가장 적절한 것은? 2013 국가직

> 내담자의 사고과정을 수정 또는 변화시켜 정서적 장애와 행동적 장애를 극복하게 하는 데 상담의 중점을 둔다. 정서적 장애는 주로 비적응적인 사고 과정의 결과로서, 이 잘못된 사고과정을 재구성하는 것이 상담의 주요 과제라고 본다.

① 인지적 상담
② 행동 수정 상담
③ 인간 중심 상담
④ 의사결정적 상담

◈ 해설

사고과정은 인지과정을 가리키는 것으로 인지적 상담이론 중에서 합리적 정서행동 상담이론을 설명하고 있다.

☀ **정답 ①**

003 다음의 상담기법이 활용되는 상담이론은?

2023 교육청

> ○ 숙련된 질문 기술
> ○ 적절한 유머
> ○ 토의와 논쟁
> ○ 직면하기
> ○ 역설적 기법

① 게슈탈트 상담
② 인간중심 상담
③ 행동주의 상담
④ 현실치료

해설

현실치료에서는 인간이 통제력 또는 선택할 수 있는 능력을 갖고 있으므로, 궁극적으로 자기 삶에 책임을 져야 한다고 주장한다. 여기서 책임을 받아들인다는 것은 곧 개인이 현실을 직면해야 함을 말한다. 개인이 책임을 져야 하는 모든 행동은 현실에서 일어나기 때문에 내담자는 현실, 즉 현재 행동에 직면해야 한다. 따라서 현실치료는 내담자가 더욱 책임 있는 행동을 함으로써 자신의 문제를 해결할 수 있는 현실을 직면하도록 돕는 것이라 할 수 있다.
주어진 상담기법 중에서 토의와 논쟁, (현실에) 직면하기, 역설적 기법 등은 모두 상담자가 내담자의 사고방식을 수정 또는 변화시키고자 하는 의도를 지니고 있는 방식으로 인지적 과정을 수정 또는 변화시켜 문제를 해결하고자 하는 인지주의적 상담이론에서 사용하는 기법들이다. 그러므로 주어진 선택지 가운데 인지주의적 상담에 해당하는 것을 고르면 ④ 현실치료이다.
이러한 유형의 문제를 해결할 때 현실치료에 대한 내용을 알고 풀 수도 있지만 주어진 내용이 어떤 유형의 상담이론에 대한 설명인지를 판단해서 해당 이론에 속하는 상담을 선택할 수도 있다.

정답 ④

004 다음 설명에 해당하는 상담이론은? 2021 교육청

이 상담이론에서는 인간이 통제력 또는 선택할 수 있는 능력을 갖고 있으므로, 궁극적으로 자기 삶에 책임을 가져야한다고 주장한다. 상담의 목표는 내담자로 하여금 책임 있는 행동을 학습하여 성공정체감을 발달시키게 하는 것이다. 따라서 상담자는 내담자에게 '원하는 게 무엇인지를 확인한 후 지금부터 계획을 세우자'고 유도함으로써 내담자가 변명이나 구실을 찾지 못하게 하고 자신의 감정이나 행동에 책임을 지도록 도와준다.

① 인간중심 상담
② 정신분석적 상담
③ 행동주의 상담
④ 현실 요법

해설

현실요법은 내담자의 현재 행동을 자신의 욕구를 충족시키기 위한 선택으로 간주하며, 따라서 그 선택에 대한 책임이 내담자 자신에게 있음을 강조한다.
① **인간중심상담**: 인간의 잠재력과 가능성에 대한 신뢰를 바탕으로 로저스(C. Rogers)가 창시한 이론, 비지시적 상담접근, 내담자 중심상담, 인본주의 상담이론이다.
② **정신분석적 상담**: 프로이트가 창안한 상담으로 모든 인간의 행동에는 심리적인 원인이 있어 그 원인에 의해 행동이 결정된다고 보는 심리적 결정론의 관점이며, 인간의 심리에는 의식되지 않는 무의식이 존재하고 그 무의식에 의해 인간의 행동이 영향을 받는다고 주장한다.
③ **행동주의 상담**: 인간의 부적응 문제를 관찰과 측정이 가능한 외현적 행동으로 설명하며 과거 경험보다는 현재의 문제 행동에 초점을 둔다.

정답 ④

005 상담이론에 대한 설명으로 옳은 것은? 2020 교육청

① 내담자 중심 상담 – 미해결 갈등을 이해하는 것이 개인의 정신역동을 이해하는 방법이다.
② 행동주의 상담 – 인간의 행동을 개인이 선택한 것으로 바라보며 행동의 원인보다는 목적에 더 주목하면서 자아실현을 강조한다.
③ 의사교류분석 – 가족치료에서 시작된 이론으로 내담자의 욕구를 파악한 후 현실과 맞서도록 심리적인 힘을 개발할 수 있도록 돕는다.
④ 합리적·정서적 행동 상담 – 인간의 감정, 즉 정서적 문제의 원인이 비합리적 신념임을 가정하고 이를 합리적 신념으로 변화시키기 위한 치료기법을 개발하였다.

해설

①은 게슈탈트 상담, ②는 인간중심(인본주의, 내담자중심) 상담, ③은 현실요법에 해당한다.
의사교류분석 이론은 번(E. Berne)이 창시한 이론으로 내담자가 갖는 자아 상태를 바탕으로 의사소통의 교류가 어떻게 이루어지는가를 탐색하여 조력한다. 인간의 의식적인 측면을 강조하며, 특히 세 가지 자아(부모자아, 성인자아, 아동자아) 중에서 합리적 생각의 주역인 성인자아 상태가 가장 원활하게 기능하는 것을 중요하게 본다.

정답 ④

006 상담이론에 대한 설명으로 옳지 않은 것은?
2012 국가직

① 프로이드 정신분석이론의 핵심개념은 무의식으로, 상담의 목표는 무의식을 의식화하는 것이다.
② 글레이서의 현실주의 이론은 책임있는 행동이 성공적인 자아정체의식을 효과적으로 형성한다고 가정한다.
③ 엘레스의 합리적-정서적 치료이론은 인지적 측면의 합리성과 정의적 측면의 정서, 행동주의의 원리를 절충한 방법이다.
④ 번의 교류분석이론은 인간을 원본능, 자아, 초자아의 세 가지 자아상대로 구성된 존재로 간주한다. 이에 인간이 가진 신체적 욕구와 심리적 욕구들은 다른 사람과의 교류를 통해서만 충족될 수 있다고 강조한다.

해설

교류분석에서 말하는 자아상태는 정신분석에서 말하는 고정된 형태의 지형학적인 개념이 아니라, 현상적이고 관찰 가능하며 변화 가능한 개념으로 부모자아, 성인자아, 아동자아상태로 구분할 수 있다. 이 중에서 합리적 생각의 주역인 성인자아 상태가 가장 원활하게 기능하는 것을 중요하게 본다.

정답 ④

지아쌤의
교육학개론
테마별 기출뽀개기

CHAPTER 06

평가 및 측정

출제비율

연도	'07	'08	'09	'10	'11	'12	'13	'14	'15	'16	'17	'18	'19	'20	'21	'22	'23	총 문항수	총 출제문항
국가직	3	2	1	6	1	1	4	1	1	2	1	2	1	2	1	2	1	340	32(9%)
교육청									1	1	2	2	2	2	1	1	2	180	14(8%)

출제경향

교육평가 및 측정영역은 국가직 시험에서 과거에 많이 출제되다가 최근에는 매년 한두 문제씩 출제되고 있다. 테마별 출제빈도를 살펴보면 좋은 검사도구의 조건(신뢰도, 타당도, 객관도, 실용도)에서 가장 많이 출제되었으며 그다음으로 참고준거에 의한 평가의 종류(규준, 준거, 능력, 성장 참조평가)와 교수-학습 진행에 의한 평가 유형(진단, 형성, 총괄평가), 문항 분석 순으로 자주 출제되었다. 한편, 검사결과의 해석과 관련해서 계산문제가 과거에는 자주 출제가 되었으나 최근에는 출제되지 않고 있다.

THEME 48 교육평가모형

기출공략

평가는 가치중립적인 것이 아니라 가치판단을 하는(가치지향적) 활동이라는 것을 이해하고 4가지 평가모형의 특징을 기억하고 있어야 한다.

대표문제

2010 국가직

20 다음 중 교육평가모형에 대한 설명으로 옳지 않은 것은?

① 타일러(Tyler)는 행동적 용어로 진술된 목표와 학생의 성취도와의 일치 정도를 알아보는 데 평가의 초점을 맞추고 있다.
② 아이즈너(Eisner)는 교육평가가 예술작품을 비평하는 것과 같은 방식으로 이루어져야 한다고 주장하였다.
③ 스크리븐(Scriven)은 프로그램이 의도했던 효과만을 평가하고 부수적인 효과는 배제하였다.
④ 스터플빔(Stufflebeam)은 의사결정에 유용한 정보를 획득·기술·제공하는 과정으로 평가를 정의하였다.

해설

③ 스크리븐(Scriven)은 의도한 효과를 중시하는 목표 중심 평가뿐만 아니라 목표 이외의 부수적 효과를 평가하는 '탈목표평가'를 중시했다.

정답 ③

이론 플러스

교육평가모형

① **목표중심모형**: 타일러는 교육평가는 교육목표를 설정하고 그에 따라 교육내용을 선정하고 조직하여 교수-학습을 실시한 이후에 설정된 목표가 달성되었는지를 확인하고 판단하는 과정이라고 주장하였다.
② **의사결정모형(CIPP 평가모형)**: 스터플빔은 평가를 의사결정을 위한 정보를 제공하는 일이라고 규정하였다.
③ **탈목표평가모형**: 스크리븐은 의도한 효과를 중시하는 목표 중심 평가뿐만 아니라 목표 이외의 부수적 효과를 평가하는 '탈목표평가'를 중시하였다.
④ **예술적 비평모형**: 아이즈너는 예술적 교육과정에 근거한 참 평가를 주장, 이를 위해 교육과정 평가자는 교육현상을 보고 교육활동의 질을 판단할 수 있는 '교육적 감식안'을 지녀야 한다고 하였다.

THEME 49 명명, 서열, 등간, 비율, 절대척도

> **기출공략**
> 구체적인 사례와 함께 명명, 서열, 등간, 비율, 절대 척도를 구분할 수 있도록 정리해야 한다.

대표문제

2013 국가직

06 사물이나 사람의 특성을 측정하기 위해서는 측정단위를 설정하여야 한다. 다음 중 '절대 영점'을 포함하고 있는 척도는?

① 명명척도(nominal scale)
② 서열척도(ordinal scale)
③ 동간척도(interval scale)
④ 비율척도(ratio scale)

해설

① 명명척도 : 수가 지닌 특성이 없는 척도, 성별, 인종, 색깔 등
② 서열척도 : 사물이나 사람의 상대적 서열을 표시하기 위하여 쓰이는 척도, 학생들의 성적의 등위, 키 순서 등
③ 동간척도 : 임의 영점이나 가설적 단위를 지니고 있으며 동일한 측정단위 간격에 동일한 수적 차이를 부여하는 척도, 온도와 검사점수 등
④ 비율척도 : 절대영점과 가상적 단위를 지니고 있으며, 동일한 간격에 동일한 수적 차이를 부여하는 척도, 무게, 길이 등

정답 ④

이론 플러스

명명, 서열, 등간, 비율, 절대척도

① **명명척도** : 수가 지닌 특성이 없는 척도, 성별, 인종, 색깔 등
② **서열척도** : 사물이나 사람의 상대적 서열을 표시하기 위하여 쓰이는 척도, 학생들의 성적의 등위, 키 순서 등
③ **동간척도** : 임의 영점이나 가설적 단위를 지니고 있으며 동일한 측정단위 간격에 동일한 수적 차이를 부여하는 척도, 온도와 검사점수 등
④ **비율척도** : 절대영점과 가상적 단위를 지니고 있으며, 동일한 간격에 동일한 수적 차이를 부여하는 척도, 무게, 길이 등
⑤ **절대척도** : 절대영점과 절대단위를 지닌다. 사람 수와 자동차 수 등

관련 기출

001 표준점수(standard score)는 어떤 척도에 해당하는가? 　　　　　　2007 국가직

① 명명척도
② 서열척도
③ 동간척도
④ 비율척도

해설

표준점수는 통계적 절차를 통해서 원점수를 표준편차 단위로 일괄적으로 변화시킨 것이다. 절대영점과 가상적 단위를 지니고 있으며, 동일한 간격에 동일한 수적 차이를 부여하는 비율척도에 해당한다.

정답 ④

THEME 50. 참고준거에 의한 평가의 종류
: 규준, 준거, 능력, 성장 참조평가

기출공략

규준참조평가(상대평가), 준거참조평가(절대평가), 능력참조평가, 성장참조평가의 각각의 특징을 파악하고 규준참조평가와 준거참조평가의 차이, 능력참조평가와 성장참조평가의 공통점 등 두 개 이상의 평가유형에 대한 공통점과 차이점 등도 함께 정리해야 한다.

대표문제

2023 교육청

19 다음 설명에 해당하는 교육평가의 유형은?

- 평가의 교수적 기능을 중시한다.
- 최종 성취수준에 대한 관심보다는 사전 능력 수준과 현재 능력 수준의 차이에 관심을 둔다.
- 고부담시험보다는 영향력이 낮은 평가에서 사용하는 것이 바람직하다.

① 규준참조평가
② 준거참조평가
③ 능력참조평가
④ 성장참조평가

해설

④ 성장참조평가는 교육과정을 통하여 얼마나 성장하였느냐에 관심을 두는 평가로 사전 측정치와 현재 측정치의 상관이 낮을수록 타당한 결과를 얻는다.
① 규준참조평가는 규준집단(또래집단)의 성취정도와 비교하여 어느 정도의 수준인가를 평가한다.
② 준거참조평가는 성취목표(절대적 준거)에 해당 학생이 도달하였는지 여부를 평가한다.
③ 능력참조평가는 학생이 지니고 있는 능력에 비추어 얼마나 최선을 다하였는지를 평가한다.

정답 ④

이론 플러스

참고준거에 의한 평가의 종류

(1) 규준참조평가
   ① 규준집단(또래집단)의 성취정도와 비교하여 어느 정도의 수준인가를 평가
   ② 상대평가, 학생선발 및 분류에 유용
   ③ 외재적 동기유발
   ④ 과도한 경쟁

(2) 준거참조평가
   ① 성취목표(절대적 준거)에 해당 학생이 도달하였는지 여부를 평가
   ② 내재적 동기유발, 성취감을 더 느끼게 함
   ③ 일정 점수 이상을 획득한 대상에게 자격증을 부여할 때 주로 사용
   ④ 형성평가를 통해 학생의 성취수준에 맞게 준거를 조절할 수 있다.

(3) **능력참조평가** : 학생이 지니고 있는 능력에 비추어 얼마나 최선을 다하였는지를 평가

(4) **성장참조평가** : 교육과정을 통하여 얼마나 성장하였느냐에 관심을 두는 평가, 사전능력수준과 관찰시점에 측정된 능력수준간의 차이에 관심을 둔다. 사전 측정치와 현재 측정치의 상관이 낮을수록 타당한 결과를 얻는다.

관련 기출

001 성장참조평가에 대한 설명으로 옳은 것만을 모두 고르면? 2022 국가직

ㄱ. 교육과정을 통하여 학생이 얼마나 성장하였는지에 관심을 둔다.
ㄴ. 학업 증진의 기회를 부여하고 평가의 개별화를 강조한다.
ㄷ. 사전 측정치와 현재 측정치의 상관이 높을수록 타당한 결과를 얻을 수 있다.
ㄹ. 대학 진학이나 자격증 취득을 위한 행정적 기능이 강조되는 고부담검사에 적합하다.

① ㄱ, ㄴ
② ㄷ, ㄹ
③ ㄱ, ㄴ, ㄷ
④ ㄴ, ㄷ, ㄹ

해설

사전 측정치와 현재 측정치의 상관이 낮을수록 타당한 결과를 얻을 수 있다. 고부담검사(high-stakes tests)와 같은 평가환경에서는 평가 결과에 대한 공정성 문제가 제기되어 적용하기가 어려울 수 있다.

정답 ①

---

002 준거참조평가의 특징으로 옳은 것만을 모두 고르면? 2021 교육청

ㄱ. 경쟁을 통한 학습자의 외적 동기 유발에 부족하다.
ㄴ. 탐구정신 함양, 지적인 성취동기 자극 등을 장점으로 들 수 있다.
ㄷ. 고등 정신능력의 함양보다는 암기 위주의 학습을 유도할 가능성이 있다.
ㄹ. 일정 점수 이상을 획득한 대상에게 자격증을 부여할 때 주로 사용하는 평가이다.

① ㄴ, ㄷ
② ㄷ, ㄹ
③ ㄱ, ㄴ, ㄹ
④ ㄱ, ㄴ, ㄷ, ㄹ

해설

ㄷ은 규준참조평가의 특징이다.

정답 ③

003 (가)와 (나)에 해당하는 평가의 유형을 옳게 짝지은 것은? 2019 국가직

(가) 학습 목표를 설정해 놓고 이 목표에 비추어 학습자 개개인의 학업성취 정도를 따지려는 것이다.
(나) 최종 성취수준 그 자체보다 사전 능력 수준과 평가 시점에 측정된 능력 수준 간의 차이에 관심을 두는 평가로 개별화 교육을 촉진할 수 있다.

	(가)	(나)
①	준거참조평가	성장참조평가
②	준거참조평가	능력참조평가
③	규준참조평가	성장참조평가
④	규준참조평가	능력참조평가

해설

(가) 학습 목표(준거)를 설정해 놓고 이 목표(준거)에 비추어 학습자 개개인의 학업성취 정도를 따지려는 것은 준거지향평가에 해당한다.
(나) 최종 성취수준 그 자체보다 사전 능력 수준과 평가 시점에 측정된 능력 수준 간의 차이에 관심을 두는 평가로 개별화 교육을 촉진할 수 있는 것은 성장참조평가에 해당한다.

정답 ①

004 규준참조(norm-referenced)평가와 비교할 때, 준거참조(criterion-referenced)평가의 특징으로 가장 옳은 것은? 2015 교육청

① 정규분포곡선과 표준점수를 기초로 한다.
② 선발적 교육관보다는 발달적 교육관에 근거한다.
③ 검사도구의 타당도보다는 신뢰도와 문항곤란도를 중시한다.
④ 학생들 사이의 개인차를 강조함으로써 경쟁심을 조장할 수 있다.

해설

②는 준거참조평가의 특징이고, ①③④는 규준참조평가의 특징이다.

정답 ②

005
준거지향평가(criterion-referenced evaluation)로 학생들의 성취도를 평가하고자 할 때 평가의 근거가 되는 것은? 2010 국가직

① 학습동기
② 성취목표
③ 학생의 요구
④ 전체 집단의 성적분포

해설
준거지향평가에서는 성취목표가 준거가 되어 평가의 근거로 작용한다.

정답 ②

006 상대평가와 절대평가의 특성에 대한 설명으로 옳지 않은 것은? 2013 국가직

상대평가	절대평가
① 신뢰도 강조	타당도 강조
② 규준 지향	목표 지향
③ 편포 곡선 기대	정상분포 곡선 기대
④ 선발적 교육관 강조	발달적 교육관 강조

해설

③에서 상대평가는 정상분포 곡선을 기대하며, 절대평가는 부적편포 곡선을 기대한다. 아래 부적편포는 높은 점수에 학생들이 많이 몰린 경우로 소수의 극단적으로 낮은 점수의 학생들이 있는 경우이다. 절대평가에서는 완전학습이 가능하다고 믿기 때문에 다수의 학생들이 높은 점수를 받는 가운데 소수의 몇몇이 점수가 낮은 상황을 가정한다.

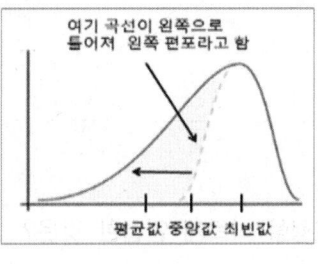

▲ 부적편포

정답 ③

THEME 51

교수-학습 진행에 의한 평가 유형
: 진단, 형성, 총괄평가

> **기출공략**
>
> 교수-학습 진행에 의한 평가 유형으로 진단, 형성, 총괄평가 있다는 것을 이해하고 진행 과정단계에서 각각의 평가를 매칭해서 그 특징을 기억하는 것이 필요하다. 특히, 형성평가가 준거참조적이며, 총괄평가가 교수-학습을 진행한 교사보다는 교과 내용 전문가와 교육 평가 전문가에 의하여 제작된 표준화 검사를 주로 사용한다는 점에 특히 유의한다.

대표문제

2019 교육청

02 ㉠~㉢에 들어갈 평가 유형을 바르게 연결한 것은?

유형	(㉠)	(㉡)	(㉢)
시행 시기	수업 전	수업 중	수업 후
목적	출발점 행동과 학습결손의 원인을 확인하고자 한다.	수업지도방법을 개선하거나 학습행동을 강화하고자 한다.	수업목표의 달성 여부를 판단하고자 한다.

	㉠	㉡	㉢
①	진단평가	총괄평가	형성평가
②	진단평가	형성평가	총괄평가
③	형성평가	진단평가	총괄평가
④	총괄평가	형성평가	진단평가

해설

교수-학습 진행에 의한 평가 유형으로 수업전에 진단평가, 수업중에는 형성평가, 수업후에 총괄평가를 실시한다.

정답 ②

이론 플러스

교수-학습 진행에 의한 평가

(1) 진단평가
① 수업이 진행되기 전 학생의 출발점 행동을 평가 ② 각 학생의 수준에 맞게 학생을 분류·배치 ③ 적절한 교수법을 투입 ④ 학습의 극대화를 추구한다.

(2) 형성평가
① 수업 과정 중에 실시하는 평가로, ② 교사는 수업 과정의 장단점을 파악할 수 있고, 이러한 피드백은 ③ 교수 내용이나 수업 속도를 수정하는 자료로 사용 ④ 학생은 즉각적인 피드백을 받는다. ⑤ 준거참조적이다.

(3) 총괄평가(총합평가)
① 모든 수업 과정이 끝난 후, 최종으로 학생의 성취 수준을 평가하기 위해 실시 ② 교수-학습을 진행한 교사보다는 교과 내용 전문가와 교육 평가 전문가에 의하여 제작된 표준화 검사를 주로 사용한다.

관련 기출

001 다음 내용에 가장 부합하는 교육평가 유형은? 2017 교육청

- 교과내용 및 평가 전문가가 제작한 검사를 주로 사용한다.
- 서열화, 자격증 부여, 프로그램 시행 여부 결정의 목적을 위해 시행한다.
- 교수·학습이 완료된 시점에서 교육목표의 달성 정도를 종합적으로 판정한다.

① 총괄평가(summative evaluation)
② 형성평가(formative evaluation)
③ 능력참조평가(ability-referenced evaluation)
④ 성장참조평가(growth-referenced evaluation)

해설

교수·학습이 완료된 시점에서 교육목표의 달성 정도를 종합적으로 판정하는 평가는 총괄평가이다.

정답 ①

002 다음 설명에 해당하는 교육평가 유형은?
2015 국가직

- 학습보조의 개별화를 위한 자료를 제공한다.
- 학습진전의 효율화를 확인하기 위한 자료를 제공한다.
- 교수-학습 방법의 개선을 위한 자료를 제공한다.

① 형성평가　　　　　　　　② 진단평가
③ 절대평가　　　　　　　　④ 총괄평가

해설

학습보조의 개별화를 위한 자료, 교수-학습 방법의 개선을 위한 자료를 제공하는 것은 형성평가이다.

정답 ①

003 어떤 단원의 학습을 위해, 수업 전에 학습자가 알고 있는 기초지식이나 기술 등을 점검하는 평가는?
2012 국가직

① 형성평가
② 진단평가
③ 중간평가
④ 준거지향평가

해설

수업 전에 학습자가 알고 있는 기초지식이나 기술 등을 점검하는 평가는 진단평가이다.

정답 ②

004 형성평가와 총괄평가에 대한 설명으로 옳지 않은 것은? 2013 국가직

① 형성평가는 학생 성적의 판정 및 진급 자격을 부여하거나 당락을 결정짓기 위해 시행된다.
② 형성평가는 교사의 학습지도 방법 개선에 큰 도움을 준다.
③ 총괄평가는 교수·학습이 완료된 시점에서 교육 목표의 달성여부나 정도를 종합적으로 판정할 때 활용한다.
④ 형성평가는 학생의 학습에 대한 강화 역할을 한다.

해설

①은 총괄평가에 대한 설명이다.

정답 ①

005 교육평가에 관한 설명으로 옳은 것은? 2023 국가직

① 속도검사: 모든 학생이 모든 문항을 풀어볼 수 있도록 충분한 시간을 준 다음 측정한다.
② 준거지향평가: 학생의 점수를 다른 학생들의 점수와 비교하여 상대적 서열 또는 순위를 매긴다.
③ 형성평가: 학기 중 학습의 진척 상황을 점검하여 학습속도 조절이나 학습자 강화에 활용한다.
④ 표준화검사: 교사가 제작하여 수업 진행 중 학생들의 학업성취도나 행동 특성을 측정한다.

해설

① 모든 학생이 모든 문항을 풀어볼 수 있도록 충분한 시간을 준 다음 측정하는 검사는 역량검사이다.
② 학생의 점수를 다른 학생들의 점수와 비교하여 상대적 서열 또는 순위를 매기는 것은 규준지향평가이다.
④ 표준화 검사는 수업이 완료된 후 학생들의 학업성취도나 행동 특성을 측정하며 교수-학습을 진행한 교사보다는 교과 내용 전문가와 교육 평가 전문가에 의하여 제작된다.

정답 ③

THEME 52 정의적 특성 측정방법

기출공략

정의적 특성 측정방법들에 대한 정리가 필요하며 가장 많이 사용되는 질문지법, 가장 오래된 측정방법인 관찰법, 개인의 사회적 위치를 알 수 있는 사회성 측정법 등이 중요하다.

대표문제

2020 국가직

13 다음 설명에 해당하는 정의적 특성 측정방법은?

- 의견, 태도, 감정, 가치관 등을 측정하기 용이하다.
- 단시간에 다양한 자료를 수집하고 결과 또한 신속하게 처리할 수 있다.
- 응답 내용의 진위 확인이 어려워 결과 해석에 유의해야 한다.

① 관찰법 ② 사례연구
③ 질문지법 ④ 내용분석

해설

③ 질문지법은 측정이 용이한 장점이 있으나 허위반응, 가치 중립화 경향 등에 의해 응답 내용의 진위 확인이 어려워 결과 해석에 유의해야 한다.

정답 ③

> 이론 플러스

정의적 행동특성의 측정방법

(1) 질문법

측정 용이, 허위반응, 가치 중립화 경향 등에 의해 응답 내용의 진위 확인이 어려워 결과 해석에 유의해야 한다.

(2) 평정법

측정대상에 판단의 연속적 개념을 부여하는 측정방법, 즉 매우 반대-반대-그저 그렇다-찬성-매우 찬성 중에서 답하게 함

(3) 관찰법

정의적 행동특성을 측정하는 가장 오래된 측정방법이다. 질문지에 의한 응답 결과는 자기기록에 의한 것이므로 응답 결과가 응답자들의 허위반응이나 가치중립화 경향에 의해 잘못된 평가를 내릴 수 있다. 이러한 문제를 줄이기 위하여 관찰법을 사용한다.

(4) 체크리스트법

광범위하고 다양한 형태의 질문으로 측정하고자 하는 특성을 보다 종합적으로 평가하고자 하는 측정방법

(5) 의미분석법

오스굿이 제안, 사물, 인간, 사건 등에 대한 의미를 공간 속에서 측정하는 방법으로 개념의 의미를 양극의 뜻을 갖는 대비되는 형용사군으로 만들어서 의미를 측정

(6) 투사적 방법 : 주제통각검사와 잉크반점검사, 그림검사 등

(7) 사회성 측성법

① 새로운 집단을 조직하거나 기존의 집단구조를 재구성할 때 유용 ② 학생의 사회성 발달 정도를 파악하고 사회적 적응을 위해 도움을 필요로 하는 학생을 찾아내고 그 원인을 진단하고자 할 때 ③ 집단의 응집력과 집단 내 학생들 간의 수평적·수직적 관계를 분석하고자 할 때 유용 ④ 집단 내 개인의 사회적 위치를 알아낼 수 있다. ⑤ 측정 결과를 개인 및 집단에 적용할 수 있다. ⑥ 대표적인 방법으로 간단한 질문지를 활용한 '동료지명법(우리 반 아이 중에서 생일에 꼭 초대하고 싶은 사람은 누구인가?)과 특정 준거에 따라서 각 학생을 리커트식으로 평가하게 하는 방법인 평정척도를 들 수 있다.

> 관련 기출

001 정의적 영역의 평가를 위한 사회성 측정법에 관한 설명으로 옳지 않은 것은?

2018 교육청

① 선택 집단의 범위가 명확해야 한다.
② 측정 결과를 개인 및 집단에 적용할 수 있다.
③ 문항 작성 절차가 복잡하고 검사 시간이 길다.
④ 집단 내 개인의 사회적 위치를 알아낼 수 있다.

> 해설

사회성 측정법(Sociometry method)은 제한된 집단성원 간의 반응을 끌어내어 집단의 성질, 구조, 역동성, 상호작용을 분석하는 방법이다. 사회성 측정법은 간단한 질문지를 활용한 '동료지명법(우리 반 아이 중에서 생일에 꼭 초대하고 싶은 사람은 누구인 가?, 체험 활동을 하러 갈 때 버스에서 옆자리에 같이 앉고 싶은 친구는 누구인가?')을 많이 사용한다.

정답 ③

THEME 53 수행평가

기출공략

객관식 중심의 전통적인 평가체제와는 다른 대안적 평가체제로서 수행평가의 특징을 이해하고, 신뢰도와 객관도를 보완하기 위한 방법으로 활용되는 루브릭의 특징과 대표적인 수행평가의 하나인 포트폴리오 평가에 대해서도 정리해두어야 한다.

대표문제

2013 국가직

08 수행평가에 대한 설명으로 옳지 않은 것은?

① 실기 중심의 평가에 기원을 두고 있는 수행평가는 인지적 영역 중심의 교과에서는 적절하지 않다.
② 수행평가는 아는 것과 수행능력이 일치하지 않을 수 있다는 자각에서 대두되었다.
③ 수행평가는 결과에만 초점을 두는 것이 아니라 수행의 과정과 결과를 다양한 방법에 의해 종합적으로 평가하는 것이다.
④ 수행평가는 학생 개인의 활동뿐만 아니라 여러 사람이 수행한 공동 활동에 대해서도 평가한다.

해설

수행평가는 고차적 사고능력을 포함한 인지능력뿐만아니라 행동발달, 흥미, 태도와 같은 정의적 영역 그리고 심동적 영역에 대한 전인적이고 종합적인 평가를 목적으로 한다.

정답 ①

이론 플러스

수행평가

(1) 수행평가의 특징

첫째, 교사의 전문적인 판단이 매우 중요한 평가방식이다. 둘째, 학생이 정답을 선택하는 것이 아니라, 스스로 답을 구성하거나 행동으로 나타내는 방식이다. 셋째, 교육목표가 제대로 달성되고 있는지 알기 위해 실제 상황에서 학생이 그동안 배운 지식이나 기술을 평가하는 방식이다. 넷째, 교육의 결과뿐만 아니라 교육의 과정도 중시하는 평가방식이다. 다섯째, 학생의 발달과정을 종합적으로 파악하고자 하며, 이를 위해 지속적이고 전체적인 평가가 이루어져야 한다. 여섯째, 고차적 사고능력을 포함한 인지능력뿐만아니라 행동발달, 흥미, 태도와 같은 정의적 영역 그리고 심동적 영역에 대한 전인적이고 종합적인 평가를 목적으로 한다.

(2) 수행평가의 채점

신뢰도와 객관성을 확보하기 위해 루브릭 활용, 루브릭은 준거참조적 평가이다. 루브릭은 간단하고 구체적일수록 신뢰도와 타당도가 더 높게 나타남

(3) 수행평가의 유형

대표적인 유형으로는 포트폴리오, 프로젝트, 협동학습, 논술, 구술, 토의·토론, 실험·실습, 면접, 관찰, 자기평가 및 동료평가 보고서, 연구보고서 작성 등이 있다.

관련 기출

001 맥밀란(McMillan)이 주장하는 수행평가의 특성으로 옳지 않은 것은?
① 단편적 지식보다는 고차적 사고능력을 요구한다.
② 수행은 직접 관찰할 수 있는 성질의 것이어야 한다.
③ 단일의 정답은 존재하지 않는다.
④ 평가의 준거와 기준을 사전에 공개하지 않는다.

해설

수행평가의 신뢰도와 객관성을 확보하기 위해 루브릭 활용하는데 학업성취도를 평가하기 위해 평가의 준거와 기준이 되는 가이드라인을 명확하게 규정해서 사전에 공개한다.

정답 ④

002 다음 중 수행평가의 특징과 관련이 없는 것은? 2008 교육청
① 학생이 문제의 정답을 선택하는 것이 아니라 자기 스스로 정답을 작성하고 행동으로 표출하는 평가이다.
② 추구하고자 하는 교육목표를 실제상황에서 달성했는지 여부를 파악한다.
③ 학생 개개인의 변화, 발달과정을 종합적으로 평가하기 위해서 전체적이면서도 지속적으로 이루어지는 것을 강조한다.
④ 집단에 대한 평가보다는 개개인을 단위로 평가한다.
⑤ 종합적이고 전인적인 평가방식이다.

해설

④에서 수행평가의 평가방식은 개인을 단위로 평가하기도 하지만 집단에 대한 평가도 중시된다.

정답 ④

003 다음은 포트폴리오(portfolio) 평가에 대한 기술이다. 포트폴리오 평가방식에 대한 설명으로 옳지 않은 것은?

2007 국가직

> 일정기간 동안 학생들의 수행 및 성취정도, 그리고 향상정도를 표현한 누적된 결과물에 대한 평가이다. 예를 들면, 그림 공부를 하는 학생이 미술담당 교사에게 지속적으로 지도를 받으면서, 자신의 작품을 그린 순서대로 차곡차곡 모아 둠으로써, 자기 자신의 변화와 발전과정을 스스로 파악할 수 있고, 그 작품집을 이용하여 지도 교사뿐만 아니라 다른 사람으로부터 쉽게 평가 받을 수 있게 된다.

① 포트폴리오 평가의 수행목적은 포괄적으로 기술될 필요가 있다.
② 포트폴리오 평가는 학생의 결과물에 대한 평가보다 향상 정도를 파악하기 위한 방법이다.
③ 포트폴리오 평가는 개인간의 비교에 초점이 있는 것이 아니라, 각 개인의 변화 및 진전도에 그 초점이 있다.
④ 포트폴리오 평가는 다양한 교과 과정상의 수행을 통합할 수 있다는 장점이 있다.

해설

수행평가의 대표적인 유형인 포트폴리오 평가에서 평가의 목적과 기준이 되는 가이드라인은 구체적으로 기술되어야 한다.

정답 ①

THEME 54 좋은 검사도구의 조건(신뢰도, 타당도, 객관도, 실용도)

기출공략

측정영역에서 가장 많이 출제되는 부분으로 각 조건에 대한 명확한 이해가 이루어져야 한다. 무엇보다 신뢰도와 타당도로 나누어서 분류하는 것이 가장 중요하다. 신뢰도의 종류(검사-재검사 신뢰도, 동형검사 신뢰도, 내적 일관성 신뢰도, 검사자 신뢰도)와 타당도의 종류(내용타당도, 준거타당도, 공인타당도) 등을 구분해서 정리하고 이때 내적일관성 신뢰도의 종류(반분신뢰도, 문항내적일관성 신뢰도)와 준거 타당도의 종류(공인타당도, 예측타당도)도 함께 체크해서 기억하고 있어야 한다.

대표문제

2022 국가직

05 평가도구의 신뢰도 및 타당도에 대한 설명으로 옳지 않은 것은?

① 신뢰도는 얼마나 정확하게 오차 없이 측정하는가와 관련된다.
② 평가도구가 높은 타당도를 갖기 위해서는 평가도구의 신뢰도가 높아야 한다.
③ 공인타당도는 새로운 평가도구의 타당도를 기존의 타당성을 인정받고 있는 도구와의 유사성 혹은 연관성에 의해 검증한다.
④ 동형검사신뢰도는 동일한 피험자 집단에게 동일한 평가도구를 일정 간격을 두고 반복 실시한 결과로 파악한다.

해설

④는 재검사신뢰도에 해당한다. 동형검사신뢰도는 동일한 집단에게 검사의 특성이 거의 같은 두 개의 검사를 실시하여 두 점수 간의 유사성 정도를 추정한다.

정답 ④

이론 플러스

좋은 검사도구의 조건(신뢰도, 타당도, 객관도, 실용도)

(1) **신뢰도** : 정확성, 일관성, 신뢰도를 높이기 위해서는 문항수는 많게, 측정범위는 좁게
   1) **검사-재검사 신뢰도** : 같은 검사를 같은 대상자에게 두 번 실시
   2) **동형검사 신뢰도** : 문항 특성이 비슷한 검사를 두 벌 제작, 같은 대상자에게 실시
   3) **내적 일관성 신뢰도** : 검사를 구성하고 있는 부분 검사 또는 문항 간의 일관성 정도
      ① 반분 신뢰도 – 한 개의 검사를 제작, 두 개의 검사로 나누어 상관계수를 산출
      ② 문항내적일관성 신뢰도 – 문항 하나하나를 하나의 검사로 간주하여 이들의 유사성과 일관성을 검증 (KR(Kuder-Richardson)-20, KR-21, Hoyt 신뢰도, Cronbach의 알파(α))
   4) **검사자 신뢰도(객관도)**
      ① 검사자 내 신뢰도 – 채점자가 피험자의 인상, 느낌에 따라 채점에 영향을 주는 후광효과, 또한 채점을 피험자별로 채점한다면 앞에 있는 문항의 응답결과가 다음 문항의 채점에 영향을 주는 문항 간의 시행효과가 발생가능하므로 다음과 같이 채점의 신뢰도를 높이기 위한 방법을 사용한다.
         ㉠ 답안지를 일차적으로 한 번 읽고 난 뒤, 구체적으로 채점기준에 의하여 채점
         ㉡ 후광효과를 없애기 위하여 피험자의 성명과 수험번호를 가리고 채점 문항 간의 채점
         ㉢ 시행효과를 없애기 위해서 피험자의 답안지별로 채점하지 말고, 문항별로 채점
         ㉣ 두 명 이상의 채점자가 필요
      ② 검사자 간 신뢰도 – 점수가 양적변수일 경우에는 상관계수법이나 일반화가능도이론을 적용, 질적변수 혹은 범주변수일 경우에는 일치도 통계와 코헨의 카파(Kappa) 공식 사용

(2) **타당도(검사의 합목적성)**
   1) **내용 타당도**(=논리적 타당도, 교과 타당도, 교육과정 타당도) : 이원분류표를 작성
   2) **준거타당도**(=경험적 타당도) : 외적인 준거와 비교하여 검사가 측정하고자 하는 심리적 특성을 잘 설명하고 예측할 수 있는지를 나타내는 것
      ① 공인타당도(=공유타당도) – 이미 검증된 검사를 준거로 사용
      ② 예측타당도(=예언타당도) – 검사 후 준거 자료를 수집, 상관을 산출하는 방법
   3) **구인타당도**(=구성타당도) : 검사가 이론적 구인이나 특성을 어느 정도 설명하는지와 관련

(3) **실용도** : 측정 및 검사도구의 편리성과 비용의 적절함 등을 고려

(4) **신뢰도와 타당도의 관계** : 신뢰도가 높지 않으면 타당도를 확보할 수 없지만, 신뢰도가 높다고 해서 항상 타당도가 높은 것은 아니다. 반대로 타당도가 높으면 신뢰도는 높다.

관련 기출

001 좋은 검사도구가 갖추어야 할 다음의 조건은?
2021 국가직

- 여러 검사자(채점자)가 어느 정도로 일치된 평가를 하느냐를 의미한다.
- 검사자의 신뢰도를 의미하기도 한다.

① 타당도 ② 객관도
③ 실용도 ④ 변별도

해설

① 타당도(Validity)란 특정의 개인 또는 집단에 대해 그 도구가 평가하려고 하는 평가목표를 정확하게 잴 수 있는 성질을 말한다. 즉, 검사의 합목적성을 가리킨다.
③ 실용도(Usability)란 검사도구의 실용성을 의미하는 것으로 경비와 시간, 구입, 실시, 해석 등에서 노력을 최소화하면서 소기의 목적을 얼마나 달성할 수 있느냐의 정도를 뜻한다.
④ 변별도는 검사의 문항들이 피검자들의 능력을 변별하는 정도, 즉, 상위집단과 하위집단의 능력을 얼마나 잘 변별하고 있는가와 관련된 것이다.

정답 ②

002 검사도구의 양호도에 대한 설명으로 옳은 것은?
2020 교육청

① 실용도는 시간, 비용, 노력 측면에서 검사가 얼마나 경제적인지를 나타낸다.
② Cronbach's α계수는 재검사 신뢰도의 일종이다.
③ 객관도는 신뢰도보다는 타당도에 가까운 개념이다.
④ 높은 신뢰도는 높은 타당도가 되기 위한 충분조건이다.

해설

② 문항내적일관성을 추정하는 방법으로 KR(Kuder-Richardson)-20, KR-21, Hoyt 신뢰도, Cronbach의 알파(α)를 사용하다.
③ 객관도는 검사자의 신뢰도를 가리키는 개념으로 타당도보다 신뢰도에 가까운 개념이다.
④ 높은 신뢰도는 높은 타당도가 되기 위한 필요조건이다. 높은 타당도가 높은 신뢰도가 되기 위한 충분조건이다.

정답 ①

003 검사도구의 타당도에 대한 설명으로 옳은 설명을 〈보기〉에서 고른 것은? 2017 교육청

보기

㉠ 검사점수가 사용목적에 얼마나 부합하는가를 의미한다.
㉡ 검사대상을 얼마나 정확하게 무선 오차없이 측정하는지를 의미한다.
㉢ 동일한 검사에 대한 채점자들 간 채점 결과의 일치 정도를 의미한다.
㉣ 측정하고자 하는 특성을 검사점수가 얼마나 잘 나타내주는지를 의미한다.

① ㉠, ㉢
② ㉠, ㉣
③ ㉡, ㉢
④ ㉡, ㉣

해설

㉡은 신뢰도에 대한 설명이고, ㉢은 신뢰도의 일종인 객관도(검사자의 신뢰도)에 대한 설명이다.

정답 ②

004 문항들 간의 동질성을 평가하기 위한 지수로 부적합한 것은? 2018 국가직

① Cronbach's 계수
② Kuder-Richardson 20
③ Kuder-Richardson 21
④ Kappa 계수

해설

④에서 Cohen의 Kappa 계수는 두 명의 평가자간의 일치성(객관도)을 나타내는 지표로 사용하는 지수이다. ①, ②, ③은 모두 문항내적 합치도를 나타내는 지수로서 문항들 간의 동질성을 평가할 수 있다.

정답 ④

005 표준화 검사 도구를 활용할 때 유의할 점으로 적절하지 않은 것은? 〈2017 국가직〉

① 검사 실시 목적에 적합한 내용의 검사를 선택한다.
② 검사의 타당도, 신뢰도, 객관도, 실용도를 고려하여 검사를 선택한다.
③ 상황에 맞춰 검사의 실시, 채점, 결과의 해석을 융통성 있게 변경한다.
④ 검사를 사용하는 사람이 검사에 대한 객관적인 식견이 있어야 한다.

❖ 해설

표준화 검사란 검사도구, 검사 실시과정, 채점 및 해석이 표준화 되어 있는 검사를 말한다. 즉, 검사의 실시, 채점, 결과의 해석을 정해진 표준방식에 따라 실시해야 한다.

☀ 정답 ③

006 평가도구의 양호도에 대한 설명으로 옳지 않은 것은? 〈2014 국가직〉

① 규준지향평가의 신뢰도에서는 원점수 자체의 의미가 중요하다.
② 평가도구의 문항 수는 신뢰도에 영향을 미친다.
③ 최근에는 타당도를 평가 결과의 해석이 얼마나 타당한가에 대한 근거를 수집하는 과정으로 본다.
④ 입학시험과 입학 이후의 학업성적과의 상관이 높다면 입학시험의 예측타당도가 높다고 할 수 있다.

❖ 해설

① 규준지향 평가(상대평가)에서는 상대적인 서열이 중요하므로 원점수 자체는 의미가 없고 반드시 비교척도에 비추어 봐야 그 의미를 부여할 할 수 있다.
② 신뢰도는 문항의 표본수가 많을수록 높아진다.
③ 타당도는 평가가 얼마나 목적에 부합하는가를 나타내는 개념이므로 평가 결과의 해석이 얼마나 타당한가에 대한 근거를 수집하는 과정으로 사용할 수 있다.
④ 예언타당도는 현재 평가결과를 이용하여 미래의 피험자의 성적을 얼마나 정확하게 예측할 수 있느냐를 통계적으로 따지는 개념이므로 입학시험과 입학 이후의 학업성적과의 상관이 높다면 입학시험의 예측타당도가 높다고 할 수 있다.

☀ 정답 ①

007
한 개의 평가도구가 좋은 검사도구 또는 좋은 평가도구가 되기 위해서는 타당도, 신뢰도, 객관도와 같은 기준을 충족시켜야 한다. 이들 기준에 대한 설명으로 옳지 않은 것은?

2007 국가직

① 타당도란 한 개의 검사 도구가 측정하려고 의도하는 것을 어느 정도로 충실히 측정하고 있는가를 의미하는 것이다.
② 신뢰도란 측정하려고 하는 속성을 얼마나 오차없이 측정하는가에 대한 개념이다.
③ 하나의 평가도구는 신뢰도가 높더라도 타당도는 낮을 수 있다.
④ 객관도란 평가대상자의 신뢰도로서 검사점수가 어느 정도 신뢰성과 일관성이 있는가에 대한 개념이다.

해설

④ 객관도란 평가자(검사자)의 신뢰도로서 검사자 혹은 평가자가 주관적인 판단을 얼마나 배제했는지를 의미한다.

정답 ④

008
검사도구의 신뢰도를 높이기 위한 방법에 해당하지 않는 것은?

2019 교육청

① 새로 실시한 검사와 이미 공인된 검사 사이의 유사도를 추정한다.
② 실시한 하나의 검사를 두 부분으로 나누어 각 부분의 측정결과 간의 유사도를 추정한다.
③ 동일한 집단에게 동일한 검사를 일정한 간격을 두고 반복실시하여 두 검사 간의 일관성 정도를 추정한다.
④ 동일한 집단에게 검사의 특성이 거의 같은 두 개의 검사를 실시하여 두 점수 간의 유사성 정도를 추정한다.

해설

신뢰도 계수를 측정하는 방법으로 검사-재검사 신뢰도(③), 동형검사 신뢰도(④), 내적 일관성 신뢰도가 있고 내적 일관성 신뢰도에는 반분신뢰도(②)와 문항내적 일관성 신뢰도가 있다. ①은 공인타당도에 해당한다.

정답 ①

공무원 시험 대비

009 20개의 문항으로 구성된 검사 도구를 앞의 10개 문항과 뒤의 10개 문항으로 나누어 반분검사신뢰도(split-half reliability)를 추정하려고 할 때, 이 검사 도구가 갖추어야 할 가장 적절한 조건은?

2018 교육청

	문항 간 동질성	평가 유형
①	낮음	속도검사
②	낮음	역량검사
③	높음	속도검사
④	높음	역량검사

해설

신뢰도 추정 방법 중 내적 일관성 신뢰도는 하나의 검사를 구성하는 부분 검사 또는 개별 문항들이 재고자하는 특성을 얼마나 일관성 있게 재고 있는가를 보여주는 수치로, 반분(검사) 신뢰도와 문항내적 합치도(문항내적 일관성 신뢰도)가 있다. 이 중 반분신뢰도는 한 개의 검사를 어떤 대상에게 실시한 후 이를 두 부분으로 나누어서 독립된 검사로 취급하여 이들의 상관계수를 산출하는 방법이며, 문항내적 합치도(문항내적 일관성 신뢰도)는 검사 속의 문항을 각각 독립된 한 개의 검사 단위로 생각하고 그 합치성·동질성·일치성을 종합하여 상관계수로 나타내는 방법이다. 문제에서 제시된 반분검사신뢰도의 경우, 문항을 나눌 때 문항의 난이도가 고르게 분포되도록 해야 한다. 즉 동질성이 높아야 한다. 이 과정에서 평가유형은 시간 제한을 두지 않는 역량검사(power test)가 적절하다.

정답 ④

010 다음 설명에 해당하는 타당도는? 2022 교육청

- 검사도구에서 구한 점수와 미래에 피험자에게 나타날 행동 특성을 수량화한 준거점수 간의 상관을 토대로 한다.
- 선발, 채용, 배치를 목적으로 하는 적성검사나 선발시험 등에서 요구된다.

① 예언타당도
② 공인타당도
③ 구인타당도
④ 내용타당도

해설

준거타당도는 사용되는 준거에 따라 공인타당도와 예측(예언)타당도로 나누어 볼 수 있다. 예측 (예언)타당도는 검사를 실시한 후 일정 시간이 지난 뒤에 준거 자료를 수집하여 이들의 상관을 산출하는 방법이고 공인타당도는 이미 검증된 검사를 준거로 사용하여 검사의 타당도를 확보하는 방법이다. 그러므로 제시된 내용은 ① 예언타당도에 해당한다.
③ 구인타당도는 검사가 이론적 구인이나 특성을 어느 정도 설명하는지와 관련된다.
④ 내용타당도 검사하고자 하는 내용이 검사방법이나 검사도구에 제대로 반영되었는지를 연역적, 논리적으로 검토하는 것이다.

정답 ①

011 구인타당도에 대한 설명으로 옳지 않은 것은? 2020 국가직

① 측정을 통해 얻은 사실로 미래의 행동특성을 예견한다.
② 타당도 증거를 수집하기 위해 요인분석 등 여러 통계적 방법이 사용된다.
③ 한 검사가 어떤 심리적 개념이나 논리적 구인을 제대로 측정하는가를 검증한다.
④ 검사가 의도한 바의 특성을 측정하고 있는지에 대한 증거를 수집하는 과정이다.

해설

① 예측 (예언)타당도는 실시한 검사가 미래의 행동이나 수행을 어느 정도 예측할 수 있는지를 보는 것을 말한다.

정답 ①

012 다음 내용과 가장 관계 깊은 타당도는?

2011 교육청

- 새로 제작한 검사의 타당성을 이미 검증된 검사와 관련지어 검증한다.
- 실시 과정이 매우 복잡하고 비용이 많이 드는 기존의 검사를, 간편하고 효율적인 새로운 검사로 대치할 수 있는지를 알아보는 경우에 해당하는 타당도이다.

① 내용타당도
② 예언타당도
③ 구인타당도
④ 안면타당도
⑤ 공인타당도

해설

준거타당도는 외적인 준거와 비교하여 검사가 측정하고자 하는 심리적 특성을 잘 설명하고 예측할 수 있는지를 나타내는 것으로, 기존의 타당성이 입증된 검사를 준거로 사용해서 유사성을 검증하는 공인타당도와 실시한 검사가 미래의 행동이나 수행을 어느 정도 예측할 수 있는지를 보기 위해 미래의 준거 자료를 수집해서 상관관계를 확인해 보는 예측타당도가 있다.

정답 ⑤

013 검사도구의 내용타당도를 높이기 위해 사용할 수 있는 가장 좋은 방법은?

2010 국가직

① 문항이 이원목적분류표에 의거하여 제작되었는지 전문가들을 통해 확인하였다.
② 구인들에 관한 논리적 가설을 뒷받침해주는 경험적 자료들을 수집하였다.
③ 검사를 반복적으로 시행하여 검사점수를 비교하였다.
④ 요인분석을 통하여 정의되지 않은 변수들 간의 관계를 분석하였다.

해설

②④는 구인타당도와 관련되며 ③은 신뢰도와 관련된다.

정답 ①

014 서답형 또는 논술형 문항에 대한 바람직한 채점방식과 그 이유에 대한 설명으로 옳지 않은 것은?

2010 국가직

① 채점자의 주관이나 편견의 영향을 줄이기 위해 채점기준을 미리 정해 놓아야 한다.
② 답안 작성자에 대한 편견을 제거하기 위해 답안 작성자의 이름과 번호를 답안지와 분리해서 채점해야 한다.
③ 채점의 신뢰도를 높이기 위해 답안지를 평가문항별로 채점하지 말고 답안 작성자 단위별로 채점하는 것이 바람직하다.
④ 단독채점보다 다수의 평가자가 채점하여 평균 점수를 내는 것이 보다 바람직하다.

해설

③ 문항의 응답 결과가 다음 문항의 채점에 영향을 주는 문항 간의 시행효과 발생 가능성을 줄이기 위해 답안지를 답안 작성자 단위별로 채점하지 말고 평가 문항별로 채점하는 것이 바람직하다.

정답 ③

015 어떤 하나의 특징에 입각하여 아동의 전체적인 능력을 평가하는 심리적 경향은?

① 후광효과
② 강화효과
③ 착시효과
④ 피그말리온 효과

해설

채점자가 피험자의 인상, 느낌에 따라 채점에 영향을 주는 것을 후광효과라고 한다. 후광효과를 없애기 위하여 피험자의 성명과 수험번호를 가리고 채점하는 것이 필요하다.

정답 ①

THEME 55 표집방법

> **기출공략**
> 표집방법을 무선표집과 비무선표집으로 나누고 이에 대한 정리 및 키워드 암기가 필요하다.

대표문제

2011 국가직

08 표집방법에 대한 설명으로 옳지 않은 것은?

① 단순무선 표집방법(simple random sampling)은 모집단의 모든 구성원이 표집될 확률이 같도록 하는 방법이다.
② 유층 표집방법(stratified sampling)은 모집단을 다양한 하위집단으로 분할한 후에 각 하위집단으로부터 표본을 무선으로 표집하는 방법이다.
③ 편의적 표집방법(convenience sampling)은 표집의 단위가 개인이 아니라 집단을 표집단위로 표집하는 방법이다.
④ 체계적 표집방법(systematic sampling)은 모집단에 일련번호를 부여한 후에 한 번호를 선정하고 동일한 간격만큼 뛰어넘어 표집하는 방법이다.

◈ 해설
③은 군집표집에 해당된다.

정답 ③

이론 플러스

표집방법

(1) 무선 표집
① **단순무선 표집방법**: 모집단의 모든 구성원이 표집될 확률이 동일
② **유층 표집방법**: 모집단을 다양한 하위집단으로 분할한 후에 각 하위집단으로부터 표본을 무선으로 표집하는 방법
③ **군집 표집**: 모집단(서울시 고등학생)이 어떤 하위집단(학교)으로 구성되어 있는 경우에 하위집단을 표집의 단위로 사용하는 경우이다. 표집된 하위집단에 재학하는 학생들을 모두 표본에 포함하면 군집표집의 예가 된다.

(2) 비무선표집
① **편의표집**: 연구자의 편의대로 표집 가능한 표본을 구하는 모든 경우
② **목표표집**: 표본의 크기가 모집단에 비하여 너무 작은 경우(예, 0.01%)에, 연구자의 이론에 따라 목표집단을 편의로 선정하는 방법이다.
③ **체계적 표집**: 모집단에 일련번호를 부여한 후에 한 번호를 선정하고 동일한 간격만큼 뛰어넘어 표집하는 방법이다.
④ **눈덩이 표집**: 표집이 현실적으로 어렵고, 모집단의 크기가 불분명한 경우에 적용된다. ex) 탈북자를 표집하는 경우에 한명의 탈북자를 구하고, 그 탈북자가 제공하는 정보에 의존하여 다른 탈북자를 표본에 포함시키는 전략

THEME 56 문항분석 : 고전검사이론 & 문항반응이론

> **기출공략**
>
> 아래 대표문제처럼 고전검사이론과 문항반응이론은 기본가정과 접근법이 다르기 때문에 각각의 다른 가정과 특징들을 정확하게 정리해두어야 한다.

대표문제

2023 교육청

12 고전검사이론에 대한 설명으로 옳지 않은 것은?

① 문항난이도는 문항의 쉽고 어려운 정도를 나타낸다.
② 피험자의 능력과 문항의 답을 맞힐 확률 간의 관계를 나타내는 문항특성곡선을 사용한다.
③ 문항변별도는 문항이 피험자의 능력을 변별하는 정도를 나타낸다.
④ 관찰점수는 진점수와 오차점수의 합으로 가정한다.

◈ 해설

② 문항반응이론에 대한 설명이다.

☀ 정답 ②

이론 플러스

고전검사이론

① 검사 총점에 의하여 분석하는 이론, 관찰점수는 진점수와 오차점수로 이루어졌다고 가정
② 문항난이도는 문항의 쉽고 어려운 정도를 나타내는 지수로서, 총 피험자 중 답을 맞힌 피험자의 비율, 즉 확률이 된다. 값이 크면 난이도가 쉽다.
③ 문항변별도는 문항이 피험자를 변별하는 정도를 나타내는 지수, 문항점수와 피험자 총점의 상관계수에 의해 추정된다.

문항반응이론

① 문항 하나하나에 근거하여 각 문항마다 고유한 문항특성곡선에 의하여 문항을 분석한다.
② 문항 특성의 불변성 개념과 피험자 능력의 불변성 개념을 유지
③ 문항난이도는 문항의 답을 맞힐 확률이 .5에 해당되는 능력 수준의 점, -2에서 $+2$사이에 존재하며, 값이 클수록 그 문항은 어렵다고 해석한다.
④ 문항변별도는 문항이 피험자의 능력수준을 변별하는 정도로 문항특성곡선의 기울기가 나타낸다. 기울기가 가파를수록 변별도가 높다.
⑤ 문항추측도는 능력이 전혀 없는 학생이 추측에 의해 문항의 답을 맞힐 수 있는 확률로 Y절편에 해당한다.

관련 기출

001 변별도에 대한 설명으로 옳은 것만을 모두 고른 것은?　　2016 국가직

> ㄱ. 난이도가 어려울수록 변별도는 높아진다.
> ㄴ. 정답률이 50 %인 문항의 변별도는 1이다.
> ㄷ. 모든 학생이 맞힌 문항의 변별도는 0이다.

① ㄴ　　② ㄷ　　③ ㄱ, ㄴ　　④ ㄱ, ㄷ

해설

문항변별도란 학생의 능력을 어느 정도 변별해 내느냐의 정도를 말하는 것으로 ㄱ에서 난이도가 적절할수록 변별도는 높아진다. 문제가 지나치게 어렵거나 쉬우면 변별력은 낮아진다.
ㄴ에서 정답률이 50%인 문항의 변별도는 상위집단의 학생이 모두 정답을 맞췄을 경우에는 1이고, 하위집단의 학생이 모두 정답을 맞췄을 경우에는 0이 된다. 일반적으로 정답률이 50%라면 다양한 1과 0 사이의 어떤 수치가 나올 수 있다.

정답 ②

002 고전검사이론에서의 문항변별도에 대한 설명으로 옳은 것을 〈보기〉에서 고른 것은?　　2016 교육청

> • 보기 •
> ㄱ. 문항변별도 지수는 0~100 사이의 값을 갖는다.
> ㄴ. 각 문항이 학생들의 능력 수준을 구분해 주는 정도를 나타낸다.
> ㄷ. 능력 수준이 다른 두 집단을 대상으로 각각 계산하더라도 문항변별도는 동일하다.
> ㄹ. 검사 총점이 높은 학생이 낮은 학생에 비해 문항변별도가 높은 문항에서 정답을 맞힐 가능성이 높다.

① ㄱ, ㄷ　　② ㄱ, ㄹ　　③ ㄴ, ㄷ　　④ ㄴ, ㄹ

해설

ㄱ에서 문항변별지수는 -1.0에서 +1.0 사이의 값을 갖는다. 이 값이 +1.0에 가까울수록 변별력이 높은 문항이고, 0에 가까울수록 변별력이 떨어지는 문항이다.
ㄷ에서 능력수준이 다른 두 집단을 대상으로 각각 계산하면 문항변별도는 다르게 나온다.

정답 ④

003 문항반응이론(item response theory)에 대한 설명으로 옳은 것은? 2008 국가직

① 문항변별도 지수는 항상 양수이다.
② 문항특성곡선의 기울기가 가파를수록 변별력이 없는 문항이 된다.
③ 문항난이도가 0인 문항은 거의 모든 학생이 정답을 할 수 없는 문항을 말한다.
④ 피험자 집단의 능력이 달라져도 결과적으로는 하나의 고유한 문항특성곡선이 추정된다.

해설

①② 문항특성곡선의 기울기를 나타내는 값이 클수록 문항의 변별력은 높아지며, 문항변별도의 이론적 범위는 $-\infty$에서 $+\infty$값을 지닌다. 문항변별도는 일반적으로 0에서 +2 사이의 범위에 있다.
③ 문항난이도가 0인 문항은 거의 모든 학생이 정답을 할 수 있는 문항을 말한다.

정답 ④

THEME 57 검사결과의 해석

기출공략

원점수를 제시했을 때 각 표준점수 값을 구하고 서로 비교할 수 있도록 표준점수(Z점수, T점수, 스테나인 점수)의 백분율을 계산할 수 있어야 한다. 또한 정규분포상에서 쉽게 위치를 찾을 수 있어야 한다.

대표문제

2018 국가직

05 다음은 지능 원점수 4개를 서로 다른 척도로 나타낸 것이다. 지능 원점수가 가장 낮은 것은? (단, 지능 원점수는 정규분포를 따른다)

① Z점수 1.5
② 백분위 90
③ T점수 60
④ 스테나인 2등급

해설

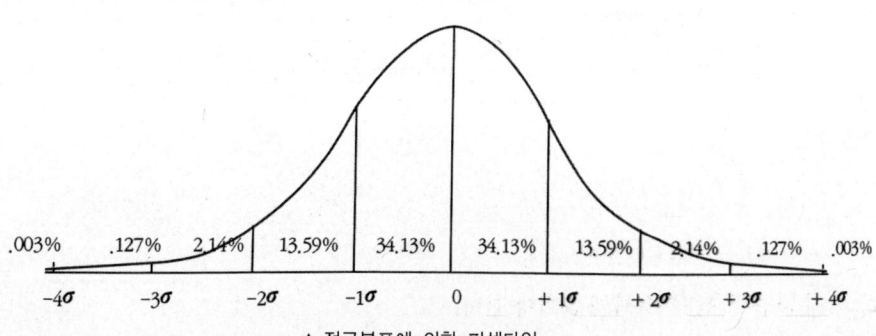

▲ 정규분포에 의한 퍼센타일

이 문제의 경우 정확히 원점수가 몇 점인지는 알 수 없지만 정규분포 상의 서열로 원점수의 순위를 알 수 있다. 서열상의 순위를 살펴보면 그래프에서 가장 오른쪽에 위치한 것이 Z=1.5이고 그 다음이 스테인 나인 2등급(대략 백분위 93%), 그 다음으로 백분위 90%, 그리고 가장 낮은 점수는 T=60(대략 백분위 84%)인 것을 알 수 있다.

정답 ③

> 이론 플러스

검사점수

① 퍼센타일(백분위)
② 표준점수
  ㉠ Z점수 : 평균을 0, 표준편차를 1로 하는 점수,
  $$Z = \frac{점수 - 평균}{표준편차}$$
  ㉡ T점수 : 평균을 50, 표준편차는 10으로 하는 점수
  T=50+10Z
  ㉢ 스테나인 : 9개 범주의 표준점수, 평균을 5, 표준편차를 2로 표준화
  4%, 7%, 12%, 17%, 20%, 20%, 17%, 12%, 7%, 4%
③ 상관계수(적률상관계수) : 피어슨, 두 변인 간의 상관의 정도를 나타내는 계수, 기본 가정은 ㉠ 두 변인의 직선적 관계 ㉡ 어느 한 변인에 대한 다른 변인의 분포의 분산이 같아야 한다(동분산성) ㉢ 두 변인의 정상분포를 가정한다.

관련 기출

001 수학성취도 평가를 실시한 결과, 전체 학생의 수학 원점수는 평균이 70, 표준편차가 10인 정규분포를 따랐다. 원점수 80을 받은 학생이 포함된 백분위 구간은? 2016 국가직

① 60 이상 70 미만
② 70 이상 80 미만
③ 80 이상 90 미만
④ 90 이상 100 미만

해설

평균이 70, 표준편차가 10인 정규분포에서 원점수 80을 받은 학생은 정규분포상에서 평균보다 1 표준편차 오른쪽에 위치한다. 그러므로 아래 정규분포 그림에서 84.13%에 해당하는 것을 알 수 있다.

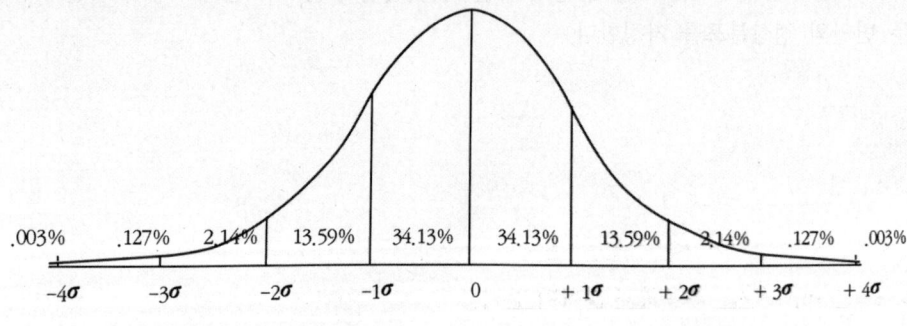

▲ 정규분포에 의한 퍼센타일

정답 ③

002

다음은 어떤 학생의 기말고사 결과이다. 원점수가 정상분포임을 전제로 할 때, 상대적으로 성적이 가장 좋은 과목은?

2009 교육청

과목	원점수	학습평균	학급표준편차
국어	84	78	5.0
영어	82	69	6.5
수학	76	66	4.5
과학	83	71	6.0

① 국어 ② 영어
③ 수학 ④ 과학

해설

주어진 내용에서 성적이 가장 높은 점수를 파악하기 위해서는 표준점수(Z점수)를 통해서 가능하다.
각각의 점수를 Z점수로 환산하면

국어 = $\dfrac{84-78}{5} = 1.2$

영어 = $\dfrac{82-69}{6.5} = 2$

수학 = $\dfrac{76-66}{4.5} = 2.2$

과학 = $\dfrac{83-71}{6} = 2$

따라서 상대적으로 가장 잘한 과목은 수학이다.

정답 ③

003 피어슨(Pearson)의 적률상관계수를 활용하여 독서량과 국어원점수 간의 상관을 분석하는 과정에 나타날 수 있는 현상으로 옳은 것만을 모두 고르면? 2020 교육청

> ㄱ. 극단한 값(outlier)의 영향을 크게 받을 수 있다.
> ㄴ. 두 변수가 곡선적인 관계를 보이면 상관이 과소추정될 우려가 있다.
> ㄷ. 국어 원점수를 T점수로 변환하면 두 변수 간의 상관계수는 달라진다.

① ㄱ, ㄴ ② ㄱ, ㄷ
③ ㄴ, ㄷ ④ ㄱ, ㄴ, ㄷ

해설

피어슨(Pearson) 적률상관계수는 두 변인 간의 변화 정도를 비율로 나타낸 것으로, ① 두 변인이 직선적 관계를 이루어야 한다. ② 어느 한 변인에 대한 다른 변인의 분포의 분산이 같아야 한다(동분산성 가정). ③ 두 변인이 정상분포를 이루어야 한다는 세 가지 조건이 만족되어야 한다.
ㄱ은 편차점수의 곱으로 산출하기 때문에 극단값(outlier)의 영향을 크게 받을 수 있으며, ㄴ은 두 변인이 직선일 때 상관이 가장 높고, 곡선적인 관계를 보이면 상관이 과소추정될 우려가 있다. ㄷ은 국어 원점수를 표준점수(Z, T점수)로 변환하여도 두 변수 간의 상관계수는 달라지지 않는다.

정답 ①

지아쌤의
교육학개론
테마별 기출뽀개기

CHAPTER

07

교육사회

출제비율

연도	'07	'08	'09	'10	'11	'12	'13	'14	'15	'16	'17	'18	'19	'20	'21	'22	'23	총 문항수	총 출제문항
국가직	1	2	3	1	3	4	2	3	1	1	2	2	2	1	2	2	2	340	34(10%)
교육청									2	3	3	1	1	3	3	2	2	180	20(11%)

출제경향

교육사회에서는 매년 2문제 정도 출제되고 있다. 구조기능론과 갈등론에서 가장 많이 출제되고 있는데 문제 유형은 이 두 관점의 차이를 묻거나 관련 학자들에 대해 물어보는 형태이다. 구조기능론의 뒤르켐, 갈등론의 부르디외 관련해서 자주 출제되었으며 그밖에 갈등론의 다른 학자들, 특히 일리치와 프레이리 관련해서도 여러 번 출제되었다. 그 외에 교육평등론에서도 자주 출제되었다.

THEME 58 교육평등론

기출공략

교육 평등론과 관련된 문제들은 그동안 대부분 롤스의 보상적 평등주의의 영향을 받은 교육결과의 평등에서 출제가 되었다. 이때 주의할 점은 롤스의 형평성의 원리인 차등의 원리를 적용해서 다른 것은 다르게, 즉 보상해 주어야 한다는 것이 결과의 평등의 핵심이라는 점이다. 그러므로 결과의 평등 = 보상적 평등이라는 공식을 기억하고, 허용적 평등과 동일한 개념인 보장의 의미와 헷갈리지 말아야 한다. 한편, 최근 들어 아래 대표문제처럼 교육조건의 평등문제 또한 출제되고 있으니 다른 평등의 개념도 함께 기억해야만 할 것이다.

대표문제

2022 교육청

20 다음 설명에 해당하는 교육평등의 관점은?

> ○ 단지 취학의 평등만으로는 충분하지 않다.
> ○ 고교평준화 정책이 지향한 목적이다.
> ○ 시설, 교사의 자질, 교육과정 등에서 학교 간에 차이가 없어야 교육평등이 실현된다.

① 교육기회의 허용적 평등
② 교육기회의 보장적 평등
③ 교육조건의 평등
④ 교육결과의 평등

해설

시설, 교사의 자질, 교육과정 등에서 학교 간에 차이가 없어야 교육평등이 실현된다고 보는 관점은 교육조건의 평등에 해당하며, 고교평준화 정책이 지향한 목적이다.

정답 ③

> 이론 플러스

교육평등론

교육평등을 보는 관점은 다음과 같이 4가지 관점이 있으며 교육조건의 평등을 제외하고는 단계적으로 보아도 무방하다. 즉, 교육기회의 허용적 평등이 소극적인 형태의 평등론이라면 교육결과의 평등은 국가가 적극적으로 나서서 평등이 이루어지도록 조처를 해야 한다는 입장이다. 여기서 주의할 점은 두 번째 보장적 평등에서 취학을 보장해주는 대책을 마련하는 것과 네 번째 결과의 평등에서 하위계층의 아동들의 교육적인 결핍상태를 보상해주기 위해 추가적인 교육프로그램을 제공해주는 것을 구분해서 정리해야 한다.

① 교육기회의 허용적 평등

인종이나 성별 등에 따라 교육을 받을 수 없도록 했던 제도적 차별을 철폐해서 모든 사람에게 교육기회를 허용하는 것이다.

② 교육기회의 보장적 평등

경제적 능력이 없는 하류계층 자녀들이 교육을 포기하지 않도록 취학을 가로막는 경제적, 지리적, 사회적 제반 장해를 제거해주는 취학을 보장해주는 대책이 필요하다는 관점이다.

③ 교육조건의 평등

학교의 교육여건과 교육이 진행되는 모든 과정이 평등해야 한다는 것으로 여기에는 교사의 수준까지도 포함된다.

④ 교육결과의 평등

학업성취의 평등을 위한 적극적인 조처(추가적인 교육프로그램 제공)를 통해 교육결과의 평등을 이루어야 한다는 주장으로, 롤스의 보상적 평등주의의 영향을 받았다.

관련 기출

001 교육 평등에 관한 관점 중 교육결과의 평등을 위한 정책에 해당하는 것은? 2017 국가직

① 취학을 가로막는 경제적, 지리적, 사회적 제반 장애를 제거해 주는 취학 보장 대책
② 저소득층의 취학 전 어린이들을 위한 보상교육(compensatory education)
③ 한국의 고교평준화 정책
④ 초·중등교육의 의무무상

해설

①④ 보장적 평등, ③은 교육조건의 평등에 해당한다.

정답 ②

002 다음 설명에 해당하는 롤스(Rawls)의 교육평등 원리는? 2020 교육청

○ 모든 이익이 평등하게 분배되도록 요구하지는 않지만 평등한 분배로부터의 일탈은 결과적으로 모든 사람에게 이득이 될 경우에만 인정되어야 함을 요구한다.
○ 사회적으로 가장 불리한 입장에 있는 사람의 필요에 특히 신경 쓸 것을 요구한다.
○ 모든 사람이 평등하게 살아야 한다는 것이 아니라 어떤 사람이 다른 사람의 희생으로 잘 살게 되는 것을 금지하는 것이다.

① 공정한 경쟁의 원리
② 최대이익의 원리
③ 차등의 원리
④ 인간존중의 원리

해설

롤스의 교육평등의 원리는 다른 것은 다르게 취급해야 한다는 차등의 원리, 형평성(equity)의 원리이다.

정답 ③

003 보상적(補償的) 교육평등관에 해당하는 내용을 〈보기〉에서 고른 것은? 2017 교육청

● 보기 ●

ㄱ. 성별이나 인종의 차별 없이 교육에 접근할 수 있는 기회를 부여한다.
ㄴ. 교육복지우선지원사업으로 사회적 취약 계층의 교육결과를 제고한다.
ㄷ. 대학 입시에서 농어촌지역 학생들을 배려하기 위한 특별전형을 실시한다.
ㄹ. 학교의 시설 및 여건, 교사의 전문성, 교육과정에서 학교 간 차이를 줄인다.

① ㄱ, ㄷ
② ㄱ, ㄹ
③ ㄴ, ㄷ
④ ㄴ, ㄹ

◈ 해설

우리나라에서 실시하고 있는 교육결과의 평등과 관련된 정책은 교육복지우선지원사업, 농어촌 지역학생 대학입학특별전형제, 기회균등할당제 등이 있다.
ㄱ은 교육의 허용적 평등에 해당한다.
ㄹ은 교육조건의 평등에 대한 내용이다.

☀ 정답 ③

THEME 59 교육선발의 특징

기출공략

아래표와 같이 호퍼의 교육선발의 특징은 선발형식에 따라서 비표준화/표준화 선발, 선발시기에 따라서 조기/지연 선발, 선발대상에 따라서 특수(엘리트)/보편주의(대중교육), 선발기준에 따라서 집단/개인주의로 나뉜다.

〈표1〉 호퍼의 교육선발의 특징

선발형식	비표준화 선발	미국
	표준화 선발	한국
선발시기	조기 선발	영국, 독일, 프랑스
	지연 선발	한국, 미국
선발대상	특수주의(엘리트)	영국, 독일, 프랑스
	보편주의(대중교육)	한국, 미국
선발기준	집단주의	영국, 독일, 프랑스
	개인주의	한국, 미국

대표문제

2010 국가직

02 호퍼(Earl Hopper)는 교육선발을 네 가지 측면에서 분석하였다. 분석내용으로 옳지 않은 것은?

① 선발형식에 따라서는 선발의 중앙집권화와 표준화의 정도에 따라 형식성이 강한 것과 약한 것으로 나뉜다.
② 선발시기에 따라서는 초등학교 단계에서 중요한 선발을 실시하는 조기선발과 대학 단계에 이르러서야 선발이 이루어지는 만기선발로 나뉜다.
③ 선발대상에 따라서는 특별한 자질을 구비한 사람만을 뽑아야한다는 특수주의와 누구나 교육받을 가치를 가지고 있다고 믿는 보편주의로 나뉜다.
④ 선발기준에 따라서는 지적 학업성취도의 서열을 강조하는 상대주의와 특정 목표 달성도를 중시하는 절대주의로 나뉜다.

> **해설**
>
> 선발기준에 따라서 사회의 이익을 우선적으로 고려하는 집단주의와 개인의 자아실현을 강조하는 개인주의로 나뉜다. 영국, 프랑스, 독일은 집단주의적 선발기준을, 미국, 캐나다, 스웨덴은 개인주의적 선발기준을 가지고 있다. 우리나라는 선발기준의 개인주의를 선택하고 있다.
>
> 정답 ④

이론 플러스

터너의 교육선발의 특징

호퍼는 터너의 이론을 보완하여 교육선발의 특징을 제시하였는데, 터너는 사회이동에 영향을 미치는 사회규범이 사회마다 다르다고 주장하며 교육선발을 후원형과 경쟁형으로 나누었다. 터너에 의하면, 후원적 사회이동은 영국의 경우가 대표적인데 미래의 사회지도층은 기성 제도층이나 후원인에 의해 선발되며 사회지도층의 기준은 그들이 갖추어야 할 조건과 자질에 대한 평가에 의해 결정된다는 것이다. 반면에 경쟁적 사회이동은 미래의 사회지도층이 공개경쟁에 따른 보상으로 선발되는데 미국의 경우가 대표적이다.

THEME 60 시험의 기능

> **기출공략**
>
> 시험의 기능을 물어보는 문제는 시험의 교육적 기능과 사회적 기능으로 나누어 살펴보아야 한다. 선택지에서 제시되는 내용이 각각 교육적 기능에 해당하는지 사회적 기능에 해당하는지를 통해서 답을 고를 수 있다. 아래 대표문제는 선택지 ①번이 교육적 기능에 해당되고, 다른 세 개 선택지는 사회적 기능에 해당된다. 관련기출문제의 경우에도 보기 ②번이 교육적 기능이고 다른 세 개는 사회적 기능에 해당되는 것을 알 수 있다.

대표문제

2020 국가직

02 밑줄 친 부분에서 설명하고 있는 시험의 기능으로 보기 어려운 것은?

> 시험은 학문적으로 무엇이 가치가 있으며 교육제도가 선택적으로 가르치고자 하는 것이 무엇인가를 가장 극명하게 표출하지만, 시험의 의미는 그것만이 아니다. 지식의 사회적 의미규정과 그 표현방식을 학교의 시험을 통하여 학생들에게 강요함으로써, 지배문화와 지배문화의 가치관을 주입하는 가장 효과적인 도구로 시험이 이용되고 있는 것이다.

① 교육과정과 교수방법 개선
② 지식의 공식화와 위계화
③ 기존 사회질서의 정당화와 재생산
④ 규범과 가치관 통제

◈ 해설

시험의 사회적 기능을 설명하고 있는 것으로 선택지 ①은 교육적 기능에 해당한다.

정답 ①

이론 플러스

시험의 교육적 기능과 관련해서 버터필드는 시험의 목적을 동기유발, 진단, 성적증명, 선발 등 네 가지로 정리하였다. 한편, 몽고메리는 시험을 "교수와 학습과정의 핵심적 부분"이라고 규정하고 그 기능을 여섯 가지로 정리하였다.
① 자격 부여
② 경쟁촉진
③ 선발
④ 목표와 유인
⑤ 교육과정 결정
⑥ 학습 성취의 확인과 미래학습의 예언

시험의 사회적 기능은 다음과 같이 정리할 수 있다.
① 사회적 선발
② 지식의 공식화와 위계화
③ 사회통제
④ 사회질서의 정당화와 재생산
⑤ 문화의 형성과 변화

관련 기출

001 시험의 교육적 기능에 대비한 사회적 기능이 아닌 것은? 2014 국가직
① 지식의 공식화와 위계화
② 교육과정 결정
③ 문화의 형성과 변화
④ 사회적 선발

해설

②는 시험의 교육적 기능에 해당한다.

정답 ②

THEME 61 교육의 확대와 원인 - 지위경쟁이론

기출공략

지위경쟁이론은 신분에 따라 직업이 결정되었던 과거의 귀속적 지위와 다르게 현대사회는 개인의 노력 여하에 따라 업적적 지위를 획득할 수 있으며 이러한 지위를 획득하는데 있어서 높은 학력이 경쟁력을 지니기 때문에 보다 좋은 지위를 얻기 위해서 더 높은 학력을 추구하려고 노력한다 것이다.
아래 대표문제는 지위경쟁이론의 맥락에서 제시되고 있으며 이는 학교교육의 다양한 사회적 기능 중 하나인 사회이동 기능에 부합한다.

대표문제

2012 국가직

16 학교교육의 다양한 사회적 기능 중 다음 설명에 해당하는 것은?

> 현대사회는 귀속적 지위보다 업적적 지위를 더 중요시한다. 예컨대, 개인의 학업 성적이나 전문 지식과 기술 등을 바탕으로 획득한 지위를 가정 배경이나 종교, 성별 등에 따라 주어지는 지위보다 더 중요하게 여기는 것이다. 업적적 지위의 획득에 필요한 개인의 전문적 지식이나 기술은 주로 학교교육을 통하여 습득되기 때문에, 현대사회에서 학교교육은 개인이 자신의 사회적 지위를 향상시키는 데 필요한 조건이나 능력을 마련해 주는 기능을 수행한다고 할 수 있다.

① 사회이동 ② 사회충원
③ 사회통합 ④ 사회혁신

해설

제시된 설명은 학교교육의 사회적 기능 중에서 사회이동을 나타내고 있는 문제이다.

정답 ①

이론 플러스

교육의 확대와 원인을 바라보는 관점으로 다음과 같이 여섯 가지 입장이 있다.
① **학습욕구이론** : 인간의 자아실현의 욕구가 교육을 확대시킨다.
② **기술기능이론** : 배워야 할 지식과 기술이 늘어나기 때문에 교육의 확대가 필수적이다.
③ **인간자본론** : 인간이 교육을 통해 지식과 기술을 갖추게 될 때 생산성이 향상되어 임금이 상승된다.
④ **마르크스 이론(상응이론)** : 자본주의 경제구조와 학교교육은 상응 관계에 있기 때문에 자본주의 경제의 확대에 따라 학교교육도 확대된다는 것이다.
⑤ **지위경쟁이론** : 학력이 사회적 지위획득의 수단이기 때문에 사람들이 경쟁적으로 높은 학력을 취득하는 탓으로 학력이 계속하여 높아진다.
⑥ **국민통합이론** : 국가의 형성과 이에 따른 국민 통합의 필요성 때문에 교육이 팽창하였다.

관련 기출

001 다음 학력상승의 원인 중 가장 올바른 설명은 어느 것인가? 2007 교육청

① 지위경쟁이론에서 학력을 지위획득의 수단으로 본다.
② 인간자본론에서는 학력이 자본가계급의 이익을 위해 자본가 계급의 요구에 의해서 상승된 다고 본다.
③ 학습욕구이론에서 학력상승은 과학기술의 발달 때문이라고 본다.
④ 기술기능이론은 최근 나타나고 있는 과잉학력 현상을 가장 효과적으로 설명하고 있다.

해설

② 인간자본론에서는 교육을 인간자본에 대한 투자로 보면서, 인간이 교육을 통해 지식과 기술을 갖추게 될 때 생산성이 향상되어 임금이 상승하게 된다고 주장한다.
③ 기술기능이론에서 학력상승은 과학기술의 발달 때문이라고 본다.
④ 지위경쟁이론은 최근 나타나고 있는 과잉학력 현상을 가장 효과적으로 설명하고 있다.

정답 ①

002 다음에서 설명하는 학습상승이론은?

2009 교육청

- 졸업장은 공인된 품질 증명서
- Dore의 '졸업장 병'(卒業狀病, diploma disease)
- Collins는 학력에 따른 임금 격차를 신임장 효과(credential effect)로 봄

① 인간자본론
② 국민통합론
③ 지위경쟁이론
④ 기술·기능이론

해설

도어(Dore)와 콜린스(Collins)는 막스 베버(Max Weber)와 함께 학력상승의 원인을 지위경쟁이론으로 설명하고 있는 학자들이다.

정답 ③

THEME 62 학업성취격차와 원인 - 사회자본

기출공략

다른 학부모들과의 유대형성, 학교운영위원회 참여 등 사회자본은 학교의 교육활동에 매개되어 영향을 미친다. 즉, 가족 구성원들의 지역사회와 학교에 관련된 인간관계의 교육적 영향력에 주목한 것으로 이러한 영향이 부모와 자녀 간의 관계를 넘어서서 지역사회와 학교를 포함하는 사회적 관계를 통하여 학업성취로 나타난다는 것이다. 이러한 콜만의 사회자본은 브루디외, 번스타인의 '문화자본' 개념과 구분하여 기억할 필요가 있다. 문화자본의 관점은 가정 배경에 따라 학업성취에 차이가 나는 것은 가정이 가지고 있는 문화 자본의 차이 때문이라는 것이다. 학업성취에 작용하는 문화 자본의 구성요소에는 가정에서 사용하는 언어의 특성, 부모의 자녀에 대한 동기유발수준, 문화 활동 참여, 가정의 독서습관 등이 포함된다.

대표문제

2023 국가직

16 콜만(Coleman)의 사회자본(social capital)에 대한 설명으로 옳지 않은 것은?

① 부모-자녀 간의 상호신뢰, 긍정적 상호작용, 자녀에 대한 높은 기대 등으로 나타난다.
② 지역사회 주민들이 생활지도, 학습지원 방법, 학습분위기 조성 등에 대해 협력하는 활동이다.
③ 학생의 학업성취 격차를 설명하는 주요 변인이다.
④ 학교시설, 실험실 등 물리적·객관적 여건에 따라 좌우된다.

◈ 해설

사회자본은 규범, 연결망(network), 신뢰, 호혜성 등의 개념을 요소로 하여 사람들의 상호작용을 통해 얻을 수 있는 무형의 자산을 가리키는 개념이다.

※ 정답 ④

> 이론 플러스

학업성취격차와 원인

(1) 개인적 요인 : 지능

젠슨은 흑인들의 지능이 백인들의 지능보다 낮기 때문에 흑인들이 낮은 학업성취를 보인다고 주장하였다. 이와 반대로 젠크스는 유전적 요인이 아닌 환경적 요인 때문에 소수 인종의 학업성취가 낮다고 주장하였다.

(2) 학교요인

콜맨은 ①학교 시설·자원과 ②학생들의 가정 배경과 친구집단 중에서 학업성취에 더 큰 영향을 미치는 것은 ②학생들의 가정 배경과 친구집단이라고 주장하였다.

(3) 가정요인(문화자본 vs 사회자본)

고전문학지식, 예술에 대한 감수성 등 문화자본은 학업성취에 직접 영향을 미치는 데 비하여 다른 학부모들과의 유대 형성, 학교운영위원회 참여 등의 사회자본은 학교의 교육 활동에 매개되어 영향을 미친다.

관련 기출

001 다음은 자녀의 학업성취 향상에 도움을 줄 수 있는 부모 활동이다. 이 활동에 해당하는 자본의 명칭은?
2018 국가직

> ○ 부모가 이웃에 사는 친구 부모들과 자녀교육, 학습 보조 방법, 학습 분위기 조성에 관하여 대화하였다.
> ○ 부모가 자신의 자녀가 다니는 학교의 학부모회에 참석하고 학생지도에 협력하였다.

① 재정자본(financial capital)
② 인간자본(human capital)
③ 문화자본(cultural capital)
④ 사회자본(social capital)

해설

사회자본은 규범, 연결망(Network), 신뢰, 호혜성 등의 개념을 요소로 하여 사람들의 상호 작용을 통해 얻을 수 있는 무형의 자산을 가리키는 개념이다.

정답 ④

002 콜맨(Coleman)의 교육 불평등에 관한 보고서인 교육기회의 균등에서 도출된 연구 결과로 적절하지 않은 것은?

2009 국가직

① 학교의 교육 여건이 학업성취도에 큰 영향을 미치지 않는다.
② 학생들의 친구집단은 학업성적 차이에 별다른 영향을 주지 못한다.
③ 학교에서 불우한 계층의 열등한 학업성취는 고착되고 강화되는 경향이 있다.
④ 이 연구 결과로 인해 보상교육정책이 수립되었다.

해설

「콜맨보고서」는 콜맨(James Coleman, 1966)이 미국연방정부의 대대적 지원을 받아 수행한 연구로서, 흑인을 비롯한 소수인종과 빈곤층 자녀들이 성적이 낮고 상급학교 진학도 하지 못하는 근본 원인이 그들이 다니는 학교의 시설, 교과서, 교수방법, 교사진 등 교육조건이 열악하기 때문이라는 점에 착안하여, 교육조건과 학업성취의 관계를 밝히는 것이 연구목적이었다. 당연히 교육조건의 우열에 따라서 학업성취수준에 차이가 날 것으로 기대했다. 그러나 연구결과는 학교의 요인들은 학업성취 향상에 도움이 되지 않는다는 사실이었다. 그보다는 학생들이 가정배경과 친구집단이 훨씬 강한 영향을 준다는 것이다.
이 연구를 결과로 인해 보상교육정책이 수립되었다.

정답 ②

THEME 63 구조기능론 & 갈등론

기출공략

구조기능론과 갈등이론의 내용을 세부적으로 정확히 기억하는 것보다 각 이론의 전체적인 특징을 이해하는 것이 중요하다. 구조기능론이 교육의 기능을 긍정적으로 바라보고 있는 반면에 갈등론은 부정적으로 바라보고 있다. 그러므로 이러한 문제를 풀 때는 주어진 4개의 선택지 가운데 다른 뉘앙스를 찾는 것이 무엇보다 중요하다. 즉, 교육의 기능을 긍정적으로 바라보는지 또는 부정적으로 바라보는지에 근거해서 답을 찾을 수 있다. 더 나아가 합의, 안정, 균형 등의 키워드가 나오면 구조기능론으로 불평등, 재생산 등의 키워드가 나오면 갈등이론으로 분류하면 된다.

아래 대표문제 역시 4개의 선택지 중에서 ③번의 경우에만 교육의 기능을 부정적으로 바라보고 있음을 알 수 있다.

대표문제

2022 국가직

03 능력주의 평등화론에 대한 설명으로 옳지 않은 것은?

① 지능과 노력의 합을 능력으로 보았다.
② 현대 서구 교육평등관의 바탕이 되었다.
③ 능력에서의 사회구조적 불평등을 고려하였다.
④ 학교교육을 대표적인 능력주의 실현 장치로 보았다.

해설

능력주의 평등화론은 기능론적 관점으로 교육을 통해 사회적 지위를 능력에 따라 결정한다는 관점이다. 이에 비해, 능력에서의 사회구조적 불평등을 고려하는 것은 갈등론적 관점에 해당한다.

정답 ③

이론 플러스

구조기능론 & 갈등론

기능론	갈등론
① 안정과 균형을 지향	① 갈등과 경쟁의 투쟁의 연속
② 사회의 모든 요소는 상호의존적	② 각 집단은 대립적인 관계
③ 사회의 갈등과 대립은 일시적 병리 현상	③ 사회의 갈등과 대립은 본질적 현상
④ 구성원 간의 가치 합의에 기반	④ 한 집단의 다른 집단에 대한 강제에 기반
⑤ 사회의 모든 요소는 그 사회의 유지와 존속에 기여	⑤ 사회의 모든 요소는 그 사회의 해체와 변화에 기여
⑥ 뒤르켐, 파슨스, 드리븐등	⑥ 마르크스, 번스타인, 브르디외 등

▲ 기능론과 갈등론의 사회에 대한 기본가정 비교

위와 같은 사회에 대한 기본가정의 차이는 다시 아래와 같이 교육에 대한 서로 다른 관점을 나타낸다. 기능론이 교육의 긍정적인 기능과 사회적 합의를 강조하고 있다면 갈등론은 불평등, 재생산 등의 키워드를 중심으로 설명하고 있음을 알 수 있다. 그러므로 관련 문제, 즉 기능론과 갈등론을 묻는 문제는 보기에서 제시하고 있는 내용이 교육의 순기능에 초점을 두고 있는지 아니면 불평등, 재생산 등의 기능에 초점을 두고 있는지를 파악해서 해결해야 한다.

	기능론	갈등론
사회화와 교육내용	① 보편적 사회화를 통해 공동체 의식을 함양, 사회결속력을 높임 ② 개인의 능력과 적성에 따라 적합한 지식과 기술 및 태도를 함양시켜 사회에서 필요로 하는 인력 양성 ③ 교육내용은 사회구성원 모두에게 가치 있는 내용이다.	① 차별적 사회화를 시행함으로써 불평등 구조의 재생산에 기여 ② 직업세계의 사회적 관계와 상응하는 가치관과 태도의 사회화를 통하여 자본주의의 확대재생산에 기여 ③ 교육내용은 기득권 집단의 이익을 반영해 기존의 불평등한 사회구조를 정당화시킴
교육의 사회적 선발·배치	① 출신배경을 대신해 개인의 사회경제적 지위를 결정해 사회이동을 촉진시키고 능력주의 사회평등 실현에 기여 ② 능력과 적성에 따라 적재적소에 배치해 사회의 효율성의 극대화에 기여	① 개인의 사회경제적 지위결정과정에서 출신배경의 영향을 매개함으로써 사회적 불평등의 재생산에 기여 ② 학교교육과 직업세계간의 기능적 관계가 없고, 졸업장은 상징적인 도구로서 특정직업지위집단의 입직조건을 제한하여 집단의 지배권을 유지

▲ 기능론과 갈등론의 교육에 대한 설명 비교

공무원 시험 대비

> 관련 기출

001 (가), (나)에 들어갈 말을 바르게 나열한 것은?
2022 교육청

> (가) 은 학교가 개인을 사회적 존재로 성장시킨다고 본다. 학교는 능력주의에 따라 학생을 선발하고 교육 수준에 따라 인재를 적재적소에 배치하는 기능을 한다. 반면, (나) 은/는 학교가 기존의 불평등한 계층구조를 재생산한다고 본다. 학교는 교육내용뿐만 아니라 교육분위기를 통해 기존의 계층구조를 정당화하는 교육을 한다.

	(가)	(나)
①	기능주의적 관점	갈등론적 관점
②	갈등론적 관점	기능주의적 관점
③	해석적 관점	기능주의적 관점
④	현상학적 관점	갈등론적 관점

> 해설

기능주의적 관점에서 교육의 기능을 긍정적으로 평가하며 특히 사회화 및 사회적 선발을 강조하고 갈등론적 관점에서는 불평등한 계층구조를 재생산한다고 주장한다.

정답 ①

002 학교교육의 기능을 보는 관점이 다른 것은? 2019 국가직

① 학교는 불평등한 경제적 구조를 재생산한다.
② 학교의 문화전달과 사회통합적 기능을 높이 평가한다.
③ 학교는 능력에 맞게 인재를 사회의 적재적소에 배치하는 데 기여한다.
④ 학교교육의 사회화 기능을 긍정적으로 평가한다.

해설

①은 학교교육의 기능을 재생산으로, 나머지 ②, ③, ④는 긍정적으로 바라보고 있다.

정답 ①

003 학교교육의 사회적 기능에 대한 기능주의적 관점으로 볼 수 없는 것은? 2016 국가직

① 사회구성원을 선발·분류하여 적재적소에 배치한다.
② 체제 적응 기능을 수행해 전체 사회의 유지에 기여한다.
③ 지배집단의 신념과 가치를 보편적 가치로 내면화시킨다.
④ 새로운 세대에게 기존 사회의 생활양식, 가치와 규범을 전수한다.

해설

갈등론적 관점에서 재생산, 불평등 키워드와 함께 지배집단 또는 지배계층이라는 키워드도 기억해야 한다. ③을 제외한 다른 보기들은 교육의 기능을 긍정적으로 바라보고 있다.

정답 ③

004 학교교육에 대한 기능론적 관점으로 옳은 것만을 〈보기〉에서 모두 고른 것은?

2016 지방직

── 보기 ──
ㄱ. 기존의 계층 간 사회 불평등을 유지·심화한다.
ㄴ. 자본주의 이데올로기에 순응하는 노동력을 양산한다.
ㄷ. 개인을 능력에 따라 합리적으로 분류·선발·배치한다.
ㄹ. 사회구성원에게 보편적 가치를 내면화하여 구성원의 동질성을 확보한다.

① ㄱ, ㄴ
② ㄷ, ㄹ
③ ㄱ, ㄴ, ㄷ
④ ㄴ, ㄷ, ㄹ

해설

ㄱ, ㄴ은 갈등론적 관점, ㄷ, ㄹ은 기능론적 관점에 해당한다.

정답 ②

005 갈등론적 관점에서의 학교교육에 대한 설명으로 옳지 않은 것은?

2013 국가직

① 학교교육의 기능을 부정적, 비판적으로 본다.
② 학교교육은 기존의 사회구조를 재생산한다.
③ 학교교육은 사회의 안정과 질서에 기여하는 제도이다.
④ 학교교육은 계급구조와 불평등을 정당화한다.

해설

부정적, 비판적, 재생산, 불평등의 키워드는 갈등론적 관점이고 ③의 사회의 안정과 질서에 기여하는 측면은 구조기능론적 시각이다.

정답 ③

006 갈등이론(conflict theory)에 대한 설명으로 옳지 않은 것은?   2008 국가직

① 사회제도와 각 집단은 서로 다른 목적과 이해관계를 추구한다.
② 사회관계는 지배와 피지배관계로 설명된다.
③ 학교는 사회적 불평등을 재생산하는 제도적 장치에 불과하다.
④ 사회는 유기체와 마찬가지로 각 부분이 전체의 존속을 위해 각기 기능을 수행한다.

해설

구조기능론은 사회를 유기체와 마찬가지로 보고, 각 부분이 전체의 존속을 위해 각기 기능을 수행한다고 주장한다.

정답 ④

THEME 64 구조기능론 : 뒤르켐, 파슨스, 드리븐 등

> **기출공략**
>
> 구조기능론과 갈등이론의 학자들을 기억하는 것이 중요하다. 구조기능론적 입장을 가진 학자들로 뒤르켐, 파슨스, 드리븐을 기억하고 갈등론적 입장에 있는 학자들로 보울스와 진티스, 알튀세르, 부르디외와 번스타인 등을 기억해야 한다. 그리고 대표문제와 같은 문제가 제시되면 구조기능론적 관점인지 갈등론적 관점인지를 정하고 그 관점에 따라 학자를 선택해야 한다. 이 문제는 주어진 보기의 내용이 기능론적 관점을 취하고 있으므로 갈등론적 관점에 있는 번스타인을 선택하면 되는 문제였다. 이 단계가 가능해지면 그 다음 단계로 각각의 대표 학자들의 특징을 키워드로 정리한다.

대표문제

2015 교육청

13 다음 내용과 다른 입장을 가진 교육사회학자는?

- 사회를 유기체에 비유한다.
- 사회의 각 부분은 상호의존적이다.
- 학교의 사회적 기능은 사회화, 선발 및 배치에 있다.
- 사회의 각 부분은 사회 전체의 유지와 조화에 기여한다.

① 파슨스(T.Parsons)
② 드리븐(R.Dreeben)
③ 뒤르켐(E.Durkheim)
④ 번스타인(B.Bernstein)

해설

선택지에서 파슨스, 드리븐, 뒤르켐은 구조기능론적 입장의 학자들이고, ④번스타인은 갈등론적 입장을 취하는 학자이다.

정답 ④

> 이론 플러스

구조기능론 – 뒤르켐, 파슨스, 드리븐 등

(1) **뒤르켐**: 사회화를 보편적 사회화와 특수 사회화로 구분하면서 도덕교육을 강조하였다. 그리고 사회의 동질성을 유지하기 위해 한 사회의 공통적인 감성과 신념, 집단의식을 새로운 세대에 내면화시키는 보편적 사회화가 필요하다고 주장하였다. 한편, 특수사회화는 개인이 속하게 되는 특정 직업세계와 같은 특수환경이 요구하는 신체적, 지적, 도덕적 특성의 함양을 가리킨다.

(2) **파슨스**: 뒤르켐과 마찬가지로 학교교육의 사회화 기능을 강조하는 동시에 산업사회에서의 인력배치기능을 부각시킴으로써 사회적 선발기능도 강조하였다.

(3) **드리븐**: 학교에서 습득하는 가치(규범)에 주목하여 학교에서 학생들이 공통적으로 습득하게 되는 규범으로 다음의 네 가지를 언급한다. 첫째 독립성은 독립적으로 숙제를 하고 시험을 치르도록 강요한다. 둘째, 성취성은 최선을 다하여 높은 성적을 받는 것이 가치로운 것이라고 주장한다. 셋째, 보편성은 동일연령의 학생들이 같은 내용과 과제를 공유함으로써 형성되며 특정성은 각 개인이 학년이나 학교의 수준이 높아지면서 흥미와 적성에 맞는 분야에 한정하여 그 분야의 교육을 집중적으로 수행함으로서 학습하게 되는 것이다.

> 공무원 시험 대비

관련 기출

001 (가), (나)에 들어갈 단어를 바르게 나열한 것은?

2021 교육청

> __(가)__ 은/는 사회화를 보편적 사회화와 특수 사회화로 구분하면서 도덕교육을 강조하였다. 그리고 사회의 동질성을 유지하기 위해 한 사회의 공통적인 감성과 신념, 집단의식을 새로운 세대에 내면화시키는 __(나)__ 가 필요하다고 주장하였다.

	(가)	(나)
①	뒤르켐(Durkheim)	특수사회화
②	뒤르켐(Durkheim)	보편적사회화
③	파슨스(Parsons)	특수사회화
④	파슨스(Parsons)	보편적사회화

해설

구조기능론자인 뒤르켐은 교육의 기능을 사회화라고 보았다. 사회화는 새로 태어난 세대에게 그 사회에서 성인으로서 살아가는 데 필요한 지적, 정의적, 신체적 특성을 습득시키는 과정을 의미한다. 사회화를 통하여 개인은 사회에서 공통적으로 요구하는 지식과 기술, 태도,가치관, 규범 등을 습득하고 아울러 성인이 되어 특정 직업세계에서 직업인으로 살아가는 데 필요한 특성을 습득한다. 전자가 보편적 사회화라면 후자는 특수 사회화라고 할 수 있다. 파슨스는 사회화 기능뿐만 아니라 산업사회에서 인력을 적재적소에 선발, 배치하는 기능도 학교의 본질적 기능으로 보았다.

정답 ②

002 다음은 뒤르껭(E. Durkheim) 저술의 일부이다. ㉠~㉢에 해당하지 않는 것은?

2018 국가직

"교육은 아직 사회생활에 준비를 갖추지 못한 어린 세대들에 대한 영향력 행사이다. 그 목적은 전체 사회로서의 정치 사회와 그가 종사해야 할 특수환경의 양편에서 요구하는 (㉠), (㉡), (㉢) 제 특성을 아동에게 육성 계발하게 하는 데 있다."

① 지적
② 예술적
③ 도덕적
④ 신체적

해설

뒤르켐은 위와 같이 교육을 정의하면서 교육의 목적은 전체로서의 정치 사회와, 아동이 장차 소속하게 되어 있는 특수환경의 양편이 요구되는 지적·도덕적·신체적 제 특성을 아동에게 육성 계발하는 데 있다고 주장하였다.

정답 ②

003 파슨스의 관점으로 옳은 것만을 모두 고르면?

2020 교육청

㉠ 사회화는 장차 성인이 되어 담당하게 될 역할수행에 필요한 정신적 자세와 자질을 기르는 것이다.
㉡ 학교교육은 지배와 종속의 관계를 유지시켜 주는 역할을 한다.
㉢ 역할을 담당할 인재를 선발하여 적재적소에 배치하는 것이 교육의 중요한 기능이다.

① ㄱ, ㄴ
② ㄱ, ㄷ
③ ㄴ, ㄷ
④ ㄱ, ㄴ, ㄷ

해설

이 문제 역시 파슨스를 구조기능론자로 분류하고, ㉡의 갈등론적 관점을 배제시키고 답을 찾는 문제이다. 파슨스는 사회화와 함께 선발의 기능을 중시하였다.

정답 ②

004 드리븐(R. Dreeben)이 주장하는 현대사회에서 요구되는 핵심적인 네 가지 규범 중 다음 글에 해당하는 것은? 2011 국가직

> 학생들은 시험에서 부정행위를 했거나 표절을 했을 때 제재를 받는다는 사실을 통해서 이 규범을 익히게 된다. 이 규범에 적응함으로써 학생들은 자신들의 행위에 대해 개인적으로 책임져야 한다는 것을 깨닫게 된다.

① 독립성(independence)
② 성취의 중요성(achievement)
③ 보편주의(universalism)
④ 특수성(specificity)

해설

드리븐(R. Dreeben)은 학교에서 습득하는 가치에 주목하여 학교의 사회화 기능을 설명했는데 그에 의하면 학교에서 학생들이 공통적으로 습득하는 규범은 다음과 같다.
① 독립성 – 과제를 스스로 처리하고 독립적으로 시험을 치르고, 자신의 행동에 책임을 지게 한다.
② 성취의 중요성 – 최선을 다하여 높은 성적을 받는다.
③ 보편주의 – 동일연령의 학생들이 같은 학습내용과 과제를 배운다.
④ 특수성 – 학년이나 학교의 수준이 높아지면서 흥미와 적성에 맞는 분야에 한정하여 그 분야의 교육을 집중적으로 수행한다.

정답 ①

005 다음에 해당하는 교육의 사회적 기능은?

2022 국가직

> ○ 산업구조와 사회구조의 급격한 변화에 대응하는 인력 수급의 기능을 담당한다.
> ○ 사회의 존속을 위해 필요한 다양한 기능에 적합한 학생을 교육하여 적재적소에 배치한다.

① 문화전승의 기능
② 사회이동의 기능
③ 사회통합의 기능
④ 사회충원의 기능

해설

교육의 사회적 기능에 대한 구조기능론적 관점으로 특히 파슨스는 교육의 사회적 기능 중에서 선발의 기능을 강조했다. 선발은 다른 말로 사회충원의 기능으로 볼 수 있다.

정답 ④

THEME 65 경제적 재생산론 : 보울스와 진티스

기출공략

경제적 재생산론을 주장하는 학자들은 학교가 자본주의적 사회관계의 유지에 필수적인 통합기능을 수행하는 기관이라고 보았으며 학교교육이 자본주의 경제체제를 재생산하는 데 어떻게 기여하는지 그 메커니즘을 설명하고자 하였다. 그리고 학교 교육체제에서 학생이 미래에 차지할 경제적 위치를 반영하여 차별적 사회화가 이루어진다고 주장하였다. 이와 같이 경제적 재생산론은 구조적인 관점-경제체제-에서 재생산개념을 파악하고 있다. 이를 교육의 내용과 관련시켜 재생산을 설명하고 있는 문화적 재생산과 구별해서 이해해두는 것이 중요하다.

대표문제

2020 교육청

04 다음 주장을 한 학자는?

- 학교는 자본주의적 사회관계의 유지에 필수적인 통합기능을 수행하는 기관이라고 보았다.
- 경제적 재생산이라는 개념을 사용하여 학교교육이 자본주의 경제체제를 재생산하는 데 어떻게 기여하는지 그 메커니즘을 설명하고자 하였다.
- 학교 교육체제에서 학생이 미래에 차지할 경제적 위치를 반영하여 차별적 사회화가 이루어진다고 주장하였다.

① 해비거스트(Havighurst)   ② 보울스와 진티스(Bowles & Gintis)
③ 콜만(Coleman)   ④ 번스타인과 영(Bernstein & Young)

해설

위 내용은 경제적 재생산론을 설명하고 있다. 갈등론적 관점에서 경제적 재생산론을 주장한 대표적인 학자는 보울스와 진티스이다.

정답 ②

이론 플러스

경제적 재생산론 : 보울스와 진티스

경제적 재생산론은 두 가지 측면에서 생각해볼 수 있는데, 첫째는 학교가 경제구조를 재생산한다는 관점으로, 학교는 선발이 능력주의에 의해서 운영되고 있는 것처럼 가장하면서 기존 질서를 정당화하는 장치라는 것이다. 두 번째는 학교가 자본주의 경제구조를 재생산할 수 있는 것은 학교교육과 경제적 생산체제가 서로 상응하기 때문이라고 설명한다. 이러한 입장에서 경제적 재생산론을 상응이론이라고도 부른다. 상응이론은 교육의 '내용'이 아니라 교육이 이루어지는 '형식'을 통하여 교육과 경제구조 간의 상응관계가 유지된다는 것이다. 이러한 의미에서는 학교의 공식적 교육과정보다 잠재적 교육과정이 근본적으로 더 중요한 기능을 수행하게 된다. 경제적 재생산론의 두 가지 측면 모두 자본주의 사회구조 안에서 교육의 기능을 거시적으로 바라보고 있음을 알 수 있다.

THEME 66 문화적 재생산론 : 부르디외(문화자본)

기출공략

경제적 재생산론과 다르게 문화적 재생산론은 문화자본을 통해 계급이 재생산된다고 보는 관점이다. 지배집단이 자신들의 문화를 학교교육에 투입시켜 불평등한 사회적 관계를 정당화하고 학교에서 가치 있다고 여겨지는 문화자본을 많이 소유한 사람이 그렇지 못한 사람에 비해 성공할 가능성이 높다고 주장하는 관점으로 문화적 재생산론의 핵심에는 문화자본이 주요한 역할을 하고 있다.

대표문제

2023 교육청

05 다음 설명에 해당하는 이론은?

> ○ 사회질서는 상징적 폭력을 매개로 하여 재생산된다.
> ○ 체화된 상태의 자본(취향, 태도 등), 객관화된 상태의 자본(책, 예술작품 등), 제도화된 상태의 자본(졸업장, 학위 등)을 강조한다.

① 경제재생산이론
② 문화재생산이론
③ 저항이론
④ 지위경쟁이론

해설

주어진 내용은 문화자본에 대한 설명으로 문화자본은 문화재생산이론을 설명하는 개념이다.

정답 ②

이론 플러스

문화적 재생산론 : 부르디외(문화자본)

문화자본은 개인의 기술적인 생산력을 나타내는 인적자본의 개념에 대비되는 것으로서 개인을 사회적으로 가치있는 자리에 적합한 사람으로 포장하는 개인적 태도, 사회적 가치 및 시각, 그리고 미적 취향 등을 나타내며 아래와 같이 세 가지 유형으로 나눌 수 있다.

① **체화된 상태의 문화자본** : 말씨, 억양, 매너, 미소, 패션, 취향, 대인관계 등 성장하면서 습득하여 오래 지속된 기호나 습관을 의미한다. 의도적인 가르침 없이 무의식적으로 획득될 수 있으며, 은밀한 방식으로 또는 비가시적으로 상속된다.
② **객관화된 문화자본** : 책, 그림, 기념물, 악기 등 문화적 상품의 형태로 존재하며, 물질적 형태로 전수 가능한 자산이다.
③ **제도화된 상태의 문화자본** : 졸업장과 같이 제도적으로 인정된 형태의 문화자본을 의미한다.

이중에서 체화된 상태의 문화자본을 가리켜 브루디외는 아비투스라고 부르는데, 아비투스는 문화적 습성으로 특정 계급 또는 지위 집단의 계급문화를 구성한다.

관련 기출

001 부르디외(P. Bourdieu)의 문화재생산 이론에 부합하는 내용만을 모두 고르면?

2019 교육청

> ㄱ. 교육은 사회에 적합한 인간을 양성하는 순기능적인 사회화 과정이다.
> ㄴ. 문화자본은 가정에서 자녀의 교육을 위해 지출하는 직접적인 교육비를 의미한다.
> ㄷ. 지배집단은 자신들의 문화를 학교교육에 투입시켜 불평등한 사회적 관계를 정당화한다.
> ㄹ. 학교에서 가치 있다고 여겨지는 문화자본을 많이 소유한 사람이 그렇지 못한 사람에 비해 성공할 가능성이 높다.

① ㄱ, ㄴ   ② ㄱ, ㄷ   ③ ㄴ, ㄹ   ④ ㄷ, ㄹ

해설

문화재생산 이론은 갈등론적 관점인 데 반해 ㄱ은 구조기능론적 관점이다. ㄴ의 경우 문화자본은 개인적 태도, 사회적 가치 및 시각, 그리고 미적 취향 등을 가리키는 말로써 직접적인 교육비와 관련이 없다.

정답 ④

002 다음 내용과 관련이 깊은 학자는?

2018 교육청

- 문화 자본에는 예술 작품과 같이 객체화된 것, 학력이나 자격과 같이 제도화된 것, 일종의 행동 성향처럼 습성화된 것이 있다.
- 지배집단의 자녀들은 자신들이 상속받은 문화자본을 학교가 제공하는 학벌과 같은 다른 형태의 문화자본으로 쉽게 전환하여 부모 세대의 사회경제적 지위를 재획득한다.
- 능력주의가 지배하는 현대사회에서 부모의 사회경제적 지위는 문화 재생산을 통해 자녀에게 합법적으로 세습된다.

① 베버 ② 일리치 ③ 파슨스 ④ 부르디외

해설

부르디외는 문화적 재생산이론을 주장한 대표적인 학자이다.

정답 ④

003 다음에 해당하는 개념은?

2021 국가직

- 특정 계급적 환경에서 내면화된 지속적 성향이나 태도를 의미한다.
- 내면화된 문화자본으로서 계급적 행동유형과 가치체계를 반영한다.

① 아노미(anomie)
② 쿠레레(currere)
③ 패러다임(paradigm)
④ 아비투스(habitus)

해설

문화자본의 세 가지 유형 가운데 체화된 문화자본의 경우 아비투스라고 부른다.

정답 ④

004 다음 글을 잘 설명하는 교육사회학 이론은?

2011 국가직

> 학교에서는 '상징적 폭력'을 행사하여 지배와 종속을 강화하며, 학교교육을 통해 자본가 계급의 '아비투스(habitus)'를 노동자 계급의 아동들에게 주입하여 기존의 질서를 유지시켜 나간다.

① 기능이론
② 경제재생산 이론
③ 문화재생산 이론
④ 저항이론

해설

아비투스는 문화자본의 세 가지 유형 중에 체화된 형태로서 이 아비투스가 학생의 학업성취에 영향을 미쳐서 기존의 질서가 유지된다고 보는 것은 문화재생산 이론의 관점이다.

정답 ③

005 학교교육에 대한 다음 주장과 가장 거리가 먼 것은?

2017 국가직

> ○ 학교는 지배집단의 '문화자본'을 재창조하고 정당화하는 역할을 수행한다.
> ○ 학습결과인 성적도 학생이 속해 있는 계급의 영향에서 벗어나지 못한다.
> ○ 경제구조가 학교교육을 일방적으로 결정한다고 비판한다.

① 부르디외(P. Bourdieu)
② 구조기능주의
③ 재생산이론
④ 보울스(S. Bowls)와 진티스(H. Gintis)

해설

학교교육에 대한 재생산이론을 나타낸 것으로, 첫 번째 '문화자본'을 재창조하고 정당화하는 역할을 수행한다고 주장한 사람은 부르디외(P. Bourdieu)이고, 경제구조가 학교교육을 일방적으로 결정한다고 비판한 학자는 경제적 재생산을 주장한 보울스(S. Bowls)와 진티스(H. Gintis)이다.

정답 ②

THEME 67

갈등론 - 번스타인, 애플, 일리치, 프레이리, 알튀세르 등

> **기출공략**
>
> 갈등론의 큰 틀 안에서 각각의 학자들의 주장을 키워드를 중심으로 기억한다. 이와 동시에 이 모든 학자들을 갈등론이라는 특징, 가령 재생산, 불평등의 키워드로 분류한 뒤에 개별 학자들의 키워드를 기억하는 것이 중요하다.

대표문제

2023 국가직

15 다음과 같이 주장한 교육사회학자는?

> ○ 학교가 지배집단의 의미체계와 가치체계인 헤게모니를 주입하여 기존 질서를 정당화한다.
> ○ 학교 교육과정과 수업에서 가르치는 지식은 이데올로기적 속성을 갖는다.

① 애플(Apple) ② 파슨스(Parsons)
③ 로젠탈(Rosenthal) ④ 드리븐(Dreeben)

해설

애플(Apple)은 갈등론적 관점의 교육사회학자로 그람시의 헤게모니 개념을 가지고 학교교육을 설명하였다. 헤게모니 이론은 지배계급은 사회를 통치하기 위해 끊임없이 헤게모니를 만들어 내며 피지배계급은 그 헤게모니에 순응함으로써 사회의 합의와 안정에 이른다는 주장이다. 헤게모니란 지배 집단이 제시하는 세계관에 대해 사회 구성원들의 내면적인 합의를 획득하는 지적·도덕적 지도력이다. 합의를 통한 사회지배 이데올로기 : 사회 집단에 있어서 사상, 행동, 생활 방법을 근본적으로 제약하고 있는 관념이나 신조의 체계. 역사적·사회적 입장을 반영한 사상과 의식의 체계이다.
② 파슨스(Parsons)와 ④ 드리븐(Dreeben)은 구조기능론적 입장이며,
③ 로젠탈(Rosenthal)은 피그말리온 효과를 주장하였다.

정답 ①

> 이론 플러스

갈등론 - 번스타인, 애플, 일리치, 프레이리, 알튀세르 등

마르크스 주의의 영향을 받은 갈등론은 다음과 같이 학자별로 서로 다른 특징들을 지닌다. 앞에서 살펴본 보울스와 진티스의 경제적 재생산론(상응이론), 부르디외의 문화적 재생산론외에 문화적 재생산론자로서 번스타인이 있는데, 번스타인은 중류층이 사용하는 세련된(정교한) 화법과 노동자 계층의 제한된 화법을 들어 학교에서 사용하고 있는 언어가 대부분 정교한 화법의 형태로 되어 있기 때문에 노동자계층의 자녀들보다 중상류층이 더 유리한 측면이 있다고 주장한다. 그 외에 억압적 국가기구와 이념적 국가기구를 주장한 알튀세르, 문화적 헤게모니 이론을 주장한 애플, 의식화 교육과 문제제기식 교육이 이루어져야 한다고 주장한 프레이리 등을 기억해야 한다.

관련 기출

001 의무교육의 대안으로 '학습망(learning web)'이라는 개념을 제시한 학자는?

2023 교육청

① 영(Young) ② 일리치(Illich)
③ 지루(Giroux) ④ 프레이리(Freire)

해설

선택지에 나온 학자들은 모두 갈등론적 입장이며 영(Young)은 교육과정을 비판적으로 검토한 교육과정사회학자이고, 지루(Giroux)는 간파 및 폭로기능을 중시하였으며, 프레이리(Freire)는 의식화 교육으로서 문제제기식 교육을 강조하였다. 일리치(Illich)는 교육의 제도화를 통해서 나타나는 가치주입의 가능성을 없애기 위해서 학습 기회가 사회 전체에서 지원되는 '탈학교사회'를 제안하면서 학습망이라는 개념을 제시하였다.

정답 ②

002 다음과 같이 주장한 사람은?

2015 국가직

- 학습이 학교에 의해서만 이루어지는 것은 아니고, 학교가 반드시 학습의 증진을 가져다 주는 것도 아니다.
- '조작적 제도'에 대치되는 것으로 '상호친화적 제도'를 만들어야 한다.
- 기존의 학교제도를 대신해 '학습을 위한 네트워크'를 만들어야 한다.

① 일리치(I. Illich) ② 라이머(E. Reimer)
③ 프레이리(P. Freire) ④ 슈타이너(R. Steiner)

해설

일리치(I. Illich)의 '학습을 위한 네트워크' 개념은 다른 말로 표현하면 '학습망(learning web)'과 동일하다. 또한 학교를 넘어 새로운 교육문화와 제도를 제안했는데 개개인이 상호의존하면서 자율적이며 창조적인 교류가 이루어지는 '상호친화적 제도'를 강조했다.

정답 ①

003 일리치(I. Illich)는 탈학교사회에서 실행할 수 있는 4가지 학습 통로 또는 학습교환 방법을 '학습의 기회망'이라는 개념으로 설명하고 있다. 이에 해당되지 않는 것은?

2008 국가직

① 학습에 필요한 정보나 자료를 도서관, 박물관, 극장, 농장, 공장, 공항 등에 비치하여 원하는 사람에게 제공한다.
② '기술보유 인명록'을 제작, 비치하여 기술보유자와의 접촉방법, 기술 제공에 필요한 조건 등을 알려줌으로써 기술교환, 기술공유를 활성화시킨다.
③ 다양한 분야의 활동기록을 축적, 보존하여 해당 영역에서 탐구의 동료를 찾고자 하는 이들을 위한 의사소통망을 형성한다.
④ 정부 혹은 지방 공공단체가 '교육비 지불 보증서'를 발급해 줌으로써 원하는 교육기관을 자유롭게 선택하게 하고 교육비 부담도 덜어주는 지원역할을 담당하도록 한다.

◈ 해설

학습의 기회망=학습망=학습을 위한 네트워크 모두 동일한 개념이다. 주어진 보기는 학습을 위한 네트워크를 설명하고 있으며, ④는 신자유주의적 관점에서 시행되고 있는 바우처제도를 설명하고 있다. '교육비 지불 보증서'는 소비자인 학부모의 선택권을 보장해주기 위한 제도이다.

정답 ④

004 다음 내용과 관련이 있는 학자는?

2017 교육청

> ○ 문해교육에서는 성인 각자의 삶이 반영된 일상용어를 활용해야 효과적이다.
> ○ 진정한 교육은 학습자가 탐구(inquiry)와 의식적 실천(praxis) 활동을 하는 것이다.
> ○ 교육은 주어진 지식을 전달하는 은행저금식이 아니라 문제제기식으로 이루어져야 한다.

① 일리치(I. Illich)
② 프레이리(P. Freire)
③ 노울즈(M. Knowles)
④ 메지로우(J. Mezirow)

해설

프레이리의 문제제기식 교육은 현재의 은행 저금식 교육과 대비되는 것으로, 교사와 학생이 함께 어울려 세계를 향해 질문을 제기하는 교육을 의미한다. 이 과정에서 억압적인 상황을 '억압적인 상황'으로 인식하도록 하는 것, 이 상황을 변혁하면 그러한 억압이 해소될 수 있다는 것을 깨닫도록 하는 것, 그리고 그 일이 가능하도록 하는 것이 교육의 가장 중요한 임무라는 것이다. 이것이 프레이리의 '비판적 교육', '의식화 교육'의 핵심이다. ③ 노울즈(M. Knowles)는 성인교육인 안드라고지와 자기주도적 학습을, ④ 메지로우(J. Mezirow)는 성인학습자의 관점의 전환 및 이를 통한 행동의 변화를 강조하는 학습이론인 전환학습을 주장하였다.

정답 ②

005 학생의 학업성취에 관한 학자의 주장을 바르게 진술한 것은?   2016 교육청

① 젠슨(A. Jensen)은 유전적 요인이 아닌 환경적 요인때문에 소수 인종의 학업성취가 낮다고 주장하였다.
② 콜만(J. Coleman)은 학교 시설·자원이 가정 배경보다 학업성취에 더 큰 영향을 미친다고 주장하였다.
③ 로젠탈(R. Rosenthal)과 제이콥슨(L. Jacobson)은 학업성취가 올라가리라는 교사의 기대가 학생의 학업성취를 높인다고 주장하였다.
④ 번스타인(B. Bernstein)은 노동자 계층 자녀의 학업성취가 낮은 이유는 가정에서 제한된 언어 코드가 아닌 정교한 언어 코드를 사용하기 때문이라고 주장하였다.

해설

① 젠슨(A. Jensen)은 환경적 요인이 아닌 유전적 요인 때문에 소수 인종의 학업성취가 낮다고 주장하였다.
② 콜만(J. Coleman)은 가정 배경이 학교 시설·자원보다 학업성취에 더 큰 영향을 미친다고 주장하였다.
④ 번스타인(B. Bernstein)은 노동자 계층 자녀의 학업성취가 낮은 이유는 가정에서 정교한 언어 코드가 아닌 제한된 언어 코드를 사용하기 때문이라고 주장하였다.

정답 ③

006 학업성취격차에 관한 설명으로 옳지 않은 것은?   2014 국가직

① 번스타인(B. Bernstein)은 가정에서 사용하는 언어의 특성이 학업성취에 영향을 미치지 않는다고 설명하였다.
② 부르되(P. Bourdieu)의 문화자본이론은 특정 문화에 익숙한 계층이 학업성취에 유리하다고 설명하였다.
③ 사회자본이론은 가정환경이 지역사회 및 학교와의 사회적 관계를 통하여 학업성취에 영향을 미친다고 설명한다.
④ 학업성취에 대한 결과로서의 평등 측면에서 보상교육 프로그램이 실시되었다.

해설

① 번스타인(B. Bernstein)은 가정에서 사용하는 언어의 특성이 학업성취에 영향을 미친다고 설명하였다. 즉, 노동자 계층 자녀의 학업성취가 낮은 이유가 가정에서 정교한 언어가 아닌 제한된 언어를 사용하기 때문인데 학교에서 사용하는 공식어가 중류층 이상이 사용하는 언어코드인 정교한 언어 형태이므로 제한된 언어를 사용하는 노동자 계층의 자녀들이 정교한 언어 코드를 이해하는데 어려움을 겪는다는 것이다.

정답 ①

THEME 68 포스트모던적 관점

기출공략

포스트모더니즘은 1960년에 일어난 문화운동이면서 정치·경제·사회의 모든 영역과 관련되는 한 시대의 이념으로 근대성이나 모더니즘을 대체했거나 대체하려는 문화적, 이데올로기적 구성을 말한다. 시험과 관련해서 포스트모더니즘의 주요한 특징을 기억하는 것이 필요하다.

대표문제

2021 교육청

11 포스트모더니즘의 특징으로 옳지 않은 것은?

① 다원주의를 표방한다.
② 반권위주의를 표방한다.
③ 반연대의식을 표방한다.
④ 반정초주의를 표방한다.

해설

포스트모더니즘의 특징은 다원주의, 반권위주의, 연대의식, 반정초주의를 표방한다.
정초주의는 인식론의 하나로, 어떤 것을 알기 위하여 그것을 뒷받침하는 지식 가운데 보통 의심받지 않고 누구나 인정하는 지식을 기반으로 하여 그것들을 알아내거나 설명할 수 있다는 주장이다.

정답 ③

이론 플러스

포스트모던적 관점

포스트모던적 관점의 특징을 아래 키워드로 정리하는 것이 중요하다.
다원주의, 반정초주의, 소서사, 몸의 중시, 연대주의, 반권위주의

THEME 69 신자유주의적 관점

기출공략

신자유주의적 관점에서 주장하는 교육개혁은 교육에 시장경쟁 원리를 도입하자는 것이다. 이 접근에서는 관료집단이 주도하는 교육개혁이 아니라 시장의 힘에 의해 추진되는 개혁을 대안으로 제시한다. 교육의 시장화는 21세기를 전후로 하여 교육정책 분야에서 핵심적인 관심사로 등장하였다. 교육 시장화를 단순화하면 공교육 부문에 자유시장경쟁 원리를 도입하는 것이라고 할 수 있을 것이다. 교육 시장화는 두 요소로 구성된다. 하나는 공립학교의 민영화이고, 다른 하나는 학부모의 학교선택권이다. 그러므로 신자유주의적 교육개혁을 물어본다면 위 두가지 요소를 기억하고 있어야 하고 좀 더 구체적으로는 바우처(지불보증제도)를 포함한 학교선택제 및 신자유주의 관련 학교 유형-협약학교(Charter school), (2) 학교경영기업, (3) 마그넷 스쿨(Magnet school)의 명칭을 기억해야 한다.

대표문제

2012 국가직

09 학교선택제와 거리가 먼 학교 유형은?

① 마그넷학교(Magnet school)
② 협약학교(Charter school)
③ 블루리본학교(Blue-ribbon school)
④ 교부금지원학교(Grant-maintained school)

해설

③ 블루리본학교는 미국 연방 교육부에서 1982년부터 시행한 우수학교 인증 프로그램에서 선정된 교육부 인증 우수학교이다.
④ 교부금지원학교는 영국의 자율학교로 학교운영을 자유롭게 하되 결과에 책임을 진다는 점에서 미국의 협약학교와 비슷하다. 학생들이 학군에 상관없이 지원하고 선발할 수 있도록 운영함으로써 공립학교들 간의 경쟁을 유도한다.

정답 ③

> 이론 플러스

신자유주의적 관점

(1) 바우처제도(voucher program, 교육비 지불보증제도)

경제학자인 프리드만(M. Friedman)에 의해 주장되기 시작한 바우처 제도는 가장 교육시장적인 제도로서 학부모는 일종의 보증서인 바우처를 받아 공·사립 어느 학교든지 자유롭게 자녀의 학교를 선택할 수 있으며, 학부모들이 학교를 선택하면 그 학교에 등록금 대신 바우처를 내고 바우처를 받은 학교는 그것을 해당 학구의 지역교육당국으로부터 현금으로 교환받을 수 있게 하는 제도이다.

(2) 신자유주의적인 학교 유형

① 협약학교(Charter school)

공립학교에 자율성을 부여하여 지역의 필요에 부응하는 다양하고 혁신적인 프로그램을 운영할 수 있도록 하는 동시에 국가의 성취도 기준을 만족시켜야 하는 책무성을 부과하는 한편, 학부모의 공립학교 선택을 통하여 공립학교 간 경쟁을 유발한다. 이와 유사한 형태로 영국의 교부금지원학교(Grant-maintained school)가 있다.

② 마그넷 스쿨(Magnet school)

교육 불평등을 해소하고 소수인종 학생의 학업 성취도를 높이고자 하는 목표를 가지고 등장한 새로운 형태의 공교육 학교체제이다. 학교 이름이 자석(magnet)인 이유는 도심지에 위치한 매력적인 학교에 인종과 사회경제적 배경이 차이 나는 학생들이 자석처럼 끌려온다고 하여 붙여졌다. 실제로 마그넷 스쿨 정책은 더 좋은 학교에 자녀들을 보내고 싶은 학부모의 필요에 따른 자발적 선택을 지역 교육구가 유도하여 결과적으로 인종통합학교라는 정책과제를 간접적인 수단을 통해 달성할 수 있었다.

> 관련 기출

001 학교선택제의 내용으로 가장 적합한 것은?

2007 국가직

① 교육수요자의 교육권 존중
② 학교의 민영화
③ 공립학교의 통제
④ 국가경쟁력

> 해설

학교선택권은 교육수요자인 학부모의 교육권을 존중하기 위해서이다.

정답 ①

002 다음 내용에서 설명하고 있는 학교는?

2009 교육청

- 우리나라의 개방형 자율학교와 유사
- 민간이 설립하고 국가가 지원하는 미국의 공립학교(헌장학교, 특허학교)
- 공립학교의 틀에 박힌 시스템에서 벗어나 교수—학습활동의 혁신을 조장하기 위한 것

① Star School
② Charter School
③ Magnet School
④ Grant-Maintained School

해설

협약학교(Charter school)는 공립학교에 자율성을 부여하여 지역의 필요에 부응하는 다양하고 혁신적인 프로그램을 운영할 수 있도록 하는 동시에 협약에서 약정한 성취도 기준을 만족시켜야 하는 책무성이 부과되는 학교이다.

정답 ②

THEME 70 신교육사회학(교육과정사회학)

기출공략

영국의 마이클 영에 의한 신교육사회학이 미국에서는 비판적교육사회학 또는 교육과정사회학이라는 이름으로 불리면서 마이클 애플의 주도로 연구가 진행되었다. 이들은 종래의 교육사회학이 교육의 투입과 산출에 관심을 기울였을 뿐 교육의 과정은 등한시하였다고 비판하고, 교육불평등 현상을 제대로 이해하기 위해서는 그동안 '검은상자(black box)'로 간주하여 소홀히 해왔던 교육내용과 교사-학생 간 상호작용에 관심을 기울여야 한다고 주장하였다. 그동안에 기출은 신교육사회학이 갈등론적 관점의 연장선상에 있음을 확인하는 문제들이었다.

대표문제

2021 국가직

09 신교육사회학에 대한 설명으로 옳지 않은 것은?

① 학교 교육과정 또는 교육내용에 주목한다.
② 불평등의 문제를 학교 교육 안에서 찾는다.
③ 학교에서 가르치는 지식의 사회적 성격을 탐구한다.
④ 구조 기능주의에 기반하여 교육의 사회적 기능을 탐구한다.

해설

신교육사회학은 과거 교육사회학에서 블랙박스로 남겨놓았던 학교교육의 내적과정에 관심을 갖는다. 즉, 학교에서 중시되는 지식은 무엇이며 교육의 내적과정이 어떠한가를 탐구하는데 그런 면에서 교육과정사회학이라고도 부른다. 이러한 교육과정사회학은 학교교육과정 또는 교육내용에 주목하고 학교에서 가르치는 지식의 사회적 성격을 탐구하며 불평등의 문제를 학교교육 안에서 찾고 현상학이나 해석학 등을 이론적 배경으로 한다. 이에 구조기능주의에 기반한다기 보다는 갈등론적 관점에 기반하는 것으로 볼 수 있다.

정답 ④

> 이론 플러스

신교육사회학(교육과정사회학)

① **신교육사회학의 등장(영국)** : 영(Young)
    =교육과정사회학, 비판적 교육과정이론(미국) ; 이글스턴, 애플, 애니온 등
② **애플**의 문화적 헤게모니 지배
③ **라이머** : 학교는 죽었다
④ **일리치** : 탈학교사회→ 상호친화적 제도, 학습을 위한 네트워크(학습망)
⑤ **프레이리** : 문제제기식 교육, 의식화 교육

관련 기출

001 다음 내용에서 신교육사회학에 대해 옳게 설명한 것을 모두 고른 것은? 　2011 교육청

> (가) 현상학이나 해석학 등을 이론적 배경으로 한다.
> (나) 학교에서 다루는 지식은 특정 집단의 관점이 반영된 사회적 구성물이다.
> (다) 학교내에서 이루어지는 교육과정, 교수방법, 교사와 학생의 상호작용 등을 중시하였다.
> (라) 대표적인 학자로는 영(M. Young), 뒤르껭(E.Durkheim), 파슨스(T. Parsons) 등이다.

① (가), (나)
② (다), (라)
③ (가), (나), (다)
④ (나), (다), (라)
⑤ (가), (나), (다), (라)

해설

뒤르껭과 파슨스는 구조기능론 관점의 학자들이며 신교육사회학의 기반은 갈등론이다.

정답 ③

002 다음 내용과 관련되는 교육사회학이론은?

2008 교육청

> 미시적 관점의 교육사회학이론이 학교교육의 내적 과정에 대한 설명을 'Black Box(암흑상자)'로 처리하는 데 대하여 비판하면서 1970년대에 대두된 교육사회학이론이다.

① 사회는 안정 지향적이고 각 제도는 구성원의 합의에 기초하는 것으로 각 제도는 각각의 기능을 수행하며 상호연관성을 가진 것으로 파악한다.
② 능력에 따른 사회적 신분지위의 분배를 강조한다.
③ 사회의 모든 요소는 분열과 변화에 이바지하며 모든 사회는 강압에 의해서 유지된다.
④ 학교교육의 목표는 궁극적으로 인간성 회복에 두어야 한다는 것을 강조한다.
⑤ 현상학이나 해석학을 토대로 한 주관적이며 상대적인 지식을 강조한다.

해설

신교육사회학은 학교에서 다루고 있는 지식을 고정적이며 불변적인 어떤 것으로 보는 전통적인 지식관에 이의를 제기하며 현상학이나 해석학을 토대로 한 주관적이며 상대적인 지식을 강조한다.
①②는 기능론, ③④는 갈등론과 관련된다. 따라서 답은 ⑤이다.

정답 ⑤

THEME 71 문화실조론

기출공략

문화실조란 "가정의 문화적 자본과 활동이 부족하여 학교에서 학습하는 데 필요한 기초적인 소양을 갖추지 못한 상태"를 일컫는다. 문화실조론은 지능이 유전에 의해서 결정된다는 주장을 반박하고 학업성취가 유전적으로 결정되기보다는 가정의 문화적 환경에 의해 상당히 영향을 받는다고 주장한다. 영양을 충분히 섭취하지 못하면 영양실조에 걸리듯이 문화를 충분히 습득하지 못하면 문화실조에 걸린다는 것이다. 문화실조론에 의하면 학교에 들어오기 이전에 가정에서 문화적 자극을 제대로 받지 못한 아동은 언어발달이나 인지발달 등 학습활동에 필요한 기본 소양을 획득하지 못하여 학교학습에 지장을 받게 된다.

이러한 관점과 반대되는 문화상대주의를 주장하는 문화인류학자들은 하나의 절대적 기준에 의해서 문화의 우열을 판단할 수 없다고 보기 때문에 문화실조라는 개념 자체가 성립할 수 없다고 본다. 문화상대주의 입장에서 보면 문화실조론과 보상교육정책은 소수집단의 문화를 주류집단 문화로 대치시키려는 동화주의적 발상과 일치한다는 것이다. 이러한 점에서 문화실조론은 문화단일주의의 입장이다.

대표문제

2021 교육청

06 문화실조론의 주장으로 옳지 않은 것은?

① 학생의 학습실패 중요 요인으로 학생의 문화적 경험 부족을 지목한다.
② 문화적 상대주의의 관점이며, 학생 간의 교육격차가 문화적 결핍보다는 문화적 차이 때문이라고 본다.
③ 빈곤 가정의 결핍된 문화적 환경을 보상하기 위한 프로그램 중 하나가 헤드스타트 프로그램이다.
④ 학교에서 학생들의 성공과 실패는 유전적으로 결정된 것이 아니라고 본다.

해설

문화실조론은 문화적 절대주의의 입장이며 학생 간의 교육격차가 문화적 결핍에서 온다고 본다.

정답 ②

이론 플러스

문화실조론

- 문화실조론은 학업성취 저조가 유전적 결함에 기인하는 것이 아니라 가정의 문화적 환경의 부실에 기인하는 것이라고 보기 때문에 취학 전 교육적 조치에 따라 학업성취 실패를 교정할 수 있는 가능성이 있음을 시사하였고, 교육불평등을 완화시키기 위한 보상교육정책의 이론적 기초를 제공하였다.
- 빈곤가정의 결핍된 문화적 환경을 보상교육프로그램으로 보완해주면, 그 자녀들이 문화실조에서 벗어나 학교에서 성공할 수 있게 되고, 그 결과 좋은 직업과 높은 소득을 얻어 빈곤에서 벗어날 수 있게 된다는 논리하에, 1960년대 이후 보상교육 사업에 대규모의 재정이 투입되었다. 이 가운데 저소득층 취학 전 아동과 그 가정을 대상으로 한 헤드스타트(Head Start) 프로그램은 대표적인 보상교육 프로그램으로서 1965년 도입된 이래로 지금까지 계속되어오고 있다.

THEME 72 다문화교육

기출공략

그동안 다문화교육 관련 기출문제는 아래 대표문제밖에 없었지만, 다문화교육의 중요성과 함께 앞으로 얼마든지 출제될 수 있는 주제이므로 관련내용에 대한 정리가 필요하다. 뱅크스와 베네트를 중심으로 다문화교육의 정의를 정리하고 다문화 교육의 범위, 대상, 목적이 점차 확대되고 있다는 것에 주의할 필요가 있다.

대표문제

2014 국가직

14 뱅크스(J. A. Banks)가 제시한 다문화 교육의 목적이 아닌 것은?

① 특정 인종이나 민족 또는 소외받은 자만을 대상으로 교육하는 것이다.
② 학생들에게 다른 문화의 관점을 통해 자신의 문화를 바라보게 함으로써 자기 이해를 증진시키는 것이다.
③ 학생들에게 문화적, 민족적, 언어적 대안과 선택을 가르치는 것이다.
④ 학생들이 전 지구적이며 테크놀로지화된 세계에서 살아가는 데 필요한 읽기, 쓰기, 수리적 능력을 습득하도록 돕는 것이다.

해설

뱅크스(Banks)는 인종, 성, 계층을 막론하여 "모든 학생이 문화적·민족적 다양성이 증대되는 오늘날의 세계를 살아가는 데 필요한 지식과 기술, 태도를 함양하도록 하는 총체적 교육개혁 운동"으로 정의하여 다문화교육의 범위를 크게 확대시키고 있다.

정답 ①

이론 플러스

다문화교육

(1) **다문화 교육의 개념** : 다문화 교육의 범위, 대상, 목적이 확대되고 있다.
   ① 뱅크스는 인종, 성, 계층을 막론하여 모든 학생이 문화적, 민족적 다양성이 증대되는 오늘날의 세계를 살아가는 데 필요한 지식과 기술, 태도를 함양하도록 하는 총체적 교육개혁 운동으로 정의한다.
   ② 베네트는 다문화 교육을 민주주의의 신념과 가치에 기초를 두고, 상호의존성이 높은 세계, 문화적으로 다양한 사회 안에서 문화 다원주의를 지지하는 교수-학습 방법으로 정의하였다.

지아쌤의
교육학개론
테마별 기출뽀개기

CHAPTER

08

평생교육

출제비율

연도	'07	'08	'09	'10	'11	'12	'13	'14	'15	'16	'17	'18	'19	'20	'21	'22	'23	총 문항수	총 출제문항
국가직	2	2	1	2	2	1	2	1	2	2	1	2	0	2	2	2		340	26(8%)
교육청									1	2	0	1	1	1	2	1	2	180	11(6%)

출제경향

평생교육에서 매년 1~2문제 정도 출제되고 있으며 그동안 교육청 시험에서보다 국가직 시험에서 좀 더 많이 출제되었다. 평생교육이 교육사회와 연결되어 출제되고 있고 매년 두 영역을 합쳐서 3~4문제씩 출제되고 있으므로 교육청 시험에서는 평생교육보다 교육사회 영역의 문제가 좀 더 많이 출제되었다고 볼 수 있다. 가장 많이 출제된 부분은 평생교육의 주요제도를 묻는 문제로써 평생교육법에서 규정하고 있는 사항과 함께 거의 매년 출제되고 있다. 그 외에 유네스코의 평생교육, OECD의 순환교육, 평생교육법과 관련해서 자주 출제되었다.

THEME 73 평생교육의 개념

기출공략

평생교육의 특징을 학교교육과 대비시켜 정리할 필요가 있다. 즉, 정규교육과정인 학교교육의 특징이 아닌 개인의 전 생애, 전 삶의 공간에서 형식의 구애 없이 참여하는 교육 및 학습을 총칭하는 개념으로 이해한다.

대표문제

2013 국가직

16 평생교육체제의 특징에 대한 설명으로 옳지 않은 것은?

① 인간의 통합적이고 유기적인 발달을 고려하여 여러 교육간의 연계와 결합을 추구한다.
② 때와 상황에 따라 사회 전 영역에서 교육의 기회가 제공될 수 있어야 한다고 본다.
③ 지식, 인격, 이성이 변증법적으로 생성될 수 있다는 관점을 가지고 있다.
④ 교육은 문화 유산의 전달 수단이 되고, 인재선별의 기능을 한다.

해설

문화 유산의 전달 수단이 되고, 인재선별의 기능을 하는 것은 정규학교교육의 특징이다.

정답 ④

이론 플러스

평생교육의 개념

- 평생교육의 정의는 우리나라 「평생교육법」에서 규정하고 있는 좁은 의미와 평생교육 본연의 이념과 원리에 따라서 논의되는 넓은 의미로 구분하여 살펴볼 수 있다. 좁은 의미의 평생교육은 법적인 맥락에서 정의하는 의미와 동일선상에 놓여 있다. 즉, 평생교육이란 개인의 사회적 삶 가운데 학교의 정규 교육과정을 제외한 모든 형태의 조직적인 교육 경험을 총칭하는 의미이다. 넓은 의미에서 평생교육의 정의는 평생교육의 이념과 원리에 입각하여 개념화한 것으로, 학교교육을 포함하여 개인의 전 생애, 전 삶의 공간에서 형식의 구애 없이 참여하는 교육 및 학습을 총칭하는 용어이다. 이러한 넓은 의미의 개념 정의에서는 학교교육 또한 평생교육과 분리될 수 없다.

관련 기출

001 평생학습사회에 대한 설명으로 적절하지 않은 것은?
2010 국가직

① 사회자체가 변화에 대해 총체적이고 장기간에 걸친 자기혁신을 통해 새로운 생존방식을 추구하는 일련의 작동기제이다.
② 학습에 대한 결정이 주로 학습자들에게 위임되고, 모든 종류의 조직적, 비조직적 사회활동 속에서 일어나는 학습혁명의 사회이다.
③ 학습의 총량이 증대됨에 따라 해당 사회가 정체되지 않고 스스로 자기주도적 성장을 도모할 수 있는 여건을 조성하는 사회이다.
④ 사회가 학습해야 한다고 요구하는 것을 학습하고, 같은 연령의 학습자가 연령에 따라 단계적으로 표준화된 교육과정으로 학습하는 사회이다.

해설

평생학습사회는 개인의 전 생애, 전 삶의 공간에서 형식의 구애 없이 참여하는 교육 및 학습이 이루어지는 사회이다. ④에서 제시하고 있는 내용은 정규 학교교육에 대한 내용으로 평생학습사회에 해당하지 않는다.

정답 ④

002 평생교육의 개념에 어긋나는 것은? 2007 국가직

① 평생교육은 개인적 차원 및 사회공동체 차원에서 인간의 '삶의 질' 향상을 목적으로 하고 있다.
② 평생교육은 계획적인 학습과 우발적인 학습을 모두 포함한다.
③ 평생교육에서는 발달과업의 학습을 중시한다.
④ 평생교육에서는 학교가 교육을 독점하는 것은 인정하나, 학교교육이 지니는 의미를 평생교육의 관점에서 찾으려 한다.

해설

정답 ④

THEME 74 데이브와 스캐거의 평생교육의 개념적 특징

기출공략

평생교육의 개념을 학자들을 중심으로 가능하면 시기별로 정리해 둘 필요가 있다. 그 첫 번째가 데이브(또는 다베)와 스캐거의 평생교육의 개념적 특징에 대한 문제이다. 총 8가지의 특징을 이해한 뒤에 주어진 내용과 관련된 것을 고를 수 있어야 한다.

대표문제

2011 국가직

16 데이브(R. Dave)와 스캐거(R. Skager)가 제시한 평생교육의 개념적 특징 중 다음 글과 가장 관련이 있는 것은?

> 최대의 학습효과를 올리기 위하여 자기주도학습을 도모하되, 이를 위하여 학습방법, 체험의 기회, 평가방법 등의 개선에 주목한다.

① 전체성(totality)
② 융통성(flexibility)
③ 기회와 동기부여(opportunit and motivation)
④ 교육 가능성(educability)

◈ 해설

데이브(R. Dave)와 스캐거(R. Skager)가 제시한 평생교육의 개념적 특징 중에서 교육가능성에 대한 내용이다. 교육 가능성은 '사람이 교육에 의하여 변화되고 계발될 수 있는 가능성'을 가리키는 것으로 교육의 효과를 높이기 위한 노력 등과 관련된 개념이다.

☀ 정답 ④

이론 플러스

데이브(R. Dave)와 스캐거(R. Skager)의 평생교육의 개념적 특징(1977)

- **전체성** : 학교교육뿐만 아니라 학교밖에서 이루어지는 모든 교육
- **통합성** : 출생에서 죽을때까지, 가정, 학교, 사회교육을 통합
- **융통성** : 어떤 형편에 있는 학습자도 교육을 받을 수 있게 함
- **민주성** : 학습자가 원하는 종류와 양의 교육
- **기회와 동기부여** : 호기심, 지적 탐구력에 기초한 학습기회 제공 및 동기자극
- **교육가능성(교육력)** : 사람이 교육에 의하여 변화되고 계발될 수 있는 가능성을 뜻하는 개념으로 효율적 학습을 위한 학습방법, 체험의 기회, 평가방법 등의 개선, 자기주도 학습을 도모함
- **다양한 전개양식** : 다양한 생활양식에 학습의 형태와 방법을 상응시킴
- **삶의 질과 학습** : 삶의 질을 향상시키기 위한 능력개발에 도움을 줌

THEME 75 비형식 교육

기출공략

쿰스와 아메드는 교육이 학교 교육을 중심으로 하는 정규교육에만 국한되지 않고 여러 방면으로 이루어지고 있다는 점에 주목하여 형식 교육, 비형식 교육, 무형식 교육의 세 가지로 교육형식을 구분하였다. 이 중에서 학교 교육과 동의어로 쓰이는 형식 교육과 제도적으로 규정되어 있는 형식 교육체제 이외의 조직화된 교육 활동을 가리키는 비형식 교육의 차이를 구분해서 이해할 필요가 있다. 학습자의 요구와 관심을 더욱 더 중시하는 편이기 때문에 교수자의 자격요건이나 교육 방법이 프로그램의 상황과 조건에 따라 유동적인 경우가 많다. 교육 활동에 관한 일정한 계획, 실천, 평가, 관리 등의 형식을 갖추고 있다는 점에서 형식 교육과 유사하나 비형식 교육을 통한 학습경험은 통상적으로 사회에서 인정되지 않는다는 점에서 차이를 보인다.

대표문제

2022 국가직

12 다음에 해당하는 교육 개념은?

○ 정규 학교교육 체제 밖에서 이루어지는 조직적 교육활동이다.
○ 교수자의 자격 요건이나 교육 방법이 프로그램의 상황과 조건에 따라 유동적인 경우가 많다.

① 형식 교육 ② 비형식 교육
③ 무형식 교육 ④ 우연적 학습

해설

비형식 교육은 제도적으로 규정되어 있는 형식교육체제 이외의 조직화된 교육활동, 교육 활동에 관한 일정한 계획, 실천, 평가, 관리 등의 형식을 갖추고 있다는 점에서 형식교육과 유사하나 비형식 교육을 통한 학습경험은 통상적으로 사회에서 인정되지 않는다는 점에서 차이를 보인다.
무형식 교육은 학습활동이 전개되는 가운데 학습자의 의도적인 관심과 성찰 활동이라는 인지적 노력이 의식적으로 개입하는 반면, 우연적 학습은 의식적인 성찰 없이 나타나는 학습과정을 의미한다. 예를 들면, 완성도 높은 보고서를 작성하려는 노력은 무형식 교육에, 우연히 접한 환율조정에 대한 기사를 통해 정보를 알게 되는 경우는 우연적 학습에 해당된다.

정답 ②

이론 플러스

형식교육과 비형식 교육의 특징

구분	형식 교육	비형식 교육
목적	• 장기간 • 일반적 목적 • 학점 수여함	• 단기간 • 특정 영역의 목적 • 학점 수여하지 않음
시간	• 장기간 • 다음 단계를 위한 준비 • 전업 학생	• 단기간 • 순환적 • 시간제 학생
내용	• 표준화된 교육과정 • 입학조건을 갖춘 사람만 허가	• 개인화된 내용 • 입학조건은 학습자가 결정
전달방식	• 기관 중심 • 교수자 중심 • 사회환경으로부터 고립됨 • 경직된 체제 • 자원의 집중	• 환경 중심 • 학습자 중심 • 공동체 기반, 활동 중심 • 유연한 체제 • 자원 절약
관리방식	• 외부관리 • 위계적	• 자기관리 • 민주적

▲ 형식 교육과 비형식 교육 비교

관련 기출

001 형식학습과 비교한 비형식 학습에 대한 설명으로 옳지 않은 것은?   2020 국가직

① 시간 – 단기간 및 시간제 학생
② 목적 – 일반적인 목적 및 학위수여
③ 내용 – 개인화된 내용 및 학습자가 입학조건 결정
④ 전달방식 – 자원의 절약 및 유연한 체제

해설

② 일반적인 목적 및 학위 수여는 형식학습(교육)의 특징이다. 비형식 학습은 특정 영역의 목적을 지니며 학점을 수여하지 않는다.

정답 ②

THEME 76 유네스코의 평생교육

기출공략

1960년대를 기점으로 학교교육의 위기상황에 대한 대안으로서 출발, 평생교육의 논의를 본격적으로 심화시킨 것은 UNESCO 국제성인교육회의의 여러 차례 회의와 OECD가 큰 역할을 한 것으로 볼 수 있다. 그 가운데 UNESCO는 평생교육에, OECD는 순환교육을 강조하였다는 점을 기억하는 것이 중요하다. 또한 평생교육을 강조한 유네스코의 국제성인교육회의의 문헌들, 랭그랑의 『평생교육에 대한 입문(1965)』을 시작으로 포르의 『존재를 위한 학습 : 세계교육의 현재와 미래(1972)』, 들로르의 『학습 : 그 안에 담겨 있는 보물(1996)』을 발표 시 기순으로 특징을 정리해서 기억해야 한다.

대표문제

2020 국가직

09 다음 설명에 해당하는 평생교육 문헌은?

- 국제교육의 해와 개발연대를 맞아서 전 세계적으로 보급되었다.
- 평생교육 개념 확산에 크게 기여하였다.
- 평생교육의 개념 정립보다는 평생교육의 대두 배경을 제시한 입문서로 볼 수 있다.

① 랭그랑(Lengrand)의 평생교육에 대한 입문
② 포르(Faure)의 존재를 위한 학습
③ 다베(Dave)의 평생교육과 학교 교육과정
④ OECD의 순환교육 보고서

해설

랭그랑(Lengrand)은 평생교육에 대한 입문 『평생교육에 대한 입문(1965)』을 통해 인간은 태어나서 죽을 때까지 평생에 걸쳐 교육받을 권리가 보장되어야 하며 이를 위해서 교육대상에 따라서 분절되어 있는 교육제도를 재구성하여 새로운 통합적인 교육제도를 만들어야 한다고 주장, 평생교육 개념 확산에 크게 기여하였다.

정답 ①

> 이론 플러스

유네스코의 평생교육

① 랭그랑의 『평생교육에 대한 입문(1965)』 : "인간은 태어나서 죽을 때까지 평생에 걸쳐 교육받을 권리가 보장되어야 하며 이를 위해서 교육대상에 따라서 분절되어 있는 교육제도를 재구성하여 새로운 통합적인 교육제도를 만들어야 한다."
② 유네스코가 1970년을 세계교육의 해로 선정, 평생교육을 기본 이념으로 채택하는데 영향
③ 포르의 『존재를 위한 학습 : 세계교육의 현재와 미래(1972)』 : "학습이란 것이 개인의 전 생애에 걸쳐서 수행되며 모든 사회적 공간에서 발생하는 것이므로, 기존 교육체제에 대한 필수적인 점검을 넘어서 학습사회의 단계까지 도달하도록 노력해야 한다."
④ 데이브와 스캐거의 평생교육의 개념적 특징(1977)
⑤ 들로르의 『학습 : 그 안에 담겨 있는 보물(1996)』 : "알기 위한 학습, 행위를 위한 학습, 더불어 살아가기 위한 학습, 그리고 존재를 위한 학습"

관련 기출

001 랭그랑(P. Lengrand)의 평생교육에 대한 견해와 가장 거리가 먼 것은? 2018 국가직

① 학교교육과 학교 외 교육의 시간적·공간적 분리를 강조한다.
② 개인에게 사회의 발전에 충분히 참여할 수 있게 하는 교육이다.
③ 평생을 통해 개인이 가진 다방면의 소질을 계속적으로 발전시키는 교육이다.
④ 급속한 사회변화와 인구증가, 과학기술의 발달, 생활양식과 인간관계의 균형상실 등이 그 필요성을 증가시킨 배경이다.

해설

랭그랑은 『평생교육에 대한 입문(1965)』을 통해 "인간은 태어나서 죽을 때까지 평생에 걸쳐 교육받을 권리가 보장되어야 하며 이를 위해서 교육대상에 따라서 분절되어 있는 교육제도를 재구성하여 새로운 통합적인 교육제도를 만들어야 한다."고 주장하였다. 그러므로 보기 ① 학교교육과 학교 외 교육의 시간적·공간적 분리를 강조한 것은 랭그랑의 견해와 정반대되는 입장이다.

정답 ①

002 다음은 유네스코의 21세기 국제교육위원회에서 제시한 21세기를 준비하는 4가지 학습이다. 이 내용을 담고 있는 보고서는?

2016 국가직

> ○ 알기 위한 학습(learning to know)
> ○ 행하기 위한 학습(learning to do)
> ○ 존재하기 위한 학습(learning to be)
> ○ 함께 살기 위한 학습(learning to live together)

① 만인을 위한 평생학습(Lifelong Learning for All)
② 학습 : 감추어진 보물(Learning : The Treasure Within)
③ 지구 지식경제에서의 평생학습(Lifelong Learning in the Global Knowledge Economy)
④ 순환교육 : 평생학습을 위한 전략(Recurrent Education : A Strategy for Lifelong Learning)

해설

유네스코는 1996년에 들로르(Delors)를 위원장으로 하는 '21세기 세계교육위원회'를 통하여 평생교육의 이념을 종합적으로 제시하였다. 흔히 '들로르 보고서'로 일컬어지는 『학습 : 그 안에 담겨 있는 보물』은 "알기 위한 학습, 행위를 위한 학습, 더불어 살아가기 위한 학습, 그리고 존재를 위한 학습"을 주장하였다.

정답 ②

THEME 77 OECD의 순환교육

기출공략

유네스코가 평생교육을 중시했다면 OECD는 순환교육을 강조하였다. OECD가 강조한 순환교육은 변화가 빠른 현대사회에서 학습은 기초교육을 마친 다음에도 일생동안 순환적인 방법으로 계속되어야 한다는 전략, 즉 학교를 졸업하고 사회에 나가서도 언제나 원하는 교육기관에 돌아가서 교육을 받을 수 있는 기회를 제공해야 한다는 것이다.

대표문제

2021 교육청

02 경제협력개발기구(OECD)에 의하여 구상된 혁신적 교육프로그램으로, 사회에 진출한 사람들을 다시 정규교육 기관에 입학하게 하여 재학습의 기회를 주는 교육은?

① 계속교육
② 생애교육
③ 성인교육
④ 순환교육

해설

순환교육은 교육기 → 노동기 → 은퇴기라는 연속형모델(고정된 생활주기)에서 상호순환할 수 있는 교육제도로의 개혁을 주장하는 입장이다.
계속교육은 학교교육, 즉 정규교육을 다 마친 개인에게 쉬지 않고 계속하여 교육을 받을 수 있는 기회를 제공한다는 입장에서 사용하는 평생교육의 한 형태이다. 주로 성인 학습자들의 일반적 교육 수준 강화와 지식·기술 향상을 목적으로 전문 기술 조직이나 공적, 사적 교육기관이나 단체에 의해 실시되는 교육훈련 프로그램이 주요 내용이다. 이러한 계속교육이 학교교육에 대한 연속적인 산술적 합산으로서의 의미를 갖는다면, 순환교육은 기존의 국가주도 연속성 모형에 대한 구조조정을 의미한다고 볼 수 있다.
성인교육은 성인을 대상으로 하는 교육으로 학교 밖 교육을 가리킨다.

정답 ④

> 이론 플러스

OECD의 순환교육

- 1965년 랭그랑의 평생교육론에 의해 제기된 유네스코의 평생교육론이 교육내적인 교육체제의 관점에서 종합적인 교육정책을 추구하는 입장이라면, 1973년 평생학습을 위한 전략으로서의 OECD 순환교육은 교육정책과 사회노동정책의 협력제휴를 지향하는 종합적인 사회정책을 추구하는 것으로 볼 수 있다. 다시 말하면 순환교육은 교육활동과 다른 사회활동과의 협력제휴를 통해서 평생교육정책을 수립하려고 한다. 즉, 가정, 직업, 노동, 여가 등과 같은 활동과 더불어 사회경제적인 세력과 긴밀한 관계를 갖는 것이기 때문에 순환교육은 순수한 교육 정책만으로 성립되는 것이 아니고 특히 사회경제정책의 변화에 따라서 영향을 받을 가능성이 크다.
- 순환교육은 과거의 교육이 인생의 초기에 그것도 일정한 연령에 끝나는 것과 달리 변화가 빠른 현대사회에서 학습은 기초교육을 마친 다음에도 일생동안 순환적인 방법으로 계속되어야 한다는 전략, 즉 학교를 졸업하고 사회에 나가서도 언제나 원하는 교육기관에 돌아가서 교육을 받을 수 있는 기회를 제공해야 한다는 것이다.

관련 기출

001 다음 내용에 해당하는 평생교육 관련 개념은? 2008 국가직

- OECD가 1973년에 제안함
- 핵심개념은 교육기회가 일생 전체에 걸쳐 있어야 함을 강조함.
- 학교 교육을 마치고 직업 생활에 종사하는 성인들에게 수시로 적절한 시기를 택하여 계속적인 재교육을 하는 것이 필요하다는 견해에서 비롯됨.
- 직업-교육, 일-여가를 교대로 반복하는 상호교환작용을 전제하여 직업현장과 교육제도 및 방법의 근본적인 재개편을 요구하는 개념임.

① 교정교육
② 순환교육
③ 기업교육
④ 민중교육

해설

OECD가 제안한 것으로 직업-교육, 일-여가를 교대로 반복하는 상호교환작용을 전제하여 직업현장과 교육제도 및 방법의 근본적인 재개편을 요구하는 개념은 순환교육이다.

정답 ②

002 경제협력개발기구(OECD)가 제안한 순환교육에 대한 설명으로 옳지 않은 것은?

2019 교육청

① 의무교육과 같은 정규교육영역을 중심으로 제안한 전략이다.
② 사적 영역에서 이루어지고 있는 직무교육을 포함한다.
③ 교육은 개인의 전 생애 동안 순환적인 방법으로 배분될 수 있다고 가정한다.
④ 교육과 일, 자발적 비고용 기간, 은퇴가 서로 교차할 수 있다는 것을 기본원리로 삼는다.

해설

교육과 일, 자발적 비고용 기간, 은퇴가 서로 교차할 수 있다는 것을 기본원리로 삼고 교육이 개인의 전 생애 동안 순환적인 방법으로 배분될 수 있다고 가정하는 것은 OECD가 제안한 순환교육이다.

정답 ①

THEME 78 성인교육(안드라고지)

기출공략

안드라고지의 개념을 언급하면서 빼놓을 수 없는 인물이 놀스(K. Knowles)이다. 놀스는 아동을 대상으로 하는 교육에 대한 페다고지의 개념에 대응하는 개념으로 안드라고지를 제안하면서, 아동과 구분되는 성인의 독특한 학습원리와 학습과정에 대해 논의하였다.

안드라고지의 특징은 성인이라는 대상에 있다기보다는 '자기주도성'에서 찾아볼 수 있다. 자기주도적 학습은 학습자가 자율성을 기반으로 하여 학습의 운영에 대하여 책임을 갖는 형태를 강조하는 개념으로, 학습의 개별성을 강조하기보다는 학습자의 권한과 자율성에 더 주목하는 개념이다. 자기주도적 학습은 성인의 일상적 경험 속에서 이루어지며 학습자 스스로 가치판단과 의사결정, 그리고 주체적인 학습을 수행하는 것을 가리키는 개념이며 이것이 곧 성인학습의 특징이기도 하다.

대표문제

2023 교육청

07 성인학습에 대한 린드만(Lindeman)의 설명으로 옳지 않은 것은?

① 성인학습자의 개인차는 나이가 들수록 감소한다.
② 경험은 성인학습의 중요한 자원이다.
③ 토론은 성인교육의 실천적 방법이다.
④ 성인학습은 삶 혹은 현장 중심적이다.

해설

성인학습자의 개인차는 나이가 들수록 증가한다.

정답 ①

이론 플러스

성인교육(안드라고지)

- 놀스는 안드라고지 개념에 대한 여러 논쟁을 검토하여 1980년에 개정판을 출판한다. 놀스는 개정판에서 1970년대 발간된 책의 부제를 "페다고지에서 안드라고지"로 수정하여, 페다고지와 안드라고지를 연속선상의 개념으로 소개한다. 아동과 성인이라는 학습자의 특성에 따라 페다고지는 아동에게만 적합하고 안드라고지는 성인에게만 적합한 원리라고 이해하기보다 아동과 성인의 구분없이 학습상황에 따라 보다 효과적인 학습실행을 돕는 원리이자 가정으로 설명한다. 즉, 성인이라도 자신의 상황에 따라서 페다고지 방법이 더 적합하고 효과적인 경우가 있을 수 있으며, 아동의 경우에도 안드라고지 방법이 더 적절할 수 있다는 점을 강조한다.
- 이러한 변화는 애초에 교육 대상에 중점을 두고 아동교육을 위한 방법과 성인학습을 촉진하는 방법으로 페다고지와 안드라고지를 구분하던 것에서 교수자의 역할을 강조하는 교육 원리와 학습자의 주도성을 강조하는 교육 원리로 개념이 강조하는 지점이 변화한 것으로 볼 수 있다.

즉, 어떤 학습자에게 적합한 접근은 양자택일적인 접근이 아닌 페다고지적 특징이 좀 강조되는(교수자의 역할이 더 많이 필요한) 접근 혹은 안드라고지적 특징이 좀더 드러나는(학습자의 주도성을 좀더 보장하는) 접근이라는 식으로 판단한다.

관련 기출

001 성인교육(andragogy)에 대한 설명으로 옳지 않은 것은? 2010 국가직

① 학습자의 경험을 유용한 교육자원으로 활용한다.
② 학습자가 자기 주도적이라는 것을 전제로 한다.
③ 현재의 실생활에 적용할 수 있도록 학습하게 하므로 성과지향적이다.
④ 문제중심학습보다는 과목중심학습을 추구한다.

해설

성인교육은 과목중심학습보다는 문제중심학습을 추구한다.

정답 ④

002 평생교육에 이론적 기초를 제공한 학자와 그가 주장한 핵심개념이 올바르게 연결된 것은?

2015 교육청

① 일리치(I. Illich) – 인간자본론
② 랑그랑(P. Lengrand) – 순환교육
③ 허친스(R. Hutchins) – 문화재생산이론
④ 놀스(K. Knowles) – 안드라고지(andragogy)

해설

① 일리치(I.Illich) – 탈학교론, ② 랑그랑(P.Lengrand) – 평생교육, ③ 허친스(R.Hutchins) – 학습사회론

정답 ④

THEME 79 평생학습도시

기출공략

평생학습도시 관련해서는 평생학습도시의 연혁과 함께 관계법령을 함께 정리해두는 것이 필요하다.
연혁으로는 1968년에 허친스의 학습사회론 대두 이후 평생학습사회의 건설에서 발전하여 학습도시, 즉 학습타운 개념이 처음 제기되었으며, 1979년에 평생학습도시를 최초로 선언한 도시는 일본 가께가와시이다. 우리나라에서는 1999년 3월 9일 광명시에서 우리나라 최초로 평생학습도시를 선언하고 2001년에 경기도 광명시, 전라북도 진안군, 그리고 대전광역시 유성구의 3개 기초자치단체를 평생학습도시로 지정하면서 시작되었다. 2022년 2월, 8개 기초 지자체(강원 태백시, 경북 문경시, 부산 강서구, 서울 광진구, 서울 종로구, 인천 동구, 인천 중구, 전북 순창군)를 평생학습도시로 신규 선정하여 총 188개, 이는 전국 기초 지자체(226개)의 83.2%에 달한다.
관계 법령으로는 다음과 같이 평생교육법 제15조(평생학습도시)에 관한 규정이 있다. ① 국가는 지역사회의 평생교육 활성화를 위하여 특별자치시, 시·군 및 자치구를 대상으로 평생학습도시를 지정 및 지원할 수 있다. ② 제1항에 따른 평생학습도시 간의 연계·협력 및 정보교류의 증진을 위하여 전국평생학습도시협의회를 둘 수 있다. ③ 제2항에 따른 전국평생학습도시협의회의 구성·운영에 필요한 사항은 대통령령으로 정한다. ④ 제1항에 따른 평생학습도시의 지정 및 지원에 필요한 사항은 교육부장관이 정한다.

대표문제

2021 교육청

07 평생교육법상 평생학습도시에 대한 설명으로 옳지 않은 것은?

① 평생학습도시의 지정 및 지원에 필요한 사항은 교육부장관이 정한다.
② 전국평생학습도시협의회의 구성 및 운영에 필요한 사항은 교육부령으로 정한다.
③ 평생학습도시 간의 연계·협력 및 정보교류의 증진을 위하여 전국평생학습도시협의회를 둘 수 있다.
④ 국가는 지역사회의 평생교육 활성화를 위하여 시·군 및 자치구를 대상으로 평생학습도시를 지정 및 지원할 수 있다.

해설
② 전국평생학습도시협의회 구성 및 운영에 필요한 사항은 대통령령으로 정한다.

정답 ②

이론 플러스

허친스의 성인교육철학 : 학습사회론

- 사회개혁을 위한 교육적 처방과 함께 항존주의에 기반한 교육프로그램을 제시
- 사회의 개혁은 오직 합리적 지성을 갖춘 성인들에 의해서 이루어질 수 있다고 강조
- 성인교육의 목적을 합리적 지성의 계발에 두었으며, 이를 위한 교육내용과 방법으로 위대한 고전 읽기프로그램을 제시
- 학습하는 성인이 물질주의, 현재주의가 만연된 미국사회를 구원할 수 있을 것이라는 믿음이 그의 성인교육 철학의 핵심이다.
- 성인 스스로 학습하는 사회를 구현해야 하고 그것이 정신적으로 황폐해진 사회를 구하는 길임을 주장

관련 기출

001 평생학습도시에 대한 설명으로 옳은 것은? 2011 국가직

① 평생학습도시의 효시는 1968년에 애들러(M. Adler)가 학습 사회론을 제창하면서부터이다.
② 1979년에 평생학습도시를 최초로 선언한 도시는 영국의 뉴캐슬이다.
③ 평생학습도시의 유형 중 '산업혁신형'은 지방자치단체의 종합적이고 광범위한 재생 전략을 기본 특징으로 하는 도시이다.
④ 우리나라의 경우 1999년에 경기도 광명시가 최초로 평생학습 도시를 선언한 후 국가 단위의 학습도시사업이 전개되고 있다.

해설

① 1968년 허친스(R. M. Hutchins)의 학습사회론 이후 발전된 개념이다.
② 1979년에 평생학습도시를 최초로 선언한 도시는 일본 가께가와시이다.
③ 평생학습도시의 유형 중 '행정주도형'은 지방자치단체의 종합적이고 광범위한 재생 전략을 기본 특징으로 하는 도시이다. 산업혁신형은 기업체가 주도하는 학습지역운동으로 산업단지 및 산업복합단지에서 혁신을 증진시키려는 것을 주된 목적으로 함.

정답 ④

002 다음 내용이 설명하고 있는 것은?

2008 국가직

- 1968년 허친스(R. M. Hutchins)의 학습사회론 이후 발전된 개념이다.
- 학습공동체 건설을 도모하는 총체적 도시 재구조화 운동이다.
- OECD의 한 보고서는 지식기반 경제시대를 맞아 도시 및 지역에서의 학습, 생산성, 혁신, 경제 등을 증진시키는 데에 이것의 운영이 매우 긍정적인 작용을 한 것으로 평가한다.
- 산업 혁신형, 학습 파트너형, 지역사회 재생형, 이웃공동체 형성형 등으로 구분할 수 있다.

① 기업도시
② 혁신도시
③ 평생학습도시
④ 행정도시

◆ 해설

☀ 정답 ③

THEME 80 학교와 평생교육

기출공략

학교가 그동안 담당해 온 아동·청소년의 교육에만 매진하지 않고 다양한 사회집단을 대상으로 하는 교육기관으로서 학교 기능의 가능성에 주목하는 논의가 나타나고 있다. 이는 지역사회 주민들과 함께하는 교육기관으로서 학교의 기능에 대한 논의들을 포함한다. 이러한 움직임 속에서 학교와 평생교육에 관한 문제들이 출제될 수 있다. 이에 대비하여 학교의 평생교육에 대해 규정하고 있는 「평생교육법」의 법조항을 살펴보는 것이 필요하다.

대표문제

2016 국가직

14 초·중등교육법에 따른 각급학교의 장이 평생교육법에 의거하여 학교의 평생교육을 실시하고자 할 때, 그 방법으로 옳지 않은 것은?

① 평생교육을 직접 실시하거나 영리를 목적으로 하는 법인 및 단체에 위탁하여 실시할 수 있다.
② 학교의 평생교육을 실시하기 위하여 각급학교의 교실·도서관·체육관, 그 밖의 시설을 활용하여야 한다.
③ 평생교육을 실시함에 있어서 평생교육의 이념에 따라 교육과정과 방법을 수요자 관점으로 개발·시행하도록 한다.
④ 학교를 개방할 경우 개방시간 동안의 해당 시설의 관리·운영에 필요한 사항은 해당 지방자치단체의 조례로 정한다.

해설

① 각급학교의 장은 해당 학교의 교육여건을 고려하여 학생·학부모와 지역 주민의 요구에 부합하는 평생교육을 직접 실시하거나 지방자치단체 또는 민간에 위탁하여 실시할 수 있다. 다만, 영리를 목적으로 하는 법인 및 단체는 제외한다.

정답 ①

> 이론 플러스

「평생교육법」 제29조【학교의 평생교육】

① 「초·중등교육법」 및 「고등교육법」에 따른 각급학교의 장은 평생교육을 실시하는 경우 평생교육의 이념에 따라 교육과정과 방법을 수요자 관점으로 개발·시행하도록 하며, 학교를 중심으로 공동체 및 지역문화 개발에 노력하여야 한다.
② 각급학교의 장은 해당 학교의 교육여건을 고려하여 학생·학부모와 지역 주민의 요구에 부합하는 평생교육을 직접 실시하거나 지방자치단체 또는 민간에 위탁하여 실시할 수 있다. 다만, 영리를 목적으로 하는 법인 및 단체는 제외한다.
③ 제2항에 따른 학교의 평생교육을 실시하기 위하여 각급학교의 교실·도서관·체육관, 그 밖의 시설을 활용하여야 한다.
④ 제2항 및 제3항에 따라 학교의 장이 학교를 개방할 경우 개방시간 동안의 해당 시설의 관리·운영에 필요한 사항은 해당 지방자치단체의 조례로 정한다.

THEME 81 평생교육법

기출공략

평생교육법 관련 문제들이 자주 출제되고 있는 만큼 평생교육법 주요 조항들에 대한 공부가 필요하다. 특히 아래 대표문제처럼 평생교육의 정의와 영역을 규정하고 있는 제2조 조항이 중요하며 평생교육의 정의와 함께 평생교육의 7대 영역에 대해서도 기억하고 있어야 한다.

대표문제

2015 국가직

06 다음은 평생교육법 조항의 일부이다. 괄호 안에 공통으로 들어가는 말은?

> 제2조(정의) 이 법에서 사용하는 용어의 정의는 다음과 같다.
> 1. "평생교육"이란 학교의 정규교육과정을 제외한 학력 보완교육, 성인 (   )교육, 직업능력 향상교육, 인문교양교육, 문화예술교육, 시민참여교육 등을 포함하는 모든 형태의 조직적인 교육활동을 말한다.
> 제39조 … ① 국가 및 지방자치단체는 성인의 사회생활에 필요한 (   )능력 등 기초능력을 높이기 위하여 노력하여야 한다.

① 취업
② 문자해득
③ 의사소통
④ 정보통신

해설

2023년 9월 현재 평생교육의 6대 영역 가운데 문자해득교육에 대한 문제이다. 또한 평생교육법 제39조(문해교육의 실시 등) ①항에서 국가 및 지방자치단체는 성인의 사회생활에 필요한 문자해득능력 등 기초능력을 높이기 위하여 노력하여야 한다고 규정하고 있다.

정답 ②

이론 플러스

평생교육법

- 평생교육법 조항에서 자주 출제가 되고 있는 만큼 법 조항에 대한 숙지가 필요하다. 특히, 제2조 1항은 개정된 사항인만큼 주의가 필요하다.
- 평생교육의 정의 및 영역에 대해 규정하고 있는 평생교육법 제2조 1항은 2023년 6월 13일에 아래와 같이 개정되어 23년 12월 14일 시행을 앞두고 있다. 여기서는 평생교육 6대 영역이 7대 영역으로 성인 진로개발역량 향상교육이 추가되었다.

「평생교육법」

제2조(정의) 이 법에서 사용하는 용어의 정의는 다음과 같다.
1. "평생교육"이란 학교의 정규교육과정을 제외한 학력보완교육, 성인 문자해득교육, 직업능력 향상교육, 성인 진로개발역량 향상교육, 인문교양교육, 문화예술교육, 시민참여교육 등을 포함하는 모든 형태의 조직적인 교육활동을 말한다.
2. "평생교육기관"이란 다음 각 목의 어느 하나에 해당하는 시설·법인 또는 단체를 말한다.
   가. 이 법에 따라 인가·등록·신고된 시설·법인 또는 단체
   나. 「학원의 설립·운영 및 과외교습에 관한 법률」에 따른 학원 중 학교교과교습학원을 제외한 평생직업교육을 실시하는 학원
   다. 그 밖에 다른 법령에 따라 평생교육을 주된 목적으로 하는 시설·법인 또는 단체
3. "문자해득교육"(이하 "문해교육"이라 한다)이란 일상생활을 영위하는데 필요한 문자해득(文字解得)능력을 포함한 사회적·문화적으로 요청되는 기초생활능력 등을 갖출 수 있도록 하는 조직화된 교육프로그램을 말한다.
6. "성인 진로개발역량 향상교육"(이하 "성인 진로교육"이라 한다)이란 성인이 자신에게 적합한 직업을 찾고 진로를 인식·탐색·준비·결정 및 관리할 수 있도록 진로수업·진로심리검사·진로상담·진로정보·진로체험 및 취업지원 등을 제공하는 활동을 말한다.

제4조(평생교육의 이념) ① 모든 국민은 평생교육의 기회를 균등하게 보장받는다.
② 평생교육은 학습자의 자유로운 참여와 자발적인 학습을 기초로 이루어져야 한다.
③ 평생교육은 정치적·개인적 편견의 선전을 위한 방편으로 이용되어서는 아니 된다.
④ 일정한 평생교육과정을 이수한 자에게는 그에 상응하는 자격 및 학력인정 등 사회적 대우를 부여하여야 한다.

제9조(평생교육진흥기본계획의 수립) ① 교육부장관은 5년마다 평생교육진흥기본계획(이하 "기본계획"이라 한다)을 수립하여야 한다.

제10조(평생교육진흥위원회의 설치) ① 평생교육진흥정책에 관한 주요사항을 심의하기 위하여 교육부장관 소속으로 평생교육진흥위원회(이하 "진흥위원회"라 한다)를 둔다.

제11조(연도별 평생교육진흥시행계획의 수립·시행) ① 관계 중앙행정기관의 장 및 시·도지사는 기본계획에 따라 연도별 평생교육진흥시행계획(이하 "시행계획"이라 한다)을 수립·시행하여야 한다. 이 경우 시·도지사는 시·도교육감과 협의하여야 한다.

제12조(시·도평생교육협의회) ① 시행계획의 수립·시행에 필요한 사항을 심의하기 위하여 시·도지사 소속으로 시·도평생교육협의회(이하 "시·도협의회"라 한다)를 둔다.
② 시·도협의회는 의장·부의장을 포함하여 20인 이내의 위원으로 구성한다.

관련 기출

001 평생교육의 6대 영역 중 인문교양교육에 해당하는 것은? 2020 교육청

① 건강심성 프로그램
② 시민참여활동 프로그램
③ 생활문화예술 프로그램
④ 레저생활스포츠 프로그램

해설

인문교양교육영역에는 건강심성 프로그램, 생활소양 프로그램, 인문학적 교양 프로그램 등이 있다. 보기 ②시민참여활동 프로그램은 시민참여교육에, ③생활문화예술 프로그램과 ④레저생활스포츠 프로그램은 문화예술교육에 해당된다. 이러한 문제를 풀 때는 각각의 영역을 모두 염두에 두고 주어진 보기를 해당 영역에 분류하는 것이 좋다.

정답 ①

002 평생교육법 에 근거할 때, 평생교육기관이 아닌 것은? 2016 교육청

① 교육감에게 등록된 학교교과교습학원
② 관할청에 보고된 대학 부설 평생교육원
③ 교육감에게 신고된 시민사회단체의 평생교육시설
④ 교육부장관의 인가를 받은 사업장 부설 사내대학

해설

「평생교육법」제2조 2항에서 "평생교육기관"을 다음과 같이 규정하고 있다.
가. 이 법에 따라 인가·등록·신고된 시설·법인 또는 단체
나. 「학원의 설립·운영 및 과외교습에 관한 법률」에 따른 학원 중 학교교과교습학원을 제외한 평생직업교육을 실시하는 학원
다. 그 밖에 다른 법령에 따라 평생교육을 주된 목적으로 하는 시설·법인 또는 단체
그러므로 위 조항에 따르면 평생교육기관이 아닌 것은 ①교육감에게 등록된 학교교과교습학원이다.

정답 ①

003 평생교육법 제4조에 제시된 평생교육의 이념으로 볼 수 없는 것은? 2010 교육청

① 모든 국민은 평생교육의 기회를 균등하게 보장 받는다.
② 평생교육은 학습자의 자유로운 참여와 자발적인 학습을 기초로 이루어져야 한다.
③ 평생교육은 정치적·개인적 편견의 선전을 위한 방편으로 이용되어서는 아니 된다.
④ 일정한 평생교육과정을 이수한 자에게는 그에 상응하는 자격 및 학력인정 등 사회적 대우를 부여하여야 한다.
⑤ 성인교육을 위해서는 기업체 및 산업체의 교육적 역할이 강조되어야 하며, 교육기회를 상실한 사람에게는 보충교육을 하여야 한다.

해설

「평생교육법」제4조는 평생교육의 이념을 다음과 같이 제시하고 있다.
① 모든 국민은 평생교육의 기회를 균등하게 보장받는다.
② 평생교육은 학습자의 자유로운 참여와 자발적인 학습을 기초로 이루어져야 한다.
③ 평생교육은 정치적·개인적 편견의 선전을 위한 방편으로 이용되어서는 아니 된다.
④ 일정한 평생교육과정을 이수한 자에게는 그에 상응하는 자격 및 학력인정 등 사회적 대우를 부여하여야 한다.

정답 ⑤

THEME 82. 평생교육의 주요제도 : 평생교육사, 학점인정제도, 독학학위제, 학습계좌제, 학습휴가제 등

기출공략

평생교육의 주요제도에 대한 문제가 자주 출제되고 있다. 이 제도들을 「평생교육법」에서 규정하고 있는 내용을 중심으로 정리할 필요가 있다. 주요 제도로서 평생교육사, 학점인정제도, 독학학위제, 학습계좌제, 학습휴가제, 평생교육바우처 등의 주요 특징을 알고 있어야 한다.

대표문제

2022 교육청

09 평생교육 제도에 대한 설명으로 옳지 않은 것은?

① 학습휴가제 – 평생학습 기회를 확대하기 위하여 소속 직원에게 유급 또는 무급의 학습휴가를 실시할 수 있다.
② 평생교육이용권 – 국민에게 평생교육의 기회를 제공하기 위하여 신청을 받아 평생교육이용권을 발급할 수 있다.
③ 학습계좌제 – 평생교육을 촉진하고 인적자원의 개발·관리를 위해 국민의 개인적 학습경험을 종합적으로 집중 관리한다.
④ 독학학위제 – 고등학교 졸업이나 이와 같은 수준 이상의 학력을 인정받지 못한 경우에도 학사학위 취득시험의 응시자격이 있다.

해설

「독학에 의한 학위취득에 관한 법률」제4조(응시자격)에서 시험에 응시할 수 있는 사람은 고등학교 졸업이나 이와 같은 수준 이상의 학력(學力)이 있다고 인정된 사람이어야 한다고 명시하고 있다.
평생교육바우처는 '저소득성인'에게 교육비를 지원하는 제도로, 신청 대상은 만 19세 이상 기초생활수급자, 차상위계층, 기준 중위소득 65% 이하 가구의 구성원이며, 지원 대상에 선정되면 평생교육 희망카드를 발급받아 1인당 연간 최대 35만 원을 지원 받을 수 있다.

정답 ④

> 이론 플러스

평생교육의 주요제도 : 평생교육사, 학점인정제도, 독학학위제, 학습계좌제, 학습휴가제 등

(1) 평생교육사

「평생교육법」 제24조(평생교육사) ① 교육부장관은 평생교육 전문인력을 양성하기 위하여 다음 각 호의 어느 하나에 해당하는 사람에게 평생교육사의 자격을 부여하며, 자격을 부여받은 사람에게는 자격증을 발급하여야 한다.

1. 「고등교육법」 제2조에 따른 학교(이하 "대학"이라 한다) 또는 이와 같은 수준 이상의 학력이 있다고 인정되는 기관에서 교육부령으로 정하는 평생교육 관련 교과목을 일정 학점 이상 이수하고 학위를 취득한 사람
2. 「학점인정 등에 관한 법률」 제3조제1항에 따라 평가인정을 받은 학습과정을 운영하는 교육훈련기관(이하 "학점은행기관"이라 한다)에서 교육부령으로 정하는 평생교육 관련 교과목을 일정 학점 이상 이수하고 학위를 취득한 사람
3. 대학을 졸업한 사람 또는 이와 같은 수준 이상의 학력이 있다고 인정되는 사람으로서 대학 또는 이와 같은 수준 이상의 학력이 있다고 인정되는 기관, 제25조에 따른 평생교육사 양성기관, 학점은행기관에서 교육부령으로 정하는 평생교육 관련 교과목을 일정 학점 이상 이수한 사람
4. 그 밖에 대통령령으로 정하는 자격요건을 갖춘 사람

② 평생교육사는 평생교육의 기획·진행·분석·평가 및 교수업무를 수행한다.
④ 평생교육사의 등급, 직무범위, 이수과정, 연수 및 자격증의 교부절차 등에 필요한 사항은 대통령령으로 정한다.

1) 평생교육사의 등급은 1급부터 3급까지로 구분한다.
2) 평생교육사가 되기 위해서 평생교육실습을 포함하여 필수과목으로 15학점 이상을 이수해야 한다.

(2) 평생학습계좌제

「평생교육법」 제23조(학습계좌) ①교육부장관은 국민의 평생교육을 촉진하고 인적자원의 개발·관리를 위하여 학습계좌(국민의 개인적 학습경험을 종합적으로 집중 관리하는 제도를 말한다)를 도입·운영할 수 있도록 노력하여야 한다.

※ 평생학습계좌제는 수록 정보를 평생학습이력증명서와 평생학습이력철로 이원화하고 있다. 최소한의 질적 기준을 충족하고 있다고 평가 인정을 받은 각종 평생교육프로그램이나 국가가 인정할 수 있는 학습 기회에의 참여 경험, 그리고 그밖에 학습 활동의 진위를 확인할 수 있어서 승인한 학습이력을 평생학습이력증명서로 누적하여 기록한다. 그리고 진위를 구체적으로 확인할 수 없기 때문에 증명서로 기록할 수는 없지만 개인이 등록하고 싶은 각종 학습 경험을 평생학습이력철에 기재한다.

(3) 학점은행제
① 학점은행제는 「학점인정 등에 관한 법률」에 따라 개인이 획득한 다양한 학습경험과 자격 내용을 학점으로 인정해 전문대학 또는 대학교에 준하는 학위를 수여하는 제도이다. 학사 학위를 취득하기 위해서는 140학점을 이수해야 하며, 전문학사 학위 가운데 2년제의 경우 80학점 이상, 3년제의 경우는 120학점을 이수해야 한다.
② 학점인정 교과목뿐만 아니라 독학학위제 이수경험, 국가자격증 취득 경험 등으로 보충할 수 있어 개방적 학습체제로서의 성격을 갖는다.

(4) 독학학위제
① 시험은 교양과정 인정시험, 전공 기초과정 인정시험, 전공 심화과정 인정시험, 학위취득 종합시험 총 네 과정으로 구분할 수 있다. 독학학위제와 상관없이 다른 학습활동의 결과로 국가기술자격을 취득하여 보유하고 있거나 법에서 정하는 각종 시험에 합격한 경우를 인정하여 4단계 시험의 일부를 면제받을 수 있다. 그러나 어떠한 경우에도 학위취득종합시험은 반드시 치러야 한다.
② 시험에 응시할 수 있는 사람은 고등학교 졸업이나 이와 같은 수준 이상의 학력(學力)이 있다고 인정된 사람이어야 한다.
③ 교육부장관은 독학학위제의 시험 실시 권한을 평생교육진흥원장에게 위탁하고 있다.

(5) 학습휴가제
「평생교육법」 제8조(학습휴가 및 학습비지원) 국가, 지방자치단체와 공공기관의 장 또는 각종 사업의 경영자는 소속 지원의 평생학습기회를 확대하기 위하여 유급 또는 무급의 학습휴가를 실시하거나 도서비, 교육비, 연구비 등 학습비를 지원할 수 있다.

(6) 평생교육이용권(바우처)
「평생교육법」 16조의2(평생교육이용권의 발급 등) ① 국가 및 지방자치단체는 모든 국민에게 평생교육의 기회를 제공할 수 있도록 신청을 받아 평생교육이용권을 발급할 수 있다.
② 교육부장관은 평생교육소외계층에게 우선적으로 평생교육이용권을 발급할 수 있도록 대통령령으로 신청자의 요건을 정할 수 있다.

관련 기출

001 다음 중 우리나라의 현행 평생교육사 제도에 대한 설명으로 옳은 것만을 모두 고르면?

2021 국가직

> ㄱ. 평생교육사의 등급은 1급부터 3급까지로 구분한다.
> ㄴ. 평생교육사 2급은 대학 수준에서, 평생교육사 3급은 전문대학 수준에서 각각 양성한다.
> ㄷ. 학점인정 등에 관한 법률에 따라 평가인정을 받은 학습과정을 운영하는 교육훈련기관에서도 평생교육사 자격 취득에 필요한 학점을 이수할 수 있다.

① ㄱ   ② ㄱ, ㄷ   ③ ㄴ, ㄷ   ④ ㄱ, ㄴ

해설

대학이나 전문대학을 졸업한 자가 필수 10과목, 30학점 이상을 수강하면 2급 자격을, 7과목 21학점 이상을 취득하면 3급 자격을 받는다. 즉, 대학이나 전문대학 중에 어떤 학교를 졸업했건 상관없이 필수과목 이수 결과에 따라 2급과 3급이 정해진다. 단, 대학원에서 교육부령으로 정하는 평생교육과 관련된 과목 중 필수과목을 15학점 이상 이수하고 석사 또는 박사학위를 취득한 자의 경우에 2급 자격증을 부여한다.

정답 ②

---

002 다음에 해당하는 우리나라 평생교육 제도는?

2021 국가직

> ○ 국민의 학력·자격이수 결과에 대한 사회적 인정 및 활용기반을 확대하기 위한 제도이다.
> ○ 학교교육, 비형식교육 등 국민의 다양한 개인적 학습경험을 학습이력관리시스템으로 누적·관리한다.

① 학습휴가제   ② 학습계좌제
③ 시간제 등록제   ④ 평생교육 바우처

해설

평생교육법 제23조(학습계좌)에서 ① 교육부장관은 국민의 평생교육을 촉진하고 인적자원의 개발·관리를 위하여 학습계좌(국민의 개인적 학습경험을 종합적으로 집중 관리하는 제도를 말한다)를 도입·운영할 수 있도록 노력하여야 한다고 명시되어 있다.

정답 ②

003
「학점인정 등에 관한 법률」상 교육부장관이 그에 상당하는 학점을 인정할 수 있는 자에 해당하지 않는 것은?   2022 국가직

① 외국이나 군사분계선 이북 지역에서 중등교육에 상응하는 교육과정을 마친 자
② 대통령령으로 정하는 자격을 취득하거나 그 자격 취득에 필요한 교육과정을 마친 자
③ 「고등교육법」 제36조제1항, 「평생교육법」 제32조 또는 제33조에 따라 시간제로 등록하여 수업을 받은 자
④ 「무형문화재 보전 및 진흥에 관한 법률」 제17조에 따라 국가무형문화재의 보유자로 인정된 사람과 그 전수교육을 받은 사람으로서 대통령령으로 정하는 사람

해설

「학점인정 등에 관한 법률」 제7조(학점인정) ① 교육부장관은 제3조제1항에 따라 평가인정을 받은 학습과정을 마친 자에게 그에 상당하는 학점을 인정한다.
② 교육부장관은 다음 각 호의 어느 하나에 해당하는 자에게 그에 상당하는 학점을 인정할 수 있다.
  1. 대통령령으로 정하는 학교 또는 평생교육시설에서 「고등교육법」, 「평생교육법」 또는 학칙으로 정하는 바에 따라 교육과정을 마친 자
  2. 외국이나 군사분계선 이북지역에서 대학교육에 상응하는 교육과정을 마친 자
  3. 「고등교육법」 제36조제1항, 「평생교육법」 제32조 또는 제33조에 따라 시간제로 등록하여 수업을 받은 자
  4. 대통령령으로 정하는 자격을 취득하거나 그 자격 취득에 필요한 교육과정을 마친 자
  5. 대통령령으로 정하는 시험에 합격하거나 그 시험이 면제되는 교육과정을 마친 자
  6. 「무형문화재 보전 및 진흥에 관한 법률」 제17조에 따라 국가무형문화재의 보유자로 인정된 사람과 그 전수교육을 받은 사람으로서 대통령령으로 정하는 사람
⑤ 제1항과 제2항에 따른 학점인정의 기준, 절차, 그 밖에 필요한 사항은 대통령령으로 정한다.

정답 ①

004 학점은행제에 대한 설명으로 옳은 것은? 2012 국가직

① 평가인정의 기준, 학점인정의 기준, 학위 수여요건에 대한 사항은 기관운영의 편이성 차원에서 해당 대학의 장이 정한다.
② 평생교육훈련기관이나 독학사 시험 및 독학시험 면제교육과정 이수 등의 학습경험을 학점으로 인정하지만, 국가기술자격은 학점으로 인정하지 않는다.
③ 표준교육과정은 학위의 종류에 따른 전공별로 정하되, 전문학사과정의 학위취득 최소이수학점은 140학점이다.
④ 학교뿐 아니라 학교 밖에서 이루어지는 다양한 형태의 학습 경험을 제도적 인정기준과 절차에 따라 평가하여 학점이나 학력 또는 국가자격 등과 같이 사회적으로 공인된 '교육결과'를 인정하는 제도이다.

해설

① 평가인정의 기준, 학점인정의 기준, 학위 수여요건에 대한 사항은 대통령령으로 정한다.
② 평생교육훈련기관이나 독학사 시험 및 독학시험 면제교육과정 이수 등의 학습경험과 국가기술자격, 국가전문자격, 국가공인 민간자격도 학점으로 인정한다.
③ 표준교육과정은 학위의 종류에 따른 전공별로 정하되, 전문학사과정의 학위취득 최소이수학점은 80학점이다.

정답 ④

005 다음 (가), (나)의 내용에 해당하는 평생교육제도를 바르게 짝지은 것은? 2016 교육청

(가) 개인의 다양한 학습경험을 공식적인 이력부에 종합적으로 누적·관리하고 그 결과를 학력이나 자격인정과 연계하거나 고용 정보로 활용하는 제도이다.
(나) 학교에서뿐만 아니라 학교 밖에서 이루어지는 다양한 형태의 학습경험 및 자격을 학점으로 인정하고, 학점이 누적되어 일정 기준을 충족하면 학위취득을 가능하게 하는 제도이다.

	(가)	(나)
①	평생학습계좌제	학점은행제
②	문하생학력인정제	학점은행제
③	평생학습계좌제	독학학위제
④	문하생학력인정제	독학학위제

◈ 해설

☀ 정답 ①

006 우리나라 평생교육제도에 대한 설명으로 옳지 않은 것은? 2017 국가직

① 국가무형문화재의 보유자로 인정된 사람과 그 전수교육을 받은 사람으로서 대통령령으로 정하는 사람은 그에 상당하는 학점을 인정받을 수 있다.
② 헌법은 "국가가 평생교육을 진흥하여야 한다"라고 규정하고 있다.
③ 평생교육사는 평생교육의 기획·진행·분석·평가 및 교수업무를 수행한다.
④ 대표적인 평생교육제도인 독학학위제, 학점은행제, 평생학습 계좌제, 내일배움카드제는 국가평생교육진흥원에서 운영하고 있다.

해설

④ 대표적인 평생교육제도인 독학학위제, 학점은행제, 평생학습 계좌제는 국가평생교육진흥원에서 운영하고 있으나 내일배움카드제는 고용노동부 정책에 해당한다.

정답 ④

007 평생교육 제도에 대한 설명으로 옳은 것은? 2014 국가직

① 학점은행제는 다양한 학습 경험을 학점으로 인정하나 학위 취득은 불가능한 제도이다.
② 학습계좌제는 학습자에게 교육비를 무상으로 지원해주기 위한 제도이다.
③ 시간제 등록제는 대학의 입학 자격이 있는 사람이 시간제로 등록하여 수업을 받을 수 있게 하는 제도이다.
④ 산업대학은 원격교육을 통해 정식 학위를 수여하는 제도이다.

해설

① 학점은행제는 학교에서뿐만 아니라 학교 밖에서 이루어지는 다양한 형태의 학습경험 및 자격을 학점으로 인정하고, 학점이 누적되어 일정 기준을 충족하면 학위취득을 가능하게 하는 제도이다.
② 학습계좌제는 국민의 평생교육을 촉진하고 인적자원의 개발·관리를 위하여 국민의 개인적 학습경험을 종합적으로 집중 관리하는 제도를 말한다.
④ 산업대학은 산업사회의 요구에 부응하는 직업기술인력을 양성하며, 평생교육이념 구현 차원에서 계속교육기회부여 및 직장인의 재교육을 실시하는 한편, 대학 중도 탈락생문제가 사회문제로 대두됨으로써 이들에게 대학진학의 기회를 제공하고 학점당 등록제 실시로 저소득 계층 및 산업체 근무자들에게 대학진학의 기회를 제공하기 위해 1984년 설립된 대학이다.

정답 ③

008 「독학에 의한 학위취득에 관한 법률」의 내용으로 옳지 않은 것은? 2023 교육청

① 국가는 독학자가 학사학위를 취득하는 데에 필요한 편의를 제공하여야 한다.
② 학위취득시험에 응시할 수 있는 사람은 고등학교 졸업이나 이와 같은 수준 이상의 학력이 있다고 인정된 사람이어야 한다.
③ 일정한 학력이나 자격이 있는 사람에 대하여는 학위취득 종합시험을 면제할 수 있다.
④ 교육부장관은 학위취득 종합시험에 합격한 사람에게는 학위를 수여한다.

해설

다른 학습 활동의 결과로 국가기술자격을 취득하여 보유하고 있거나 법에서 정하는 각종 시험에 합격한 경우를 인정하여 4단계 시험의 일부를 면제받을 수 있다. 그러나 어떠한 경우에도 4단계 학위취득 종합시험은 반드시 치러야 한다.

정답 ③

009 독학학위제에 대한 설명으로 옳은 것만을 모두 고른 것은? 2018 국가직

> ㄱ. 교양과정, 전공기초과정, 전공심화과정 등의 3개 인정시험을 통과하면, 학사학위를 수여하는 제도이다.
> ㄴ. 학점은행제로 취득한 학점은 일정 조건을 갖추게 되면, 독학학위제의 시험 응시자격에 활용될 수 있다.
> ㄷ. 특성화고등학교를 졸업한 사람은 독학학위제에 응시할 수 없다.
> ㄹ. 교육부장관은 독학학위제의 시험 실시 권한을 평생교육진흥원장에게 위탁하고 있다.

① ㄱ, ㄷ ② ㄱ, ㄹ
③ ㄴ, ㄷ ④ ㄴ, ㄹ

해설

독학학위제는 교양과정 인정시험, 전공기초과정 인정시험, 전공심화과정 인정시험, 학위취득 종합시험의 네 단계로 구성된다. 「독학에 의한 학위취득에 관한 법률」 제4조(응시자격)에서는 ① 시험에 응시할 수 있는 사람은 고등학교 졸업이나 이와 같은 수준 이상의 학력(學力)이 있다고 인정된 사람이어야 한다고 규정하고 있다. 그러므로 특성화고등학교를 졸업한 사람은 독학학위제에 응시할 수 있다.

정답 ④

010 우리나라의 독학자 학위취득시험 단계에서 ( )에 들어갈 것은? 2015 국가직

> 교양과정인정시험 → 전공기초과정 인정시험 → 전공심화과정 인정시험 → ( )

① 심층면접
② 학위취득 종합시험
③ 실무능력 인정시험
④ 독학능력 인정시험

해설

정답 ②

011

평생학습사회에서 학력은 전통적인 학교체제를 통해서 뿐만 아니라 다양한 학습과 경험을 통해서도 얻을 수 있다. 우리나라가 시행하고 있는 평생학습인증 시스템이 아닌 것은?

2013 국가직

① 학점은행제
② 평생교육사 자격제
③ 독학학위제
④ 문하생 학점·학력

해설

평생교육사는 평생교육 전문인력을 양성하기 자격을 부여하는 제도로 평생학습인증 시스템에 해당하지 않는다.

정답 ②

012

평생학습 결과를 인정하는 우리나라의 학습인증 시스템에 속하지 않는 것은?

2009 국가직

① 민간자격인증제
② 성인학습인증제
③ 학점은행제
④ 독학학위제

해설

아래 표와 같이 우리나라 학습인증 학점원에는 민간자격인증제(국가공인 민간자격), 학점은행제, 독학학위제는 포함되지만 성인학습인증제는 포함되지 않는다.

학점원	대상
평가인정 학습과정	대학 또는 전문대학 부설 평생교육원, 직업전문학교, 학원, 기타 평생교육시설 등에서 개설하는 교육부장관으로부터 평가인정 받은 학습과정
학점인정대상 학교 학습과목	4년제 대학 중퇴자 혹은 전문대학 중퇴·졸업자, 학력인정 각종 학교 중퇴·졸업자가 이수한 해당 대학 학점
시간제등록 학습과목	대학(전문대학 및 사이버대학 포함)의 시간제 등록제도를 통해 각 대학 학칙에 의거하여 시행하는 과목 이수
자격취득	국가평생교육진흥원장이 고시한 자격(국가기술자격, 국가전문자격, 국가공인 민간자격)
독학학위제	독학학위제 과정별 시험 합격, 면제과정 이수
중요무형문화재	문화재보호법에 의한 중요무형문화재 기·예능 보유자와 그 전수자의 전수교육경험

▲ 학점은행제 학점원

정답 ②

013 『평생교육법』상 학습휴가제에 대한 설명으로 옳은 것은?   2018 교육청

① 도서비·교육비·연구비 등 학습비를 지원할 수 있다.
② 공공기관 소속 직원의 경우에는 무급으로만 가능하다.
③ 100인 이상의 사업장에서는 의무적으로 실시해야 한다.
④ 지방자치단체 소속 직원의 경우에는 적용 대상에서 제외한다.

해설

「평생교육법」 제8조(학습휴가 및 학습비지원)는 국가, 지방자치단체와 공공기관의 장 또는 각종 사업의 경영자는 소속 지원의 평생학습기회를 확대하기 위하여 유급 또는 무급의 학습휴가를 실시하거나 도서비, 교육비, 연구비 등 학습비를 지원할 수 있다고 명시하고 있다.

정답 ①

지아쌤의
교육학개론
테마별 기출뽀개기

CHAPTER

09

교육과정

출제비율

연도	'07	'08	'09	'10	'11	'12	'13	'14	'15	'16	'17	'18	'19	'20	'21	'22	'23	총 문항수	총 출제문항
국가직		2	2	1	1	2		2	1	3	3	2	1	1	2	1	1	340	25(7%)
교육청									2	2	2	2	2	2	2	1	2	180	17(9%)

출제경향

교육과정에서는 매년 1~2문제 정도 출제되고 있다. 교육과정의 유형과 관련해서 가장 많이 출제되었으며 교육내용의 조직 원리, 교육과정 발달의 역사(교과중심, 경험중심, 학문중심 교육과정 등)에서도 자주 출제가 되었다. 그다음으로 우리나라의 교육과정과 타일러의 교육과정개발모형에서 여러 번 출제되었다.

THEME 83 교육과정의 유형

기출공략
잠재적 교육과정과 영교육과정을 중심으로 교육과정의 유형에 대한 정리가 필요하다.

대표문제

2023 교육청

01 아이즈너(Eisner)의 교육과정 이론에 대한 설명으로 옳은 것만을 모두 고르면?

ㄱ. 행동목표 중심으로 교육과정을 개발해야 한다.
ㄴ. 내용선정 과정에서 영 교육과정에 대해서 신중히 고려해야 한다.
ㄷ. 학습기회의 유형을 개발할 때 교육적 상상력을 동원해야 한다.
ㄹ. 교육과정 개발 과정은 목표설정부터 평가방법 개발에 이르는 직선적 과정이다.

① ㄱ, ㄴ
② ㄱ, ㄹ
③ ㄴ, ㄷ
④ ㄷ, ㄹ

해설
아이즈너(Eisner)는 영 교육과정과 함께 예술적 교육과정 개발모형에서 학습기회의 유형을 개발할 때 교육적 상상력(감식안)을 동원해야 한다고 주장하였다.

정답 ③

┌─ 이론 플러스 ─────────────────────────────────

교육과정의 유형

① 공식적 교육과정(형식적, 계획된 교육과정)
② 잠재적 교육과정 : 학교나 학교에서 의도되거나 계획되지 않았는데도 아동들에게 이루어진 모든 종류의 학습경험, 학교의 문화풍토를 중시, 은연중에 가지게 되는 경험
③ 영교육과정 : 배울 만한 가치가 있음에도 공식적 교육과정이나 수업에서 배제된 교과나 지식, 사고 양식 등, 아이즈너에 의해 주장됨

관련 기출

001 다음에 해당하는 교육과정 개념은?
2021 국가직

> 만약 우리가 학교의 프로그램이 가져오는 결과나, 그런 결과를 초래하는 측면에서 교육과정의 역할에 대하여 관심을 갖는다면, … (중략) … 학교가 가르치지 않는 것에 대하여도 고려할 필요가 있다.

① 공식적 교육과정
② 잠재적 교육과정
③ 영 교육과정
④ 의도된 교육과정

해설

교육적 가치가 있는 내용임에도 불구하고 학교교육과정에서 배제하여 가르치지 않는 교육과정은 아이즈너가 주장한 영교육과정이다. 한편, 주로 정의적인 영역이나 학교풍토와 관련되며 학생이 학교생활을 통해 은연중에 가지게 되는 경험의 총화에 해당하는 교육과정은 잠재적 교육과정이다. 공식적 교육과정과 의도된 교육과정은 같은 개념이다.

정답 ③

---

002 다음과 관련된 교육과정은?
2020 교육청

> ○ 교실풍토의 영향
> ○ 잭슨(Jacson)
> ○ 군집, 상찬, 평가 등이 학생의 삶에 미치는 영향
> ○ 학생에게 무의도적으로 전달되는 교육과정

① 공식적 교육과정
② 영 교육과정
③ 잠재적 교육과정
④ 실제적 교육과정

해설

잠재적 교육과정은 학교나 학교에서 의도되거나 계획되지 않았는데도 아동들에게 이루어진 모든 종류의 학습경험을 말하며 학교의 문화풍토를 중시하고 은연중에 가지게 되는 경험을 가리킨다.

정답 ③

003 (가)와 (나)에 해당하는 교육과정 유형을 바르게 짝지은 것은? 2018 국가직

(가) 교사가 계획하거나 의식하지 않았음에도 불구하고 학생들의 지식·태도·행동에 영향을 미치는 '교육실천과 환경' 및 '그 결과'를 의미한다.
(나) 가르칠만한 가치가 있음에도 불구하고, 공식적 교육과정이나 수업에서 빠져있는 교육내용이다.

	(가)	(나)
①	실제적 교육과정	영 교육과정
②	잠재적 교육과정	영 교육과정
③	영 교육과정	실제적 교육과정
④	영 교육과정	잠재적 교육과정

해설

정답 ②

004 (가)~(다)에 해당하는 교육과정의 개념을 바르게 짝지은 것은? 2017 교육청

(가) 교육적 가치가 있는 내용임에도 불구하고 학교교육과정에서 배제하여 가르치지 않았다.
(나) 국가 교육과정과 시·도 교육청 교육과정 편성·운영 지침에 의거해 학교교육과정을 편성하였다.
(다) 학교교육과정에서 계획하거나 의도하지 않았지만, 교육과정에 전개되는 동안 학생들은 바람직하지 못한 가치와 태도도 은연중에 배우게 되었다.

	(가)	(나)	(다)
①	잠재적 교육과정	공식적 교육과정	영 교육과정
②	잠재적 교육과정	영 교육과정	공식적 교육과정
③	영 교육과정	잠재적 교육과정	공식적 교육과정
④	영 교육과정	공식적 교육과정	잠재적 교육과정

해설

정답 ④

005 영 교육과정(null curriculum)에 대한 설명으로 옳은 것을 〈보기〉에서 고른 것은?

2016 교육청

― 보기 ―
ㄱ. 아이즈너가 제시한 개념이다.
ㄴ. 교과 지식을 아동의 흥미와 요구에 맞추어 재구성한 것이다.
ㄷ. 학생이 학교생활을 통해 은연중에 가지게 되는 경험의 총화이다.
ㄹ. 교육적 가치가 있음에도 불구하고 학교에서 학생들이 학습할 기회를 갖지 못하는 내용이다.

① ㄱ, ㄷ ② ㄱ, ㄹ
③ ㄴ, ㄷ ④ ㄴ, ㄹ

◈ 해설

☀ 정답 ②

006 아이즈너가 제시한 영교육과정에 대한 설명으로 옳은 것은?

2014 국가직

① 공식적 교육과정에서 의도하지 않았으나 학생들이 은연중에 배우게 되는 경험중심 교육과정이다.
② 교사가 교실에서 실제로 가르친 교육과정이다.
③ 교육적 가치가 있음에도 불구하고 공식적 교육과정에서 배제된 교육과정이다.
④ 공적 문서 속에 기술되어 있는 교육계획으로서의 교육과정이다.

◈ 해설

①은 잠재적 교육과정, ②, ④는 공식적 교육과정이다.

☀ 정답 ③

007 다음 진술문 중 잠재적 교육과정에 해당하는 것은?

2010 국가직

① 모든 교과나 학문 분야에서 지식의 구조를 중시한다.
② 주로 정의적인 영역이나 학교풍토와 관련된다.
③ 정부나 교사에 의해 의도적으로 조직된다.
④ 교육목표가 구체적으로 설정되고 진술된다.

해설

정답 ②

008 영(Null) 교육과정에 대한 설명으로 옳은 것은?

2010 교육청

① 학교가 의도적으로 가르치지 않는 교육과정이다.
② 학교와 학생들이 함께 만들어가는 교육과정이다.
③ 학교의 교육과정에서 빠져 있는 모든 내용을 말한다.
④ 학교에서 계획적으로 가르치고 배우는 교육과정이다.
⑤ 학교에서 의도하지 않았지만 학생들이 배우는 교육과정이다.

해설

영(Null) 교육과정은 배울만한 가치가 있음에도 불구하고 배제된 교과나 지식을 말한다. 빠져있는 모든 내용을 가리키는 것이 아니다.

정답 ①

THEME 84 타일러의 교육과정 개발 모형

> **기출공략**
> 타일러의 교육과정개발 모형의 단계와 교육목표설정 절차를 이해하는 것이 중요하다.

대표문제

2019 국가직

20 타일러(R. W. Tyler)의 교육과정 이론에 대한 설명으로 옳지 않은 것은?

① 교육목표를 설정할 때 학습자, 사회, 교과를 균형 있게 고려한다.
② 교육과정을 교육목적, 교육내용, 교육방법, 학습활동까지 포함하는 경험으로 파악한다.
③ 학습목표를 행위동사로 진술할 것을 주장한다.
④ 기존 교육과정에 대해 기계적이고 절차적인 모형이라는 비판을 가하였다.

◈ 해설

④는 타일러의 교육과정 이론에 대한 비판이다.

☀ 정답 ④

> 이론 플러스

타일러의 교육과정 개발 모형

(1) 교육과정 개발단계

① 교육목표의 설정 ② 학습 경험의 선정
③ 학습 경험의 조직 ④ 학습경험의 평가

(2) 교육목표설정 절차

① 학습자, 사회, 교과의 세 자원을 조사·연구
② 잠정적인 교육목표를 진술
③ 교육철학과 학습심리학이라는 체에 거름
④ 행동의 변화를 명시한 최종 교육목표를 진술

- 타일러는 교육목표를 진술할 때 '행동목표'로 진술할 것을 강조, '내용'과 '행동'을 이원화하여 동시에 명시할 것을 요구(이원분류표 작성)

관련 기출

001 〈보기〉는 타일러(R. Tyler)의 교육목표 설정 절차에 대한 것이다. 그 순서가 올바른 것은?

2017 교육청

• 보기 •
㉠ 잠정적인 교육목표를 진술한다.
㉡ 교육철학과 학습심리학이라는 체에 거른다.
㉢ 학습자, 사회, 교과의 세 자원을 조사·연구한다.
㉣ 행동의 변화를 명시한 최종 교육목표를 진술한다.

① ㉠ → ㉡ → ㉢ → ㉣
② ㉠ → ㉢ → ㉡ → ㉣
③ ㉢ → ㉠ → ㉡ → ㉣
④ ㉢ → ㉡ → ㉠ → ㉣

해설

타일러에 따르면 교육목표 설정은 학습자에 대한 연구, 사회의 요구, 교과 전문가의 제언이라는 교육목표 설정의 원천으로부터 '잠정적인 교육목표'가 도출되어 학습 심리학과 교육철학이라는 체를 통해 걸러지면서 최종목표로 설정된다.

정답 ③

002 타일러(Tyler)가 개념화시킨 교육과정 개발의 네 가지 단계에 해당하지 않은 것은?

2012 국가직

① 지식의 구조
② 학습경험의 선정
③ 교육목표
④ 학습자평가

해설

타일러의 교육과정 개발의 네 가지 단계는 교육목표의 설정, 학습 경험의 선정, 학습 경험의 조직, 그리고 학습경험의 평가이다.

정답 ①

003 타일러(R. Tyler)의 교육과정모형을 잘못 설명한 것은?
2010 교육청

① 교육과정 요소 중 목표를 가장 강조한다는 점에서 목표우위모형이다.
② 단원개발에서 출발하여 교과구성으로 진행된다는 점에서 귀납적 모형이다.
③ 목표에서 평가로 진행하는 일정한 방향을 가진다는 점에서 직선적 모형이다.
④ 교육과정 개발자들이 당위적으로 따라야 할 절차를 제시한다는 점에서 처방적 모형이다.
⑤ 교육문제에 관심을 가지는 모든 사람들이 타당하게 활용할 수 있다는 점에서 합리적 모형이다.

해설

타일러 모형에서 가장 중요한 작업은 교육목표의 설정이다. 교육목표는 교육과정 개발과정에서 가장 먼저 결정되어야 할 뿐만 아니라 그 이후의 절차를 밟는 데 기준이 되고 있기 때문이다. 이런 점에서 귀납적 모형이 아니라 연역적 모형에 해당한다.

정답 ②

004 '수업목표의 행동적 진술'이 갖는 이점과 거리가 먼 것은?
2008 국가직

① 학습자의 동기가 동일한 수준이 되도록 도와준다.
② 교수매체 선택을 도와준다.
③ 학습자와의 의사소통을 도와준다.
④ 평가 계획을 도와준다.

해설

정답 ①

THEME 85 블룸의 교육목표 분류

기출공략

블룸의 교육목표 분류는 그동안에는 출제되지 않다가 아래 대표문제에서 처음 출제되었다. 그러나 임용고시에서는 자주 출제되고 있는 만큼 내용에 대한 정리가 필요하다. 분류 단계와 단계별 특징 및 구체적인 예를 중심으로 이해해야 한다.

대표문제

2023 국가직

09 다음 설명에 해당하는 블룸(Bloom)의 교육목표 분류 범주는?

- 복잡한 사상이나 아이디어의 구조를 파악하는 수준의 행동으로, 그 구성요소나 관계의 확인을 포함한다.
- 이 범주에 속하는 목표 진술의 예로는 사실과 추론을 구분하기, 원인과 결과를 찾아내기 등이 있다.

① 적용 ② 평가
③ 종합 ④ 분석

해설

블룸(Bloom)의 교육목표 분류에서 가장 낮은 위계인 '지식(암기)'은 자료와 정보를 기억해내는 초보적인 단계를 말하며 '이해'는 의미를 이해하고 자신의 말로 문제를 규정할 수 있는 단계이다. '응용(적용)' 단계에서는 하나의 개념을 새로운 상황에 적용할 수 있으며 '분석' 단계에서는 자료 혹은 개념을 그것의 구성 부분으로 분해하여 그것의 구조를 이해할 수 있고 '종합' 단계에서는 다양한 요소들 속에서 구조와 패턴을 찾아낼 수 있고, 마지막으로 '평가' 단계에서는 자료의 착상 혹은 사상의 가치를 평가할 수 있다.

정답 ④

이론 플러스

블룸의 교육목표 분류

단계	질적수준	적용 예
지식	자료 혹은 정보를 기억	안전규칙을 안다.
이해	의미를 이해한다. 어떤 문제를 자신의 말로 규정할 수 있다.	복잡한 과제 해결단계들을 자신의 말로 설명할 수 있다.
응용 (적용)	배운 개념을 새로운 상황에서 적절히 사용하고, 나름대로의 추상화가 가능, 수업시간에 배운 것을 새로운 상황에 적용한다.	운영교범을 보고 직원들의 휴가일을 산정한다.
분석	자료 혹은 개념을 구성요소로 분해하여 그것의 조직구조를 이해한다. 사실과 추론을 분별한다.	추론에서 논리적 오류를 인식, 각 부서의 정보를 수합하여 무엇이 문제인가를 파악하고, 해결책을 선택한다.
종합	다양한 요소들을 구조화하고 패턴화, 부분들을 함께 합쳐 하나의 전체를 만들고 거기에 새로운 의미 혹은 구조를 부여한다.	회사운영지침서를 작성, 특정 과제를 수행할 기계를 디자인, 생산성을 높이기 위해 작업과정을 개선한다.
평가	생각, 사상, 자료의 가치를 판단한다. 가장 효과적인 해결책을 선택	최고의 자격자를 고용, 새 예산안을 설명하고 정당화한다.

THEME 86 워커의 자연주의적 교육과정 개발 모형

기출공략
워커의 자연주의적 교육과정 개발 모형의 명칭과 강령, 숙의, 설계로 이어지는 개발단계를 기억해야 한다.

대표문제

2017 국가직

11 다음의 내용을 모두 포함하는 교육과정개발 이론은?

- 강령을 표방하고, 해당 강령을 지지하는 자료를 검토하는 강령(platform) 단계
- 다양한 대안을 검토하고 이를 토대로 적절한 대안을 도출하는 숙의(deliberation) 단계
- 선택한 대안을 구체적 프로그램으로 만드는 설계(design) 단계

① 타일러(R. Tyler)의 이론
② 아이스너(E. Eisner)의 이론
③ 타바(H. Taba)의 이론
④ 워커(D. Walker)의 이론

◈ 해설

워커의 자연주의적 교육과정 개발 모형에서 참여자들은 서로 다른 자신들의 견해를 표방하는 '강령(platform)' 단계와, 다양한 대안들에 대한 논쟁을 거쳐 합의에 이르는 '숙의(deliberation)' 단계를 거쳐 숙의 단계에서 선택한 대안을 실천 가능한 것으로 구체화하는 '설계(design)'의 단계를 밟게 된다.

정답 ④

이론 플러스

워커의 자연주의적 교육과정 개발 모형

- 실제 상황에서 교육과정이 어떻게 개발되는가를 참여 관찰하면서 발견한 것을 토대로 교육과정 개발 과정을 설명하는 틀을 만들고, 이를 자연주의적 모형이라고 명명하였다.
- 교육과정 개발자들의 의견이 타협되고 조정되는 과정을 강조하므로 과정 지향적, 또한 교육과정 개발자들이 교육과정 개발과정에서 실제로 따르고 있는 절차를 기술하고 있다는 점에서 '기술적' 모형이라고 할 수 있다.
- 워커의 모형에 따르면, 교육과정 개발과정에서 참여자들은 서로 다른 자신들의 견해를 표방하는 '강령(platform)' 단계와 다양한 대안들에 대한 논쟁을 거쳐 합의에 이르는 '숙의(deliberation)' 단계를 거쳐 숙의 단계에서 선택한 대안을 실천 가능한 것으로 구체화하는 '설계(design)'의 단계를 밟게 된다.

관련 기출

001 다음 ⊙과 ⓒ에 해당하는 용어로 올바른 것은? 2015 교육청

- 타일러(R. Tyler)는 교육과정 개발단계를 (⊙), 학습경험 선정, 학습경험 조직, 교육평가로 제시하였다.
- 워커(D. Walker)가 제안한 교육과정 개발단계는 강령(platform), (ⓒ), 설계(design)로 구성된다.

	⊙	ⓒ
①	교육목표 설정	숙의(deliberation)
②	교육내용 결정	숙의(deliberation)
③	교육목표 설정	처방(prescription)
④	교육내용 결정	처방(prescription)

해설

타일러(R.Tyler)의 교육과정 개발단계는 ①교육목표 설정, ②학습경험 선정, ③학습경험 조직, ④교육평가이고 워커(D.Walker)의 교육과정 개발단계는 ①강령(platform), ②숙의(deliberation), ③설계(design)이다.

정답 ①

THEME 87 교육내용의 조직 원리

기출공략

교육내용의 조직원리에 대해서는 계열성에 대한 문제가 자주 출제되었다. 다른 조직원리에 대한 이해와 함께 계열성의 개념을 계속성(연속성)과 구별해서 정리해 둘 필요가 있다.

대표문제

2022 교육청

10 다음에서 설명하는 교육내용의 조직 원리는?

> ○ 학습내용과 경험의 여러 요소는 그 깊이와 너비가 점진적으로 증가되도록 조직된다.
> ○ 예를 들어 단순한 내용에서 복잡한 내용으로, 친숙한 내용에서 친숙하지 않은 내용으로, 선수학습에 기초해서 다음 내용으로, 사건의 역사적 발생의 순서대로, 구체적인 개념에서 추상적인 개념으로 내용을 조직할 수 있다.

① 적절성 ② 스코프
③ 통합성 ④ 계열성

해설

④ 계열성(sequence)에 대한 설명으로 계열성은 교육내용이 위계적·논리적 순서에 따라 심화 및 확대되도록 조직하는 것이다.
② 범위(scope)는 교과목이나 단원의 폭과 영역을 결정하는 것이다.
③ 통합성(integration)은 교육내용들의 관련성을 바탕으로 교육내용들을 하나의 교과나 단원으로 묶는 것을 말한다. 또는 수업의 효과를 높이기 위하여 관련 있는 내용들을 동시에 혹은 비슷한 시간대에 배열하는 것을 말한다.
연계성(articulation)은 교육내용을 결정할 때 생길 수 있는 여러 결절부를 중복, 비약, 후퇴, 누락 등이 없도록 부드럽게 조절하는 것이다.
계속성(continuity)은 같은 내용이 반복되도록 조직하는 것이다.

정답 ④

이론 플러스

교육내용의 조직 원리

① **범위** : 어느 한 수준이나 시기의 교육과정이 다루는 폭과 깊이
② **계속성(연속성)** : 교육과정에 들어있는 중요한 개념이나 기술이 각 학년에 반복적으로 제시되는 것
③ **계열성** : 계속성을 포함하면서도 그것을 넘어서는 것. 즉, 교육과정의 중요한 기술이나 개념이 계속해서 반복 학습될 수 있도록 조직해야 하지만 그와 더불어 해당 기술이나 개념의 폭과 깊이가 더해질 수 있도록 조직
④ **통합성** : 교육내용들의 관련성을 바탕으로 교육과정 계획 내에 포함된 모든 형태의 지식과 경험의 연결
⑤ **수직적 연계성** : 교육과정의 조직에 있어서 상급과정과 하급과정 사이의 연관성 또는 계속성
⑥ **수평적 연계성** : 한 학년 한 학기 또는 한 과정에서 교육하는 여러 교과 또는 여러 영역 사이의 횡적 연관성

관련 기출

001 타일러(Tyler)가 제시한 학습경험을 효과적으로 조직하는 원리에 해당하지 않는 것은?

2020 국가직

① 계열성의 원리
② 유용성의 원리
③ 계속성의 원리
④ 통합성의 원리

해설

타일러(Tyler)가 제시한 학습경험을 효과적으로 조직하는 원리로는 범위, 계속성, 계열성, 통합성 등이 있으며 유용성의 원리는 해당하지 않는다.

정답 ②

002 다음 설명에 해당하는 교육과정 조직의 원리는?
2015 국가직

- 교육과정 내용이 제시되는 시간적 순서를 의미
- 단순한 내용에서 복잡한 내용 순으로 제시
- 친숙한 내용에서 낯선 내용 순으로 제시
- 구체적인 개념에서 추상적인 개념 순으로 제시

① 범위 ② 계속성
③ 계열성 ④ 균형성

해설
① 범위는 어느 한 수준이나 시기의 교육과정이 다루는 폭과 영역을 결정하는 것이다.
② 계속성은 교육과정에 들어있는 중요한 개념이나 기술이 각 학년에 반복적으로 제시되는 것을 가리킨다.

정답 ③

003 교육과정의 내용조직 원리에 대한 설명으로 옳은 것은?
2014 국가직

① 범위성(scope)은 교과목이나 단원의 폭과 영역을 결정하는 것이다.
② 통합성(integration)은 교육내용을 결정할 때 생길 수 있는 여러 결절부를 중복, 비약, 후퇴, 누락 등이 없도록 부드럽게 조절하는 것이다.
③ 계열성(sequence)은 같은 내용이 반복되도록 조직하는 것이다.
④ 연속성(continuity)은 교육내용이 위계적·논리적 순서에 따라 심화 및 확대되도록 조직하는 것이다.

해설
②에서 통합성(integration)은 교육내용들의 관련성을 바탕으로 교육과정 계획 내에 포함된 모든 형태의 지식과 경험을 연결하는 것을 말한다. 교육내용의 결절부를 중복, 비약, 후퇴, 누락 등이 없도록 부드럽게 조절하는 것은 수직적 연계성(vertical articulation)에 해당한다.
③에서 같은 내용이 반복되도록 조직하는 것은 계속성 또는 연속성(continuity)이다.
④에서 교육내용이 위계적·논리적 순서에 따라 심화 및 확대되도록 조직하는 것은 계열성(sequence)이다.

정답 ①

004 다음 내용과 가장 관계 깊은 교육과정 조직의 원리는?

2011 교육청

> ○ 나선형 교육과정
> ○ 쉬운 것에서 어려운 것으로
> ○ 단순한 것에서 복잡한 것으로
> ○ 구체적인 것에서 추상적인 것으로

① 계열성
② 계속성
③ 통합성
④ 협동성
⑤ 수용성

해설

나선형 교육과정은 계열성의 원리를 반영한 것이다.

정답 ①

005 다음에서 설명하고 있는 교육내용의 조직 원리로 가장 적절한 것은?

2009 국가직

> 학습자의 발달 단계에 따른 학습 능력을 고려하여 단순한 것에서 복잡한 것으로, 친숙한 것에서 생소한 것으로, 선수학습에 기초하여 그 다음 내용으로, 구체적인 것에서 추상적인 것으로 교육내용을 순차적으로 조직해 나간다.

① 계속성(continuity)
② 계열성(sequence)
③ 통합성(integration)
④ 균형성(balance)

해설

정답 ②

THEME 88
교육과정 발달의 역사: 교과중심, 경험중심, 학문중심 교육과정 등

기출공략

교과중심교육과정의 키워드는 '문화유산', 경험중심교육과정은 '생활중심, 아동중심', 학문주의 교육과정은 '지식의 구조, 나선형학습과정', 재개념주의는 자선전적인 방법, 쿠레레 등으로 키워드를 중심으로 각각의 교육과정 유형을 정리해야 한다.

대표문제

2022 국가직

10 교육과정 유형에 대한 설명으로 옳지 않은 것은?

① 경험중심 교육과정은 아동의 성장과 발달에 목적을 둔다.
② 교과중심 교육과정은 교사 중심의 설명식 교수법을 요구하는 경우가 많다.
③ 학문중심 교육과정은 전통적으로 내려오는 가치와 문화의 전수를 교육과정의 핵심으로 본다.
④ 인간중심 교육과정은 개인적 의미의 중요성을 강조하고 전인적 발달을 추구함으로써 학습자의 자아실현을 돕는다.

해설

③ 전통적으로 내려오는 가치와 문화의 전수를 교육과정의 핵심으로 보는 것은 교과중심 교육과정이다. 학문중심 교육과정은 이론적 체계가 갖추어진 지식의 구조를 중심으로 교육과정을 설계하고, 학생의 탐구활동을 통한 발견학습과 지식의 전이를 강조한다. 핵심적인 아이디어 또는 기본적인 원리 및 개념을 중시한다.

정답 ③

> 이론 플러스

교육과정 발달의 역사 : 교과중심, 경험중심, 학문중심 교육과정 등

(1) 교과중심 교육과정(=전통적인 교육과정)
- 교과 지식은 인류의 문화적 유산으로 교육의 중심이 되어야 함

(2) 경험중심 교육과정(=생활중심 교육, 아동중심 교육)
- 학자로는 루소, 듀이 등이 있다.
- 아동의 흥미와 능동적인 참여를 중시함.

(3) 학문중심 교육과정
- 지식의 체계를 전달하려는 교과중심 교육과정과는 달리, 그 교과의 개념이나 법칙과 관련된 원리와 사고체계를 학습자들이 스스로 발견하는 것을 중요시함.
- 교과의 내용 면에서는 체계적인 개념과 법칙, 즉 '지식의 구조'를 강조하고, 학습방법 면에서는 발견학습과 탐구학습을 강조하였다.
- **브루너의 나선형 교육과정** : 교육내용으로서의 '지식의 구조'는 교육의 수준에 관계없이 그 성격에 있어서 동일하며, 이 동일한 성격의 내용이 학년 수준이 높아짐에 따라 더 폭넓게, 또 깊이 있게 가르쳐져야 한다.
- 피터스, 허스트(지식의 형식)

(4) 인간중심 교육과정
- 인간중심 교육과정은 학문중심 교육과정의 한계점과 학교교육의 문제점을 비판하기 위한 것으로 현대사회의 비인간화 문제를 극복하고 교육의 인간화를 주장하는 가운데 등장한 교육과정 유형
- 실존주의와 인본주의 심리학에 토대를 두고 있으며 교육목표는 자아실현과 전인 형성을 지향한다. 지적 능력의 성취보다는 정의적 특성의 발달을 보다 중시

(5) 교육과정의 재개념화 운동(재개념주의)
- 파이너는 학교교육의 병폐를 치유하기 위해 교육의 출발점을 바꾸는 것, 즉 '안으로부터의 시작'을 제안, 각 개인의 '주관적 내면'에서 출발하자고 주장함.
- 자서전적인 방법(='쿠레레의 방법')은 일종의 '자기분석 방법' 혹은 '자기이해 방법' '후향, 전향, 분석, 종합'이라는 네 단계에 걸쳐 자기 경험과 인식의 변화에 대하여 떠오르는 생각을 기록하는 방법이다.
- 교육은 외부에 대한 지식을 습득하는 과정이 아니라 자신의 삶에 대한 이해의 과정, 즉 '자기 지식'을 습득하는 과정을 의미한다.

관련 기출

001 다음에 해당하는 교육과정 관점은? 2016 국가직

○ 교사가 아니라 학생 중심의 수업을 강조한다.
○ 교육내용을 학생과 환경 간의 상호작용이라는 측면에서 이해한다.
○ 교육과정은 사전에 계획되는 것이 아니라 교육의 과정에서 생성되는 것으로 본다.

① 경험중심 교육과정
② 교과중심 교육과정
③ 학문중심 교육과정
④ 행동주의 교육과정

해설

경험중심 교육과정은 진보주의 교육철학에 기반을 두는 교육과정으로 '학교의 지도하에 학생들이 얻는 모든 경험을 의미한다. 이는 학습자 중심의 교육과정으로서 학생과 환경 간의 끊임없는 상호작용을 통해 학습자의 계속적 성장을 추구한다. 특히 교육과정은 사전에 계획된 것이 아니라 교육의 과정에서 생성되는 것으로 본다.

정답 ①

002 경험중심 교육과정에 대한 설명으로 가장 옳은 것은? 2015 교육청

① 사전에 계획된 조직적이고 계통적인 수업을 선호한다.
② 학문의 핵심적인 아이디어 또는 기본 원리 및 개념을 중시한다.
③ 문화유산 가운데 영구적이고 객관적인 사실, 개념, 법칙을 강조한다.
④ 학생의 실생활 내용을 주로 다루며, 학생 흥미 위주의 수업을 지향한다.

해설

①과 ③은 교과중심 교육과정 ②는 학문중심 교육과정에 대한 설명이다.

정답 ④

003 학문중심 교육과정에 대한 설명으로 옳지 않은 것은? 2023 교육청

① 경험을 통한 생활적응 학습을 강조한다.
② 지식의 구조를 중요시한다.
③ 나선형 교육과정으로 내용을 조직한다.
④ 발견학습을 강조한다.

해설

①은 경험중심 교육과정이다.

정답 ①

004 브루너(J. S. Bruner)의 '지식의 구조'에 대한 설명으로 옳지 않은 것은? 2019 교육청

① 경험중심 교육과정의 핵심적인 원리이다.
② 특정 학문에서의 학문 현상을 이해하기 위한 개념적 수단이다.
③ 학문에 내재해 있는 기본적인 아이디어나 개념들을 구조화한 것이다.
④ 배운 내용을 사태에 적용하기 쉽고 위계적인 지식 사이의 간격을 좁힐 수 있게 해준다.

해설

지식의 구조(structure of knowledge)는 각 학문 속에 내재된 기본 개념이나 원리, 핵심적 아이디어 등을 의미하는 것으로, 학문중심 교육과정의 핵심적인 원리이다.

정답 ①

005
다음 (가), (나)의 내용에 부합하는 교육과정 유형을 바르게 짝지은 것은?   2016 교육청

(가) 인류가 축적한 문화유산을 체계화한 지식을 중심으로 교육과정을 설계한다. 교육의 주된 목적을 지식의 전수에 두고 있으며, 교사 중심의 강의식 수업을 중시한다.
(나) 이론적 체계가 갖추어진 지식의 구조를 중심으로 교육과정을 설계한다. 학생의 탐구활동을 통한 발견학습과 지식의 전이를 강조한다.

          (가)   (나)
① 인간중심 교육과정   학문중심 교육과정
② 인간중심 교육과정   경험중심 교육과정
③ 교과중심 교육과정   학문중심 교육과정
④ 교과중심 교육과정   경험중심 교육과정

해설

교과중심교육과정은 인류가 축적한 문화유산을 중심으로 교육과정을 설계하고 학문중심교육과정은 지식의 구조를 중심으로 교육과정을 설계한다.

정답 ③

006
교육과정 이론에 대한 설명으로 옳지 않은 것은?   2019 교육청

① 학문중심 교육과정은 나선형 교육과정의 원리를 채택한다.
② 인간중심 교육과정은 정의적 특성의 발달보다는 지적 능력의 성취를 강조한다.
③ 경험중심 교육과정은 학습자의 삶과 관련이 있는 다양한 경험을 주된 교육내용으로 삼는다.
④ 교과중심 교육과정은 문화유산의 전달을 목적으로 하는 내용을 논리적으로 체계화하여 교과로 분류한다.

해설

② 인간중심 교육과정은 지적 능력의 성취보다 정의적 특성의 발달을 강조한다.

정답 ②

007 다음 내용 중 옳은 것을 모두 묶으면? 2008 국가직

ㄱ. 학문중심 교육과정은 지식의 구조를 교육과정의 핵심개념으로 보았다.
ㄴ. 잠재적 교육과정은 학교가 교육목표를 달성하는 과정에서 발생하는 모든 경험을 말한다.
ㄷ. 나선형 교육과정은 학문의 공통된 내용을 수준을 달리하여 반복적으로 학습하는 것과 관련 있다.
ㄹ. 경험중심 교육과정은 교과중심 교육과정을 비판하는 가운데 나온 것이다.
ㅁ. 학습 경험을 조직하기 위해 계속성, 계열성, 통합성의 원리를 고려해야 한다.

① ㄱ, ㄴ, ㄷ, ㄹ, ㅁ
② ㄱ, ㄷ, ㄹ, ㅁ
③ ㄱ, ㄴ, ㄹ
④ ㄴ, ㄷ, ㅁ

해설
ㄴ. 잠재적 교육과정은 학교나 학교에서 의도되거나 계획되지 않았는데도 아동들에게 이루어진 모든 종류의 학습경험을 말한다.

정답 ②

008 다음 내용과 가장 관련이 깊은 학자는?
2018 교육청

> ○ 교육과정이란 교육 속에서 개인들이 갖는 경험의 의미와 성질을 탐구하는 것이다.
> ○ 교수(teaching)는 학생들이 자신의 경험을 이해하고 해석하는 학습활동에 적극적으로 임할 수 있도록 안내하고 조력해 가는 과정이다.
> ○ 인간의 내면세계에 보다 가까이 다가가기 위해 학생 자신의 전기적(biographical) 상황에 주목하는 쿠레레(currere) 방법을 제시하였다.

① 보빗(F. Bobbit)
② 파이너(W. Pinar)
③ 타일러(R. W. Tyler)
④ 브루너(J. S. Bruner)

해설

교육과정의 재개념화 운동(재개념주의)을 주장한 파이너에 대한 설명이다. 파이너는 학교교육의 병폐를 치유하기 위해 교육의 출발점을 바꾸는 것, 즉 '안으로부터의 시작'을 제안. 각 개인의 '주관적 내면'에서 출발하자고 주장하면서 자서전적인 방법(= '쿠레레의 방법')을 제시하였다. 교육은 외부에 대한 지식을 습득하는 과정이 아니라 자신의 삶에 대한 이해의 과정, 즉 '자기지식'을 습득하는 과정을 의미한다고 주장하였다.

정답 ②

009 다음 내용에 가장 잘 부합하는 교육과정 이론은? 2010 교육청

> ○ 파이너(W. Pinar)에 의해 제기되었다.
> ○ 교육과정을 자서전적이고 전기적인 관점에서 이해하려고 하였다.

① 행동주의
② 본질주의
③ 경험주의
④ 합리주의
⑤ 재개념주의

해설

정답 ⑤

THEME 89 우리나라의 국가 교육과정

기출공략

2022 국가교육과정은 2024년 초등학교 1, 2학년을 시작으로 2025년에 초등 3, 4학년, 중학교 1학년, 고등학교 1학년을 대상으로 적용을 앞두고 있다. 그러므로 2015 국가교육과정보다 2022 국가교육과정에 더 큰 비중을 두고 새로 개정된 내용들을 중심으로 정리해야 한다. 2015 국가교육과정 역시 2022 국가교육과정과 비교해서 문제가 출제될 수 있기 때문에 핵심적인 사항은 기억해야 한다.

대표문제

2021 국가직

08 2015 개정 교육과정에서 현재 고시하고 있는 국가 수준의 지원 사항에 해당하는 것은?

① 학교가 새 학년도 시작에 앞서 교육과정 편성·운영에 관한 계획을 수립할 수 있도록 교육과정 편성·운영 자료를 개발·보급하고, 교원의 전보를 적기에 시행한다.
② 교과와 창의적 체험활동에 필요한 교과용 도서의 인정, 개발, 보급을 위해 노력한다.
③ 교과별 평가 활동에 활용할 수 있는 다양한 평가방법, 절차, 도구 등을 개발하여 학교에 제공한다.
④ 안정적인 원격수업을 지원하기 위해 학교의 원격수업 인프라 구축, 교원의 원격수업 역량강화 등에 필요한 행·재정적인 지원을 한다.

해설

2015 개정 교육과정에서는 국가 수준의 지원사항과 교육청 수준의 지원사항을 고시하고 있다. 교육과정의 질 관리를 위하여 국가 수준에서 주기적으로 학업 성취도 평가, 학교와 교육 기관 평가, 교육과정 편성·운영에 관한 평가를 실시하고 그 결과를 교육과정 개선에 활용하며, 학교에서 평가 활동이 원활히 이루어질 수 있도록 다양한 방안을 개발하여 학교에 제공한다.
평가와 평가 활동을 위한 다양한 방안을 개발하는 것은 국가 수준의 지원사항에 해당된다. 이밖에 학교 교육과정이 원활히 운영될 수 있도록 학교 시설 및 교원 수급 계획을 마련하여 제시한다 등이 있다.
③번은 국가 수준의 지원사항이고 다른 세 개 문항은 교육청 수준의 지원사항에 해당하며 ④번 문항은 교육부고시 제2020-249호(2020. 12. 31., 일부개정)로 추가된 사항이다.

정답 ③

> 이론 플러스

2015 개정교육과정

인문학적 상상력과 과학기술 창조력을 갖춘 창의융합형 인재로 성장할 수 있도록 교육을 근본적으로 개혁, 국어, 수학, 영어, 사회, 과학 교과에서 모든 학생이 고등학교 단계에서 반드시 배워야 할 내용으로 구성된 '공통과목'을 개발

① 미래 사회가 요구하는 핵심역량을 갖춘 '창의융합형 인재'상을 제시하고 이를 위해 자기관리역량, 지식정보처리역량, 창의적 사고역량, 심미적 감성 역량, 의사소통 역량, 공동체 역량을 제시함
② 인문·사회적 소양 함양과 인성교육 강화
③ 과학기술에 대한 소양을 함양
④ 안전의식을 내면화할 수 있도록 안전 교과 또는 단원 신설 : 안전 교육을 강화하기 위하여 초등학교에서는 1~2학년 수업 시수를 1시간 늘려 창의적 체험 활동 시간을 활용해 체험 중심의 '안전한 생활'을 편성·운영
⑤ 중학교 자유학기제의 편성·운영 근거를 마련

2022 개정교육과정

• 교육부가 2021년 11월 24일 발표한 교육과정으로, 고교학점제를 전면 도입, 국어·영어·수학의 수업시간이 현재보다 105시간 줄어드는 내용 등을 골자로 한다.
• 교육환경 변화에 적극적으로 대응하기 위해 국가·사회적 요구를 반영하여 미래 사회가 요구하는 포용성과 창의성을 갖춘 주도적인 사람으로 성장할 수 있도록 초·중등학교 교육과정 개선

① **미래 사회가 요구하는 역량 함양이 가능한 교육과정** : AI 소프트웨어 교육을 비롯한 디지털 기초 소양을 함양하는 것, 기후 생태환경 교육 및 공동체적 가치를 함양하는 교육을 강화, 기초학력 보장 지원 및 특수교육 대상 학생, 다문화 학생 등 모두를 위한 교육과정 마련
② **학습자의 삶과 성장을 지원하는 맞춤형 교육과정** : 학습자 주도성 강조, 고교학점제, 진로연계 교육과정, 직업계고 교육과정 개선
③ **지역·학교 교육과정의 자율성 확대 및 책임교육 구현** : 자기주도적 학습능력지원, 지역사회와 교육공동체간 상호협력체체 구축
④ **디지털·AI 교육환경에 맞는 교수-학습 및 평가체제 구축** : 유연한 교육과정 운영을 통해 학습자 개별 맞춤형 지도 및 평가를 강화

초등	3~6학년 선택교과목 도입
중등	자유학기제 1년 → 1학기로 축소
고등	국어·수학·영어 총 수업시간 축소(425시간 → 320시간) 사회탐구 중 '한국지리, 동아시아사, 정치와 법, 경제, 윤리와 사상'은 일반선택에서 제외
공통	디지털 소양 위한 정보교육 강화 초6, 중3, 고3 2학기 등 학교급별 전환 시기에 진로연계학기 신설

▲ 2022 개정교육과정 주요 특징

관련 기출

001 「2015 개정 교육과정」 총론에서 제시된 핵심역량에 해당하지 않는 것은? 2021 교육청

① 세계시민 역량
② 자기관리 역량
③ 심미적 감성 역량
④ 창의적 사고 역량

해설

「2015 개정 교육과정」은 미래 사회가 요구하는 핵심역량을 갖춘 '창의융합형 인재'상을 제시하고 이를 위해 자기관리역량, 지식정보처리역량, 창의적 사고역량, 심미적 감성 역량, 의사소통 역량, 공동체 역량을 제시하였다.

정답 ①

002 2015 개정 국가교육과정에 대한 설명으로 옳지 않은 것은? 2017 국가직

① 추구하는 인간상을 구현하기 위한 핵심역량으로 자기관리, 지식정보처리, 창의적 사고, 심미적 감성, 의사소통, 공동체 역량을 제시하였다.
② 고등학교 공통과목으로 통합사회와 통합과학을 신설하였다.
③ 초등학교에 '안전한 생활'을 신설하였다.
④ 초등학교 1~2학년의 학습 부담을 줄이기 위하여 총수업시간 수를 감축하였다.

해설

초등학교 1~2학년의 수업시수를 1시간 늘리되, 학생들의 추가적인 학습 부담이 생기지 않도록 창의적 체험 활동 시간을 활용해 체험 중심의 안전한 생활을 편성·운영하도록 하였다.

정답 ④

003 2015 개정 교육과정(교육부 고시 제2015-74호)에서 신설된 것을 〈보기〉에서 모두 고른 것은?

2018 교육청

• 보기 •

ㄱ. 통합사회   ㄴ. 통합과학
ㄷ. 안전한 생활   ㄹ. 창의적 체험활동
ㅁ. 우리들은 1학년

① ㄱ, ㄴ
② ㄱ, ㄴ, ㄷ
③ ㄱ, ㄷ, ㄹ, ㅁ
④ ㄴ, ㄷ, ㄹ, ㅁ

해설

2015 개정 교육과정에서 신설된 것은 공통과목인 통합사회, 통합과목과 안전한 생활이다.

정답 ②

004 2015 개정 교육과정에 근거해 볼 때, (가)에 들어갈 말은? 2021 교육청

> __(가)__ 은/는 학생들이 교과를 통해 배워야 할 내용과 이를 통해 수업 후 할 수 있거나 할 수 있기를 기대하는 능력을 결합하여 나타낸 활동의 기준을 의미하며, 학생의 특성·학교 여건 등에 따라 교육과정 및 교과서 내용을 분석하여 교과협의회를 통해 재구조화할 수 있다.

① 성취기준 ② 성취수준
③ 평가기준 ④ 평가요소

해설

② 단원/영역별 성취수준은 각 단원 또는 영역에 해당하는 교수 학습이 끝났을 때 학생이 성취하기를 기대하는 지식, 기능, 태도에 도달한 정도를 기술한 것을 의미한 것으로서 교과별로 학교에서 평가를 몇 단계로 하느냐에 따라 그 단계를 A/B/C/D/E의 5단계 또는 A/B/C의 3단계로 나눈다.
③ 평가기준이란 평가 활동에서 학생들이 어느 정도의 수준에 도달했는지를 판단하기 위한 실질적인 기준 역할을 할 수 있도록 각 평가준거 성취기준에 도달한 정도를 상/중/하의 세 단계로 구분하고 각 단계에 속한 학생들이 무엇을 알고 있고, 할 수 있는지를 기술한 것을 의미한다.

정답 ①

005 자유학기제에 대한 설명으로 옳은 것은? 2018 국가직

① 자유학기제 기간에는 중간고사, 기말고사, 수행평가 등의 평가를 실시할 수 없다.
② 2013년도에 연구학교에서 시작되었고, 2015년도부터 모든 중학교에서 시행되었다.
③ 자유학기 활동으로는 진로탐색 활동, 주제선택 활동, 예술·체육 활동, 동아리 활동이 있다.
④ 중학교의 장은 해당 학교 교원 및 학부모의 의견을 수렴하여 자유학기제의 실시 여부를 결정할 수 있다.

◈ 해설

①에서 자유학기제 기간에는 지필 평가를 시행할 수 없지만, 수행평가는 가능하다.
②에서 2013년도에 연구학교에서 시작되었고, 2016년도부터 전면 시행되었다.
④에서 「초·중등 교육법」 시행령 제 44조 2항에 "중학교의 장은 두 학기 중 한 학기 또는 두 학기를 자유학기로 지정하여야 한다."고 규정하고 있다. 즉, 선택사항이 아니라 의무사항이다.

☀ 정답 ③

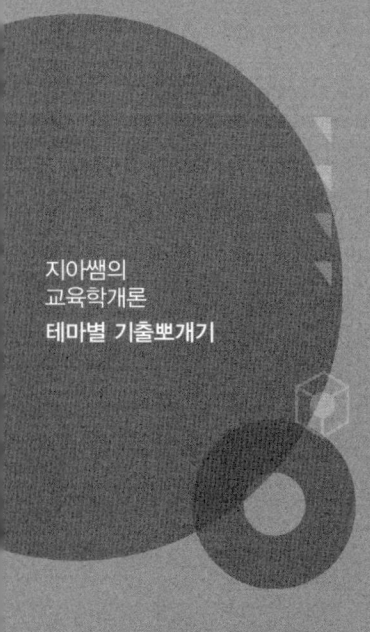

지아쌤의
교육학개론
테마별 기출뽀개기

CHAPTER

10

교수학습이론 및 교육공학

출제비율

연도	'07	'08	'09	'10	'11	'12	'13	'14	'15	'16	'17	'18	'19	'20	'21	'22	'23	총 문항수	총 출제문항
국가직	2		2	1	2	2	1	1	2	1	2	2	2	2	2	2	3	340	29(9%)
교육청									2	2	2	2	0	3	1	3	2	180	17(9%)

출제경향

교수학습이론 및 교육공학에서는 매년 2문제 정도 출제가 되었는데 최근 들어 3문제씩 출제되고 있어 과거보다 출제 비중이 높아지는 경향을 볼 수 있다. 가장 많이 출제되고 있는 부분은 테크놀로지 활용 수업(이러닝, 온라인학습, 모바일러닝, U-러닝, 플립러닝 등)이며 구성주의적(학습자중심) 교수학습이론과 ADDIE 모형, 가네의 학습의 조건, 협동학습 등에서도 자주 출제되고 있다.

THEME 90 교수자 중심 교수학습이론 : 브루너의 발견학습

기출공략

브루너의 발견학습은 교사중심 교수학습이론이면서 학문중심교육과정에서 강조되는 학습으로 기본개념이나 원리(지식의 구조)를 학생 스스로 깨닫게 되면 교과내용을 잘 이해할 수 있게 되고 더불어 탐구능력과 태도를 기를 수 있다고 주장한다. 이러한 발견학습의 특징을 이해하되 무엇보다 교수자 중심의 이론에 해당한다는 것을 기억해야 한다.

대표문제

2020 교육청

16 브루너(Bruner)의 교수이론에 대한 설명으로 옳지 않은 것은?

① 어떤 교과든지 지적으로 올바른 형식으로 표현하면 어떤 발달 단계에 있는 아동에게도 효과적으로 가르칠 수 있다.
② 학습자의 발달 단계에 맞게 학습내용을 구조화하고 조직함으로써 학습자가 교과내용을 잘 이해할 수 있다.
③ 지식의 표상 양식은 영상적 표상으로부터 작동(행동)적 표상을 거쳐 상징적 표상의 순서로 발달해 나간다.
④ 지식의 구조를 이해하게 되면 학습자 스스로가 사고를 진행할 수 있으며, 최소한의 지식으로 많은 것을 알 수 있다.

해설

③ 지식의 표상 양식은 작동(행동)적 표상으로부터 영상적 표상을 거쳐 상징적 표상의 순서로 발달해 나간다.

정답 ③

이론 플러스

브루너의 발견학습

- 브루너는 어떤 교과든지 지적으로 올바른 형식으로 표현하면 어떤 발달 단계에 있는 아동에게도 효과적으로 가르칠 수 있다고 주장한다.
- 동일한 지식의 구조라도 다양한 방식으로 표현될 수 있다. 지식의 표현 양식은 학습자의 인지발달 수준에 따라 행동이나 활동을 통해 표현하는 작동적 표현방식, 그림이나 심상 등으로 표현되는 심상적 표현방식, 추상적인 언어나 기호로 표현되는 상징적 표현방식의 순서로 발달해 나간다. 학생의 인지발달단계에 맞게 표현방식을 달리하면 어떤 연령의 아동에게도 효과적으로 가르칠 수 있다. → 나선형교육과정
- 학습의 효과는 학습의 계열을 어떻게 조직하느냐와 관련되어 있다.
- 지식의 구조를 이해하게 되면 학습자 스스로가 사고를 진행할 수 있으며, 최소한의 지식으로 많은 것을 알 수 있다. 학습자의 특성에 맞게 개별화되어 제공해야 하며 외적 보상보다 내적 보상이 중요하다.

> 관련 기출

001 브루너(J. Bruner)의 교수이론에 근거한 수업으로 보기 어려운 것은? 2016 국가직

① 내재적 보상보다 외재적 보상을 강조한다.
② 각각의 교과목이 가지고 있는 나름의 지식의 구조를 학생에게 탐색하도록 한다.
③ 기본적 원리나 개념의 이해를 통해 전이의 가능성을 최대로 한다.
④ 아동의 사고방식과 지적 수준을 고려하여 교과의 내용을 가르친다.

◆ 해설

①에서 외재적 보상보다 내재적 보상을 강조한다.

정답 ①

002 다음에서 설명하는 교수 학습 방법은?
2015 교육청

- 브루너(J. Bruner)에 의해 제시되었다.
- 수업의 과정은 '문제 인식, 가설 설정, 가설 검증, 적용'의 순으로 진행된다.
- 교사는 지시를 최소한으로 줄이고, 학생 스스로 자발적인 학습을 통해서 학습목표를 달성하도록 지도한다.

① 설명학습
② 협동학습
③ 발견학습
④ 개별학습

해설

부르너의 발견학습의 기본가정은 지식의 구조를 이해하게 되면 학습자 스스로가 사고를 진행할 수 있다는 것이다. 그러므로 아동의 사고방식과 지적 수준을 고려하여 교과의 내용을 가르치고 각각의 교과목이 가지고 있는 나름의 지식의 구조를 학생에게 탐색하고 발견하도록 한다.

정답 ③

THEME 91. 교수자 중심 교수학습이론 : 오수벨의 유의미 학습을 위한 설명식 교수이론

기출공략

오수벨의 유의미학습은 교사중심 교수학습이론으로 포섭, 선행학습자, 정착지식 등의 키워드를 중심으로 정리하는 것이 필요하다.

대표문제

2022 교육청

14 다음 내용에 해당하는 교수학습이론은?

- 새로운 지식·정보와 선행 학습내용의 통합을 강조한다.
- 학습자의 인지구조에 알맞게 포섭 및 동화되도록 학습과제를 제시한다.
- 일반적이고 포괄적인 지식을 먼저 제시하고, 그다음에 세부적이고 상세한 지식을 제시한다.

① 블룸(Bloom)의 완전학습이론   ② 오수벨(Ausubel)의 유의미학습이론
③ 스키너(Skinner)의 행동주의 학습이론   ④ 콜린스(Collins)의 인지적 도제학습이론

해설

유의미 학습이란 학습자가 새로운 학습과제의 내용을 자신의 인지구조와 의미있게 관련지어 학습을 수행하는 것을 말한다. 오수벨 이론에서는 학습을 포섭으로 규정하는데, 먼저 학습된 선행지식들은 다음에 학습될 지식의 포섭자 역할을 하게 된다. 여기에서 말하는 포섭이란 학습자의 인지구조에 이미 존재하고 있는 개념이 새로운 개념이나 아이디어를 흡수하여 인지구조에 정착시키는 작용을 말한다.

① 블룸(Bloom)의 완전학습이론은 개인차가 존재하는 이질집단에서 어떤 교과와 상관없이, 신체 또는 능력면에서 결함이 있는 5%정도의 학생을 제외한 95%의 학생이 최적의 교수 조건을 제공할 경우 주어진 학습내용을 90%까지 달성할 수 있다는 이론
③ 스키너(Skinner)는 학습 환경을 조작하여 올바른 행동을 강화하고 올바르지 않은 행동을 소거하는 행동주의적 방법을 주창하였기에 조작적 조건형성 이론이라고 부른다.
④ 콜린스(Collins)의 인지적 도제학습이론은 학습자가 학습공동체의 한 구성원이 되기 위해 전문가로부터 일정한 지식과 기술을 전수받는 과정으로 전문가의 사고과정을 내면화하는 것이다.

정답 ②

> 이론 플러스

오수벨의 유의미 학습을 위한 설명식 교수이론

- 교사 중심적인 수업, 학습자는 발견이 아닌 수용을 통해서 지식을 습득, 일반적인 원리나 규칙을 학습한 뒤에 세부적인 정보를 학습해 가는 연역적 학습
- 학습자가 특정 지식을 학습하면 지적 위계를 가진 인지구조가 형성된다. 또한 이러한 인지구조 안에는 기존의 인지구조와 관계를 맺는 데 근거가 되는 정착지식이 존재한다. 새로운 과제의 학습은 활성화된 정착지식이 새로운 학습과제에 의해 의미를 구성하면서 인지 구조가 성숙하고 발전하는 것
- 학습을 포섭으로 규정하는데, 먼저 학습된 선행지식들은 다음에 학습될 지식의 포섭자 역할을 한다. 여기서 포섭이란 학습자의 인지구조에 이미 존재하고 있는 개념이 새로운 개념이나 아이디어를 흡수하여 인지구조에 정착시키는 작용이다.
- 선행조직자란 학습자가 이미 알고 있는 것과 배울 것의 사이를 연결하는 교육적 장치, 새로운 지식을 의미있게 학습하는 데 필요한 관련 정착지식을 자극하고 활성화하는 역할을 함
- 오수벨이 제안한 설명식 수업모형은 학습자의 인지구조에 적합한 선행조직자를 학습 보조자료로 활용할 수 있다는 아이디어를 제공해주었다.

관련 기출

001 다음 내용과 가장 관계 깊은 교수 이론은? 2011 교육청

> ○ 선행조직자의 원리   ○ 점진적 분화의 원리
> ○ 통합조정의 원리   ○ 학습준비도의 원리

① 가네(R. Gagne)의 처방이론
② 스키너(B. Skinner)의 강화이론
③ 메릴(M. Merrill)의 내용요소이론
④ 오수벨(D. Ausubel)의 유의미 학습이론
⑤ 라이겔루스(C. Reigeluth)의 정교화교수이론

해설

오수벨의 유의미학습에서 선행조직자는 학습자가 이미 알고 있는 것과 배울 것의 사이를 연결하는 교육적 장치로 새로운 지식을 의미있게 학습하는 데 필요한 관련 정착지식을 자극하고 활성화하는 역할을 한다.
③ 메릴(M. Merrill)의 내용요소이론은 복잡하고 추상적인 학습내용을 낱개 요소로 구분하고, 각각의 요소를 효과적으로 교수하도록 처방하는 이론이다.
⑤ 라이겔루스(C. Reigeluth)의 정교화교수이론은 교수내용과 관련된 아이디어들을 선택하고 계열화하고 종합하고 요약하고 고찰해 볼 수 있도록 하기 위한 적절한 교수처방 방법을 제공하는 거시적 수준의 교수설계이론이다.

정답 ④

002 교사 중심의 교수·학습 방법은? 2018 교육청

① 학생들에게 정해진 교과 지식을 제시하고 설명한 후 형성평가를 실시하여 학습결과를 확인하였다.
② 학생들이 현실 생활에서 당면할 수 있는 문제를 소집단 협동학습을 통해 해결하도록 안내하였다.
③ 학생들의 사고력과 창의력을 향상시키기 위해 신문에 나온 기사와 칼럼을 활용하여 토론하게 하였다.
④ 학생들에게 학습 팀을 구성하여 자신들이 실제로 겪고 있는 문제를 확인하고 자료를 수집하여 해결방안을 모색하게 하였다.

해설

②③④는 학생 중심의 교수·학습 방법에 해당한다.

정답 ①

THEME 92 캐롤의 학교학습모형

기출공략

캐롤의 학교학습모형은 올해 처음 출제되었으나 임용고시에서는 자주 출제되었던 내용으로 전체적인 내용에 대한 이해와 학습정도를 나타낸 시간의 함수는 기억할 필요가 있다.

대표문제

2023 국가직

17 다음 설명에 해당하는 것은?

- 학습 정도를 시간의 함수로 본다.
- 적성은 최적의 학습 조건하에서 학습 과제를 일정한 수준으로 성취하는 데 필요한 시간으로 표현된다.
- 수업 이해력은 학습자가 수업내용, 교사의 설명, 제시된 과제를 이해하는 정도를 의미한다.

① 글래이저(Glaser)의 교수과정
② 캐롤(Carroll)의 학교학습모형
③ 브루너(Bruner)의 발견학습
④ 가네(Gagne)의 학습위계

해설

캐롤(Carroll)의 학교학습모형은 학교학습의 상황에서 나타나는 학생들의 학습성취도에서의 개인차를, 학습에 필요한 시간량과 학습에 투입한 시간량의 비로 설명한다.
글래이저(Glaser)의 교수과정은 수업목표의 설정과 진술 → 출발점 행동의 진단과 확인 → 수업절차의 선정과 실행 → 학습 성취의 평가와 사정의 단계로 이루어진다.

정답 ②

> 이론 플러스

캐롤의 학교학습모형

- 학생들의 학습 정도를 시간의 함수로 본다. 즉, 학생들의 학습성취도의 개인차를 학습에 필요한 시간량과 학습에 투입(사용)한 시간량의 비(比)로 설명하고 있다.
- 적성은 최적의 학습 조건하에서 학습 과제를 일정한 수준으로 성취하는 데 필요한 시간, 수업 이해력은 학습자가 수업내용, 교사의 설명, 제시된 과제를 이해하는 정도, 학습기회는 일정한 학습과제를 수행할 수 있도록 학습자들에게 허용된 최대한의 시간, 수업의 질은 교수자가 제시하는 학습 내용과 과제와 관련된 설명, 구성, 제공 방식 등의 수업의 수준, 학습 지속력은 학습을 지속할 수 있는 시간으로 학습동기라고 할 수 있다.

$$학습의\ 정도 = \frac{학습기회,\ 학습지속력}{적성,\ 수업이해력,\ 수업의\ 질}$$

THEME 93. 구성주의적(학습자중심) 교수학습이론

기출공략

앞서 살펴본 브루너의 발견학습과 오수벨의 유의미학습이론은 교수자 중심 교수학습이론으로 인지적 관점이라고 할 수 있다. 반면에 학습자 중심 교수학습이론으로 인지적 도제학습이론, 문제중심학습, 상황학습, 인지적 유연성 이론, 상보적 교수법 등은 구성주의적 관점의 교수학습이론이다. 그동안 기출문제는 구체적인 교수학습이론에 대해서 물어보는 경우도 있었지만 그보다 더 구성주의적 교수학습이론으로 총칭하여 물어보는 경우가 많았다. 그러므로 구성주의적 교수학습이론의 기본 가정과 주요 특징들에 대한 이해가 필요하다.

대표문제

[2020 교육청]

12 구성주의 교육에 대한 설명으로 옳은 것만을 모두 고르면?

> ㄱ. 교수의 내용은 객관적 법칙이라고 밝혀진 체계화된 지식이다.
> ㄴ. 실재하는 지식을 효과적으로 전달할 수 있는 교수·학습 방법을 강조한다.
> ㄷ. 학습자가 정보를 획득하고 의미를 재구성할 수 있도록 복잡하고 비구조화된 과제를 제시한다.
> ㄹ. 협동 수업, 소집단 활동, 문제해결학습 등을 통해 사고와 메타인지를 촉진하는 다양한 교육방법을 적용한다.

① ㄱ, ㄴ　　② ㄱ, ㄹ
③ ㄴ, ㄷ　　④ ㄷ, ㄹ

해설

구성주의 교육에서 실제적 과제와 맥락을 강조하며 교수자는 학습자가 의미를 구성하는 과정을 도와주는 보조자나 촉진자가 되어야 한다.

정답 ④

> 이론 플러스

구성주의적(학습자중심) 교수학습이론

학습자 중심 수업은 구성주의 이론에 근거하고 있다. 구성주의는 학습을 '학습자의 능동적인 지식 창출'로 본다. 이러한 관점은 학습을 수동적인 지식의 전수로 보는 기존의 관점과는 매우 대조적이다. 구성주의에서 지식은 객관적인 것이 아니라 구성되는 것이고, 학습자는 지식을 구성하는 능동적 존재다. 구성주의적 사고는 다음과 같이 수업 설계 원리에 많은 변화를 준다.

① 학습자 중심의 학습환경을 지향한다.
② 실제적 과제와 맥락을 강조한다.
③ 문제 해결 중심의 학습을 제공한다.
④ 교수자는 학습자가 의미를 구성하는 과정을 도와주는 보조자나 촉진자가 되어야 한다.
⑤ 협동학습을 강조한다.
⑥ 구성주의적 학습환경이 개인의 인지과정과 지식의 전이에 초점을 두므로 평가도 학습자들의 역동적인 학습환경과 지식의 전이를 반영해야 한다.

| 관련 기출 |

001 구성주의 학습이론에 기반한 교사의 교수기술로 적절하지 않은 것은? 2017 국가직

① 지식을 효과적으로 전달하기 위해 구조화된 문제와 반복학습을 강조한다.
② 학생 스스로 사고과정을 통해 문제를 해결하도록 촉진한다.
③ 협동학습을 통해 학생이 생각을 능동적으로 발전시키도록 돕는다.
④ 실제 환경에서 직면하게 되는 문제를 학습과제로 제시하여 학습한 내용과 실제 세계를 연결하도록 한다.

해설

구성주의는 학습을 '학습자의 능동적인 지식 창출'로 본다. 이러한 관점은 학습을 수동적인 지식의 전수로 보는 기존의 관점과는 매우 대조적이다. 구성주의에서 지식은 객관적인 것이 아니라 구성되는 것이고, 학습자는 지식을 구성하는 능동적 존재다. 또한, 비구조화된 문제를 사용한다.

정답 ①

002 개별화 수업의 특징으로 볼 수 없는 것은? 2016 국가직

① 교육목표는 학습자 개인의 동기·능력·희망·흥미에 따라 선택되고 결정된다.
② 평가 결과에 따라 교정이 이루어지거나 보충·심화 과제가 주어진다.
③ 효율적인 수업을 위해 교수자가 주도권을 가진다.
④ 학생의 수준과 속도에 따라 학습내용의 분량과 진도 등이 결정된다.

해설

개별화 수업은 학습자 중심의 맞춤형 교수학습방법으로서 효율적인 수업을 위해 교수자는 학습자를 도와주는 보조자나 촉진자의 역할을 한다.

정답 ③

003 구성주의 이론과 관계 깊은 것을 모두 골라 묶은 것은?

2010 교육청

(가) 지식은 고정된 것이 아니라 변화한다.
(나) 학습은 적극적이고 개인적으로 구성하는 것이다.
(다) 유의미한 학습은 현실의 학습과제 내에서 일어난다.
(라) 교사는 보다 적극적으로 지식을 전달하는 역할을 수행한다.
(마) 개인이 갖고 있는 지식은 결코 동일한 형태로 다른 사람에게 전수될 수 없다.

① (가), (나), (다)
② (다), (라), (마)
③ (가), (나), (다), (마)
④ (나), (다), (라), (마)
⑤ (가), (나), (다), (라), (마)

해설

구성주의에서 교수자는 학습자가 의미를 구성하는 과정을 도와주는 보조자나 촉진자가 되어야 한다.

정답 ③

004 괄호 안에 들어갈 용어로 가장 적절한 것은?

2012 국가직

○ 사회적 (   )는 비고츠키(Vygotsky)의 영향을 받아 전개되었다. 우리의 지식과 가치는 사회와 문화에 깊은 영향을 받는다.
○ (   ) 이론은 듀이(Dewey), 피아제(Piaget), 비고츠키(Vygotsky) 등으로부터 직접적인 영향을 받았다.
○ (   ) 학습모형에는 문제중심학습과 상황학습 등이 있다.

① 구조주의
② 구성주의
③ 실용주의
④ 인지주의

해설

구성주의에서 지식은 객관적인 것이 아니라 구성되는 것이고, 학습자는 지식을 구성하는 능동적 존재다. 구성주의는 지식을 구성하는 요인에 따라 인지적 구성주의와 사회적 구성주의로 구분되는데 인지적 구성주의는 개인의 인지적 작용을 강조하고, 이에 반해 사회적 구성주의는 개인이 속한 사회, 문화, 역사적 상황을 강조한다. 이들은 각각 피아제(J. Piaget)의 인지발달이론과 비고츠키(L. S. Vygotsky)의 발달심리이론에 기초하고 있다.

정답 ②

THEME 94 학습자-중심 교수학습이론(구성주의적 관점) : 인지적 도제학습이론

기출공략

학습자 중심 교수학습이론은 구성주의적 관점이므로 하위 이론에 대한 정리와 함께 구성주의적 관점의 특징도 함께 이해해야 한다. 인지적 도제학습이론의 핵심 키워드는 '전문가'로서 전문가의 사고과정을 내면화하는 것이다. 이 교수학습이론은 학습환경을 구성하는 내용, 방법, 순서, 사회학의 네 차원을 중시하며 이 중에서 방법(전략)적 차원에 있어서 7가지 전략에 대한 이해가 중요하다.

대표문제

2021 교육청

15 다음 설명에 해당하는 교수-학습 이론은?

> 전문가와 초심자간의 특정한 관계 속에서 실제적 과제를 해결해 나가는 과정을 통하여 새로운 지식을 구성함으로써 개념을 발전시켜 나간다. 전문가는 초심자의 지식구성과정을 도와주는 역할을 하며, 초심자는 전문가와의 토론이나 초심자 간의 토론을 통하여 사회적 학습행동을 습득하고 자신의 인지적 활동을 통제하면서 인지능력을 개발한다.

① 상황학습 이론
② 문제기반학습 이론
③ 인지적 융통성 이론
④ 인지적 도제학습 이론

해설

④ 인지적 도제학습 이론은 전문가의 사고과정을 내면화하는 것이다.
① 상황학습이론은 사고와 그 사고가 일어나는 맥락(혹은 상황)의 필연성을 인지하고 학습에 있어서 실제 상황의 내재적 중요성을 탐구하고자 하는 학습이론으로 지식은 개인과 환경 간의 독특한 관계의 역동적인 산물로 간주한다. 이때 학습은 지식이 자연스럽게 포함되어 있는 상황 안에 종사하는 개인의 자연적 산물이다. 따라서 비맥락화된 상황보다는 실제상황에서의 경험과 학습과정에 초점을 둔다.
② 문제기반학습이론은 학습이 객관화된 교과 지식을 습득하는 것이 아니라 문제 자체에 대한 이해와 해결안을 도출하기 위한 활동의 과정에서 일어나는 학습이다. 이 학습에서 중요하게 여기는 문제는 현실

세계에서 발견할 수 있는 현상이나 사건을 가리키며 중요한 점은 문제가 비구조화되어 있어야 한다는 것이다.

③ 인지적 융통성 이론은 서로 다른 시기에 혹은 다른 목적을 위해 습득한 사전 지식의 요소들을 새로운 상황에 맞게 구성하고 결합하는 '상황맥락적 스키마(schema of moment)'를 형성해야 한다고 주장한다. 즉, 새로운 상황에서의 지식의 전이와 관련된 인지학습 이론이다. 이 이론에 따르면 가장 좋은 교수·학습의 방법은 학습할 개념을 포함하고 있는 다양한 사례들을 '교차적 접근(criss-crossed)'의 방식으로 탐구하면서 맥락적으로 재검토하고 비교하는 등의 과정을 통해 추상적인 개념을 발견하고, 나아가 학습자 스스로 지식을 재구성하는 것이다.

정답 ④

이론 플러스

인지적 도제학습이론

인지적 도제학습이론은 학습자가 학습공동체의 한 구성원이 되기 위해 전문가로부터 일정한 지식과 기술을 전수받는 과정으로, 그 과정은 다음의 일곱 가지 교수방법으로 구성되어 있다.

① 모델링(modeling)은 교수자가 직접적으로 혹은 컴퓨터와 같은 매체를 활용하여 실제 수행상황과 유사한 상황에서 시범과 설명을 통해 과제를 수행하는 과정을 보여주고 학습자는 그 과정을 관찰
② 코칭(coaching)은 교수자의 지도를 포함한 구체적인 힌트와 피드백을 제공하는 것
③ 비계설정(scaffolding)은 힌트, 유도질문, 제안 등의 간접적인 방법으로 학습자를 돕는 것
④ 페이딩(fading)은 학습자가 교수자의 도움 없이 스스로 과제를 수행해 나갈 수 있는 수준에 도달힐 수 있도록 교수자의 도움을 점차 줄이는 것
⑤ 명료화(articulation)는 학습자가 학습한 지식, 문제해결과정, 전략 등을 분명하게 정리하여 정교한 언어로 표현하도록 격려하는 것
⑥ 반성적 사고(reflection)는 학습한 내용을 다른 분야나 상황에 적용하거나 일반화하는 단계로, 이를 통해 학습자는 점차 독립적인 전문가가 된다.
⑦ 탐구(exploration)는 학습한 지식과 기능을 새로운 방식으로 활용하는 방법이나 가설 등을 탐색하는 것이다.

> 관련 기출

001 다음 설명에 해당하는 이론은?
2020 국가직

- 전문가의 사고과정을 내면화하는 것이다.
- 콜린스(Collins)와 동료들이 발전시켰다.
- 학습환경을 구성하는 내용, 방법, 순서, 사회학의 네 차원을 중시한다.
- 모델링, 코칭, 비계설정, 발화, 반성, 탐구의 수업방법을 활용한다.

① 완전학습
② 전환학습
③ 학습공동체 이론
④ 인지적 도제학습

> 해설

① 완전학습은 블룸의 이론으로서 개인차가 존재하는 이질집단에서 어떤 교과와 상관없이, 신체 또는 능력면에서 결함이 있는 5% 정도의 학생을 제외한 95%의 학생이 최적의 교수 조건을 제공할 경우 주어진 학습내용을 90%까지 달성할 수 있다는 이론이다.
② 전환학습은 성인교육과 관련해서 메지로우(Mezirow, J.)가 주창한 개념으로 지식을 습득, 축적하는 전통적 학습과는 달리 개인이 가진 많은 기본적인 가치와 가정들이 학습을 통해 변화하는 하나의 과정을 의미한다. 전환학습을 통해 전환되는 것은 관점으로 메지로우는 전환학습의 과정을 비판적 성찰, 비판적 성찰에 의해 획득된 통찰력을 확인하기 위한 담론, 행동의 단계로 구분한다.

정답 ④

002 다음 글이 설명하고 있는 것과 가장 관련이 있는 것은? 2011 국가직

> 구성주의 학습이론에 따르면 직접적인 지시보다는 간접적인 힌트, 암시, 단서, 질문 등의 전략을 통해 초기에는 많은 도움을 주다가 점차 도움을 줄여서 학습자가 자기주도적 학습 능력을 기르게 할 필요가 있다.

① 근접발달영역(ZPD)
② 비계설정(scaffolding)
③ 프로젝트학습(project-based learning)
④ 정착수업(anchored instruction)

해설

② 비계설정(scaffolding)은 힌트, 유도질문, 제안 등의 간접적인 방법으로 학습자를 돕는 것을 말한다. 원래는 건축공사 시 높은 곳에서 일할 수 있도록 설치하는 임시가설물로 재료운반이나 작업을 위한 통로 및 발판을 의미한다. 수업에서 힌트를 주거나 암시를 주는 것은 비계를 설정하는 행위의 일종이라 할 수 있다. 아동이나 초보자가 주어진 과제를 잘 수행할 수 있도록 유능한 성인이나 또래가 도움을 제공하는 지원의 기준이나 수준을 말한다.

정답 ②

THEME 95 학습자-중심 교수학습이론(구성주의적 관점) : 문제중심학습

기출공략

학습자-중심 교수학습이론에 해당하는 문제중심학습은 전반적으로 다른 구성주의적 학습이론과 공통적인 특징들을 지니고 있으며 가장 중요한 점은 문제를 중심으로 학습을 시작하되 비구조화되고 실제적인 문제들을 사용한다는 점에 있다.

대표문제

2015 국가직

17 문제중심학습(Problem-Based Learning)의 특징이라고 보기 어려운 것은?

① 실제성
② 협동학습
③ 자기주도학습
④ 구조적인 문제

◈ 해설

문제중심학습은 강의법을 지양하고 문제로부터 시작하며, 이때 문제는 실생활에서 경험할 수 있는 비구조화되고 실제적인 문제이다.

정답 ④

이론 플러스

문제중심학습(Problem-Based Learning : PBL)

- 종전의 강의법을 지양하고 문제를 중심으로 학습을 시작한다.
- 의과대학 수업모형으로부터 시작, PBL은 '환자의 증상 진단'과 같이 실제 문제를 중심으로 학습이 일어나며 모든 학습 내용을 학습자 스스로 찾아서 학습하는 학습자 중심의 환경이다.
- 수업은 그룹 활동을 통해 문제를 해결하는 협동학습과 자기 스스로 학습하는 자기주도학습의 두 가지 유형으로 이루어진다.
- PBL의 일반적인 특징은 다음과 같이 정리할 수 있다.
  ① 문제로부터 시작하며, 실생활에서 경험할 수 있는 비구조화되고 실제적인 문제이다.
  ② 학습자 중심 환경이다. 소그룹을 통한 협동학습과 자기주도적 학습을 병행함으로써 실제적인 학습과정을 거치게 된다.
  ③ 교사의 역할을 '지식 전달자'에서 '학습진행자 또는 촉진자'로 전환시킨다.

관련 기출

001 교수학습 방법에 대한 설명으로 옳지 않은 것은? 2022 교육청

① 문제중심학습(problem-based learning) – 문제의 성격이 불분명한 비구조적 문제를 교수자가 사전에 제거할수록 학습자의 학습효과를 높일 수 있다.
② 토의법(discussion method) – 학습자 상호 간의 상호작용을 전제로 학습구성원의 자발성, 창의성 및 미지에 대한 인내심을 요구한다.
③ 지그소모형(Jigsaw model) – 협동학습 교수모형의 하나로 모집단이 전문가집단으로 갈라졌다가 다시 모집단으로 돌아오는 과정에서 구성원 간 상호의존성과 협동성을 유발하게 된다.
④ 발견학습(discovery learning) – 교수자는 학습자의 발견과정을 촉진하고 안내하는 역할을 담당하고, 학습자는 가설 검증을 통해 능동적으로 학습하는 주체가 된다.

해설

문제중심학습은 실제 문제를 중심으로 학습이 일어나며 모든 학습 내용을 학습자 스스로 찾아서 학습하는 학습자 중심의 환경으로 비구조화된 문제가 제시된다.

정답 ①

THEME 96

학습자-중심 교수학습이론
(구성주의적 관점) : 상황학습이론

기출공략

상황학습이론 또한 구성주의 학습이론이 지닌 공통적인 특징들을 지니고 있으며 특히 그동안의 학교교육이 탈맥락적인 과제를 이용하여 지식을 가르쳤기 때문에 학습자들이 실생활 문제나 상황에 배운 지식을 적용하지 못한다는 비판을 극복할 수 있는 대안으로 평가받고 있다. 학교에서 배운 내용을 일상생활에 적용할 수 있는 학습의 전이와 관련해서 전이의 종류에 대한 이해가 필요하다.

대표문제

2019 국가직

19 상황학습의 설계원리에 대한 설명으로 옳지 않은 것은?

① 지식이나 기능은 유의미한 맥락 안에서 제공되어야 한다.
② 교실에서 학습한 것과 교실 밖에서 필요로 하는 것의 관계 형성을 돕는다.
③ 전이(transfer)를 촉진할 수 있도록 추상적인 형태의 지식을 제공한다.
④ 다양한 사례를 활용하여 능동적인 문제해결을 유도한다.

해설

③ 전이(transfer)를 촉진할 수 있도록 구체적인 형태의 지식을 제공한다.

정답 ③

> 이론 플러스

상황학습이론

- 실생활과 동떨어진 전통적인 교수 학습 방법을 지양하고 실제적인 맥락 속에서 학습자의 능동적인 수업참여를 강조하는 교수 학습 방법의 일종이다.
- 비고츠키(L. Vygotsky)의 사회문화적 구성주의와 문화인류학적 접근에서 이론적 토대를 찾을 수 있다. 지식은 개인과 환경이 독특하게 상호 작용한 결과에 의한 역동적인 산물로 보기 때문에, 실제 적용될 상황 속에서 가르치고 그 상황을 통해 일반화될 때 유의미한 가치가 있다고 여긴다. 이러한 주장은 그 동안의 학교교육이 탈맥락적인 과제를 이용하여 지식을 가르쳤기 때문에 학습자들이 실생활 문제나 상황에 적용하지 못한다는 비판을 극복할 수 있는 대안으로 평가된다.
- 상황 학습에서는 학생에게 가르칠 지식이나 기능을 실제 사용되는 상황이나 맥락과 함께 제시하고, 현실상황에서 일어날 수 있는 구체적이고 다양한 사례를 사용하며, 학습자가 능동적으로 참여하면서 자신의 기존 지식과 새로운 지식을 연결시키며 문제를 해결하도록 유도한다.
- 학습의 전이는 하나의 맥락(context)에서 이루어진 학습이 그 후 다른 맥락에서의 학습 효과에 영향을 미치는 것으로 앞에 실시했던 학습이 뒤에 실시할 학습에 영향을 주는 것을 의미
  ① **긍정적 전이** : 선행학습이 새로운 학습의 이해를 촉진하는 현상, 바이올린 연주자가 피아니스트보다 비올라를 더 쉽게 배울 수 있다.
  ② **부정적 전이** : 선행학습이 새로운 학습의 이해를 방해하는 현상, 영어단어가 불어단어를 외우는 것을 방해할 수 있다.
  ③ **수평적 전이** : 한 분야에서 학습한 것을 다른 분야 또는 실생활에 적용하는 것
  ④ **수직적 전이** : 기본 학습 이후의 고차원적이고 복잡한 학습에 적용되는 것, 수학에서 사칙연산을 배우는 일이 이후에 방정식을 푸는 데 기초가 되는 것

관련 기출

001 다음 사례에 해당하는 학습의 전이(transfer)가 아닌 것은? 2023 교육청

> 수학 시간에 사칙연산을 배우는 것은 가게에서 물건값을 지불하고 잔돈을 계산하는 데 도움을 준다.

① 긍정적(positive) 전이
② 특수(specific) 전이
③ 일반(general) 전이
④ 수평적(lateral) 전이

해설

이 사례는 수학 시간에 배운 것이 새로운 상황의 이해를 촉진하는 현상으로 ①긍정적 전이(positive)에 해당하며, 학교에서 배운 것을 구체적인 상황에 적용한 경우이기 때문에 ②특수(specific) 전이, 한 분야에서 학습한 것을 실생활에 적용하였으므로 ④수평적 전이이다.
일반화는 어떤 추상적 개념이나 원리를 특수한 개체에 적용시키는 「특수화」에 대립되는 개념으로서 「보편화」(universalization)와 동일어로 「보편화」라는 말 대신에 「일반화」라는 말이 사용되기도 한다. 그러므로 ③일반 전이는 ②특수전이의 반대말에 해당한다.

정답 ③

THEME 97 교육공학의 정의와 영역

> **기출공략**
>
> 교육공학의 정의와 하위영역에 대한 이해 및 정리가 필요하다.

대표문제

2015 국가직

16 교육공학의 기본영역별 하위영역에 대한 설명으로 옳지 않은 것은?

① 평가영역에는 문제분석, 준거지향 측정, 형성평가, 총괄평가가 있다.
② 활용영역에는 프로젝트 관리, 자원관리, 전달체제 관리, 정보관리가 있다.
③ 설계영역에는 교수체제 설계, 메시지 디자인, 교수전략, 학습자 특성이 있다.
④ 개발영역에는 인쇄 테크놀로지, 시청각 테크놀로지, 컴퓨터 기반 테크놀로지, 통합 테크놀로지가 있다.

◈ 해설

활용영역은 수업목표를 효과적이고 효율적으로 달성하기 위해 설계·개발된 수업전략, 테크놀로지, 매체, 자료 등을 사용하고 보급하며 제도화하는 영역이다.
관리영역은 프로젝트 관리, 자원 관리, 전달체제 관리 등을 하위영역으로 포함한다.

☀ **정답** ②

| 이론 플러스 |

교육공학의 정의와 영역

(1) 교육공학의 정의
- 교육공학이란 적절한 공학적 과정과 자원을 창출하고 활용하며, 관리하여 학습을 촉진하고 수행을 향상시키기 위한 연구와 윤리적 실천이다.

(2) 교육공학의 영역
① 설계와 개발을 통한 창출
- 창출이란 학습촉진과 수행개선을 위해 요구되는 과정, 기법, 도구, 자원 등을 설계하고 개발하는 것을 의미, 하위영역으로는 설계와 개발이 있다. 설계는 가장 단순한 의미로는 계획을 의미하며 단위 수업, 프로그램, 교육과정 등에 대한 계획이 포함된다.
- 개발은 설계단계에서 기획된 학습 경험들을 실제 교수자료의 형태로 만들어내는 것과 관련된다. 이때 개발물은 인쇄, 시청각, 컴퓨터 기반 테크놀로지 등을 활용해 만들어질 수 있다.

② 활용 및 관리
- 활용은 수업목표를 효과적이고 효율적으로 달성하기 위해 설계·개발된 수업전략, 테크놀로지, 매체, 자료 등을 사용하고 보급하며 제도화하는 영역이다.
- 관리영역은 프로젝트 관리, 자원 관리, 전달체제 관리 등을 하위영역으로 포함한다.

③ 평가
- 교육프로그램이 성공적이기 위해서는 설계 시 의도한 목표들이 실제 프로그램들을 통해 성공적으로 달성되고 있는가를 지속적으로 평가할 필요가 있다. 교육프로그램 개발과정에서의 평가는 그 목적에 따라 크게 형성평가와 총괄평가가 있다.

관련 기출

001 교수-학습방법 및 교육문제에 대한 교육공학적 접근의 특징으로 옳지 않은 것은?

2007 국가직

① 교육의 제 구성요소들이 상호연관된 요소들의 집합체로 이루어져 있다고 본다.
② 교육문제의 해결을 위해 처방적 활동을 지향한다.
③ 학습자가 보다 의미 있는 학습활동에 참여하도록 하기 위해 어떤 환경을 제공할 것인가에 관심을 가진다.
④ 교육에 대한 철학적 접근 및 심리학적인 접근 방법보다 앞서서 발전되기 시작했다.

해설

④ 교육에 대한 철학적 접근 및 심리학적인 접근 방법이 교육공학보다 앞서서 발전했다.

정답 ④

THEME 98 ADDIE 모형

> **기출공략**
>
> ADDIE모형은 수업체제설계의 기본 모형으로서 다양한 수업체제설계모형의 기본이 된다고 할 수 있다. 자주 출제되고 있는 내용으로 이 모형에 포함된 다섯 과정과 절차를 세부적으로 기억하는 것이 필요하다.

대표문제

2023 교육청

02 ADDIE모형에 대한 설명으로 옳지 않은 것은?

① 분석 – 요구 분석, 학습자 분석, 환경 분석, 과제 분석 등이 실시된다.
② 설계 – 수행 목표 명세화, 교수전략 및 매체 선정 등이 실시된다.
③ 개발 – 설계명세서를 토대로 교수학습자료를 개발한다.
④ 평가 – 평가도구를 제작하고 평가를 실시한다.

◈ 해설

평가도구를 제작하는 것은 개발 단계에 해당한다.

정답 ④

이론 플러스

ADDIE모형

(1) **분석단계** : 요구분석, 학습자 특성 분석, 환경 및 맥락 분석, 학습과제 분석 및 출발점 수준 진단 등
(2) **설계단계** : 학습목표의 명세화, 수업 평가 전략 및 평가도구의 설계, 수업 내용의 계열화, 수업전략 및 매체의 선정 등을 기획함으로써 전반적인 수업의 청사진 또는 수업설계안을 만들어낸다.
(3) **개발단계** : 수업의 청사진에 따라 수업에서 사용할 다양한 유형의 자료들을 실제로 개발하고 제작하는 활동수행
(4) **실행 단계** : 개발된 수업 프로그램을 실제 수업 현장에 사용하거나 교육과정에 반영하면서 계속 유지하거나 필요한 경우 수정, 보완하는 등의 활동을 수행
(5) **평가 단계** : 평가하는 활동 수행, 형성평가와 총괄평가로 구분

관련 기출

001 교수-학습 과정 중 출발점 행동 진단에 대한 설명으로 옳지 않은 것은? 2023 국가직

① 학습내용과 매체를 선정하고 수업절차를 확인한다.
② 학습자가 해당 학습과제를 학습할 만한 발달수준에 도달했는지를 확인한다.
③ 학습자의 선수학습 요소를 확인한다.
④ 해당 학습과제에 대한 학습자의 흥미나 적성을 확인한다.

해설

②,③,④ 모두 학습자 분석에 해당하며 출발점 행동진단에 속한다.

정답 ①

002 교수설계를 위한 ADDIE 모형 중 다음에 해당하는 단계는? 2021 국가직

- 학습목표 명세화
- 평가도구 개발
- 교수매체 선정

① 분석   ② 설계
③ 개발   ④ 실행

해설

교수설계를 위한 ADDIE 모형은 다음과 같이 5단계로 이루어지며 각각의 단계의 첫글자를 따서 ADDIE모형이라고 부른다. 첫번째 분석 단계에서는 요구분석, 학습자 분석, 환경분석 그리고 직무 및 과제 분석을 실시하며 두번째 설계단계에서는 이전의 분석결과를 통해 수행목표를 명세화하고, 평가도구를 설계하며 프로그램의 구조화 및 계열화를 실시한다. 또한 교수방법이나 매체를 선정하기도 한다. 이 단계에서 수업설계도가 나온다. 세번째 개발단계에서는 이전 단계에서 나온 수업설계도를 바탕으로 실제 교수-학습 프로그램을 개발하고 제작한다. 다음으로 실행단계에서는 개발된 교육프로그램을 실제 현장에 적용하고 유지 및 관리한다. 마지막으로 평가단계에서는 형성평가나 총괄평가를 실시한다. 그러므로 보기에서 주어진 내용들은 설계단계에 해당한다.

정답 ②

003 교수설계이론에 대한 설명으로 옳은 것은?
2020 교육청

① 개발단계 - 학습을 위해 개발된 자원과 과정을 실제로 사용하는 것을 말한다.
② 실행단계 - 설계에서 구체화된 내용을 물리적으로 완성하는 단계로 실제 수업에서 사용할 자료를 만든다.
③ 평가단계 - 앞으로의 효과 및 결과를 예견하고 평가하는 과정으로 학습과 관련된 요인과 학습자 요구를 면밀히 분석하다.
④ 설계단계 - 설정된 목표를 달성하기 위해 어떤 내용을 어떻게 조직하고 제시해야 효과적인 결과를 얻을 것인가를 핵심질문으로 하는 수업의 청사진이다.

해설

①은 실행단계, ②는 개발단계, ③은 분석단계에 해당한다.

정답 ④

004 체계적 교수설계 모형(ADDIE)에서 개발(Development) 단계에 해당하는 활동은?
2015 교육청

① 교수자료 및 매체를 제작한다.
② 학습자의 선수지식 정도를 확인한다.
③ 수업목표에 따라 단원의 계열을 결정한다.
④ 학습과제의 특성과 하위 요소 간의 관계를 파악한다.

해설

②④는 분석단계, ③은 설계단계에 해당한다.

정답 ①

THEME 99 딕과 케리의 수업체제설계모형

기출공략

수업체제설계모형이란 효과적인 수업체제를 개발하기 위하여 개발에 관련된 주요 요소들과 그들 간의 관계를 중심으로 개발 과정 및 절차를 도식화한 절차적 모형이다. 수업체제설계모형은 수업체제를 설계하는 '과정' 그 자체를 체제적 관점에서 접근하는 것이므로 '체제적 수업설계모형'이라고도 불린다. 그동안 기출문제는 ADDIE 모형, 딕과 케리의 모형에 대해서 출제되었으며 하이니히의 ASSURE 모형은 아직까지 출제된 적은 없지만 아래 대표기출에 나와있는 해설을 참조로 정리해둘 필요가 있다.

대표문제

2016 교육청

08 딕과 캐리(W. Dick & L. Carey)의 교수설계모형에 대한 설명으로 옳지 않은 것은?

① 교수설계자의 입장에 초점을 두어 개발된 체제적 교수설계모형이다.
② 교수분석 단계에서는 수업목표의 유형을 구분하고 세부 과제를 도출한다.
③ 수행목표 진술 단계에서는 학습자에게 기대되는 성과를 구체적으로 진술한다.
④ 각 단계명의 영어 첫째 글자를 조합하여 ASSURE 모형으로 명명하기도 한다.

해설

④ 하이니히의 ASSURE 모형은 ADDIE 모형의 큰 틀을 따르고 있으며, 딕과 캐리의 모형이 일반적인 수업체제설계를 중심으로 하고 있다면, ASSURE 모형은 테크놀로지 활용 수업에 보다 중심을 두고 있다. ASSURE 모형은 여섯 단계의 앞 글자에 의해 명명되었으며, 효과적인 수업을 보증(assure)한다는 의미도 포함한다.
(1) 학습자 분석(Analyze learners)
(2) 목표 진술(State objectives)
(3) 테크놀로지 및 자료 선정(Select instructional methods, media, and materials)
(4) 테크놀로지 및 자료의 활용(Utilize media and materials)
(5) 학습자의 참여 유도(Require learner's participation)
(6) 평가 및 수정(Evaluate and Revise)

정답 ④

이론 플러스

딕과 케리의 수업체제설계모형

- 교수 프로그램을 설계 및 개발하기 위해 체계적인 접근을 한다.
- 딕과 케리의 교수설계모형에는 ADDIE 모형의 실행단계(I)가 생략되어 있다.
  ① **수업목적 확인**: 수업목적은 교과의 학습목표 혹은 요구분석 결과 등으로부터 추출되며 수행목표보다는 더 포괄적인 용어로 진술
  ② **수업 분석**: 수업내용 및 절차를 분석 즉, 수업목적을 성공적으로 달성하기 위해서 학습자가 학습해야 하는 하위기능들을 분석하고 그 기능들이 어떤 절차로 학습되어야 하는가를 규명
  ③ **학습자 및 맥락 분석**: 학습자의 현재 수준, 기능, 선호하는 취향, 태도 등을 포함한 정보 수집
  ④ **수행목표 기술**: '학습이 종결되었을 때 학습자가 무엇을 할 수 있을지를 구체적으로 진술'이 수행목표는 학습된 '성취 행동(기능)', 그 성취 행동이 실행될 '조건', 그 수행의 성공 여부를 판단하는 '준거'의 세 요소로 구성
  ⑤ **평가도구(검사문항)를 개발**
  ⑥ **수업전략 개발**
  ⑦ **수업자료 개발 및 선정**: 수업에 관련된 자료 제작
  ⑧ 프로그램의 질을 개선하는 데 필요한 자료를 수집하는 **형성평가를 실행**
  ⑨ 형성평가의 결과를 바탕으로 하여 **수업프로그램의 결점을 수정·보완**
  ⑩ **총괄평가를 실시**(보통 외부의 평가자에게 의뢰)

> 공무원 시험 대비

관련 기출

001 체제적 접근에 입각하여 교수목적 확인에서부터 총괄평가 실행에 이르는 일련의 과정을 제시하는 절차모형으로서, 효과적인 교수프로그램을 만들어 내기 위해서 필요한 일련의 단계들과 그 단계들 간의 역동적인 관련성에 초점을 맞춘 대표적인 교수개발모형은?

2009 국가직

① 딕과 캐리(Dick & Carey)의 모형
② 가네(Gagné)의 모형
③ 켈러(Keller)의 모형
④ 젠트리(Gentry)의 모형

해설

체제적 접근에 입각하여 교수목적 확인에서부터 총괄평가 실행에 이르는 일련의 과정을 제시하는 절차모형은 ① 딕과 캐리(Dick & Carey)의 수업체제설계모형이다.
② 가네(Gagné)의 학습조건 모형(교수설계이론)
③ 켈러(Keller)의 ARCS 동기이론

정답 ①

THEME 100 가네의 학습의 조건

기출공략

가네의 교수학습이론에서는 5가지 학습의 결과, 결과에 따른 학습의 조건(내적, 외적 조건) 그리고 외적 조건에 해당하는 교수사태에 대한 이해가 필요하다.

대표문제

2020 국가직

19 가네(Gagné)가 제시한 학습의 결과에 해당하지 않는 것은?

① 태도
② 언어정보
③ 탐구기능
④ 운동기능

해설

가네(Gagné)가 제시한 학습의 결과는 다음과 같다.
① 언어정보 : 학습자가 자신의 용어를 사용하여 정보를 진술하는 능력
② 지적기능 : 지적 기능은 방법적 지식, 지식을 활용하는 능력
③ 인지전략 : 자신의 내적 인지 과정을 조절, 통제하는 초인지적 사고기능
④ 운동기능 : 신체적 기능을 의미
⑤ 태도 : 특정한 방식으로 행동하는 것을 선택하는 것으로 개인의 선호 경향성

정답 ③

> 이론 플러스

가네의 학습의 조건

(1) 학습결과
    ① **언어정보** : 학습자가 자신의 용어를 사용하여 정보를 진술하는 능력
    ② **지적기능** : 지적 기능은 방법적 지식, 지식을 활용하는 능력
    ③ **인지전략** : 자신의 내적 인지 과정을 조절, 통제하는 초인지적 사고기능
    ④ **운동기능** : 신체적 기능을 의미
    ⑤ **태도** : 특정한 방식으로 행동하는 것을 선택하는 것으로 개인의 선호 경향성

(2) 학습조건
    • 학습결과(목표)에 따라 학습의 조건도 달라져야 함

(3) 수업사태

구분	인지과정	교수사태
학습을 위한 준비	주의집중	주의집중 유발
	기대	수업목표 제시
	작업기억으로 재생	선행지식 자극
획득과 수행	선택적 지각	학습자료 제시
	의미론적 부호화	학습안내 제공
	재생과 반응	수행 유도
학습의 전이	강화	피드백 제공
	재생을 위한 암시	형성평가
	일반화	파지와 전이 높이기

▲ 학습자의 인지과정과 교수사태(단계)

(4) 학습의 위계
    • 지적 기능의 학습은 신호학습, 자극-반응학습, 연쇄학습, 언어연합학습, 변별학습, 개념학습, 규칙학습, 고차적 규칙학습의 8가지 유형으로 나뉘며 제시된 순서대로 위계를 이룬다.

공무원 시험 대비

관련 기출

001 다음 설명에 해당하는 가네(R. Gagné)의 학습 결과 유형은?

2018 국가직

- 학습자가 그의 주위 환경을 개념화하여 반응하는 능력을 말한다.
- 지식이나 정보의 내용(what)을 아는 것이 아니라, 그 방법(how)을 아는 것으로 정의한다.
- 복잡성 수준에 따라 가장 단순한 것에서부터 변별, 개념, 규칙, 문제해결 등의 형태로 이루어져 있다.

① 지적기능　　　　　　　② 인지전략
③ 언어정보　　　　　　　④ 운동기능

◈ 해설

② 인지전략 : 자신의 내적 인지 과정을 조절, 통제하는 초인지적 사고기능
③ 언어정보 : 학습자가 자신의 용어를 사용하여 정보를 진술하는 능력
④ 운동기능 : 신체적 기능을 의미

☀ 정답 ①

002 다음 내용에 해당하는 가네(R. Gagné)의 학습 성과(learning outcomes) 영역은?

2017 교육청

- 방법적 지식 혹은 절차적 지식에 해당한다.
- 여러 가지 기호나 상징을 규칙에 따라 활용하는 것을 말한다.
- 변별학습, 구체적 개념학습, 정의된 개념학습, 원리학습, 고차원리학습으로 세분되며, 이들은 위계적 관계에 있다.

① 언어정보　　　　　　　② 운동기능
③ 인지전략　　　　　　　④ 지적기능

◈ 해설

☀ 정답 ④

003
가네(Gagné)의 학습위계설의 중요한 영역은 수업사태(instructional events)이다. 다음 설명에 가장 적합한 수업사태는? 2012 국가직

> ○ 학생들에게 학습내용에 대한 힌트나 질문을 던진다.
> ○ 지난 시간에 학습한 내용과의 유사점과 차이점을 설명해준다.
> ○ 가요에 화학 원소 기호의 첫 글자로 개사하여 개사된 가요를 부르며 화학 원소 기호를 쉽게 외울 수 있도록 한다.

① 주의집중
② 선수학습회상
③ 수행유도
④ 학습안내

해설

④ **학습안내 제공(학습안내 및 지도)**: 제시한 내용에 대한 학습자의 이해 수준에 따라 보다 개별적인 학습 안내 및 지도를 제공하는 단계이다. 학습자료가 효과적으로 개개인의 장기 기억에 유의미하게 저장될 수 있도록, 즉 새로운 내용을 나중에 회상할 수 있도록 부호화하는 데 도움을 준다. 교사가 정답을 알려주는 것보다 학습자 스스로 사고하고 탐구할 수 있도록 단서나 힌트를 제공해주는 것이 더 바람직하다.
① **주의집중 유발**: 교사는 학습자의 흥미나 호기심을 자극하고 주의를 집중할 수 있는 다양한 기술(언어적·비언어적 자극, 시청각 자극 등)을 활용하여 학습자의 주의를 환기시킨다.
② **선수학습회상(선행지식 자극)**: 새로운 학습은 관련된 선행지식에 의존하여 이루어진다. 선행지식을 자극하는 방법으로는 수업 초입에 이전 시간에 배운 내용을 복습함으로써 회상에 도움을 주거나, 복습만으로 충분하지 않을 때 필수적인 선행지식이나 기능에 대해 연습시키면서 그 내용을 다시 설명해주는 경우 등이 포함된다.
③ **수행유도(성취행동 유발(연습))**: 학습지의 효과적인 부호회를 위해서는 그들로 하여금 이미 배운 것과 아는 것을 통합된 지식으로 확인하고 증명하는 기회를 갖도록 하는 것이 필요하다. 연습문제를 풀어보거나 수업내용에 대한 질문에 대답하고 실습해 보는 등 새로운 기능을 재생하는 성취행동을 유발한다.

정답 ④

THEME 101 켈러의 ARCS 동기이론

기출공략

켈러는 수업에서 학습의 동기를 결정짓는 여러 변인들과 이와 관련된 구체적인 개념을 제시하는 ARCS 이론을 정립하여 동기를 주의집중, 관련성, 자신감, 만족감의 측면에서 다각적으로 검토하였다. 그리고 동기는 이 4가지 요소들의 상호작용으로 결정된다고 보았다. 여기서는 구체적 사례들을 중심으로 한 ARCS 동기이론의 4가지 요소(주의집중, 관련성, 자신감, 만족감)들에 대한 이해가 필요하다.

대표문제

2021 국가직

05 다음의 교수설계 전략에 해당하는 ARCS 모형의 요소는?

- 학습에서 성공기회를 제시한다.
- 학습의 필요조건을 제시한다.
- 개인적 조절감 증대 기회를 제시한다.

① 주의집중 ② 관련성
③ 자신감 ④ 만족감

해설

① 주의집중을 위해서 비일상적인 내용이나 사건을 제시함으로써 학습자의 흥미를 유발한다.
② 관련성을 높이기 위해 친밀한 예문이나 배경 지식, 실용성에 중점을 둔 목표를 제시한다.
④ 만족감을 주기 위해 적절한 강화계획을 세워, 의미 있는 강화나 보상을 제공한다.

정답 ③

> 이론 플러스

켈러의 ARCS 동기이론

- ARCS 모형은 학습을 촉진하기 위하여 학습자의 학습에 대한 동기유발과 유지전략이 우선되어야 함을 강조하여 켈러가 제안한 학습동기화 전략이다. 이 전략은 주의집중(attention), 관련성(relevance), 자신감(confidence), 만족감(satisfaction)의 네 가지 요인으로 구성되어 있으며, 각 구성요소의 첫자를 따서 ARCS 모형이라고 한다.
- 첫 번째, 주의집중은 학습과제에 대한 흥미와 호기심을 유발하여 학습에 주의를 기울이는 것뿐만 아니라 학습과정 중에 주의 집중력을 유지하는 것을 말하고, 두 번째, 관련성은 학습내용이 자신과 관계가 있을수록 흥미를 갖게 된다는 것이므로 학습자가 학습의 필요성을 느끼고 학습내용이 자신의 목적과 목표, 그리고 자신의 가치관과 일치하도록 해야 학습동기를 높일 수 있다는 것이다. 세 번째, 자신감은 학습조건, 성공기회, 개인적 통제의 세 가지 조건에서 이루어지는데, 즉, 학습조건은 학습자들이 불안해하는 요소를 제거하고 학습내용을 충분히 이해할 수 있도록 설명해주어야 하고 학습하는 과정에서 성공할 수 있는 기회가 주어져야 하며 스스로 노력하고 조절하면서 통제할 수 있어서 자신의 능력으로 성공한 경험을 갖게 될 때 자신감을 가질 수 있다는 것이다. 마지막으로 만족감은 성공적으로 수행한 학습 결과에 대한 보상과 내재적 즐거움을 갖도록 하는 강화, 그리고 형평성이 있고 정의로운 처리방식으로 지각되는 공정성과 같은 긍정적 느낌을 통해 형성된다고 켈러는 주장한다.

관련 기출

001 다음은 켈러(J.Keller)의 ARCS 이론에 기초하여 동기 유발·유지를 위해 수립한 교수학습 전략들이다. (가)~(라)에 해당하는 ARCS 요소를 바르게 짝지은 것은? 2018 국가직

(가) 비일상적인 내용이나 사건을 제시함으로써 학습자의 흥미를 유발한다.
(나) 쉬운 것에서부터 어려운 것 순으로 과제를 제시해준다.
(다) 친밀한 예문이나 배경지식, 실용성에 중점을 둔 목표를 제시한다.
(라) 적절한 강화계획을 세워, 의미있는 강화나 보상을 제공한다.

	(가)	(나)	(다)	(라)
①	주의집중	관련성	만족감	자신감
②	자신감	주의집중	관련성	만족감
③	주의집중	관련성	주의집중	자신감
④	주의집중	자신감	관련성	만족감

해설

정답 ④

THEME 102 협동학습

> **기출공략**
> 협동학습의 여러 형태에 대한 정리와 함께 협동학습의 기본 요소에 대한 이해가 필요하다.

대표문제

2022 국가직

04 협동학습의 일반적인 원리로 옳지 않은 것은?
① 개별 책무성
② 동질적 집단구성
③ 긍정적 상호의존성
④ 공동의 목표 달성 노력

해설

협동학습은 학생의 능력 면에서 구성원을 이질 집단으로 구성한다. 이외에도 협동학습의 일반적인 원리로 개별 책무성, 긍정적 상호의존성, 공동의 목표달성을 위한 노력 등이 있다.

정답 ②

> 이론 플러스

협동학습

(1) 협동 학습의 형태
  ① 성취과제분담학습(Student Team Achievement Division : STAD)
    - 슬래빈(Salvin)에 의해 고안된 학습모형으로 지식의 완전 학습을 하는 데 효과적이고 절차가 간편하여 널리 쓰이는 협동학습 방법, 절차는 다음과 같다. 첫째, 교사가 수업을 한 후, 학업성취 수준 등으로 이질적이게 구성된 집단별로 배운 내용을 함께 학습하도록 한다. 협동학습이 끝난 후, 학습자들은 개별적인 시험을 보고 그 결과를 과거 성취도와 비교한다. 과거와 현재의 성취도를 비교하여 향상된 점수가 집단점수로 환산된다. 마지막으로 집단점수를 기준으로 집단보상을 해준다.
  ② 토너먼트식 게임 모형(Teams-Games-Tournaments : TGT)
    - 성취과제분담학습과 비슷하나 평가방식이 다르다. 이 모형은 개인별로 시험을 보는 것이 아니라 각 집단에서 능력이 비슷한 구성원들끼리 한 테이블에 모여 토너먼트 게임을 실시한다. 각 테이블에서 능력이 비슷한 학생들끼리 학습한 내용에 대해 게임을 하고 여기서 얻은 개인의 점수가 집단점수로 합산된다. 토너먼트가 끝나면 교사는 집단점수를 기준으로 집단보상을 준다.
  ③ 직소(Jigsaw) : 전문가 집단 有
    - 과제분담협동학습 모형의 일종으로서 인종 간 혹은 문화 간의 차이로 인한 경쟁적 교실 환경을 협동적인 환경으로 바꾸기 위하여 개발하였다. 절차는 다음과 같다. 우선, 집단을 이질적인 학생들 3~4명 또는 4~6명으로 구성한다. 집단 내에서 학습자들은 학습할 내용을 분할하여 한 부분씩 맡는다. 같은 부분을 맡은 각 집단의 학생들끼리 모여 전문가 집단으로서 심도깊게 공부하고 그 내용을 토의한다. 그 후 다시 자신이 속한 집단으로 돌아가 학습한 내용과 결과를 그 집단의 학생들에게 가르친다.
  ④ 자율적 협동학습(Co-Op Co-Op)
    - 코프코프는 과제를 나누어 맡는 협동학습으로, 학급 모두가 전체 주제에 관해 개략적인 학습내용을 토론한 뒤 여러 소주제로 나누고, 각 개인은 원하는 소주제를 다루는 소집단에 속한다. 소집단에서는 토의를 통해 그 소주제를 또다시 더 작은 소주제로 나누어 각자 맡은 부분을 심도 있게 조사해 온다. 그 다음엔 집단으로 돌아와 집단 구성원과 함께 전체 학습에 보고할 것을 협동적으로 준비한다. 그리고 다른 집단으로부터 평가를 받는다.

(2) 협동 학습의 기본 요소
  ① 긍정적인 상호의존성 ② 면대면을 통한 상호작용 ③ 개별적인 책무성 ④ 사회적 기술 ⑤ 집단 내 구성원은 이질적으로, 집단끼리는 동질적으로 구성

관련 기출

001 다음 사례에 가장 잘 부합하는 협동학습 모형은?
2016 교육청

> 박 교사는 한국사 수업을 다음과 같이 진행하였다.
> (1) 고려 시대의 학습내용을 사회, 경제, 정치, 문화의 4개 주제로 구분하였다.
> (2) 학급 인원수를 고려하여 모둠을 구성하고, 모둠에서 각 주제를 담당할 학생을 지정하였다.
> (3) 주제별 담당 학생을 따로 모아 전문가 집단에서 학습하도록 하였다.
> (4) 전문가 집단에서 학습한 학생들을 원래의 모둠으로 돌려보내 각자 학습한 내용을 서로 가르쳐 주도록 하였다.
> (5) 모둠학습이 끝난 후, 쪽지 시험을 실시하여 우수 학생에게 개별보상을 하고 수업을 종료하였다.

① 팀경쟁학습(TGT) 모형
② 팀보조개별학습(TAI) 모형
③ 과제분담학습Ⅰ(JigsawⅠ) 모형
④ 학습자팀성취분담(STAD) 모형

해설

① 토너먼트식 게임 모형(Teams-Games-Tournaments : TGT)은 각 집단에서 능력이 비슷한 구성원들끼리 한 테이블에 모여 토너먼트 게임을 실시한다. 여기서 얻은 개인의 점수가 집단점수로 합산된다. 토너먼트가 끝나면 교사는 집단점수를 기준으로 집단보상을 준다.
② 팀보조개별학습(TAI : Team Assisted Individualization) 모형은 협동학습과 개별학습이 혼합된 모형으로 개별화 수업이 가지고 있는 본질적 한계인 학습 권태감을 극복할 수 있도록 해주며, 이질적인 동료와의 동료 교수와 팀 경쟁을 통해 학습동기를 높일 수 있다. 또한 협동학습의 요소가 추가되었을 뿐이지 기본적으로 개별화 수업의 형태를 취하고 있으므로 학생들의 능력 수준에 맞는 학습기회가 제공된다는 점도 있다.
④ 학습자팀성취분담(Student Team Achievement Division : STAD) 모형은 교사가 수업을 한 후, 학업성취 수준 등으로 이질적이게 구성된 집단별로 배운 내용을 함께 학습하도록 한다. 협동학습이 끝난 후, 학습자들은 개별적인 시험을 보고 그 결과를 과거 성취도와 비교한다. 과거와 현재의 성취도를 비교하여 향상된 점수가 집단점수로 환산된다. 마지막으로 집단점수를 기준으로 집단보상을 해준다.

정답 ③

002 수업모형의 하나인 '협동학습'에 대한 설명으로 옳지 않은 것은? 2013 국가직

① 모든 구성원이 함께 참여하여 성취할 수 있는 명확한 공동의 목표가 있어야 효과적이다.
② 효과적인 협동학습이 되기 위해서는 기본적으로 동질집단으로 구성되어야 한다.
③ 자신의 역할을 완수하지 않으면 구성원이 불이익을 받게 된다.
④ 협동학습이 잘 이루어지기 위해서는 신뢰에 바탕을 둔 구성원간의 상호의존관계가 필요하다.

해설

②에서 협동학습은 집단 내 구성원은 이질적으로, 집단끼리는 동질적으로 구성한다.

정답 ②

003 협동학습의 유형에 속하지 않는 것은?

2009 국가직

① 팀성취 분배보상기법(STAD : Student Teams Achievement Division)
② 팀 토너먼트식 게임법(TGT : Teams-Games-Tournament)
③ 직소 학습법 I(Jigsaw I)
④ 버즈 훈련 학습방법(Buzz Session Method)

해설

④ 버즈 훈련 학습방법(Buzz Session Method)은 토의방법으로 ① 연수자 전원을 6명 정도씩 소그룹으로 나누고, ② 각 소그룹은 주어진 테마에 대해서 5~20분간 다 함께 자유로이 토의하여(이것을 버즈 토의라고 한다) 결론을 낸다. ③ 각 소그룹의 대표는 자기 그룹의 결론을 전원에게 발표한다. ④ 리더는 그것을 참고로 해서 전체 토의를 행한다.

정답 ④

004 다음 중 협동학습의 특징과 관련이 없는 것은? 2008 교육청

① 긍정적 상호의존성
② 개별책무성이 없음
③ 구성원의 이질성
④ 공유하는 지도력
⑤ 교사의 관찰과 개입

해설

협동학습의 기본요소로 개별적인 책무성이 충족되어야 한다. 즉, 집단 구성원 각자의 수행이 집단 전체의 결과에 영향을 주며 또한 집단 전체의 수행은 각자의 수행에 다시 영향을 준다는 서로 간의 책무성이 필요하다. 이는 개인점수와 집단점수를 병행하는 방법을 통해 책무성을 확인할 수 있다.

정답 ②

THEME 103 프로그램 학습(programmed learning)

기출공략
개별학습의 한 형태인 프로그램학습의 개념 및 특징을 이해한다.

대표문제

2010 국가직

19 교수 – 학습의 형태 중 프로그램 학습(programmed learning)을 가장 잘 설명하고 있는 것은?

① 특별한 형태로 짜여진 교재에 의해서 학습자료를 제시하고, 학생들에게 개별학습을 시켜서 특정한 학습목표까지 무리 없이 확실하게 도달시키기 위한 학습방법
② 학습자료를 최종 형태로 주지 않고 학생 자신이 그 자료를 조직하도록 요구하고 그 자료에 들어있는 정보들 간의 관련성을 발견하게 하는 학습방법
③ 교사의 명석한 설명과 제시방법 여하에 따라서는 학생들이 여러 가지 수준의 지적 학습을 할 수 있다는 전제 하에 취해지는 교수방법
④ 정보를 명료하고 의미가 확실하게 부각되도록 최종형태로 조직하여 제시하는 유의미학습

해설
프로그램 학습은 하나의 주어진 학습과제의 내용을 작은 분절(分節)로 구조화하여 단계적으로 학습할 수 있도록 함으로써, 누구나 학습 목표에 쉽게 도달할 수 있도록 제작한 개별 학습의 한 형태이다.

정답 ①

이론 플러스

프로그램 학습(programmed learning)

- 1926년 프레시(L. Pressy)에 의해 처음으로 고안된 교수기계(teaching machine)가 출발점이 되어 발전된 수업형태이다. 프로그램 수업은 스키너식의 직선형과 크라우더식인 분지형의 둘로 크게 나누어진다. 어느 유형이건 기본적으로 강화이론에 바탕을 둔 수업방식이다.
- 프로그램 수업이 가지는 대표적 특징은 ① 아동의 적극적 반응을 유도하며, ② 아동이 행한 반응에 대해 즉각적으로 피드백(feedback)해 주며, ③ 아동이 각자 자기 속도에 맞추어 학습할 수 있도록 스몰스텝(small step)으로 구성되어 있다는 점이다.
- 프로그램 수업이 성공하려면 무엇보다도 프로그램 작성상의 질(質)에 달려 있는데, 이를 위해서는 교과전문가·교육과정 전문가·수업전문가·교육공학 전문가·관련교사 등의 협동적 참여가 요청된다. 프로그램 수업은 학교 교사 없이 학생이 자율적으로 학습할 수 있도록 할 수도 있으나, 교사의 지도하에 보충, 또는 심화(深化) 자료로 이용되는 것이 효과적이다.

THEME 104
테크놀로지 활용 수업 : 이러닝, 온라인학습, 모바일러닝, U-러닝, 플립러닝 등

> **기출공략**
>
> 최근 테크놀로지 활용 수업에 대한 문제가 자주 출제되고 있다. 각각의 수업에 대한 특징을 다른 형태의 수업과 비교해서 정리해둘 필요가 있다. 특히 플립러닝의 방법 및 절차에 대한 이해가 필요하다.

> **대표문제**
>
> **2023 국가직**
>
> **08** 가상현실(VR) 기술을 활용한 교육에 대한 설명으로 옳지 않은 것은?
> ① 다양한 각도에서 수업자료를 탐구하도록 유도할 수 있다.
> ② 현실에서 직접 경험할 수 없었던 사물, 장소, 역사 속 사건 등을 재현할 수 있다.
> ③ 투사매체인 실물화상기나 OHP(overhead projector)를 핵심 장치로 활용한다.
> ④ 학습활동 과정에서 학습자의 흥미와 몰입감을 높일 수 있다.
>
> **해설**
>
> 실물화상기, OHP는 가상현실 기술을 활용한 매체에 해당하지 않는다.
>
> **정답** ③

> 이론 플러스

테크놀로지 활용 수업

(1) 수업과 테크놀로지
- **수업(교수)매체** : 학습자에게 교수–학습 내용을 전달하는 모든 수단이나 방법
- **디지털 리터러시** : 디지털사회의 구성원으로서의 자주적인 삶을 살아가기 위해 필요한 기본 소양으로 윤리적 태도를 가지고 디지털 기술을 이해·활용하여 정보의 탐색 및 관리, 창작을 통해 문제를 해결하는 실천적 역량

(2) 테크놀로지 활용 교실수업
① **이러닝** : 인터넷 네트워크 기술을 바탕으로 다양한 매체를 활용, 시간과 장소의 제약 없이 학습자가 다른 학습자, 교수자, 학습 내용과 활발한 상호작용을 하면서, 다양한 학습경험을 할 수 있도록 지원하는 체제
② **온라인학습** : 원격교육의 한 형태로서 학습자들이 서로 분리되어 있고 상호작용적인 시스템을 통해 학습자를 자원 및 교수자와 연결하는 제도적 기반을 둔 형식교육, 원격교육을 위해 라디오, 텔레비전, 컴퓨터 등 다양한 테크놀로지가 활용될 수 있는데, 온라인 학습은 인터넷을 매개로 학습이 이루어진다.
③ **모바일러닝** : 이동성(mobility)이 있는 무선의 매체들을 활용한 교육, 기기의 4C, 즉 매체 및 콘텐츠의 접근(Content), 정보의 포착과 저장(Capture), 반응의 산출(Compute), 의사소통(Communicate) 기능 활용을 강조
④ **유비쿼터스 학습** : 시간, 장소, 환경 등에 구애받지 않고 언제, 어디서나 자신이 원하는 학습을 즉각적으로 수행할 수 있는 학습자 중심의 통합적인 학습체제
⑤ **플립러닝**
블렌디드 러닝, 거꾸로 학습, 역전학습, 역진행학습, 반전학습으로 불리며, 학교에서의 강의식 수업과 집에서의 숙제로 구성된 전형적인 학습과정을 거꾸로 하는 교육모형. 즉, 가정에서 동영상 강의를 수강하며 예습하고, 학교 수업시간에는 예습을 통하여 습득한 개념을 적용해보는 역발상적 학습법, 여기서 핵심은 사전동영상 수강이기보다는 교실수업공간의 재발견에 있다.

관련 기출

001 다음에서 설명하는 개념은? 2017 국가직

> ○ 학습자에게 교수학습 내용을 전달하는 모든 수단이나 방법을 총칭한다.
> ○ 교수학습을 위해 사용하는 시청각 기자재와 수업자료를 총칭한다.

① 교수매체
② 시청각매체
③ 실물매체
④ 디지털매체

해설

정답 ①

002 서책형 교과서와 비교하여 디지털 교과서의 장점으로 보기 어려운 것은? 2014 국가직
① 사용에 있어 시공간의 제약이 적다.
② 학습자의 능력 및 수준에 따른 맞춤형 학습이 용이하다.
③ 다양한 멀티미디어 콘텐츠의 활용을 통해 학습동기를 높일 수 있다.
④ 특정한 장비와 프로그램이 없어도 접근이 가능하여 시간과 비용을 절약할 수 있다.

해설

디지털 교과서는 특정한 장비와 프로그램이 있어야 접근할 수 있다.

정답 ④

003 다음에 해당하는 학습 형태는?

2022 국가직

> - 학습자가 언제 어디에서나 어떤 내용이건, 어떤 단말기로도 학습 가능한 지능화된 학습 형태
> - 획일적이거나 강제적이지 않으며, 창의적이고 학습자 중심적인 교육과정 실현 가능
> - 원하는 정보를 찾기 위해 학습자가 특정 시간에 특정 장소를 찾아가는 것이 아니라, 학습정보가 학습자를 찾아다니는 방식

① e-러닝(electronic learning)
② m-러닝(mobile learning)
③ u-러닝(ubiquitous learning)
④ 기계학습(machine learning)

해설

① e-러닝이 인터넷 기반의 온라인 학습이라면, ③ u-러닝은 e-러닝의 결정체로 Any Network, Any Device를 통한 시간과 공간의 제약 없이 지식과 정보에 접근 가능한 유비쿼터스 환경에서의 온라인 학습 환경이다.
② m-러닝은 스마트폰 등 모바일 기기를 통해 언제 어디서나 자유롭게 인터넷에 접속해 교육받을 수 있게 하는 시스템이다.
④ 기계학습은 인공지능의 한 분야이다. 1959년 아서사무엘은 기계학습을 "컴퓨터에 명시적인 프로그램 없이 배울 수 있는 능력을 부여하는 연구 분야"라고 정의하였다. 즉 사람이 학습하듯이 컴퓨터에도 데이터들을 줘서 학습하게 함으로써 새로운 지식을 얻어내게 하는 분야이다.

정답 ③

공무원 시험 대비

004 다음 내용과 가장 관련이 깊은 학습 형태는? 2018 교육청

> ○ 무선 환경에서 네트워크에 접속하여 학습한다.
> ○ PDA, 태블릿 PC 등을 활용하여 물리적 공간에서 이동하면서 가상공간을 통하여 학습한다.
> ○ 기기의 4C(Content, Capture, Compute, Communicate) 기능을 활용하여 교수·학습을 촉진할 수 있다.

① 모바일 러닝(m-learning)
② 플립드 러닝(flipped learning)
③ 마이크로 러닝(micro learning)
④ 블렌디드 러닝(blended learning)

해설

모바일 러닝(M-learning, Mobile learning)은 기술적인 측면에서 볼 때 무선인터넷 및 위성통신기술을 기반으로 PDA(Personal Digital Assistant, 개인휴대용 단말기), PMP(Portable Multimedia Player, 휴대용 멀티미디어 재생기), 태블릿 PC, 무선인터넷 지원 노트북, 스마트폰을 활용하는 학습환경을 의미한다. 이동성(mobility)이 있는 무선(wireless)의 매체들을 활용한 교육을 의미한다. 기기의 4C, 즉 매체 및 콘텐츠의 접근(Content), 정보의 포착과 저장(Capture), 반응의 산출(Compute), 의사소통(Communicate) 기능 활용을 강조한다.
②④는 동일한 개념으로 '거꾸로 수업', 또는 '거꾸로 교실'로도 불리며, 전통적 수업에서의 강의를 동영상 강의로 바꾸어 학습자에게 사전 과제로 제시하고, 사후 숙제로 제공하던 다양한 학습 활동들은 교실에서 실시하여 기존의 학습 방식을 뒤집는 교육 모델을 말한다. 온라인 교육이 갖고 있는 강점과 면대면으로 이루어지는 오프라인 교육의 강점을 최대한 살려서 학습의 효과를 극대화하고자 하는 학습이다.
③은 소규모 수업으로, 수업장학의 한 형태이다. 4분에서 20분 정도의 수업시간에 3~10명 규모의 소집단 학생을 대상으로 간단한 내용을 가지고 한두 가지 수업기술 향상에 초점을 둔 축소된 수업을 말한다.

정답 ①

005 인터넷과 웹의 등장으로 이러닝(e-learning)의 활용이 급속하게 확대되고 있다. 이러닝의 개념 및 정의는 학자마다 다를 수 있지만, 흔히 컴퓨터와 네트워크를 기반으로 이루어지는 학습형태를 총칭한다. 이러닝의 활용 동향에 대한 설명으로 가장 적합하지 않은 것은?

2007 국가직

① 이러닝의 활용은 초·중등학교, 대학, 기업 등 교육의 전분야에서 광범위하게 활용되고 있다.
② 우리나라의 경우 현재 이러닝을 통해 학사 및 석사학위를 받을 수 있다.
③ 이러닝을 이용한 사이버교육의 운영방식은 각 국가별 교육문화, 정책 및 제도, 비전 등에 따라 다르다.
④ 대학의 이러닝은 현재 고등교육법에 근거하여 2001년 이후 설립된 원격대학에서 활용되고 있다.

해설

④ 대학의 이러닝은 현재 평생교육법에 근거하여 2001년 이후 설립된 원격대학에서 활용되고 있다.

정답 ④

---

006 '이러닝(e-learning)'의 교육공학적 방법이 교육 분야에 공헌한 것으로 보기 가장 어려운 것은?

2011 국가직

① 학습효과를 극대화시킨다.
② 교사와 학생 간 인격적 접촉을 증가시킨다.
③ 교육활동의 개별화를 촉진시킨다.
④ 교육의 경제성 및 대중화를 촉진시킨다.

해설

이러닝(e-learning)은 인터넷 네트워크 기술을 바탕으로 다양한 매체를 활용, 시간과 장소의 제약 없이 학습자가 다른 학습자, 교수자, 학습 내용과 활발한 상호작용을 하면서, 다양한 학습경험을 할 수 있도록 지원하는 체제로 주로 비대면 형태로 이루어지기 때문에 교사와 학생 간 인격적 접촉을 증가시킨다고 볼 수 없다.

정답 ②

007 원격교육에 대한 설명으로 옳지 않은 것은? 2020 교육청

① 원격교육은 컴퓨터 통신망을 기반으로 등장하였다.
② 각종 교재개발과 학생지원 서비스 등을 위한 물리적·인적 조직이 필요하다.
③ 교수자와 학습자가 물리적으로 떨어져 있으나 교수·학습 매체를 통해 의사소통을 한다.
④ 다수를 대상으로 하면서도 공학적인 기재를 사용하여 사전에 계획, 준비, 조직된 교재로 개별학습이 이루어진다.

해설

컴퓨터나 인터넷이 본격적으로 활용되기 이전에는 인쇄매체나 방송을 통한 원격교육을 시행하였다. 그러므로 컴퓨터 통신망을 기반으로 등장한 것은 아니다.

정답 ①

008 다음 설명에 해당하는 학습법은? 2022 교육청

○ 면대면 수업이 갖는 시간적·공간적 제한점을 온라인학습의 장점을 통해 극복한다.
○ 인간접촉의 부재, 홀로 학습하는 것에 대한 두려움, 동기 저하 등의 문제를 면대면 교육으로 보완한다.

① 상황학습(situated learning)
② 블렌디드 러닝(blended learning)
③ 모바일 러닝(mobile learning)
④ 팀기반학습(team-based learning)

해설

① 상황학습은 지식이 활용되는 상황 맥락을 제시하고 그 맥락 속에서 정보를 찾고 문제를 해결해가면서 지식을 형성해가도록 함으로써 실제적 지식의 습득 및 적용 능력을 향상시킬 수 있다.
③ 모바일 러닝(mobile learning)은 이동성(mobility)이 있는 무선의 매체들을 활용한 교육
④ 팀기반학습(team-based learning)은 공통의 인식과 관심을 같이하는 적정 규모의 팀원이 현안과제나 문제를 해결하고, 공동의 목표를 달성하기 위해서 개개인이 갖고 다양한 아이디어를 대화를 통해 공유하면서 지식을 창출하는 학습이다.

정답 ②

009
학생이 사전에 온라인 등으로 학습내용을 공부해 오게 한 후 학교 수업에서는 문제해결이나 토론 등의 상호작용에 중점을 두는 수업 형태는? 2019 국가직

① 플립러닝(flipped learning)
② 탐구수업
③ 토론수업
④ 문제기반학습(problem-based learning)

해설

정답 ①

010
다음 내용에 가장 부합하는 교수·학습 방법은? 2017 교육청

- 거꾸로 학습이나 거꾸로 교실로 알려져 있다.
- 학습할 내용을 수업 이전에 온라인으로 미리 공부한다.
- 일종의 블렌디드 러닝(blended learning)으로서 학습의 효과를 높이기 위한 전략이다.
- 학교 수업에서 학습자는 질문, 토론, 모둠활동과 같은 형태로 수업에 적극적으로 참여한다.

① 플립드 러닝(flipped learning)
② 문제중심학습(problem-based learning)
③ 자원기반학습(resource-based learning)
④ 교사주도학습(teacher-directed learning)

해설

① 플립드 러닝(flipped learning)은 블렌디드 러닝, 거꾸로 학습, 역전학습, 역진행학습, 반전학습으로 불리며, 학교에서의 강의식 수업과 집에서의 숙제로 구성된 전형적인 학습과정을 거꾸로 하는 교육모형이다.

정답 ①

지아쌤의
교육학개론
테마별 기출뽀개기

CHAPTER 11

교육행정

출제비율

연도	'07	'08	'09	'10	'11	'12	'13	'14	'15	'16	'17	'18	'19	'20	'21	'22	'23	총 문항수	총 출제문항
국가직	4	5	6	6	5	5	5	5	7	4	4	4	7	6	5	5	5	340	88(26%)
교육청									6	4	3	5	6	3	5	5	4	180	41(23%)

출제경향

교육행정은 가장 많이 출제되고 있는 영역으로 평균 4~5문제 정도 출제되고 있다. 총 20문항 중에서 최대 7문제까지 출제된 적이 있다. 가장 많이 출제된 부분은 교육관련 주요법령 사항, 지방 교육자치 제도, 교육재정 제도, 교직에 대한 이해 및 교원 인사이동 및 징계, 장학의 유형 등이었다. 그다음으로 교육행정의 특성 및 원리, 학교조직의 성격, 새로운 리더십이론, 동기이론, 학교운영위원회, 학교예산 편성 기법 등과 관련해서 자주 출제가 되었다.

THEME 105 교육행정의 개념

기출공략

'교육에 관한 행정(국가통치권론)'과 '교육을 위한 행정(기능주의론, 조건정비설)'의 개념을 구별해서 정리하되, 같은 표현의 명칭들도 함께 정리하는 것이 필요하다.

대표문제

2008 국가직

13 교육행정의 개념을 '교육을 위한 행정'과 '교육에 관한 행정'으로 구분할 때, '교육에 관한 행정'에 대한 설명으로 타당한 것은?

① 행정보다 교육을 강조하는 입장이다.
② 행정의 지원적 성격에 초점을 맞추고 있다.
③ 교육행정을 행정의 하위영역으로 간주하면서 행정의 종합성을 강조하려는 입장이다.
④ 교육의 본질과 자주성을 중시하는 입장이다.

해설

'교육에 관한 행정'은 교육행정이 일반행정의 한 영역으로 간주되어 안정성이 있는 반면 중앙집권적인 형태를 띠고, 교육의 전문성과 특수성을 반영하기 어렵다.

정답 ③

이론 플러스

교육행정의 개념

① **교육에 관한 행정(국가통치권론)** : 교육행정이 일반행정의 한 영역으로 간주되어 안정성이 있는 반면 중앙집권적인 형태를 띠고, 교육의 전문성과 특수성을 반영하기 어렵다.
② **교육을 위한 행정(기능주의론, 조건정비설)** : 교육의 본래 목적이 강조된다. 즉, 행정보다는 교육 그 자체를 강조한다.
③ **행정과정론** : 행정과정이 이루어지는 순서 혹은 단계를 중심으로 정의한다.
④ **정책실현론** : 교육행정을 정치적 과정으로 본다.
⑤ **협동행위론** : 행정의 본질을 조직원의 협동행위로 가정함
⑥ **교육리더십론(교육경영론)** : 교육행정은 지도자의 리더십이 발휘되는 활동이다.

관련 기출

001 다음 글은 교육행정을 정의하는 관점 중 어느 것에 근거한 것인가? 2011 국가직

> 광복 직후 우리나라에는 오늘날의 교육과학기술부와 같은 독자적인 중앙교육행정조직이 없었다. 그 대신 내무부 산하의 학무국이 중앙교육행정조직이었으며, 여기에는 비서실 외에 6과가 편성되어 있었다.

① 조건정비론
② 행정과정론
③ 협동행위론
④ 국가통치권론

해설

교육행정이 일반행정의 한 영역으로 간주되어 안정성이 있는 반면 중앙집권적인 형태를 띠는, 교육의 전문성과 특수성을 반영하기 어려운 국가통치권론의 입장이다.

정답 ④

THEME 106 교육행정의 과정

기출공략

교육행정의 과정에 관해서 묻는 문제가 자주는 아니지만 출제되고 있다. 과정별 키워드를 중심으로 정리하되, 특히 조정과정의 경우에 '상호 관련', '통합, 조절'의 키워드를 중심으로 정리할 필요가 있다.

대표문제

2023 국가직

11 다음 설명에 해당하는 교육행정의 과정은?

> 조직의 목표를 설정하고 목표 달성에 필요한 수단을 선택하여 미래의 행동을 준비한다.

① 기획(planning)
② 자극(stimulating)
③ 조정(coordinating)
④ 평가(evaluating)

◈ 해설

페욜에 따르면 기획(Planning)은 미래를 예측하고 행동계획을 수립하는 일, 귤릭과 어위크는 기획을 조직의 목적을 달성하기 위하여 행동의 대상과 방법을 개괄적으로 확정하는 일로 규정하였다.

☀ **정답** ①

이론 플러스

교육행정의 과정

(1) 페욜의 산업관리론
- 기획(Planning) : 미래를 예측하고 행동계획을 수립하는 일
- 조직(Organizing) : 인적, 물적 자원을 조직하고 체계화하는 일
- 명령(Commanding) : 구성원으로 하여금 과업을 수행하도록 하는 일
- 조정(Coordinating) : 모든 활동을 통합하고 상호 조정하는 일
- 통제(Controlling) : 정해진 규칙과 명령에 따라 일이 이루어지고 있는가를 확인

관련 기출

001 다음 설명에 해당하는 교육행정 과정의 요소는? 2020 국가직

> ○ 각 부서별 업무 수행의 관계를 상호 관련시키고 원만하게 통합, 조절하는 일이다.
> ○ 이것이 잘 이루어지면 노력·시간·재정의 낭비를 막고, 각 부서 간의 부조화 및 직원 간의 갈등을 예방할 수 있다.

① 기획
② 명령
③ 조정
④ 통제

해설

페욜은 조정을 모든 활동을 통합하고 상호 조정하는 일로, 귤릭과 어위크는 각 부서별 업무 수행의 관계를 상호 관련시키고 원만하게 통합, 조절하는 일로 규정하였다. 교육행정 과정 중에 '조정'과정은 상호 관련시키고 통합, 조절하는 과정이라고 볼 수 있다.

정답 ③

THEME 107 교육행정의 특성 및 원리

기출공략

교육행정의 원리와 관련해서 문제가 자주 출제되었다. 중요한 부분이므로 각 원리들을 키워드를 중심으로 정리하되, 특히 민주성의 원리는 '참여', '반영', 자주성의 원리는 '독립'을 키워드로 기억하는 것이 좋다.

대표문제

2022 국가직

01 새로운 환경변화에 신축적으로 대응하고 능동적으로 대처함으로써 변화를 주도해 나가야 한다는 교육행정의 원리는?

① 민주성의 원리
② 안정성의 원리
③ 전문성의 원리
④ 적응성의 원리

해설

① 민주성의 원리는 교육정책 수립이나 집행의 과정에서 민주주의의 기본이념을 바탕으로 운영해야 함을 의미한다. 이해당사자들의 의사를 적극적으로 반영하고 그들을 의사결정과정에 적절하게 참여시켜야 한다.
② 안정성의 원리는 교육 활동의 일관성과 지속성을 유지함으로써 안정성을 확보하려는 원리, 교육정책을 일관되고 지속적으로 추진해야 한다는 것이다.
③ 전문적 관리의 원리(전문성의 원리)는 교육감을 비롯한 지방교육 행정조직의 구성원들이 교육 또는 교육 행정의 전문성을 지니고 있어야 한다는 것이다.
④ 적응성의 원리는 교육행정에는 끊임없는 사회 변화에 교육행정이 수동적으로 순응하는 소극적 적응보다는 오히려 능동적인 대처로 변화를 주도하고 조절하는 능력이 요구된다는 것이다. 단, 이 원리를 강조하다 보면 안정성을 해칠 우려가 있다.

정답 ④

이론 플러스

교육행정의 원리

① **법치행정의 원리**(=합법성의 원리) : 모든 행정행위는 법에 의거하고 법이 정하는 범위 내에서 이루어지는 것을 원칙으로 한다.
② **민주성의 원리** : 이해당사자들의 의사를 적극적으로 반영하고 그들을 의사결정과정에 적절하게 참여시켜야 한다.
③ **효율성의 원리** : 최소한의 시간과 노력을 투입하고 최대한의 효과를 얻으려는 경제성의 원리이다. 민주성의 원리와 상충할 수도 있다.
④ **자주성의 원리**(=자율성의 원리) : 학교나 지방교육 행정기관이 그 조직의 관리, 운영에 관하여 필요한 기준을 자주적으로 설정, 집행하며, 조직 발전에 필요한 제반 정책을 독자적으로 결정하는 것을 의미한다.
⑤ **안정성의 원리** : 교육활동의 일관성과 지속성을 유지함으로써 안정성을 확보하려는 원리
⑥ **적응성의 원리** : 교육행정에는 끊임없는 사회 변화에 능동적인 대처로 변화를 주도하고 조절하는 능력이 요구된다.
⑦ **기회균등의 원리** : 능력에 따른 교육기회의 균등을 법에 국민의 권리로 명시
⑧ **권한의 적정집중 원리**(=적도집권의 원리) : 중앙과 지방 사이의 적정한 권한 배분, 교육청과 단위학교, 단위학교 내의 구성원 간에 권한의 배분

관련 기출

001 교육행정의 특성으로 옳은 것은?
2014 국가직

① 교육행정은 조직, 인사, 내용, 운영 등에서의 자율성과 민주성을 중요시한다.
② 교육행정은 교육과 행정을 구분하기 때문에 정치적 측면에 강조점을 두지 않는다.
③ 교육이 전문적 활동이기 때문에 이를 지원하는 교육행정은 특별한 훈련 없이도 수월하게 이루어질 수 있다.
④ 교육행정은 교수-학습 활동의 감독을 중요한 출발점으로 한다.

해설

② 교육행정의 행정작용은 국가의 통치와 긴밀하게 관련되어 정치활동과 무관할 수는 없다.
③ 교직뿐 아니라 교육행정가는 전문가 집단에 속하며, 교육과 행정에 대한 전문성을 겸비해야 한다.
④ 교수-학습의 활동은 교사들의 전문성에 따른 자율권 및 교권에 해당하며, 교육행정은 이를 지원하기 위한 지원적 성격이 강하다.

정답 ①

002 교육행정의 원리에 대한 설명으로 옳지 않은 것은?

2021 교육청

① 안전성의 원리는 교육정책을 일관되고 지속적으로 추진해야 한다는 것이다.
② 효율성의 원리는 교육에 투입되는 비용을 상대적으로 적게 하면서 교육목표를 달성하려는 것이다.
③ 자주성의 원리는 지역의 특수성과 다양성을 반영하여 주민의 적극적인 의사와 자발적인 참여를 강조하는 것이다.
④ 민주성의 원리는 이해당사자들의 의사를 적극적으로 반영하고 그들을 의사결정과정에 적절하게 참여시켜야 한다는 것이다.

해설

③은 민주성의 원리에 해당한다.

정답 ③

003 다음 내용에 해당하는 교육행정의 원리는?
2017 교육청

- 이 원리를 지나치게 강조하면 교육행정의 전문성이 경시될 수 있다.
- 이 원리로 공무원의 부당한 직무수행과 행정재량권의 남용을 방지할 수 있다.
- 이 원리에 따라 교육공무원으로서의 신분을 보장받아서 업무를 소신 있게 수행할 수 있다

① 수월성　　　　　　　　　　② 능률성
③ 효과성　　　　　　　　　　④ 합법성

해설

④ 합법성의 원리는 모든 행정행위는 법에 의거하고 법이 정하는 범위 내에서 이루어지는 것을 원칙으로 한다.

정답 ④

004 다음 「교육기본법」 제6조의 내용과 관계가 깊은 교육행정의 원리는?
2016 국가직

교육은 교육 본래의 목적에 따라 그 기능을 다하도록 운영되어야 하며, 정치적·파당적 또는 개인적 편견을 전파하기 위한 방편으로 이용되서는 안된다.

① 자주성의 원리　　　　　　② 합법성의 원리
③ 기회균등의 원리　　　　　④ 지방균등의 원리

해설

① 자주성의 원리(=자율성의 원리)는 학교나 지방교육 행정기관이 그 조직의 관리, 운영에 관하여 필요한 기준을 자주적으로 설정, 집행하며, 조직 발전에 필요한 제반 정책을 독자적으로 결정하는 것을 의미한다.
② 합법성의 원리는 모든 행정행위는 법에 의거하고 법이 정하는 범위 내에서 이루어지는 것을 원칙으로 한다.
③ 기회균등의 원리는 능력에 따른 교육기회의 균등을 법에 국민의 권리로 명시하였다.
④ 지방균등의 원리는 중앙과 지방 사이의 적정한 권한 배분, 교육청과 단위학교, 단위학교 내의 구성원 간에 권한의 배분을 가리킨다.

정답 ①

005 다음은 학교장이 교직원들에게 당부한 내용이다. 이 내용과 가장 부합하는 교육행정의 원리는?

2015 교육청

> 학교의 주요 결정에 교육 주체의 참여를 보장하고 공익에 초점을 두면서 행정의 과정을 공개하며, 학교 내 다른 부서들과 이해와 협조를 바탕으로 사무를 집행해주기를 바랍니다.

① 민주성의 원리
② 자주성의 원리
③ 합법성의 원리
④ 효율성의 원리

해설

① 민주성의 원리는 이해당사자들의 의사를 적극적으로 반영하고 그들을 의사결정과정에 적절하게 참여시켜야 한다는 것이다.
② 자주성의 원리(=자율성의 원리)는 학교나 지방교육 행정기관이 그 조직의 관리, 운영에 관하여 필요한 기준을 자주적으로 설정, 집행하며, 조직 발전에 필요한 제반 정책을 독자적으로 결정하는 것을 의미한다.
③ 법치행정의 원리(=합법성의 원리)는 모든 행정행위는 법에 의거하고 법이 정하는 범위 내에서 이루어지는 것을 원칙으로 한다.
④ 효율성의 원리는 최소한의 시간과 노력을 투입하고 최대한의 효과를 얻으려는 경제성의 원리이다. 민주성의 원리와 상충할 수도 있다.

정답 ①

THEME 108 과학적 관리론

기출공략

보비트가 주장한 과학적 관리론은 효율성을 극대화하려는 관점으로 낭비 제거, 교육시설의 최대한 활용, 교직원 수의 최소화 등의 입장을 취한다. 또한, 행정기능 분리를 통한 교수 활동의 효과성 제고를 강조하므로 교사는 교수자로서 학생을 가르치는 데 전념하고, 학교장은 관리자로서 학교행정을 책임지는 일에 집중해야 한다.

대표문제

2022 국가직

18 보비트(Bobbit)가 학교행정에 적용한 과학적 관리의 원칙으로 옳지 않은 것은?

① 교육에서의 낭비를 최대한 제거한다.
② 가능한 모든 시간에 교육시설을 활용한다.
③ 교직원의 작업능률을 최대한 유지하고 교직원 수를 최소화 한다.
④ 교원은 학생을 가르치는 일과 함께 학교행정의 책임도 져야 한다.

해설

과학적 관리는 고도의 전문화가 집단을 가장 효율적인 조직으로 이끈다고 생각하는 관점이므로 교사는 교수자로서 학생을 가르치는 데 전념하고, 학교장은 관리자로서 학교행정을 책임지는 일에 집중하는 것이 과학적 관리론을 학교현장에 적용한 것으로 적절하다.

정답 ④

이론 플러스

과학적 관리론

(1) 과학적 관리론 : 과학적 관리의 원리를 교육에 도입
① **보비트** : 학교에서도 생산품(학생)과 생산방법(교육방법)을 표준화하고, 생산자(교원)의 자격, 교육, 훈련에 과학적 관리의 원리를 적용해야 한다고 주장. 또 교육시설의 최대 활용, 교직원 수의 최소화 및 능률의 최대화, 교육에서의 낭비 제거, 행정기능 분리를 통한 교수 활동의 효과성 제고 등을 강조.
② **스폴딩** : 교육행정가가 기업경영의 원리에 따라 업무를 수행할 것을 주장. 교육행정에 적용되는 과학적 관리의 본질을 성과의 측정과 비교, 성과 달성의 조건, 수단, 시간에 대한 비교분석, 좋은 성과를 가져오는 수단의 채택과 활용으로 설명.

관련 기출

001 과학적 관리론을 학교 상황에 적용한 것으로 가장 적절한 것은? 2016 교육청
① 학교장은 구성원들의 동기를 파악하여, 내재적 동기를 적극적으로 유발한다.
② 학교장은 학교조직을 개방체제로 파악하고, 학교 문제 해결을 위해 학부모들의 요구를 적극 반영한다.
③ 교사들 간의 적절한 갈등은 학교의 발전에 도움이 된다고 보고, 학교장은 적절한 갈등 자극 전략을 사용한다.
④ 교사는 교수자로서 학생을 가르치는 데 전념하고, 학교장은 관리자로서 학교행정을 책임지는 일에 집중한다.

해설

과학적 관리론은 행정기능 분리를 통한 교수 활동의 효과성 제고 등을 강조한다.

정답 ④

THEME 109 관료제론과 교육행정

기출공략

베버가 주창한 관료제론을 학교에 적용시켰을 때, 관료제의 특성에 따른 순기능과 역기능이 발생할 수 있다. 기출문제 또한 이러한 순기능과 역기능을 중심으로 출제되고 있으므로 이에 대한 정확한 이해와 정리가 필요하다.

대표문제

2018 국가직

07 베버(M. Weber)의 관료제 특성과 순기능 및 역기능을 연결한 것으로 옳지 않은 것은?

관료제 특성	순기능	역기능
① 분업과 전문화	전문성	권태
② 몰인정성	합리성	사기저하
③ 규정과 규칙	계속성과 통일성	경직성, 본말전도
④ 경력지향성	유인체제	의사소통 저해

해설

④ 경력지향성의 순기능은 유인체제가 맞지만, 역기능은 업적/연공서열 갈등이다.

정답 ④

> 이론 플러스

관료제론과 교육행정

- 학교조직과 교육행정 조직도 관료제를 기초로 하고 있는 것은 분명하다. 교사 선발에 연고주의가 배제되는 것이나 학교의 행정업무가 교무부, 연구부 등으로 전문화되어 있는 것, 학교장을 정점으로 권위의 위계가 존재하는 것 등이 그 예이다. 그러나 학교의 조직구조는 법적·제도적 측면에서는 관료제적 속성을 가지면서, 교수-학습을 중심으로 한 교사의 전문성 측면에서는 느슨한 조직으로서의 속성을 갖는 것으로 이해되고 있다. 아래 표는 관료제의 주요 특징에 따른 순기능과 역기능을 나타낸 것이다.

순기능	관료제 특성	역기능
전문성	분업	권태
합리성	연고주의 배제	사기저하
엄격한 순응과 조정	권위의 위계	의사소통 저해
계속성과 통일성	규정과 규칙	경직성/본말전도
유인체제	경력 지향성	업적/연공서열 갈등

▲ 베버 관료제의 순기능과 역기능

> 관련 기출

001 학교 조직이 갖고 있는 관료제의 특성에 해당하지 않는 것은? 　　2019 국가직

① 교장-교감-교사의 위계구조
② 과업수행의 통일성을 기하기 위한 규정과 규칙
③ 연공서열과 업적에 의해 결정되는 승진 체계
④ 인간적인 감정 교류가 중시되는 교사-학생의 관계

◈ 해설

④ 관료제는 몰인정성, 규정과 규칙을 특성으로 한다.

정답 ④

002 다음에 나타난 관료제의 역기능은?

2015 국가직

> 김 교장은 교사들이 수업을 충실하게 진행하도록 유도하기 위해 모든 수업에 대한 지도안을 사전에 작성하여 제출하도록 하였다. 그 후로 교사들이 수업지도안을 작성해서 제출하느라 수업 시간에 늦는 사례가 빈발했다.

① 권태
② 인간 경시
③ 실적과 연공의 갈등
④ 목표와 수단의 전도

해설

모든 수업에 대한 지도안을 사전에 작성하여 제출하도록 하는 규정과 규칙으로 인해 목표와 수단이 전도되는 역기능을 초래한 경우이다.

정답 ④

003 학교조직에서 관료제의 특징과 설명의 연결이 옳지 않은 것은? 2014 국가직

① 몰인정지향성 – 개인적인 감정에 좌우되지 않고 원리원칙에 의해 조직을 운영한다.
② 경력지향성 – 조직 구성원의 직무경력을 중요하게 여겨 한 조직에 오랫동안 남게 하는 유인이 된다.
③ 분업과 전문화 – 과업을 효율적으로 수행하기 위하여 직위간에 직무를 적정하게 배분하고 전문화를 도모한다.
④ 규칙과 규정 – 모든 직위가 공식적 명령계통을 중심으로 계층구조를 가지고 있어 부서 및 개인 활동의 조정이 용이하다.

해설

④의 규칙과 규정은 행정업무의 '계속성과 통일성'을 추구하는 것이고, 모든 직위가 공식적 명령계통을 중심으로 계층구조를 가지고 있어 부서 및 개인 활동의 조정이 용이하다는 것은 '권위의 위계'에 해당한다.

정답 ④

THEME 110 인간관계론

기출공략

인간관계론은 과학적 관리론에 대한 반작용으로 대두된 이론으로 두 이론의 차이점을 중심으로 각각의 이론을 정리할 필요가 있다.

대표문제

2021 국가직

16 교육행정의 접근에서 인간관계론의 관점으로 보기 어려운 것은?

① 개인은 적극적이며 능동적인 존재이다.
② 경제적 유인가가 유일한 동기유발 요인은 아니다.
③ 고도의 전문화가 집단을 가장 효율적인 조직으로 이끈다.
④ 생산 수준은 개인의 능력이 아니라 비공식 집단의 사회적 규범에 따라 결정된다.

해설

③ 고도의 전문화가 집단을 가장 효율적인 조직으로 이끈다는 주장은 과학적 관리론의 입장이다.

정답 ③

이론 플러스

인간관계론

① 과학적 관리론의 반작용으로 대두됨. 인간관계론의 시작은 '호손실험'에서 찾을 수 있다. 연구자들은 물리적인 조건이 향상되거나 그렇지 않더라도 생산성이 증가한다는 것을 발견하고, 물리적인 조건보다 조직원의 인간적인 요인이 생산성에 영향을 미친다고 밝혔다. 핵심은 인간에 대한 관심과 배려이다.
② 교육행정에서는 인간관계론이 민주행정의 원리를 제시하는 계기를 제공하고 민주적 지도성, 민주적 조직 형태의 확립, 구성원 참여의 확대, 상호작용과 신뢰구축 등을 강조하는 민주적 원리가 확대되는 결과를 가져왔다.

THEME 111 학교조직의 유형

> **기출공략**
>
> 학자별로 조직의 분류기준이 무엇이며 각각의 분류 안에서 학교가 어디에 포함되는지를 알고 있어야 한다.

대표문제

2020 교육청

14 칼슨(Carlson)의 분류에 따를 때, 공립학교가 해당되는 유형은?

조직의 고객선택권 \ 고객의 참여결정권	유	무
유	유형 Ⅰ	유형 Ⅲ
무	유형 Ⅱ	유형 Ⅳ

① 유형 Ⅰ　　　　　　　　② 유형 Ⅱ
③ 유형 Ⅲ　　　　　　　　④ 유형 Ⅳ

해설

① 유형 Ⅰ은 조직이나 고객이 모두 독자적인 선택 결정권을 가지고 있는 조직이다. 대표적인 조직으로는 대학이나 병원, 일반 복지후생 기관들이 이에 속할 수 있다. 이 조직은 고객이 참여하지 않는다면 조직이 생존할 수 없으므로 많은 동일유형의 조직들과 생존경쟁을 해야 한다. 칼슨은 이 유형을 야생조직(wild organization)이라 했다.
② 유형 Ⅱ는 조직에는 고객선발권이 없고, 고객에게만 참여 선택권이 있는 경우이다. 조직은 고객이 선택할 경우 무조건 받아들여야 한다. 대표적인 조직으로 미국에 있는 주립대학이나 지역사회대학 등이 있다.
③ 유형 Ⅲ은 고객에게는 참여 선택권이 없고 조직이 고객선택권을 가지고 있는 경우이다. 따라서 이 유형은 이론적으로 구분되지만, 실제적으로는 그 예를 찾기가 어렵다.
④ 유형 Ⅳ는 조직이 고객을 선발하지도 않고, 고객도 조직을 선택하지 않는 경우이다. 이 조직은 법에 따라 조직이 고객을 받아들여야 하고, 고객도 의무적으로 참여해야 한다. 이 유형에는 의무교육 기관인 학교나 교도소 등이 속한다. 칼슨은 이러한 조직을 온상조직(domesticated organization)이라고 했다. 온상조직이란 외부의 환경변화와 관계없이 조직의 생존이 보장되어 있어 야생조직과 대조를 이룬다.

정답 ④

이론 플러스

학교조직의 유형

(1) **블라우와 스코트의 구분**: 누가 조직의 주요 수혜자이냐에 따라 호혜조직(조직구성원, 정당, 종교단체 등), 사업조직(조직소유자), 봉사조직(고객, 학교 등), 공공복리조직(일반대중전체, 관공서 등)으로 분류

(2) **카츠와 칸의 구분**: 조직의 본질적 기능이 무엇인지에 따라 생산적 또는 경제적 조직, 유지조직(학교, 병원 등), 적응조직(대학 등), 관리적 또는 정치적 조직으로 분류

(3) **에치오니의 분류**: 조직의 권력사용과 구성원의 참여형태에 의해 분류

		참여 형태		
		소외적	타산적	도덕적
권력의 유형	강제적	강제적 조직 예)형무소		
	보상적		공리적 조직 예)기업체	
	규범적			규범적 조직 예)학교

▲ 에치오니의 권력-참여관계의 조직 유형

(4) **칼슨의 분류**: 봉사조직을 고객선발권과 참여선택권 여부에 따라 분류

관련 기출

001 다음 설명과 가장 관계가 깊은 학교조직의 유형은? 2010 국가직

> 학교조직의 존재와 생존은 이미 보장받은 것이고, 학교는 고객의 유치를 위해 경쟁할 필요도 없다. 이것은 학교가 전통적으로 왜 변화에 둔감한지를 잘 설명해준다. 한편, 학교는 때때로 학교에 오기를 원하지 않는 학생도 다루어야 하고, 반대로 학교에 입학하지 말았으면 하는 학생도 가르쳐야 하는 곳이다.

① 생산조직(production organization)
② 사육조직(domesticated organization)
③ 야생조직(wild organization)
④ 공리조직(utilitarian organization)

해설

조직이 고객을 선발하지도 않고, 고객도 조직을 선택하지 않는 경우이며 법에 의하여 조직이 고객을 받아들여야 하고, 고객도 의무적으로 참여해야 한다. 이 유형에는 의무교육기관인 학교나 교도소 등이 속한다. 칼슨은 이러한 조직을 사육조직(온상조직)이라고 했다. 온상조직이란 외부의 환경변화와 관계없이 조직의 생존이 보장되어 있어 야생조직과 대조를 이룬다.

정답 ②

THEME 112 학교조직의 성격

기출공략

학교조직의 성격으로 (1) 관료적·전문적 성격의 이중구조 (2) 조직화된 무정부 조직 (3) 이완결합체제 세 가지가 있다는 것을 기억하는 것이 무엇보다 중요하다. 그다음에 각각의 내용을 키워드를 중심으로 정리한다.

대표문제

2022 교육청

03 학교조직의 특성으로 옳지 않은 것은?

① 중심적 활동인 수업에 대한 교사의 재량권이 발휘되는 이완조직이다.
② 통일된 직무수행 기준에 따라 엄격하게 통제되는 순수한 관료제 조직이다.
③ 불분명한 목표, 불확실한 기술, 유동적인 참여를 특징으로 하는 조직화된 무질서 조직이다.
④ 느슨한 결합구조와 엄격한 결합구조를 동시에 가지고 있는 이중조직이다.

해설

학교조직은 통일된 직무수행 기준에 따라 엄격하게 통제되는 순수한 관료제 조직이 아니라 관료적·전문적 성격의 이중구조를 갖는다.

정답 ②

이론 플러스

학교조직의 성격

(1) 관료적·전문적 성격의 이중구조
(2) 조직화된 무정부 조직
    ① **목표의 모호성** : 교육조직의 목적이 구체적이지 못하며 또 분명하지 않음
    ② **불분명한 과학적 기법** : 목적을 달성하기 위해서 사용하는 방법이 과학적으로 분명하지 않다.
    ③ **유동적 참여** : 학교조직의 구성원들인 학생, 교사, 행정가 등이 고정적이지 못하고 유동적, 조직의 중요한 의사결정에 그때 누가 참여하느냐에 따라 다른 결정을 내릴 수도 있다.
(3) **이완결합체제** – 학교조직은 특성상 자율성과 자유재량권을 가지고 있으며, 때로는 교사도 형식적인 교장의 지시와 통제를 받을 뿐이기 때문에 기업이나 군대와는 달리 구조적으로 느슨함을 특징으로 한다.

관련 기출

001 다음과 같은 학교조직의 특성에 가장 부합하는 조직 유형은?   2021 국가직

> 학교의 목적은 구체적이지도 않고 분명하지도 않다. 비록 그 목적이 명료하게 나타나 있다고 하더라도 그 해석은 사람마다 다르며, 그것을 달성할 수단과 방법도 분명하게 제시하기 어렵다. 또한 학교의 구성원인 교사와 행정직원들은 수시로 학교를 이동하며, 학생들도 일정한 시간이 지나면 졸업하여 학교를 떠나게 된다.

① 야생 조직(wild organization)
② 관료제 조직(bureaucratic organization)
③ 조직화된 무질서(organized anarchy) 조직
④ 온상 조직(domesticated organization)

해설

학교를 조직화된 무질서 조직으로 보는 근거는 학교가 지닌 ① 목표의 모호성, ② 불분명한 과학적 기법, 그리고 ③ 유동적 참여라는 특징에 있다.

정답 ③

002 다음 글에서 설명하고 있는 교육조직은?   2011 국가직

> ○ 대학을 대상으로 연구한 결과에 기반하고 있으며, 주로 고등교육조직을 설명할 때 많이 활용된다.
> ○ 의사결정이 주먹구구식으로 이루어진다고 하여 쓰레기통모형이라고 한다.
> ○ 학교조직 참여자들이 유동적이며 추상적 목표에 대한 해석이 달라 상충을 일으키기도 한다.

① 조직화된 무정부조직(organized anarchy)
② 이완결합조직(loosely coupling organization)
③ 전문관료제(bureaucratic organization)
④ 사육조직(domesticated organization)

해설

정답 ①

003 다음과 같은 학교조직의 특성을 나타내는 말은?

2015 국가직

- 교원의 직무수행에 대한 엄격하고 분명한 감독이나 평가방법이 없다.
- 교사들의 가치관과 신념, 전문적 지식, 문화·사회적 배경에 따라 교육내용에 대한 해석이나 교수방법이 다르다.
- 체제나 조직 내의 참여자에게 보다 많은 자유재량권과 자기결정권을 제공한다.

① 관료체제
② 계선조직
③ 비공식조직
④ 이완결합체제

해설

웨이크(Weick)는 부서들 간에 상호관련되어 있지만 각자의 자주성과 개별성을 유지하고 있는 형태, 즉 서로 연결되어 있으나 각자가 독자성을 유지하면서 어느 정도 분리되어 있는 모습을 비유적으로 이완결합체제라고 묘사했다. 이는 구조화되고 기능적으로 탄탄하게 연결된 모습이 아니라 기능적 또는 논리적으로 분리되어 조직의 하위체계와 활동들이 느슨하게 결합되어 있는 상태를 의미한다. 학교조직은 특성상 자율성과 자유재량권을 가지고 있으며, 때로는 교사도 형식적인 교장의 지시와 통제를 받을 뿐이기 때문에 기업이나 군대와는 달리 구조적으로 느슨함을 특징으로 한다는 것이다.

정답 ④

004 이완결합체(loosely coupled system)로서 학교조직의 특성에 대한 설명으로 가장 타당한 것은?

2008 국가직

① 교사들은 자신이 학급에서 하는 수업에 대하여 상당한 정도의 자율성을 지니고 있다.
② 교사들은 휴게실 등에서 비공식적으로 정보와 지식을 공유한다.
③ 교사들과 학생들의 관계는 배려와 헌신의 원리에 기초를 두고 있다.
④ 교사들은 학칙에 따라 학생들을 징계한다.

해설

이완결합체제는 서로 연결되어 있으나 각자가 독자성을 유지하면서 어느 정도 분리되어 있는 모습을 비유적으로 묘사한 것으로 학교조직은 특성상 자율성과 자유재량권을 가지고 있어서 때로는 교사도 형식적인 교장의 지시와 통제를 받을 뿐이기 때문에 기업이나 군대와는 달리 구조적으로 느슨함을 특징으로 한다는 것이다.

정답 ①

THEME 113 학교풍토

기출공략

학교풍토 관련해서는 아래 대표 기출문제가 처음으로 출제되었다. 교사와 학교장의 특성에 따른 학교풍토의 네 가지 유형을 정리해두어야 한다.

대표문제

2022 국가직

19 호이(Hoy)와 미스켈(Miskel)이 구분한 학교풍토의 네 가지 유형에 대한 설명으로 옳지 않은 것은?

① 개방풍토 – 교장은 교사들의 의견과 전문성을 존중하고, 교사들은 과업에 헌신한다.
② 폐쇄풍토 – 교장은 일상적이거나 불필요한 잡무만을 강요하고, 교사들은 업무에 대한 관심과 책임감이 없다.
③ 몰입풍토 – 교장은 효과적인 통제를 시도하지만, 교사들은 낮은 전문적 업무수행에 그친다.
④ 일탈풍토 – 교장은 개방적이고 지원적이지만, 교사들은 교장을 무시하거나 무력화하려 하고 교사 간 불화와 편견이 심하다.

해설

몰입풍토 – 교장은 비효과적인 통제를 시도하지만, 교사들은 이와는 별개로 높은 전문적 업무수행을 한다.

정답 ③

> 이론 플러스

학교풍토

- Halpin과 Crofit는 학교의 조직풍토를 설명하기 위하여 조직풍토기술지(Oranizational Climate Descrption Questionnaire : OCDQ)를 개발하였다. 이후에 개정된 풍토 측정 도구를 개발하였는데, 이 OCDQ-RE에서는 교사와 학교장의 특성을 각각 세 가지 특성으로 제시하였다. 교사의 행동 특성은 동료적, 친밀한, 일탈적이고 교장의 행동 특성은 지원적, 지시적, 제한적 특성을 갖는다. 이를 기반으로 학교풍토를 네 가지 유형으로 구분하여 설명하였다.

		학교장 행동(지원적, 지시적, 제한적)	
		개방	폐쇄
교사행동 (동료적, 친밀한, 일탈적)	개방	개방풍토	몰입풍토
	폐쇄	일탈풍토	폐쇄풍토

▲ Hoy 등의 OCDQ-RE의 학교풍토 유형

THEME 114 상황적 리더십 이론

기출공략

리더십에 대한 연구는 그동안 ① '효과적인 리더는 그렇지 못한 리더와 다른 일련의 특성을 지니고 있다'는 가정(특성론)에서 ② '가장 효과적인 리더의 행동 유형이 있다'는 가정(행동론), 그리고 ③ '모든 상황에 적합한 최선의 리더십은 존재하지 않는다'는 가정(상황론)으로 발전해왔으며 상황이론은 80년대 이후에 가장 영향력 있는 이론이 되었다. 상황이론으로 어떤 학자들의 이론이 있는지를 개괄적으로 기억하고 있는 것이 중요하다. 그리고 자주 출제되고 있는 피들러와 허시와 블랜차드의 상황이론에서 허시와 블랜차드의 경우에 구성원의 성숙도를 상황요인으로 포함시키고 있다는 것에 유의해야 한다. 나아가 리더십유형에 대한 그림을 주고 그림에 관해 묻는 문제가 나올 수 있으므로 이론을 그림에 적용해서 설명할 수 있도록 내용을 정리해야 한다.

대표문제

2012 국가직

20 다음 설명에 해당하는 지도성이론은?

> ○ 대표적 학자에는 하우스(House), 허시(Hersey)와 블랜차드 (Blanchard) 등이 있다.
> ○ 지도자의 행동은 사회적 맥락에 따라 유동적이고 지도성의 효과도 다르다.
> ○ 레딘(Reddin)의 삼차원 지도성 유형을 예로 들 수 있다.

① 특성적 지도성이론　　② 행동적 지도성이론
③ 변혁적 지도성이론　　④ 상황적 지도성이론

해설

상황이론의 기본 전제는 어느 상황에서나 공통적으로 적용될 수 있는 리더십 유형은 없다는 것이다. 리더는 서로 다른 구성원, 외부환경 등 다양한 조직 속에서 여러 과업을 수행하기 때문에 리더가 수행하는 과업의 성격이나 조직, 구성원의 특성 등에 따라 행동이 달라져야 한다는 것이다. 대표적인 상황이론으로는 피들러(Fiedler), 레딘(Reddin), 하우스(House), 허시(Hersey)와 블랜차드(Blanchard) 등의 이론이 있다.

정답 ④

이론 플러스

상황적 리더십 이론

(1) 피들러의 상황적응적 리더십 모형
- 리더의 효과성을 리더와 구성원의 관계, 과업구조, 리더의 지위 권력을 조합한 상황의 호의성을 통해 설명하였다. 그는 가장 싫어하는 동료척도(LPC : Least Preferred Co-worker scale)를 활용, LPC 점수가 높은 리더는 관계지향적 리더로, LPC 점수가 낮은 사람은 과업지향적 리더로 보았다. 상황의 호의성에 따라 효과적인 리더가 달라진다고 설명하였다.
- LPC 점수가 낮은 과업지향적 리더는 상황이 호의적이거나(Ⅰ, Ⅱ, Ⅲ), 비호의적인 경우(Ⅶ, Ⅷ)에는 효과적이며, LPC 점수가 높은 관계지향적 리더는 상황의 호의성이 중간수준(Ⅳ, Ⅴ, Ⅵ)인 경우에 효과적임

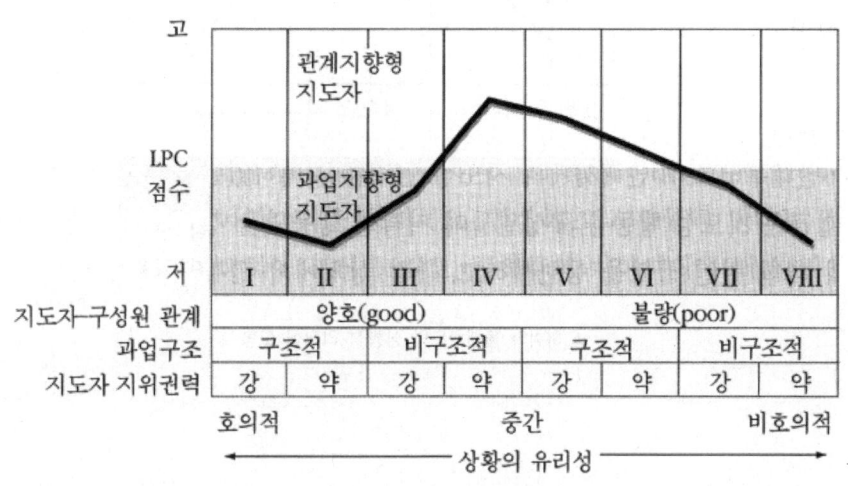

▲ 피들러의 상황에 따른 효과적인 리더십 유형

(2) 하우스의 행로-목표이론
- 리더의 행동, 상황적 요인, 구성원의 지각, 효과성으로 구성, 리더 행동 외 구성원의 만족과 노력에 미치는 효과는 과업특성과 구성원 특성을 포함하는 상황적 측면에 따라 달라진다.

(3) 레딘의 3차원 리더십 모형
- 과업지향성과 관계지향성에 효과성을 추가하여 3차원을 제시, 리더십 유형을 낮은 과업과 낮은 관계성의 조합 유형인 분리형, 낮은 과업과 높은 관계성의 인화형, 높은 과업과 낮은 관계성의 집중형, 높은 과업과 높은 관계성의 통합형으로 규정하면서, 리더십이 처한 과업수행 기술, 조직 철학, 상급자 동료, 부하직원 등 네 가지 상황적 요소에 따라 리더십의 효과가 달라진다고 주장

(4) 허시와 블랜차드의 상황적 리더십 이론
  • 구성원의 성숙도를 상황적 요인으로 설정하여, 구성원의 성숙도에 리더 행동 유형이 적합하게 매치될 때 리더십의 효과가 높아질 수 있다고 함. 구성원의 성숙도는 직무수행 역량이 반영된 직무에 대한 성숙도와 어떠한 일을 하고자 하는 동기와 의지수준이 반영된 심리적 성숙도로 구분된다.

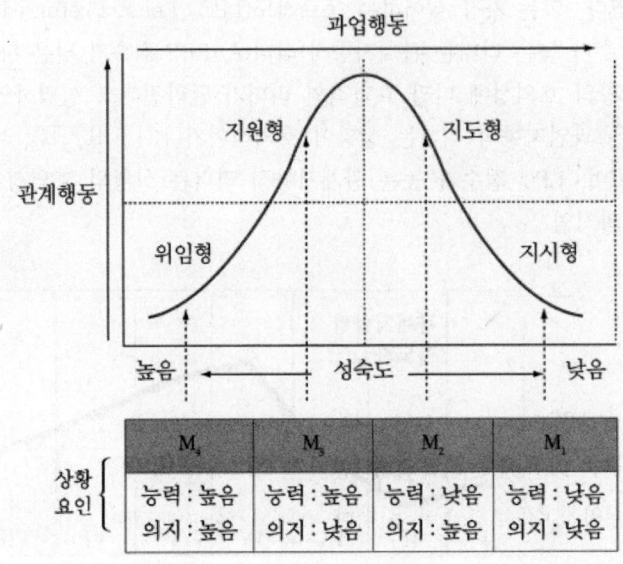

▲ 허쉬와 블랜차드의 상황적 리더십 모형

관련 기출

001 피들러(Fiedler)의 리더십 상황 이론에서 강조하는 '상황' 요소에 포함되지 않는 것은?

2021 국가직

① 구성원의 성숙도
② 과업의 구조화 정도
③ 지도자와 구성원의 관계
④ 지도자가 구성원에 대해 가지고 있는 영향력의 정도

해설

구성원의 성숙도를 상황적 요인으로 설정한 이론은 허시(Hersey)와 블랜차드(Blanchard)의 상황적 리더십이론이다.

정답 ①

002 피들러의 상황적응 지도성이론을 학교 상황에 적용했을 때 상황 호의성 변수가 아닌 것은?

2011 국가직

① 교장과 교사의 관계
② 과업구조
③ 교사의 성숙도
④ 교장의 지위 권력

해설

정답 ③

003 구성원의 성숙도를 지도자 행동의 효과성에 영향을 주는 주요 요인으로 보는 리더십 이론에 대한 설명으로 옳은 것은? 2019 국가직

① 조직의 상황과 관련없이 최선의 리더십 유형이 있다고 본다.
② 허시와 블랜차드의 상황적 리더십 이론이 대표적이다.
③ 블레이크와 모튼에 의해 완성된 리더십이론이다.
④ 유능한 지도자는 환경보다는 유전적인 특성에 달려 있다고 본다.

해설

① 상황이론의 기본 전제는 어느 상황에서나 공통적으로 적용될 수 있는 리더십 유형은 없다는 것이다. 지도자의 행동은 상황에 따라 유동적이고 지도성의 효과도 다르다고 본다.
③ 블레이크와 머튼의 관리격자 이론은 리더의 행동을 '생산에 대한 관심'과 '인간에 대한 관심'이라는 두 차원으로 구분하고 이를 바탕으로 관리격자 또는 관리망이론을 개발하였으며, 리더의 행동에 관심을 두는 행동적 접근이다.
④은 리더의 특성에 관심을 갖는 특성론적 접근이다.

정답 ②

004 다음은 허시(P. Hersey)와 블랜차드(K. H. Blanchard)의 상황적 지도성 이론을 그림으로 나타낸 것이다. 그림의 ㉠, ㉡, ㉢, ㉣에 해당하는 지도자 유형으로 올바르게 제시된 것은?

2008 국가직

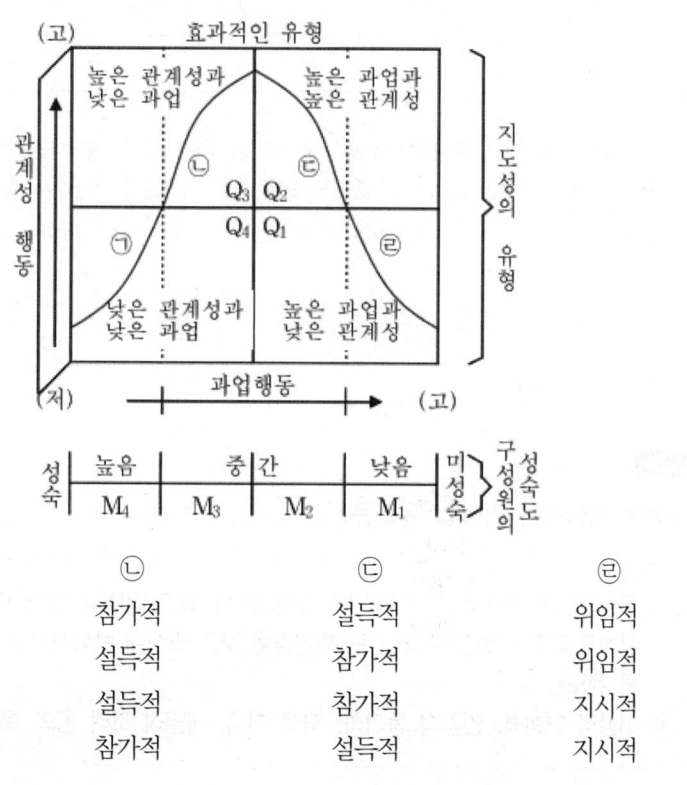

	㉠	㉡	㉢	㉣
①	지시적	참가적	설득적	위임적
②	지시적	설득적	참가적	위임적
③	위임적	설득적	참가적	지시적
④	위임적	참가적	설득적	지시적

해설

㉡ 참가적은 지원형, ㉢설득적은 지도형으로 나타낼 수 있다.

정답 ④

THEME 115 새로운 리더십이론

기출공략

변혁적 리더십 이론이 가장 많이 출제되었으므로 네 가지의 주요 요소와 함께 내용을 잘 정리해두도록 한다. 그리고 다른 리더십 이론에 대해서도 키워드를 중심으로 다른 이론들과 구별해서 기억해야 한다.

대표문제

2022 국가직

13 다음에 해당하는 리더십 유형은?

> ○ 구성원으로 하여금 조직 목적에 헌신하도록 하고, 의식과 능력 향상을 격려함으로써 자신과 타인의 발전에 보다 큰 책임감을 갖고 조직을 변화시키고 높은 성취를 이루도록 유도한다.
> ○ 이상적 영향력, 영감적 동기화, 지적 자극, 개별적 고려 등의 특징을 갖는다.

① 변혁적 리더십 ② 문화적 리더십
③ 도덕적 리더십 ④ 슈퍼 리더십

해설

변혁적 리더십의 주요 특징으로는 기대 이상의 직무수행을 가능하게 하는 리더십, 잠재능력 개발유도, 내재적 만족감을 느끼게 하는 것을 주요한 특징으로 한다. 이 리더십은 '4개의 I'로 불리는 네 가지의 주요 요소를 포함하는데, 첫째 구성원들로부터 신뢰와 존경을 받고, 변화를 수용할 수 있는 토대를 마련하는 이상적 영향력(Idealized influence), 조직의 문제점들이 해결될 수 있다고 믿도록 구성원의 기대를 변화시키는 영감적 동기유발(inspiratial motivation), 구성원들이 창의적으로 문제에 접근할 수 있도록 하는 지적 자극(intellectcual stimulation), 성취나 성장 욕구가 강한 개인들에게 특별한 관심을 기울이는 개별적 배려(individualized consideration)로 구성되어 있다.
그밖에도 아래 유형의 리더십이 존재한다.
② 문화적 리더십은 인간의 의미추구 욕구를 만족시킴으로써 그 구성원을 조직의 주인으로 만들고, 조직의 제도적 통합을 가능하게 하는 리더십이다.
③ 도덕적 리더십은 슈퍼리더십과 비슷한 개념으로 지도자의 도덕성과 추종자의 자율성 확보를 통하여 지도자는 스스로 '지도자의 지도자'가 되고 추종자는 '자기지도자'가 되도록 이끄는 리더십이다.

④ 슈퍼 리더십(=셀프리더십)은 초 우량 리더십으로 구성원 각자가 스스로를 지도할 수 있도록 만들 수 있는 리더십. 자율적으로 자신의 지도력을 발휘할 수 있게 되는 것을 의미한다.

☀ **정답 ①**

이론 플러스

새로운 리더십이론

(1) **변혁적 리더십 : 배스(Bass)**
- 구성원으로 하여금 스스로의 잠재력을 일깨울 수 있도록 동기부여하고 보다 큰 책임을 가지고 조직을 변혁하고 높은 성취를 이룰 수 있도록 유도
- '4개의 I'- 구성원들로부터 신뢰와 존경을 받고, 변화를 수용할 수 있는 토대를 마련하는 이상적 영향력(idealized Influence), 조직의 문제점들이 해결될 수 있다고 믿도록 구성원의 기대를 변화시키는 영감적 동기유발(Inspirational Motivation), 구성원들이 창의적으로 문제에 접근할 수 있도록 하는 지적 자극(Intellectual Stimulation), 성취나 성장 욕구가 강한 개인들에게 특별한 관심을 기울이는 개별적 배려(Individualized Consideraion)

(2) **카리스마적 리더십(베버)** : 사람들로 하여금 자발적으로 복종하게 하는 권위

(3) **문화적 리더십** : 인간의 의미추구 욕구를 만족시킴으로써 그 구성원을 조직의 주인으로 만들고, 조직의 제도적 통합을 가능하게 하는 리더십

(4) **슈퍼리더십(=셀프리더십)**
- 초 우량 리더십, 구성원 각자가 스스로를 지도할 수 있도록 만들 수 있는 리더십. 자율적으로 자신의 지도력을 발휘할 수 있게 되는 것을 의미.

(5) **도덕적 리더십**
- 도덕적 리더십의 선구자인 서지오바니는 학교를 도덕적 측면에서의 선의와 관리적 측면에서의 성공이란 두 가지 차원을 조합해서 네 가지 유형으로 구분된다고 규정

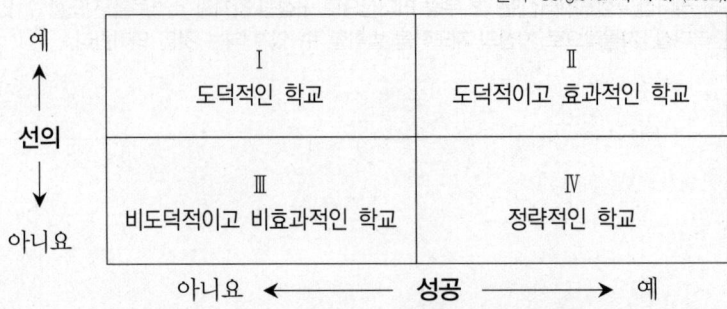

▲ 도덕적 리더십의 선의와 성공에 따른 네 가지 학교 유형

(6) 분산적 리더십
- 지도성에 대한 중앙집권적 사고를 부정, 학교 구성원 모두가 공동의 지도성을 실행하면서 학교 조직의 효과성을 극대화하는 것을 목표로 한다.
- 학교 조직이 크고 업무가 복잡하므로 조직 내 다양한 자원을 적극 활용하는 것을 강조한다.

> 관련 기출

001 다음에 해당하는 지도성 유형은?
2023 국가직

- 지도성에 대한 중앙집권적 사고를 부정한다.
- 학교 구성원 모두가 공동의 지도성을 실행하면서 학교 조직의 효과성을 극대화하는 것을 목표로 한다.
- 학교 조직이 크고 업무가 복잡하므로 조직 내 다양한 자원을 적극 활용하는 것을 강조한다.

① 분산적 지도성
② 상황적 지도성
③ 거래적 지도성
④ 변혁적 지도성

해설

중앙집권적 사고를 부정하고 공동의 지도성을 지향하는 지도성 유형은 분산적 지도성 유형에 해당한다.

정답 ①

002 배스(Bass)의 변혁적 리더십 요인에 대한 설명으로 옳지 않은 것은? 2020 교육청

① 지적 자극 - 기존 상황에 새롭고 개방적인 방식으로 접근함으로써 구성원이 혁신적이고 창의적이 되도록 유도한다.
② 개별적 배려 - 구성원의 개인적 성장 욕구에 세심한 관심을 기울이고 학습 기회를 만들어 그들의 잠재력을 발전시킨다.
③ 추진력 - 결단력과 업무 추진력으로 조직을 변혁하고 높은 성과를 유도해야 한다.
④ 이상화된 영향력 - 구성원으로부터 신뢰와 존경을 받고 동일시와 모방의 대상이 되어 이상적인 영향력을 행사한다.

해설

배스(Bass)의 변혁적 리더십 요인은 4개의 I로 이상적 영향력, 영감적 동기유발, 지적 자극, 개별적 배려이다.

정답 ③

003 학교장의 변혁적 지도성 행동으로 볼 수 없는 것은? 2016 교육청

① 학교구성원이 혁신적이고 창의적으로 사고하고 행동하도록 유도한다.
② 높은 기준의 도덕적 행위를 보여 줌으로써 학교구성원의 신뢰를 얻는다.
③ 학교구성원이 원하는 보상을 제공하고 그 대가로 주어진 과업을 달성하도록 한다.
④ 학교구성원과 더불어 학교의 비전을 설정하고 공유하여 학교의 변화를 도모한다.

해설

③은 교환적 리더십에 해당한다.

정답 ③

004 학교장의 변혁적 지도성을 가장 올바르게 기술한 것은? 2007 국가직

① 교사에게 요구 사항의 완성에 대해 보상과 칭찬을 약속함으로써 과업을 수행한다.
② 교사에게 비전과 임무를 제시하고 신뢰와 자긍심을 유발한다.
③ 교사에게 책임을 전가하지 않고 감독과 관찰을 주요 역할로 수행한다.
④ 교사에 대해 개별적으로 관심을 기울이기보다는 전체 학교 성과에 주안점을 둔다

해설

정답 ②

THEME 116 동기의 내용이론: 허즈버그의 동기-위생이론 외

기출공략

동기이론은 내용이론과 과정이론으로 나뉜다. 동기의 내용이론에 어떤 이론이 포함되어있고 과정이론에는 어떤 이론이 있는지를 아는 것이 무엇보다 중요하다. 동기의 내용이론에서는 허즈버그의 동기-위생이론이 가장 자주 출제되는 부분이므로 동기(만족)요인과 위생(불만족)요인이 무엇이며 이 둘이 서로 독립된 별개의 차원으로, 각 차원에 작용하는 요인 역시 별개로 존재한다는 것을 이해할 수 있어야 한다.

대표문제

2023 국가직

12 (가), (나)에 들어갈 말을 바르게 연결한 것은?

- 허즈버그(Herzberg)는 직무 불만족을 야기하는 근무조건, 직업안정성, 보수 등을 (가) 으로 보았다.
- 맥그리거(McGregor)는 적절하게 동기부여가 되면 누구나 자율적이고 창의적으로 행동한다는 관점을 (나) 로 불렀다.

	(가)	(나)
①	동기요인	이론 X
②	동기요인	이론 Y
③	위생요인	이론 X
④	위생요인	이론 Y

해설

허즈버그(Herzberg)의 동기-위생이론은 직무만족을 가져다주는 내용으로 밝혀진 요인들을 동기요인 또는 만족요인이라 부르고, 직무 불만족을 가져다 주는 것으로 밝혀진 내용들을 위생요인 또는 불만족 요인이라고 한다. '만족'과 '불만족'을 연속선상의 양극에 위치하는 반대 개념으로 보아오던 종래의 관점과는 다르게, '만족'과 '불만족'은 서로 독립된 별개의 차원이며, 각 차원에 작용하는 요인 역시 별개로 존재한다고 보았다.
맥그리거(D. McMgregor)의 XY이론은 상반되는 인간 본질에 대한 가정을 중심으로 사람은 본래 일하기를 싫어하고 야망이 없고 책임지기를 싫어하며 명령에 따라가는 것을 좋아하고 변화에 저항적이고 안전을 원하며, 자기중심적이며 속기 쉽고 영리하지 못하며 사기에 잘 속는다고 가정하는 X 이론의 관점과 인간의 본성은 일을 싫어하지않고 사람은 조직의 목표 달성을 위하여 자율적으로 자기 규제를 할 수 있으며, 조직목표에 헌신적 인간을 가정하는 Y 이론으로 제시한다. 이 이론에서 관리자는 각각의 관점에 따라 다른 관리전략을 취한다.

정답 ④

이론 플러스

동기의 내용이론

- 동기의 내용이론은 인간을 동기화시키는 구체적인 요소를 파악하고 인간의 동기를 유발시키는 것이 '무엇'인가에 초점을 맞춘다. 반면에 과정이론은 동기를 유발하기 위하여 동기 요인들이 상호작용하는 과정에 관심을 두고 '어떻게' 동기가 유발되느냐에 초점을 둔다.

(1) 매슬로우의 욕구계층이론

(2) 알더퍼의 ERG 이론

존재욕구(E : Existence need), 관계욕구(R : Related need), 성장욕구(G : Growth need)

(3) 허즈버그의 동기-위생이론

직무만족을 가져다주는 내용으로 밝혀진 요인들은 동기요인 또는 만족요인이라 부르고, 직무 불만족을 가져다주는 것으로 밝혀진 내용들을 위생요인 또는 불만족 요인, 만족과 불만족은 별개의 요인이다.

(4) 맥그리거의 X-Y이론

인간과 일의 관계에 대한 기본적인 가정을 X이론과 Y이론이라는 가설로 나눈 것, X이론의 관점에서 인간은 일하기를 싫어하고 가급적 일을 피하며 야심이 없고 책임지는 것을 싫어하고 오히려 지시받기를 좋아하며 무엇보다도 안전을 추구한다는 것이고, Y이론의 관점에서는 종업원들은 조직의 목표에 관여하는 경우에 자기지향과 자기통제를 하고, 책임을 수용하고, 훌륭한 의사결정의 능력은 모든 사람들이 가지고 있다고 본다. 이러한 인간에 대해 갖는 관점에 따라 현장에서 종업원을 대하는 방식이 달라져야 한다고 주장한다.

(5) 아지리스(Chris Argyris)의 성숙-미성숙이론

구성원을 미성숙에 묶어두지 않고 성숙으로 향한 길을 마련해 주어 책임을 많이 부여하고, 신의와 존경을 바탕으로 하며, 직무를 단조롭게 하는 분업을 지양함으로써 각자가 성숙한 인간임을 인정할 때 조직의 효과성도 높아진다고 본다.

관련 기출

001 허즈버그(Herzberg)의 동기-위생이론에서 교사의 직무만족을 가져다 주는 동기요인에 해당하는 것만을 모두 고르면? 2023 교육청

> ㄱ. 근무조건 ㄴ. 동료와의 관계
> ㄷ. 가르치는 일 자체 ㄹ. 발전감

① ㄱ, ㄴ ② ㄱ, ㄹ ③ ㄴ, ㄷ ④ ㄷ, ㄹ

해설

허즈버그(Herzberg)의 동기-위생이론에서 교사의 동기는 보수 수준이나 근무 조건의 개선보다 가르치는 일 그 자체의 성취감(발전감) 등을 통해 더욱 강화된다.

정답 ④

002 다음과 가장 관계가 깊은 이론은? 2021 국가직

> 직무 만족과 직무 불만족은 서로 독립된 별개의 차원이며, 각 차원에 작용하는 요인 역시 별개이다. 직무 만족을 가져다주는 요인에는 성취, 책임감 등이 있으며, 충족되지 않으면 직무 불만족을 가져오는 요인에는 대인관계, 근무 조건 등이 있다.

① 허즈버그(Herzberg)의 동기-위생이론
② 매슬로우(Maslow)의 욕구위계이론
③ 맥그리거(McGregor)의 X-Y이론
④ 헤크만과 올드햄(Hackman & Oldham)의 직무특성이론

해설

매슬로우는 인간행동의 동기는 계층적으로 이루어진 다섯 가지 욕구(생리적 욕구, 안정의 욕구, 사회적 욕구, 존경의 욕구, 자아실현의 욕구)를 충족하기 위하여 발동한다고 설명한다.
맥그리거(McGregor)의 X-Y 이론은 인간 본성에 대한 가정을 XY 두 가지로 대별해 각기 특성에 따른 관리전략을 처방한 동기부여 이론을 말한다. 그는 인간의 하급 욕구에 착안해 권위적 통제에 입각한 관리전략을 처방하는 전통적 관점을 X 이론이라 하고, 인간의 고급 욕구·성장적 측면에 착안한 새로운 관리 체제를 Y 이론이라 불렀다.
헤크만과 올드햄(Hackman & Oldham)의 직무특성이론은 특정한 직무 특성이 특정한 심리 상태를 유발하고 이것이 다시 직무 성과와 연관되는데, 이때 종업원의 개인차가 이러한 일련의 과정에 영향을 줄 수 있다는 이론이다.

정답 ①

003 다음 사례와 같은 학교장의 경영방침과 관련 있는 학자의 이론은? 2009 국가직

> A 교장은 평소 학교경영에서 명령이나 통제 대신에 교사 개개인의 자발적인 근무 의욕과 동기 유발을 위해 노력하고 있다. 그의 교사들에 대한 기본 입장은 교사들이 타인의 간섭 없이도 자발적으로 일을 하고 싶어 하는 성향이 있다는 것이다.

① 맥그리거(McGregor)의 Y이론
② 테일러(Taylor)의 과학적 관리이론
③ 애덤스(Adams)의 공정성이론
④ 허즈버그(Herzberg)의 위생이론

해설

맥그리거(McGregor)의 X-Y 이론은 인간 본성에 대한 가정을 XY 두 가지로 대별해 각기 특성에 따른 관리전략을 처방한 동기부여 이론을 말한다. 그는 인간의 하급 욕구에 착안해 권위적 통제에 입각한 관리전략을 처방하는 전통적 관점을 X 이론이라 하고, 인간의 고급 욕구·성장적 측면에 착안한 새로운 관리 체제를 Y 이론이라 불렀다. A 교장의 교사들이 타인의 간섭 없이도 자발적으로 일을 하고 싶어 하는 성향이 있다는 생각은 Y 이론에 근거하는 관점이다.

정답 ①

THEME 117 동기의 과정이론: 브룸의 기대이론, 아담스의 공정성 이론 등

기출공략

브룸의 기대이론과 기대이론을 보완·발전시킨 성과만족이론, 아담스의 공정성이론, 목표설정이론이 동기의 과정이론에 포함된다는 것을 알고 있어야 한다. 그리고 성과만족이론에서 보상이 공정하다고 지각하는 정도가 만족을 결정한다면 공정성이론에서는 타인과 비교해서 공정성을 판단한다는 것에 주의해야 한다.

대표문제

2021 교육청

05 교사의 동기과정이론에 대한 설명으로 옳은 것은?

① 목표설정 이론은 직무에서 만족을 주는 요인과 불만족을 주는 요인을 독립된 별개의 차원으로 본다.
② 공정성 이론은 보상의 양뿐 아니라 그 보상이 공정하다고 지각하는 정도가 만족을 결정한다고 본다.
③ 기대이론은 동기를 개인의 여러 가지 자발적인 행위 중에서 자신의 선택을 지배하는 과정으로 본다.
④ 성과-만족 이론은 자신이 투자한 투입 대 결과의 비율을 타인의 그것과 비교하여 공정성을 판단한다고 본다.

◈ 해설

①은 동기-위생 이론, ②는 성과만족 이론, ④은 공정성 이론이다.

☀ 정답 ③

> 이론 플러스

동기의 과정이론

(1) 브룸(Vroom)의 기대이론
- 동기란 여러 자발적인 행위들 가운데에서 개인의 선택을 지배하는 과정
- 기대이론은 성과, 기대, 수단성, 유인가의 네 요소로 구성된다.
- 동기의 강도는 기대, 수단성, 유인가가 모두 높을 때 높아짐
- ※ 성과-만족이론은 기대이론을 수정보완한 것으로 보상의 양뿐 아니라 그 보상이 공정하다고 지각하는 정도가 만족을 결정한다고 본다.

(2) 공정성이론
- 아담스의 사회적 비교이론, 한 개인이 타인에 비해 얼마나 공정한 대우를 받고 있다고 느끼는가에 초점을 둔 이론

(3) 목표설정이론
- 로크, 스티어스 외, 목표를 달성하려는 의도가 개인의 동기를 일으키고 과업 수행을 높이는 주요한 동인이 된다는 가정에 기반한다.

관련 기출

001 다음 설명에 해당하는 동기이론은?
2019 교육청

- 동기행동이 유발되는 과정에 초점을 맞춘다.
- 유인가, 성과기대, 보상기대의 세 가지 기본 요소를 토대로 이론적 틀을 구축하였다.
- 개인의 가치와 태도는 역할기대, 학교문화와 같은 요소와 상호작용하여 행동에 영향을 미친다고 가정한다.

① 브룸의 기대이론
② 허즈버그의 동기-위생이론
③ 아담스의 공정성이론
④ 알더퍼의 생존-관계-성장이론

해설

동기의 과정이론인 브룸의 기대이론에 대한 설명이다. ②④의 경우에는 동기의 내용이론에 해당한다. 아담스의 공정성이론은 과정이론으로 한 개인이 타인에 비해 얼마나 공정한 대우를 받고 있다고 느끼는가에 초점을 둔 이론이다.

정답 ①

002 목표관리기법(MBO)의 절차를 다음과 같이 4단계로 구분할 때, ( )에 들어갈 활동으로 가장 적합한 것은?
2015 교육청

1단계 : 전체 교육목적을 명확하게 개발한다.
2단계 : 직위별로 성취해야 할 목표를 정한다.
3단계 : 서로 다른 목표들을 전체 목적에 따라 조정하고 통합한다.
4단계 : (   )

① 의사결정의 목록을 작성한다.
② 세부 사업 계획 및 소요 예산을 산출한다.
③ 활동에 걸리는 기대 소요 시간을 산정한다.
④ 성과 및 결과를 측정할 수 있는 방법을 개발한다.

해설

정답 ④

003 다음 글은 어느 동기이론에 관한 설명인가? 2013 국가직

- A 교사는 평소 수업 준비 및 연수에 많은 시간과 열정을 쏟아온 결과, 학생들이 성적 및 수업 만족도가 높은 편이다. 반면 같은 학교 동료교사 B는 그동안 수업준비나 연수에 시간과 열정을 훨씬 더 적게 쏟는 편이어서 늘 학생들의 성적이나 수업만족도가 낮았다.
- 그런데 최근 실시한 연구수업에서 동료교사 B가 학교장과의 관계가 좋다는 이유로 A자신보다 더 높은 학교장의 평가를 받은 것으로 보였다. 그 일 이후 A교사는 수업에 대한 열정에 회의를 느끼면서 수업준비를 위한 시간이나 연수 시간을 현저히 줄이게 되었다.
- 이처럼 사람들은 자신의 노력에 대한 성과의 비율과 타인의 노력에 대한 성과의 비율을 비교하여 같지 않다고 느낄 경우 원래의 동기를 변화시키게 된다.

① 목표설정이론
② 동기위생이론
③ 공정성이론
④ 기대이론

해설

자신의 노력에 대한 성과의 비율과 타인의 노력에 대한 성과의 비율을 비교하여 같지 않다고 느낄 경우 원래의 동기를 변화시키게 된다는 관점은 아담스의 사회적 비교이론인 공정성이론이다.

정답 ③

004 다음 글에서 설명하는 용어는? 2012 국가직

- 조직 및 개인의 목표달성을 위하여 사람들의 직무관련 능력을 조직적으로 확장하는 수단이며, 행동변화를 목적으로 특정 기간 내에 실시하는 일련의 조직적 활동이다.
- 개인, 집단 및 조직의 효율성 향상을 위한 훈련과 개발, 조직개발 및 경력개발을 통합한 의도적인 학습활동이다.
- 개인의 성장과 개발, 조직의 성과향상, 지역사회의 개발과 발전, 국가의 발전과 국민복지의 향상을 달성하기 위한 조직화된 활동 또는 시스템이다.

① 인적자원개발
② 직무분석
③ 조직혁신
④ 총체적 질 경영(TQM)

해설

정답 ①

THEME 118 캠벨의 정책수립과정모형

기출공략

캠벨의 정책결정과정 4단계에 대한 이해가 필요하다. 특히 선행단계와 정치적 활동단계를 잘 구분해서 정리해야 한다.

대표문제

2011 국가직

13 캠벨(R. Campbell)의 교육정책 수립 단계 중에서 다음 글에 해당하는 것은?

> 교육과학기술부 산하 자문위원회 또는 각종 연구소나 전문기관이 작성한 보고서를 통해서 교육정책이 제안된다.

① 기본적인 힘(basic forces)
② 선행운동(antecedent movements)
③ 정치적 활동(political action)
④ 입법화(formal enactment)

해설

정답 ②

이론 플러스

캠벨의 정책수립과정모형

- 캠벨은 교육정책의 과정 중에서 정책형성과정과 정책결정과정을 4단계의 흐름으로 모형화 ① 기본적 힘의 작용 단계로 교육정책 결정이 전국적 또는 세계적 범위에서 발생하는 중요한 정치적·경제적·사회적·기술공학적 힘의 작용으로 출발 ② 존경받는 개인 또는 전문가 집단이 주도하는 교육개혁에 대한 건의와 같이 기본적 힘에 대한 일종의 반응으로 나타나는 선행운동 단계이다. 예컨대, 보통 국가 수준에서 행해지는 조사연구보고서 등에 의하여 선도되는 운동. ③ 정치적 활동 단계로서, 정책 결정에 선행되는 공공 토의나 논쟁을 의미한다. 전국적으로 또는 지역 단위로 교직단체·정당·매스컴 등이 앞장서서 전개함으로써 정책 결정 분위기를 조성하는 단계 ④ 입법 단계로서, 이는 행정부나 입법부에 의한 정책 형성의 최종단계

| 관련 기출 |

001
캠벨(R. Campbell)의 정책수립과정모형에서 선행운동(Antecedent Movement)에 해당되는 것은?
2010 교육청

① 지방 및 중앙의 각 부처에서 법을 제정한다.
② 정책대안의 실천을 추진하고 그 결과를 사후 평가한다.
③ 개인전문가 또는 전문집단에 의해서 교육개혁을 위한 정치적 활동을 환기시킨다.
④ 한국교육개발원 또는 한국교육과정평가원과 같은 전문기관이 보고서를 작성한다.
⑤ 전국적이거나 세계적 규모에서 발생하는 중요한 정치적·경제적·사회적 운동을 말한다.

해설

선행운동 단계는 존경받는 개인 또는 전문가 집단이 주도하는 교육개혁에 대한 건의와 같이 기본적 힘에 대한 일종의 반응으로 나타난다.
①은 입법화, ②는 정책실행과 평가, ③은 정치적 활동, ⑤는 기본적인 힘에 해당한다.

정답 ④

002 다음 글에서 설명하는 교육정책평가의 방법은?

2007 국가직

교육정책의 집행과정이나 집행 후 정책내용의 진도나 성과에 대해 정책의 영향을 받는 수혜자나 정책에 관심을 가지는 주민들로부터 직접 정보를 수집하는 방법

① 실험적 방법
② 비교분석
③ 모니터링
④ 전문가에 의한 판단

해설

정답 ③

THEME 119 의사결정에 관한 관점 : 합리적, 참여적, 정치적, 우연적 관점

기출공략

2023 교육청 문제에서 최초로 나온 영역의 문제이다. 의사결정의 네 가지 관점을 정리해서 키워드를 중심으로 기억해야 한다.

대표문제

2023 교육청

15 다음 설명에 해당하는 교육정책 형성의 관점은?

- 공동의 목표가 있고 이를 달성하기 위해 최선의 선택을 하며, 체제 내의 작용에 의해 의사결정이 이루어진다.
- 의사결정을 관련 당사자 간의 논의를 통한 합의의 결과로 이해한다.
- 폐쇄적 체제로, 환경의 다양한 변화에 민감하게 반응하지 않는다.
- 관료제 조직보다 전문직 조직에 적합하다.

① 합리적 관점 ② 참여적 관점
③ 정치적 관점 ④ 우연적 관점

해설

① 합리적 관점은 합리적 판단으로서의 의사결정을 의미한다.
② 참여적 관점은 합의로서의 의사결정을 의미
③ 정치적 관점은 타협으로서의 의사결정
④ 우연적 관점은 우연적 선택으로서의 의사결정을 설명한다.
의사결정을 관련 당사자 간의 논의를 통한 합의의 결과로 이해하는 관점은 참여적 관점이다.

정답 ②

이론 플러스

의사결정에 관한 관점

① **합리적 관점**: 합리적 판단으로서 의사결정을 의미, 과학과 합리성에 대한 믿음을 바탕으로 선택과 의사결정의 순간에는 가장 최적의 방식이 항상 존재한다는 것이다. 의사결정은 목표 달성을 위한 수많은 대안 중에서 최적의 대안을 선택하는 과정으로 이해한다.

② **참여적 관점**: 합의로서의 의사결정을 의미한다. 조직 수준에서 공동의 목표가 있고 이를 달성하기 위한 최선의 선택을 위해 조직 내에서 참여적인 의사결정이 이루어짐으로써 최적의 대안을 선택하게 된다는 것이다. 참여적 관점은 합리적인 판단이 가능하다고 보는 점에서 합리적 관점과 유사하지만 조직 구성원들의 합의과정을 통해 최적의 대안을 선택한다는 점에서 구별된다고 할 수 있다.

③ **정치적 관점**: 타협의 과정으로서 의사결정을 의미한다. 의사결정의 과정이 권력의 이동에 따라 다양하게 이루어질 수 있다는 것을 의미한다. 즉, 의사결정은 이해집단 간의 타협의 결과로 이루어진다.

④ **우연적 관점**: 우연적 선택으로서 의사결정을 설명한다. 합리적 관점이나 참여적 관점과 같이 목표를 달성하기 위한 체계적인 과정에 의한 결과가 아니라는 점을 강조한다. 오히려 의도와는 상관없이 수많은 요소가 우연하게 한 곳에 모일 때 의사결정이 자연스럽게 이루어진다는 것이다.

구분	합리적 관점	참여적 관점	정치적 관점	우연적 관점
중심개념	목표 달성을 극대화하는 선택	합의에 의한 선택	협상에 의한 선택	선택은 우연적 결과
의사결정의 목적	조직목표 달성	조직목표 달성	이해집단의 목표달성	상징적 의미의 목표 달성
적합한 조직형태	관료제, 중앙집권적 조직	전문적 조직	대립된 이해가 존재하고 협상이 용이한 조직	달성할 목표가 분명하지 않은 조직
조직환경	폐쇄체제	폐쇄체제	개방체제	개방체제
특징	규범적	규범적	기술적	기술적

▲ 의사결정에 관한 관점

THEME 120 교육정책 결정모형

기출공략

교육정책 결정모형 6가지를 기억해야 한다. 이 중에서 쓰레기통모형만이 비합리적이며, 우연성에 의존하여 결정을 내린다는 것과 혼합모델이 합리모델과 점증모델을 결합한 모형이라는 점에 유의한다.

대표문제

2022 국가직

17 교육정책 결정모형에 대한 설명으로 옳은 것은?

① 혼합 모형은 만족 모형의 이상주의와 합리성 모형의 보수주의를 혼합하여 발전시킨 모형이다.
② 점증 모형은 인간의 이성과 합리적 행동에 대한 믿음을 바탕으로 가장 합리적인 최선의 대안을 찾고자 하는 모형이다.
③ 만족 모형은 최선의 결정은 이론적으로 가능할 뿐이며 실제로는 제한된 범위 안에서의 합리성만 추구할 수 있다고 본다.
④ 합리성 모형에서는 기존의 정책 대안과 경험을 기초로 약간의 개선을 도모할 수 있는 제한된 수의 대안을 검토하여 현실성 있는 정책을 선택한다.

해설

① 혼합 모형은 합리성 모형의 이상주의와 점증 모형의 보수주의를 혼합하여 발전시킨 모형이다.
② 합리성 모형은 인간의 이성과 합리적 행동에 대한 믿음을 바탕으로 가장 합리적인 최선의 대안을 찾고자 하는 모형이다.
④ 점증 모형에서는 기존의 정책 대안과 경험을 기초로 약간의 개선을 도모할 수 있는 제한된 수의 대안을 검토하여 현실성 있는 정책을 선택한다.

정답 ③

> 이론 플러스

교육정책 결정모형

① **합리모델** : 최선의 해결책을 합리적으로 선택, 합리성 강조
② **만족모델** : 객관적인 자료를 바탕으로 여러 대안을 모색하지만 현실적으로 최적의 대안을 선택할 수 없으므로 만족할 만한 대안을 선택
③ **점증모델** : 기존의 정책이나 결정을 점진적으로 수정, 획기적인 대안의 선택보다는 현행정책과 비슷한 다소 향상된 정책결정에 만족, 온건지향적, 보수적
④ **혼합모델** : 합리모델 + 점증모델, 정책이나 기본방향은 합리모델, 세부적인 사항은 점증모델을 따름
⑤ **최적모델** : 합리모델과 점증모델의 절충을 시도했으나 합리성과 초합리성을 동시에 고려하는 최적치를 추구, 초 합리적인 요인을 의사결정에 포함
⑥ **쓰레기통모델** : 의사결정에 있어서 비합리적, 우연적 선택으로 의사결정이 이루어짐, '조직화된 무정부 조직' 상황에서 일어나는 의사결정 모델

관련 기출

001 다음 설명에 해당하는 교육정책 결정모형은?
2020 국가직

> ○ 의사결정은 합리성보다는 우연성에 의존한다.
> ○ 문제와 해결책이 조화를 이룰 때 좋은 의사결정이 이루어진다.
> ○ 조직의 목적은 사전에 설정되는 것이 아니라 자연스럽게 나타난다.
> ○ 높은 불확실성을 경험하고 있는 조직에서 가장 많이 일어나는 정책결정 모형이다.

① 합리 모형
② 만족 모형
③ 점증 모형
④ 쓰레기통 모형

해설

① 합리 모형은 최선의 해결책을 합리적으로 선택, 합리성 강조한다.
② 만족 모형은 객관적인 자료를 바탕으로 여러 대안을 모색하지만, 현실적으로 최적의 대안을 선택할 수 없으므로 만족할 만한 대안을 선택한다.
③ 점증 모형은 기존의 정책이나 결정을 점진적으로 수정, 획기적인 대안의 선택보다는 현행정책과 비슷한 다소 향상된 정책결정에 만족, 온건 지향적, 보수적이다.
위 세 가지 모형은 의사결정이 합리성에 의존해서 이루어지지만 ④ 쓰레기통모형은 우연성에 의존한다.

정답 ④

002 다음에 해당하는 의사결정모형은?
2014 국가직

> 학교조직의 의사결정은 다양한 문제와 해결 방안들 사이의 혼란스러운 상호작용 속에서 비합리적이고 우연적 방식으로 이루어진다.

① 혼합 모형
② 만족 모형
③ 최적화 모형
④ 쓰레기통 모형

해설

비합리적이고 우연적인 방식은 의사결정 모델 중에서 쓰레기통모형뿐이다.

정답 ④

003 교육정책 형성의 기본모형에 대한 설명으로 옳지 않은 것은? 2009 국가직

① 최적모형 : 정책 결정이 합리성으로만 이루어지는 것이 아니며, 때때로 초합리적인 것과 같은 잠재적 의식이 개입되어 이루어진다.
② 만족모형 : 부분적인 정보와 불확실한 결과를 지닌 복잡한 문제를 해결할 때 사용하며, 최선의 해결책보다는 만족스러운 대안을 찾는다.
③ 점증모형 : 문제가 복잡하고 불확실하며 갈등이 높을 때 사용되고, 기존 상황과 유사한 대안에 대해 지속적으로 비교함으로써 의사결정을 내린다.
④ 혼합모형 : 단순하고 확실한 결과를 가진 문제를 해결하기 위해 최적모형과 만족모형을 결합한 접근방법이다

해설

④ 혼합모형은 합리모델과 점증모델을 결합한 것으로 정책이나 기본방향은 합리모델, 세부적인 사항은 점증모델을 따른다.

정답 ④

THEME 121 토마스의 갈등관리이론

기출공략

토마스의 갈등관리이론에 근거해서 5가지 유형의 갈등관리 방식의 특징과 각각의 방식이 적합한 경우를 구분해서 기억하도록 한다.

대표문제

2015 교육청

17 토마스(K.Thomas)의 갈등관리이론에 근거할 때, 다음 모든 상황에서 가장 효과적인 갈등관리의 방식은?

> ○ 조화와 안정이 특히 중요할 때
> ○ 자신이 잘못한 것을 알았을 때
> ○ 다른 사람에게 더 중요한 사항일 때
> ○ 패배가 불가피하여 손실을 극소화할 필요가 있을 때

① 경쟁 ② 회피
③ 수용 ④ 타협

해설

좋은 인간관계를 유지하기 위해서 자신의 욕구 충족은 포기하더라도 상대방의 갈등이 해소되도록 노력하는 방법으로 순응형이라고도 한다.

정답 ③

> 이론 플러스

토마스의 갈등관리이론

- 토마스는 협동성을 X축으로, 독단성을 Y축으로 하여 갈등을 감소시키기 위한 다섯 가지 유형의 갈등 해결방법을 제시. 협동성은 한편이 상대편의 관심과 이익을 어느 정도 만족시켜 주느냐와 관련되며, 독단성은 한편이 자기 자신의 이익과 관심을 어느 정도 만족시키려고 하느냐와 관련됨

(1) 경쟁형
 상대방을 희생시키고 자신의 갈등을 해소하는 형 ① 신속한 결정이 요구되는 긴급한 상황, ② 중요한 사항이지만 인기 없는 조치가 요구되는 경우, ③ 조직의 성장에 중요한 문제일 때 등

(2) 순응형
 좋은 인간관계를 유지하기 위해서 자신의 욕구 충족은 포기하더라도 상대방의 갈등이 해소되도록 노력하는 방법, ① 자기가 잘못한 것을 알았을 때, ② 보다 중요한 문제를 위해 좋은 관계를 유지해야 할 때, ③ 조화와 안정이 특히 중요할 때, ④ 패배가 불가피하여 손실을 극소화해야 할 때

(3) 타협형
 다수의 이익을 우선하기 위해 양측이 상호교환과 희생을 통해 부분적 만족을 취함으로써 갈등을 해소하는 유형 ① 복잡한 문제에 대한 일시적인 해결책을 얻고자 할 때, ② 당사자들의 주장이 서로 대치되어 있을 때, ③ 목표달성에 따른 잠재적인 문제가 클 때 등

(4) 협력형
 양쪽이 다 만족할 수 있는 갈등해소책을 적극적으로 찾는 방법, 양자에게 모두 이익을 주는 최선의 방법 ① 합의와 헌신이 필요할 때, ② 양자의 관심사가 매우 중요하여 통합적인 해결책만이 수용될 수 있을 때, ③ 관계증진에 장애가 되는 감정을 다루어야 할 때, ④ 목표가 학습하는 것일 때 등

(5) 회피형
 갈등이 없었던 것처럼 행동하여 이를 의도적으로 피하는 방법으로 자기뿐만 아니라 상대방의 관심사마저 무시하는 유형 ① 쟁점이 사소한 것일 때, ② 해결에 들어가는 비용이 효과보다 클 때, ③ 다른 문제가 해결되면 자연스럽게 해결될 수 있는 하위 갈등일 때, ④ 사태를 진정시키고자 할 때 등

THEME 122 조하리 창 이론

기출공략

조하리 창 이론이 최근에 출제된 적은 없지만 임용시험에서는 출제되고 있으므로 4가지 영역의 특징을 기억해야 한다.

대표문제

2011 교육청

15 조하리 창(Johari Window) 모형에서 다음 내용에 해당하는 영역은?

- 개방적인 상호작용을 하기 때문에 효과적인 의사소통이 가능하다.
- 인간관계가 좋고 갈등이 가장 적다.

	자신이 앎	자신이 알지 못함
타인이 앎	(가)	(나)
타인이 알지 못함	(다)	(라)

① (가) ② (나)
③ (다) ④ (라)
⑤ (가), (라)

해설

자신도 알고 타인도 아는 영역으로 열린 영역이라고 부른다. 열린 영역이 넓을수록 다른 사람과의 공감대 형성이 수월하여 인간관계가 원만하다.

정답 ①

이론 플러스

조하리 창 이론

- 1955년에 미국의 심리학자인 조셉 루프트(Joseph Luft)와 해리 임햄(Harry Ingham)이 발표한 이론으로서 '조하리'는 두 사람 이름의 앞부분을 합성해 만든 용어이다.

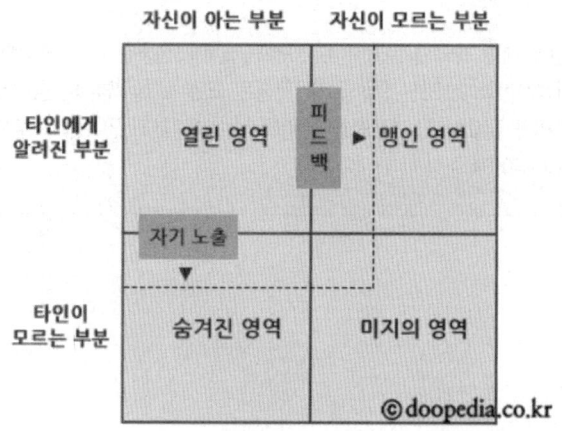

① **열린 영역(open area)**: 열린 영역이 넓을수록 다른 사람과의 공감대 형성이 수월하여 인간관계가 원만하다.
② **맹인 영역(blind area)**: 자기의 무의식적인 언어 습관이나 행동 방식 등. 맹인 영역이 넓을수록 자기의 감정을 잘 표현하지만 다른 사람들로부터 독선적이라는 평가를 받기 쉽다. 맹인 영역에 대한 언급은 갈등을 유발할 소지가 있다.
③ **숨겨진 영역(hidden area)**: 자기 자신만 알고 있고 다른 사람은 모르는 정보 영역. 약점, 비밀, 욕망, 감정, 꿈 등. 대인 간 갈등에 대한 잠재력이 존재하는 영역
④ **미지의 영역(unknown area)**: 무의식의 영역, 심리적 상처가 많은 경우 미지의 영역은 넓어지게 된다. 다른 세 가지 영역에 비해 갈등 잠재력이 가장 크다.

THEME 123 주요 교육 관련법 개정사항(2221년 이후)

> **기출공략**
>
> 주요 교육 관련법 개정사항에 대한 체크가 필요하다. 2021년 9월 개정되어 2022년 3월부터 시행되고 있는 교육기본법 외 일부 법률 개정사항과 2023년 9월 21일 개정된 교권 보호 4법. 이 중에서 유아교육법을 제외한 내용들에 대한 검토 및 정리가 필요하다. 개정법률 관련해서는 내년부터 언제든지 출제될 가능성이 있으므로 변경된 사항들을 잘 정리해 두어야 한다.

이론 플러스

교육기본법 외 일부 법률 개정사항

(1) 교육기본법 개정 사항(2021년 9월 24일 일부개정, 2022년 3월 24일 시행)
  ① '사회교육'을 평생교육으로 용어 변경
  ② 남녀평등교육을 양성평등교육으로 변경 및 체계화를 위한 근거마련
  ③ **교육자치 강화** : 국가와 지방자치단체 간 공동 주체의 모호성을 해소하고, 교육자치 실현을 위한 지방자치단체의 교육시책 수립 실시 권한을 명시하여 국가와 지방자치단체의 학교 운영 자율성과 참여 보장을 명확히 함
  ④ 학급당 학생 수 적정화
  ⑤ 생태전환교육을 위해 필요한 시책을 수립·실시하도록 의무화

(2) 주요 교육 관련법 개정사항(2021년 9월 24일 일부개정, 2022년 3월 24일 시행)
  ① 사립학교 교원 신규채용 시, 교육청에 필기시험 위탁하도록 하여 채용, 다만, 대통령령으로 정하는 바에 따라 시·도교육감의 승인을 받은 경우 ×
  ② 학교법인임원의 책무성 확보를 위해 결격기간 연장 및 당연퇴직 근거 마련
  ③ 관할청이 사립학교 사무직원에 대해 징계를 요구할 수 있도록 하여 지도·감독의 실효성 제고
  ④ 사립학교 학교운영위원회를 심의기구화하여, 학교의 예산안 및 결산을 학교운영위원회의 심의사항으로 하되, 학교헌장과 학칙의 제정 또는 개정은 자문사항으로 유지

(3) 교권 보호 4법(교육지위법, 초·중등교육법, 교육기본법, 유아교육법) 개정안 세부 내용(2023년 9월 27일 일부개정, 2024년 3월 1일 시행)
① 교육지위법(교원의 지위 향상 및 교육활동 보호를 위한 특별법) 개정안에는 교육활동 침해행위 유형을 공무집행방해·무고죄를 포함한 악성 민원까지 확대, 교원이 아동학대 범죄로 신고된 경우 정당한 사유가 없는 한 직위해제를 금지하고 관련 조사·수사시 교육감 의견제출을 의무화, 교육감이 교원을 각종 소송으로부터 보호, 학교안전공제회 등에 위탁, 교권보호위원회를 각급 학교에서 교육지원청으로 이관, 가해자와 피해 교원을 즉시 분리, 학교장의 교육활동 침해행위 축소·은폐를 금지하는 등의 내용이 담겼다.
② 초·중등교육법 개정안은 교원의 정당한 학생생활지도를 아동학대 행위로 보지 않도록 하고, 보호자에 의한 교직원 또는 다른 학생의 인권침해행위를 금지했다. 학교 민원은 교장이 책임지도록 했다.
③ 교육기본법 개정안은 부모 등 보호자가 학교의 정당한 교육활동에 협조하고 존중할 의무를 명확하게 규정했다.
④ 교권 침해행위의 생활기록부 기재와 아동학대 사례 판단위원회 설치 등은 국회 교육위원회 심사 과정에서 제외됐다.

THEME 124 교육법의 체계와 내용

기출공략

교육법의 내용으로 들어가기 전에 교육법의 체계와 원칙 등을 익히는 것이 효율적이다. 특히 교육감이 집행기구이고 조례안작성권과 교육규칙 제정권을 갖는다는 사실에 유의한다.

대표문제

2020 국가직

10 교육법의 존재형식과 그 구체적인 예의 연결이 옳지 않은 것은?

① 법률 – 초·중등교육법
② 조약 – 유네스코 헌장
③ 법규명령 – 고등교육법시행령
④ 규칙 – 학생인권조례

해설

교육법원은 크게 보면 성문법과 불문법으로 나눌 수 있는데, 성문법은 다시 헌법과 법률, 명령, 자치법규(규칙, 조례)로 나눌 수 있다. 그리고 불문법은 관습법과 판례법, 조리로 나뉜다. 학생인권조례는 조례에 해당한다.
자치법규 중에서 지방의회가 만드는 법을 조례라 하고 자치단체장이 만드는 법을 규칙이라 한다. 특히 교육감이 만드는 법을 교육규칙이라 한다.

정답 ④

이론 플러스

교육법의 체계와 내용

- **교육의 법원**: 교육법원은 크게 보면 성문법과 불문법으로 나눌 수 있는데, 성문법은 다시 헌법과 법률, 명령, 자치법규로 나눌 수 있다. 그리고 불문법은 다시 관습법과 판례법, 조리로 나눌 수 있다.
  ① **헌법**: 교육에 관한 최상위규범, 국회의 의결을 거쳐 국민투표로 제·개정
  ② **법률**: 법률은 입법부인 국회에서 정하는 법(국가 간 협정사항도 법률의 지위를 갖는다.)
  ③ **명령**: 행정부에서 만든 법. 즉, 행정부 수반인 대통령이 만든 법은 대통령령, 총리가 만든 법은 총리령, 장관이 만든 법은 부령이라고 한다.
  ④ **자치법규**: 지방자치단체가 만드는 법. 지방자치단체는 의결기구와 집행기구로 나뉜다. 의결기구란 광역자치단체인 시·도 의회와 기초자치단체인 시·군·구 의회를 말한다. 집행기구란 자치단체장을 말하는데 광역자치단체장인 시장, 도지사와 기초자치단체장인 시장, 군수, 구청장을 말한다. 아울러 교육 특별자치단체장이라 할 수 있는 시·도 교육감도 집행기구이다. 이때 지방의회가 만드는 법을 조례라 하며, 자치단체장이 만드는 법을 규칙이라 한다. 특히 교육감이 만드는 법을 교육규칙이라 한다. 교육감은 집행기구이지만 두 가지의 입법권을 갖고 있는데, 하나는 조례안작성권이고 다른 하나가 바로 교육규칙 제정권이다.

- **법 적용의 우선 원칙**
  ①성문법 우선의 원칙 ②상위법 우선의 원칙이다. ③신법 우선의 원칙이다. 후번이 선번보다 우선한다. ④특별법 우선의 원칙이다. 예컨대, 노동조합법보다 교원노조법이 우선한다.

공무원 시험 대비

관련 기출

001 법 적용의 우선 원칙에 대한 설명으로 옳은 것은?
2019 국가직

① 지방자치법과 지방교육자치에 관한 법률이 충돌할 경우 전자를 우선적으로 적용한다.
② 초·중등교육법과 초·중등교육법 시행령 이 충돌할 경우 후자를 우선적으로 적용한다.
③ 노동조합 및 노동관계조정법과 교원의 노동조합 설립 및 운영 등에 관한 법률이 충돌할 경우 후자를 우선적으로 적용한다.
④ 신법과 구법이 충돌할 때에는 먼저 제정된 법을 우선적으로 적용한다.

해설

법 적용의 우선 원칙은 다음과 같다.
㉠성문법 우선의 원칙 ㉡상위법 우선의 원칙 ㉢신법 우선의 원칙. 후번이 선번보다 우선한다. ㉣특별법 우선의 원칙이다. 예컨대, 노동조합법보다 교원노조법이 우선한다.
그러므로 ① 지방자치법과 지방교육자치에 관한 법률이 충돌할 경우 특별법인 후자를 우선적으로 적용한다. ② 초·중등교육법과 초·중등교육법 시행령이 충돌할 경우 상위법인 전자를 우선적으로 적용한다. ④ 신법과 구법이 충돌할 때에는 나중에 제정된 신법을 우선적으로 적용한다.

정답 ③

THEME 125 교육법 : 헌법

기출공략
교육에 관해서 규정하고 있는 「헌법」 제31조의 내용과 각 조항의 의미를 이해하고, 헌법의 교육 관계조항의 변화 또한 시기적으로 정리하고 기억해야 한다.

대표문제

2019 교육청

16 헌법 제31조에서 규정하고 있는 교육에 관한 내용으로 옳지 않은 것은?

① 균등하게 교육받을 권리
② 고등학교까지의 의무교육 무상화
③ 교육의 정치적 중립성
④ 교육제도의 법정주의

해설
대한민국 「헌법」 제31조 제 ③항은 의무교육은 무상으로 한다고 되어 있다. 현재 우리나라의 의무교육은 고등학교까지가 아니라 중학교까지이다.

정답 ②

> **이론 플러스**

대한민국 「헌법」

제31조 ① 모든 국민은 능력에 따라 균등하게 교육을 받을 권리를 가진다(교육평등 조항). ② 모든 국민은 그 보호하는 자녀에게 적어도 초등교육과 법률이 정하는 교육을 받게 할 의무를 진다(의무교육 조항). ③ 의무교육은 무상으로 한다(무상교육 조항). ④ 교육의 자주성·전문성·정치적 중립성 및 대학의 자율성은 법률이 정하는 바에 의하여 보장된다. ⑤ 국가는 평생교육을 진흥하여야 한다. ⑥ 학교교육 및 평생교육을 포함한 교육제도와 그 운영, 교육재정 및 교원의 지위에 관한 기본적인 사항은 법률로 정한다(교육제도 법정주의).

관련 기출

001 다음에 제시하고 있는 헌법의 교육관계조항의 변화를 시기순으로 바르게 나열한 것은?

2010 국가직

> ㄱ. 대학의 자율성 보장을 추가하였다.
> ㄴ. 교육의 자주성과 정치적 중립성 보장을 추가하였다.
> ㄷ. 의무교육의 범주를 법률이 정하는 교육으로 확대하였다.
> ㄹ. 교육의 전문성, 국가의 평생교육진흥 의무, 교육재정 및 교원지위 법정주의를 포함시켰다.

① ㄷ → ㄴ → ㄹ → ㄱ
② ㄴ → ㄱ → ㄷ → ㄹ
③ ㄷ → ㄴ → ㄱ → ㄹ
④ ㄴ → ㄷ → ㄹ → ㄱ

해설

1963년 개정헌법에 교육의 자주성과 정치적 중립성에 대한 보장을 추가, 1972년 개정에서 의무교육의 범주를 법률이 정하는 교육으로 확대, 1980년 개정에서 교육의 전문성, 국가의 평생교육진흥 의무, 교육재정 및 교원지위 법정주의를 포함. 1988년 개정에서 대학의 자율성 보장을 추가하였다.

정답 ④

002 교육법의 주요원리에 해당하지 않은 것은?

2012 국가직

① 법률주의의 원리
② 효과성의 원리
③ 자주성 존중의 원리
④ 기회균등의 원리

해설

대한민국 「헌법」 제31조에서 효과성의 원리에 대한 규정은 없다.

정답 ②

003 현행법상 교육의 중립성에 대한 설명으로 옳지 않은 것은? 2022 교육청

① 교육은 정치적·파당적 또는 개인적 편견을 전파하기 위한 방편으로 이용되어서는 아니 된다.
② 교원노동조합은 정치활동을 할 수 없다.
③ 교원은 특정한 정당이나 정파를 지지하거나 반대하기 위하여 학생을 지도하거나 선동하여서는 아니 된다.
④ 공립학교에서는 학교운영위원회의 동의가 있는 경우 특정한 종교를 위한 종교교육을 할 수 있다.

해설

교육의 중립성이란 정치적 중립성과 종교적 중립성을 가리킨다. 현행법에 따르면 다음과 같이 교육의 중립성을 규정하고 있다.
「교육기본법」 제6조(교육의 중립성) ① 교육은 교육 본래의 목적에 따라 그 기능을 다하도록 운영되어야 하며, 정치적·파당적 또는 개인적 편견을 전파하기 위한 방편으로 이용되어서는 아니된다.
② 국가와 지방자치단체가 설립한 학교에서는 특정한 종교를 위한 종교교육을 하여서는 아니 된다.
「교원의 노동조합 설립 및 운영 등에 관한 법률」 제3조(정치활동의 금지) 교원의 노동조합(이하 "노동조합"이라한다)은 어떠한 정치 활동도 하여서는 아니 된다
「교육기본법」제14조(교원) ④ 교원은 특정한 정당이나 정파를 지지하거나 반대하기 위하여 학생을 지도하거나 선동하여서는 아니 된다.

정답 ④

004 우리나라 교육기본법 제2조에 제시되어 있는 교육이념이 아닌 것은? 2007 국가직

① 인격 도야
② 창의적 능력 발휘
③ 민주시민의 자질 구비
④ 인류공영의 이상 실현

해설

교육기본법 제2조(교육이념) 교육은 홍익인간(弘益人間)의 이념 아래 모든 국민으로 하여금 인격을 도야(陶冶)하고 자주적 생활 능력과 민주시민으로서 필요한 자질을 갖추게 함으로써 인간다운 삶을 영위하게 하고 민주국가의 발전과 인류공영(人類共榮)의 이상을 실현하는 데에 이바지하게 함을 목적으로 한다.

정답 ②

THEME 126 교육관련 주요 법령사항

기출공략

「초·중등교육법」 및 동법 시행령에서 가장 자주 출제되는 부분은 의무교육과 관련해서이다. 우리나라 현재 의무교육은 중학교까지에 해당하며 어떤 상황에서도 의무교육대상자인 중학교 학생은 퇴학시킬 수 없다는 것과 의무교육은 무상교육으로 이루어지기 때문에 수업료, 학교운영비를 징수할 수 없다는 규정. 또한 고등학교 역시 무상교육으로 이루어지고 있다는 점과 법에서 규정하고 있는 고등학교의 종류에 대해서 정리해 두어야 한다. 그 외 학교폭력 및 선행교육 관련 규정에 대해서도 기출문제를 중심으로 내용을 정리해두어야 한다.

대표문제

2023 국가직

07 「학교폭력예방 및 대책에 관한 법률」상 학교폭력의 예방 및 대책에 대한 설명으로 옳지 않은 것은?

① 학교 안뿐만 아니라 학교 밖에서 발생한 학생 간의 상해, 폭행, 협박, 따돌림 등도 이 법의 적용대상이다.
② 경미한 학교폭력사건의 경우 가해학생 및 그 보호자가 학교폭력대책심의위원회의 개최를 원하지 않으면 학교의 장은 자체적으로 해결할 수 있다.
③ 학교의 장은 학교폭력의 예방 및 대책 등을 위한 교직원 및 학부모에 대한 교육을 학기별로 1회 이상 실시하여야 한다.
④ 피해학생의 보호를 위한 조치에는 학내외 전문가에 의한 심리상담 및 조언, 일시보호, 치료 및 치료를 위한 요양, 학급교체 등이 있다.

해설

경미한 학교폭력사건의 경우 피해학생 및 그 보호자가 학교폭력대책심의위원회의 개최를 원하지 않으면 학교의 장은 자체적으로 해결할 수 있다.

정답 ②

> 이론 플러스

「초·중등교육법」

- 제12조【의무교육】④항에서 국립·공립학교의 설립자·경영자 등은 의무교육을 받는 사람으로부터 수업료를 받을 수 없다고 규정
- 제10조【고등학교 등의 무상교육】②항 입학금, 수업료, 학교운영지원비, 교과용 도서 구입비에 대하여 국가 및 지방자치단체가 부담하고, 학교의 설립자·경영자는 학생과 보호자로부터 이를 받을 수 없다.

「초·중등교육법 시행령」

- 제76조【특성화중학교】④ 특성화중학교의 장은 학생을 선발하는 경우 필기시험에 의한 전형을 실시하여서는 아니 된다.
- 제76조의3【고등학교의 구분】교육과정 운영에 따라 일반고등학교, 특수목적고등학교, 특성화고등학교로 구분, 자율성을 기준으로 자율고등학교(자율형사립학교, 자율형 공립고등학교)가 있다.
- 제90조【특수목적고등학교】특수분야의 전문적인 교육을 목적으로 함
- 제91조【특성화고등학교】소질과 적성 및 능력이 유사한 학생을 대상으로 특정분야의 인재양성을 목적으로 하는 교육 또는 자연현장실습 등 체험위주의 교육을 전문적으로 실시하는 고등학교
- 제91조의3【자율형 사립고등학교】
  1. 국가 또는 지방자치단체로부터 교직원 인건비 및 학교 교육과정운영비를 지급받지 아니할 것 2. 교육부령으로 정하는 법인전입금기준 및 교육과정운영기준을 충족할 것
- 제91조의4【자율형 공립고등학교】① 교육감은 공립의 고등학교를 대상으로 법 제61조에 따라 학교 또는 교육과정을 자율적으로 운영하는 고등학교를 교육부장관이 정하는 절차를 거쳐 지정·고시할 수 있다.

「학교폭력예방 및 대책에 관한 법률」

- 교육감은 시·도교육청에 학교폭력의 예방과 대책을 담당하는 전담부서를 설치·운영해야 하며, 심의위원회가 처리한 학교의 학교폭력빈도를 학교의 장에 대한 업무수행 평가에 부정적 자료로 사용하여서는 아니 된다. 교육감은 학교폭력의 실태를 파악하고 학교폭력에 대한 효율적인 예방대책을 수립하기 위하여 학교폭력 실태조사를 연 2회 이상 실시하고 그 결과를 공표하여야 한다. 교육부장관, 교육감, 지역 교육장, 학교의 장은 학교폭력과 관련한 개인정보 등을 경찰청장, 시·도경찰청장, 관할 경찰서장 및 관계 기관의 장에게 요청할 수 있으며, 정보제공을 요청받은 경찰청장, 시·도경찰청장, 관할 경찰서장 및 관계 기관의 장은 특별한 사정이 없으면 그 요청을 따라야 한다고 명시하고 있다. 의무교육과정에 있는 가해학생에 대하여는 퇴학처분을 적용하지 아니하며, 심의위원회는 가해학생이 특별교육을 이수할 경우 해당 학생의 보호자도 함께 교육을 받게 하여야 한다.

교육장이 내린 조치에 대하여 이의가 있는 피해학생 또는 그 보호자는 「행정심판법」에 따른 행정심판을 청구할 수 있다.

공교육 정상화 촉진 및 선행교육 규제에 관한 특별법

- 방과후학교 과정 또한 선행교육이 금지되며, 단, 학교의 휴업일 중 편성·운영되는 경우, 도시 저소득층 밀집 학교 등에서 운영되는 경우와 「영재교육 진흥법」에 따른 영재교육기관의 영재교육, 「조기진급 또는 조기졸업 대상자, 체육·예술 교과(군), 기술·가정 교과(군), 실과·제2외국어·한문·교양 교과(군), 전문 교과, 초등학교 1학년과 2학년의 영어 방과후학교 과정 등에서는 적용이 배제되고 있다.

관련 기출

001
「초·중등교육법」 및 동법 시행령상 학생 징계의 종류 중 징계처분을 받은 학생 또는 그 보호자가 시·도학생징계조정위원회에 재심을 청구할 수 있는 것은? 2018 교육청

① 사회봉사
② 출석정지
③ 퇴학처분
④ 특별교육이수

해설

「초·중등교육법」 제18조의2(재심청구) ① 제18조 제1항에 따른 징계처분 중 퇴학 조치에 대하여 이의가 있는 학생 또는 그 보호자는 퇴학 조치를 받은 날부터 15일 이내 또는 그 조치가 있음을 알게 된 날부터 10일 이내에 제18조의3에 따른 시·도 학생징계조정위원 회에 재심을 청구할 수 있다.

정답 ③

002
우리나라 의무교육제도에 대한 설명으로 옳지 않은 것은? 2017 국가직

① 지방자치단체는 국립 또는 사립의 초등학교·중학교 또는 특수학교에 일부 의무교육대상자에 대한 교육을 위탁할 수 있다.
② 지방자치단체로부터 의무교육대상자의 교육을 위탁받은 사립학교의 설립자·경영자는 의무교육을 받는 사람으로부터 수업료와 학교운영지원비를 받을 수 있다.
③ 모든 국민은 그 보호하는 자녀에게 6년의 초등교육과 3년의 중등교육을 받게 할 의무를 진다.
④ 취학 아동명부의 작성을 담당하는 읍·면·동의 장은 입학연기 신청서를 제출받은 경우 입학연기 대상자를 취학 아동명부에서 제외하고, 입학연기 대상자 명단을 교육장에게 통보하여야 한다.

해설

대한민국 「헌법」 제31조 ③ 의무교육은 무상으로 한다(무상교육 조항)에 따라 의무교육대상자의 교육을 위탁받은 사립학교의 설립자·경영자는 의무교육을 받는 사람으로부터 수업료와 학교운영지원비를 받을 수 없다.

정답 ②

003 초·중등교육법 및 동법 시행령상 학교에 대한 설명으로 옳지 않은 것은? 2015 국가직

① 자율고등학교는 자율형 사립고와 자율형 공립고, 자율학교로 구분된다.
② 교육감이 특성화중학교를 지정·고시하고자 하는 경우에는 미리 교육부장관의 동의를 받아야 한다.
③ 교육감이 특성화중학교의 지정을 취소하는 경우에는 미리 교육부장관의 동의를 받아야 한다.
④ 교육감이 외국어 계열의 특수목적고등학교를 지정·고시하고자 하는 경우에는 미리 교육부장관의 동의를 받아야 한다.

해설

① 초·중등교육법시행령 제76조의3(고등학교의 구분) 4. 자율고등학교(제91조의3에 따른 자율형 사립고등학교 및 제91조의4에 따른 자율형 공립고등학교를 말한다) 자율고등학교는 자율형 사립고와 자율형 공립고로 구분된다.

정답 ①

004 초·중등교육법 시행령의 고등학교 구분에서 특성화 고등학교에 해당하는 것은?

2011 국가직

① 자연현장실습 등 체험 위주의 교육을 전문적으로 실시하는 고등학교
② 특수분야의 전문적인 교육을 목적으로 하는 고등학교
③ 학교 또는 교육과정을 자율적으로 운영할 수 있는 고등학교
④ 특정 분야가 아닌 다양한 분야에 걸쳐 일반적인 교육을 실시하는 고등학교

해설

② 특수분야의 전문적인 교육을 목적으로 하는 고등학교는 특수목적고등학교이다.
③ 학교 또는 교육과정을 자율적으로 운영할 수 있는 고등학교는 자율학교이다.
④ 특정분야가 아닌 다양한 분야에 걸쳐 일반적인 교육을 실시하는 고등학교는 일반계고등학교이다.

정답 ①

005 다음은 초·중등교육법 시행령 제91조의 규정이다. ㉠과 ㉡에 들어갈 말은? 2010 국가직

> ____㉠____ 은 소질과 적성 및 능력이 유사한 학생을 대상으로 특정 분야의 인재양성을 목적으로 하는 교육 또는 자연현장실습 등 체험 위주의 교육을 전문적으로 실시하는 고등학교(이하 "____㉡____"라 한다)를 지정·고시할 수 있다.

	㉠	㉡
①	교육과학기술부장관	전문계고등학교
②	교육과학기술부장관	특성화고등학교
③	교육감	전문계고등학교
④	교육감	특성화고등학교

해설

정답 ④

006 우리나라 의무교육제도에 대한 설명으로 타당한 것은? 2008 국가직

① 의무교육제도는 교육이 권리가 아니라 특권이라는 개념에 근거를 두고 있다.
② 초·중등교육법에 비추어 볼 때, 의무교육제도는 취학의무가 아니라 교육의무를 의미한다.
③ 현행 교육법제에서는 의무교육제도의 실효성을 보장하기 위하여 보호자와 국가에게 그 책임을 부과하고 있다.
④ 의무교육단계에서도 학생들이 학교규칙을 현저히 위반하였을 때에는 퇴학이 가능하다.

해설

- 교육기본법 제8조(의무교육) ① 의무교육은 6년의 초등교육과 3년의 중등교육으로 한다.
② 모든 국민은 제1항에 따른 의무교육을 받을 권리를 가진다.
- 초·중등교육법 제13조(취학 의무) ① 모든 국민은 보호하는 자녀 또는 아동이 6세가 된 날이 속하는 해의 다음 해 3월 1일에 그 자녀 또는 아동을 초등학교에 입학시켜야 하고, 초등학교를 졸업할 때까지 다니게 하여야 한다.
- 의무교육단계에서는 학생들이 학교규칙을 현저히 위반하였을 때에도 퇴학이 불가능하다.

정답 ③

007
학교폭력예방 및 대책에 관한 법률 상 중학교에서 발생한 학교폭력문제 처리 과정에서 중학생인 가해학생에 대해 취할 수 있는 조치가 아닌 것은? 2018 교육청

① 출석정지
② 학급교체
③ 전학
④ 퇴학처분

해설

중학생은 의무교육대상자이므로 어떤 상황에서도 퇴학시킬 수 없다.

정답 ④

008
학교폭력예방 및 대책에 관한 법률 상 내용으로 옳은 것은? 2014 국가직

① 학교폭력 가해 중학생의 경우 퇴학 처분이 가능하다.
② 학교의 장은 학교폭력과 관련한 개인정보 등을 경찰청장, 지방경찰청장, 관할 경찰서장 및 관계 기관의 장에게 요청할 수 없다.
③ 교육감은 학교폭력의 실태를 파악하고 학교폭력에 대한 효율적인 예방대책을 수립하기 위하여 학교폭력 실태조사를 연 2회 이상 실시하여야 한다.
④ 교육감은 학교폭력대책자치위원회가 처리한 학교의 학교폭력 빈도를 학교의 장에 대한 업무수행 평가에 부정적 자료로 사용할 수 있다.

해설

① 학교폭력 가해 중학생의 경우 퇴학 처분이 불가능하다.
② 교육부장관, 교육감, 지역 교육장, 학교의 장은 학교폭력과 관련한 개인정보 등을 경찰청장, 시·도경찰청장, 관할 경찰서장 및 관계 기관의 장에게 요청할 수 있으며, 정보제공을 요청받은 경찰청장, 시·도경찰청장, 관할 경찰서장 및 관계 기관의 장은 특별한 사정이 없으면 그 요청을 따라야 한다고 명시하고 있다.
④ 교육감은 학교폭력대책자치위원회가 처리한 학교의 학교폭력 빈도를 학교의 장에 대한 업무수행 평가에 부정적 자료로 사용해서는 안된다.

정답 ③

009 공교육 정상화 촉진 및 선행교육 규제에 관한 특별법에서 금지하는 행위에 포함되지 않는 것은?

2016 국가직

① 지필평가, 수행평가 등 학교 시험에서 학생이 배운 학교교육 과정의 범위와 수준을 벗어난 내용을 출제하여 평가하는 행위
② 각종 교내 대회에서 학생이 배운 학교 교육과정의 범위와 수준을 벗어난 내용을 출제하여 평가하는 행위
③ 영재교육 진흥법에 따른 영재교육기관에서 학교교육과정의 범위와 수준을 벗어난 내용으로 영재교육을 실시하는 행위
④ 대학의 입학전형에서 고등학교 교육과정의 범위와 수준을 벗어난 내용을 출제 또는 평가하는 대학별고사를 실시하는 행위

해설

학교의 휴업일 중 편성·운영되는 경우, 도시 저소득층 밀집 학교 등에서 운영되는 경우와 「영재교육 진흥법」에 따른 영재교육기관의 영재교육, 「조기진급 또는 조기졸업 대상자, 체육·예술 교과(군), 기술·가정 교과(군), 실과·제2외국어·한문·교양 교과(군), 전문 교과, 초등학교 1학년과 2학년의 영어 방과후학교 과정 등에서는 적용이 배제되고 있다.

정답 ③

THEME 127 지방교육자치제도

> **기출공략**
>
> 교육감 관련 문제가 자주 출제되고 있으므로 지방교육자치에 관한 법률에서 규정하는 교육감의 관장사무, 선거, 임기, 후보자의 자격 등에 대해서 정확하게 정리해 두어야 한다. 또한, 광역지방의회에 '교육·학예에 관한 의안과 청원 등을 심사·의결하기 위하여' 상임위원회 형태로 교육위원회를 두고 있다는 점에도 주의해야 한다.

대표문제

2019 교육청

06 우리나라 지방교육자치제도에 대한 설명으로 옳지 않은 것은?

① 시·도의 교육·학예에 관한 경비를 따로 경리하기 위하여 당해 지방자치단체에 교육비특별회계를 둔다.
② 정당은 교육감선거에 후보자를 추천할 수 없다.
③ 지방자치단체의 교육·학예에 관한 사무를 효율적으로 처리하기 위하여 지방교육행정협의회를 둔다.
④ 시·도의 교육·학예에 관한 사무의 심의기관으로 교육감을 둔다.

해설

시·도의 교육·학예에 관한 사무의 집행기관으로 교육감을 둔다.

정답 ④

이론 플러스

지방교육자치제도

- 광역지방의회에 '교육·학예에 관한 의안과 청원 등을 심사·의결하기 위하여' 상임위원회 형태로 교육위원회를 두고 있다. 한편 시·도의 교육·학예에 관한 사무의 집행기관으로 교육감을 두고 있는데 교육감 밑에 국가공무원으로 보하는 부교육감과 필요한 보조기관(교육장)을 두고 있다. 부교육감은 교육감이 추천한 자를 교육부장관의 제청으로 국무총리를 거쳐 대통령이 임명한다. 기초단위 시·도의 교육·학예에 관한 사무를 분장하기 위하여 교육지원청이 있다. 교육지원청은 장학관으로 보임하는 교육장을 두고 있는데, 교육장은 시·도의 교육·학예에 관한 사무를 위임받아 분장한다.

「지방교육자치에 관한 법률」

- 지방교육자치제의 실시 단위는 시·도 광역자치단체를 단위로 한다.

  제24조【교육감후보자의 자격】① 교육감후보자가 되려는 사람은 해당 시·도지사의 피선거권이 있는 사람으로서 후보자등록신청개시일부터 과거 1년 동안 정당의 당원이 아닌 사람이어야 한다.
  ② 교육감 후보자가 되려는 사람은 후보자등록신청개시일을 기준으로 다음 각호의 어느 하나에 해당하는 경력이 3년 이상 있거나 교육경력이나 교육행정경력 중 어느 하나에 해당하는 경력을 합한 경력이 3년 이상 있는 사람이어야 한다.

- **교육감** : ① 시·도의 교육·학예에 관한 사무의 집행기관이다.
  ② 교육·학예에 관한 교육규칙의 제정에 관한 사항을 관장한다.
  ③ 주민은 교육감을 소환할 권리를 가진다.
  ④ 교육감의 임기는 4년이며 3기에 걸쳐 재임할 수 있다.

관련 기출

001 「지방교육자치에 관한 법률」상 교육감에 대한 설명으로 옳지 않은 것은?   2022 교육청

① 시·도의 교육·학예에 관한 사무의 집행기관이다.
② 교육·학예에 관한 교육규칙의 제정에 관한 사항을 관장한다.
③ 교육감후보자가 되려면 교육경력과 교육행정경력을 각각 최소 1년 이상 갖추어야 한다.
④ 주민은 교육감을 소환할 권리를 가진다.

해설

교육감 후보자가 되려는 사람은 후보자등록신청개시일을 기준으로 다음 각호의 어느 하나에 해당하는 경력이 3년 이상 있거나 교육경력이나 교육행정경력 중 어느 하나에 해당하는 경력을 합한 경력이 3년 이상 있는 사람이어야 한다.

정답 ③

002 우리나라의 현행 지방교육자치제도에 대한 설명으로 옳은 것은?   2021 교육청

① 부교육감은 대통령이 임명한다.
② 교육감의 임기는 4년이며 2기에 걸쳐 재임할 수 있다.
③ 지방교육자치제의 실시 단위는 시·군·구 기초자치단체를 단위로 한다.
④ 시·도 교육청에 교육위원회를 두고 교육의원은 주민이 직접 선거하여 선출한다.

해설

② 교육감의 임기는 4년이며 3기에 걸쳐 재임할 수 있다.
③ 지방교육자치제의 실시단위는 시·도 광역자치단체를 단위로 한다.
④ 광역지방의회에 상임위원회 형태로 교육위원회를 두고 있다.

정답 ①

003 지방교육자치에 관한 법령상 교육감에 대한 설명으로 옳은 것만을 모두 고른 것은?

2017 국가직

ㄱ. 교육규칙의 제정에 관한 사항은 교육감의 관장사무에 해당한다.
ㄴ. 주민은 교육감을 소환할 권리를 가진다.
ㄷ. 시·도의회에 제출할 교육·학예에 관한 조례안과 관련하여 심의·의결할 권한을 가진다.
ㄹ. 교육감의 임기는 4년으로 하며, 교육감의 계속 재임은 3기에 한한다.

① ㄱ, ㄴ
② ㄷ, ㄹ
③ ㄱ, ㄴ, ㄹ
④ ㄱ, ㄴ, ㄷ, ㄹ

해설

교육감은 시·도의 교육·학예에 관한 사무의 집행기관으로 심의기관이 아니다. 단, 교육감은 두 가지의 입법권을 가지고 있는데, 조례안 작성권과 교육규칙 제정권이다.

정답 ③

004 우리나라의 지방교육자치에 대한 설명으로 옳지 않은 것은? 2015 국가직

① 교육지원청에 교육장을 두되 장학관으로 보한다.
② 교육감은 시·도의 교육·학예에 관한 사무의 집행기간이다.
③ 교육감의 임기는 4년으로 하며, 교육감의 계속재임은 2기에 한한다.
④ 부교육감은 당행 시·도의 교육감이 추천한 자를 교육부 장관의 제청으로 국무총리를 거쳐 대통령이 임명한다.

해설

교육감의 임기는 4년으로 하며, 교육감의 계속 재임은 3기에 한한다.

정답 ③

005 현재 우리나라에서 시행되고 있는 지방교육자치에 대한 설명으로 옳은 것은?

2013 국가직

① 교육위원회는 집행기관이고, 교육감은 의결기관이다.
② 교육위원회는 지방의회와 독립되어 있다.
③ 교육감의 임기는 4년으로 하며, 교육감의 계속 재임은 3기에 한한다.
④ 교육감은 학교운영위원에 의한 간선제로 선출된다.

해설

① 교육위원회는 의결기관이고, 교육감은 집행기관이다.
② 광역지방의회에 '교육·학예에 관한 의안과 청원 등을 심사·의결하기 위하여' 상임위원회 형태로 교육위원회를 두고 있다.
④ 교육감은 주민의 보통·평등·직접·비밀선거에 따라 선출한다.

정답 ③

006 각 시·도의 교육·학예에 관한 사무를 집행하는 장(長)인 교육감에 관한 설명으로 옳은 것은?

2009 국가직

① 학교운영위원들이 선출한다.
② 10년 이상의 교육 경력과 교육행정 경력이 있어야 한다.
③ 교육규칙을 제정할 수 없다.
④ 임기는 4년이며 계속 재임은 3기에 한한다.

해설

①은 교육감은 주민의 보통·평등·직접·비밀선거에 따라 선출한다.
②는 교육감 후보자가 되려는 사람은 후보자등록신청개시일을 기준으로 다음 각호의 어느 하나에 해당하는 경력이 3년 이상 있거나 교육경력이나 교육행정경력 중 어느 하나에 해당하는 경력을 합한 경력이 3년 이상 있는 사람이어야 한다.
③은 교육규칙을 제정할 수 있다.

정답 ④

THEME 128 학교자율경영 : 학교운영위원회

기출공략

「초·중등교육법」[법률 제18461호, 2021. 9. 24., 일부개정]으로 인해 기존에 자문기구 성격이 강했던 사립학교의 학교운영위원회 역시 국립·공립학교의 학교운영위원회와 마찬가지로 심의기구화 되었다는 점에 주의한다. 국립·공립학교의 학교운영위원회가 "학교헌장과 학칙의 제정 또는 개정"을 포함한 모든 사항에 대하여 심의하는 것과 달리 사립학교에 두는 학교운영위원회의 경우에는 "학교헌장과 학칙의 제정 또는 개정"에 대해서만 자문하고, 나머지 사항에 대해서는 심의한다고 되어 있다. 그밖에 학교운영위원회의 구성, 선출방법 등도 정리해 두어야 한다.

대표문제

2023 국가직

14 「초·중등교육법」상 학교운영위원회의 심의사항에 해당하지 않는 것은?

① 학교급식
② 자유학기제 실시 여부
③ 교과용 도서와 교육 자료의 선정
④ 대학입학 특별전형 중 학교장 추천

해설

자유학기제 실시 여부는 학교장의 권한이 아니라 의무사항으로 학교운영위원회의 심의사항에 해당하지 않는다.

정답 ②

> 이론 플러스

학교운영위원회

(1) 「초·중등교육법」제31조(학교운영위원회의 설치)
   ① 학교운영의 자율성을 높이고 지역의 실정과 특성에 맞는 다양하고도 창의적인 교육을 할 수 있도록 초등학교·중학교·고등학교·특수학교 및 각종학교에 학교운영위원회를 구성·운영하여야 한다.

(2) 학교운영위원회의 기능
   - "학교헌장과 학칙의 제정 또는 개정"을 포함한 모든 사항에 대하여 국립·공립학교의 경우에는 심의하고, 사립학교에 두는 학교운영위원회의 경우에는 "학교헌장과 학칙의 제정 또는 개정"에 대해서는 자문하고, 나머지 사항에 대해서는 심의한다고 되어 있다. 국공립학교 및 사립학교의 학교운영위원회에서는 학교운영위원회 위원장 명의로 학교 발전을 위한 기금을 조성하여 운영, 사용할 수 있는데, 이에 관해서는 심의권과 함께 의결권을 갖는다.

(3) 학교운영위원회의 정수 및 구성
   - 정원은 최대 15명을 넘지 않으며 학부모위원, 교원위원, 지역위원으로 구성
   - 선출방법은 학부모위원 및 교원위원(학교장은 당연직 위원)을 뽑고 학부모 위원 및 교원 위원의 추천을 받아 지역위원을 선출한다.
   - 위원장 및 부위원장 선출은 학부모 위원과 지역 위원 중에서 선출(교원 위원 제외)

관련 기출

001 학교운영위원회에 대한 설명으로 옳지 않은 것은? 2018 국가직

① 위원 수는 5명 이상 20명 이하의 범위에서 학교의 규모 등을 고려하여 교육부령으로 정한다.
② 국립·공립 학교의 경우 학교의 예산안과 결산, 학교교육 과정의 운영방법, 학교급식 등을 심의한다.
③ 국립·공립 학교의 경우 교육공무원법 제29조의3제8항에 따른 공모 교장의 공모 방법, 임용, 평가 등을 심의한다.
④ 학교운영의 자율성을 높이고 지역의 실정과 특성에 맞는 다양하고도 창의적인 교육을 할 수 있도록 하는 데 그 목적이 있다.

◈ 해설

① 학교운영위원회의 정원은 최대 15명을 넘지 않는다.

정답 ①

002 국·공립학교의 학교운영위원회에 대한 옳은 설명만을 〈보기〉에서 있는 대로 고른 것은? 2017 교육청

• 보기 •
ㄱ. 학칙의 제정 또는 개정 사항을 심의한다.
ㄴ. 학교운동부의 구성·운영 사항을 심의한다.
ㄷ. 학부모위원은 교직원 전체회의에서 선출한다.
ㄹ. 학교의 장은 운영위원회의 당연직 교원위원이다.

① ㄱ, ㄷ   ② ㄱ, ㄴ, ㄹ
③ ㄴ, ㄷ, ㄹ   ④ ㄱ, ㄴ, ㄷ, ㄹ

◈ 해설

ㄷ. 학부모위원은 학부모 전체회의에서 선출한다(서신, 우편투표 가능).

정답 ②

003 우리나라 학교운영위원회의 구성 및 운영에 대한 설명으로 옳은 것은? 2015 교육청

① 국·공립학교의 교감은 운영위원회의 당연직 교원위원이 된다.
② 국·공립학교에 두는 운영위원회의 회의는 학교장이 소집한다.
③ 국·공립학교에 두는 운영위원회는 학교교육과정의 운영방법에 대해서 심의한다.
④ 사립학교에 두는 운영위원회는 학교발전기금의 조성·운용 및 사용에 관한 사항을 심의할 수 없다.

해설

「초·중등교육법」[법률 제18461호, 2021. 9. 24., 일부개정]으로 인해 ③ 국·공립학교에 두는 운영위원회 뿐만아니라 사립학교 운영위원회에서도 학교교육과정의 운영방법에 대해서 심의한다.
① 국·공립학교의 교장은 운영위원회의 당연직 교원위원이 된다.
② 국·공립학교에 두는 운영위원회의 회의는 운영위원회 위원장이 소집한다.
④ 사립학교에 두는 운영위원회는 학교발전기금의 조성·운용 및 사용에 관한 사항을 심의할 수 있다.

정답 ③

004 학교운영위원회에 대한 설명으로 옳지 않은 것은? 2010 국가직

① 국·공립학교에서는 대학입학과 관련된 사항을 심의할 수 없다.
② 학교발전기금을 조성할 수 있다.
③ 사립의 특수학교도 구성·운영하여야 한다.
④ 15인을 초과하여 구성할 수 없다.

해설

① 「초·중등교육법」[법률 제18461호, 2021. 9. 24., 일부개정]으로 인해 ③ 국·공립학교에 두는 운영위원회 뿐만아니라 사립학교 운영위원회에서도 대학입학과 관련된 사항을 심의할 수 있다.

정답 ①

THEME 129 교육비의 분류

기출공략
직접교육비와 간접교육비, 공공의 회계절차 여부에 따른 공교육비와 사교육비, 부담주체별로 구분하는 공부담 교육비와 사부담 교육비의 개념에 대해 이해해야 한다.

대표문제

2020 국가직

05 학부모가 지출한 교재비를 교육비의 기준에 따라 분류할 때, 옳은 것으로만 묶은 것은?

① 직접교육비, 사교육비, 공부담 교육비
② 직접교육비, 사교육비, 사부담 교육비
③ 간접교육비, 공교육비, 공부담 교육비
④ 간접교육비, 공교육비, 사부담 교육비

해설

정답 ②

이론 플러스

교육비의 분류

(1) 직접교육비와 간접교육비
   ① 직접교육비 : 교육을 받기 위해 납입금, 교재대 혹은 정부 수준의 교육예산 등과 같이 직접적으로 재화나 용역을 소비하는 것
   ② 간접교육비 : 교육을 받기 위해 소비한 직접교육비를 다른 용도로 소비했을 경우를 가정했을 때의 유실소득 또는 기회비용

(2) 공교육비와 사교육비(공공의 회계절차 여부)
   ① 공교육비 : 배분의 과정이 공공의 회계절차를 통해 이루어짐. 학생이 내는 납입금은 학교나 정부의 공공회계를 통해 이루어지고 있는 공교육비, 공부담공교육비와 사부담공교육비가 있다.
   ② 사교육비 : 학생들의 교재비, 사설학원비 등과 같이 개인의 자유계획에 의해 집행

(3) 공부담 교육비와 사부담 교육비 : 부담주체별로 구분

공무원시험 대비

> 관련 기출

001 공·사교육비를 '공공의 회계절차를 거치는가'에 따라 분류할 때, 공교육비에 해당하지 않는 것은?

2019 교육청

① 학생이 학교에 내는 입학금
② 학생이 사설학원에 내는 학원비
③ 학부모가 부담하는 학교운영지원비
④ 학교법인이 부담하는 법인전입금

> 해설

② 학생이 사설학원에 내는 학원비는 개인의 자유계획에 의해 집행하는 사교육비에 해당한다.

정답 ②

002 우리나라에서의 교육비 분류방식에 대한 설명으로 옳지 않은 것은? 2010 국가직

① 간접교육비는 교육기간 동안 취업할 수 없는 데서 오는 손실로서의 유실소득과 비영리교육기관이 향유하는 면세의 가치이다.
② 직접교육비는 교육활동에 직접적으로 투입되는 경비로서 사교육비는 제외된다.
③ 공교육비는 공공의 회계절차를 거쳐 교육에 투입되는 교육비로서 수업료를 포함한다.
④ 공부담 교육비는 국가나 지방자치단체 및 학교법인이 부담하는 경비로서 학교운영지원비는 제외된다.

해설

직접교육비는 교육활동에 지원되는 모든 교육비로 회계절차에 따라 공교육비와 사교육비로 구분된다. 따라서 사교육비는 직접교육비에 포함된다.

정답 ②

THEME 130 교육재정제도

기출공략

교육부 일반회계의 세출 내역 중에서 가장 규모가 큰 것은 지방교육재정교부금이고, 시·도교육비 특별회계의 세입 중에서 가장 큰 비중을 차지하는 것은 지방재정교부금과 국고보조금을 포함한 중앙정부로부터의 이전수입이다. 무엇보다 지방교육재정교부금의 개념, 종류, 재원 마련방법 등에 대한 정리 및 이해가 필요하다.

대표문제

2023 교육청

17 교육재정의 구조와 배분에 대한 설명으로 옳지 않은 것은?

① 학생이 교육을 받는 기간 동안 미취업에 따른 유실소득은 공부담 교육기회비용에 해당된다.
② 국가는 지방교육재정상 부득이한 수요가 있는 경우, 국가예산으로 정하는 바에 따라 보통교부금과 특별교부금 외에 따로 증액교부할 수 있다.
③ 시·도 및 시·군·자치구는 관할구역에 있는 고등학교 이하 각급학교의 교육경비를 보조할 수 있다.
④ 시·도의 교육·학예에 필요한 경비는 해당 지방자치단체의 교육비특별회계에서 부담한다.

해설

학생이 교육을 받는 기간 동안 미취업에 따른 유실소득은 사부담 교육기회비용에 해당된다.

정답 ①

> 이론 플러스

교육재정제도

(1) 정부재원
- 국립대학을 포함한 국립교육기관과 교육부가 직접 수행하는 사업 지원을 위한 일반회계 재원과 지방교육지원을 위한 지방교육재정교부금 재원으로 구성
- 교부금 재원은 다음 각호의 금액을 합산한 금액으로 한다. 1. 해당 연도 내국세[목적세 및 종합부동산세, 담배에 부과하는 개별소비세 총액의 100분의 45 및 다른 법률에 따라 특별회계의 재원으로 사용되는 세목(稅目)의 해당 금액은 제외한다. 이하 같다] 총액의 1만분의 2,0792. 해당 연도 「교육세법」에 따른 교육세 세입액 중 「유아교육지원특별회계법」 제5조 제1항에서 정하는 금액을 제외한 금액
- 국고보조금은 중앙정부가 재정을 이전하면서 사용 용도를 제한하고 있는 재원이며, 교부금은 사용 용도가 정해지지 않은 채로 중앙정부로부터 이전되는 재원을 말한다. 지방교육재정교부금은 해당 지방정부의 기준재정수요액이 기준재정수입액을 초과하는 부분에 대해서 배분한다. 이때 기준재정수요액=측정단위×단위비용으로 계산되며, 측정단위와 단위비용은 교육부령으로 정하도록 되어 있다.
- 국가가 지방자치단체에 교부하는 교부금은 보통교부금과 특별교부금으로 나눈다. 교육부 일반회계의 세출 내역 중에서 가장 규모가 큰 것은 지방교육재정교부금이다. 시·도교육비 특별회계의 세입 중에서 가장 큰 비중을 차지하는 것은 지방재정교부금과 국고보조금을 포함한 중앙정부로부터의 이전수입이다.

(2) 학부모 재원
- 학부모 재원은 교육비특별회계 재원인 입학금 및 수업료, 학교회계 재원인 학부모 부담 경비 및 고등학교 학교운영지원비로 나누어볼 수 있다.

관련 기출

001 지방교육재정교부금에 대한 설명으로 옳지 않은 것은? 2022(지방직)

① 교육의 균형 있는 발전을 목적으로 확보·배분된다.
② 지방자치단체 교육비특별회계의 세입 재원에 포함되지 않는다.
③ 국가는 회계연도마다 「지방교육재정교부금법」에 따른 교부금을 국가예산에 계상(計上)하여야 한다.
④ 「지방교육재정교부금법」상 지방자치단체에 교부하는 교부금은 보통교부금과 특별교부금으로 나눈다.

해설

② 지방교육재정교부금은 지방자치단체 교육비특별회계의 세입 재원에 포함되며 시·도교육비 특별회계의 세입 중에서 가장 큰 비중을 차지한다.

정답 ②

002 우리나라의 현행 교육재정의 구조에 대한 설명으로 옳지 않은 것은? 2021 국가직

① 국가가 지방자치단체에 교부하는 교부금은 보통교부금과 특별교부금으로 나눈다.
② 교육부의 일반회계와 특별회계는 정부가 교육과 학예 활동을 위해 투자하는 예산을 말한다.
③ 교육부 일반회계의 세출 내역 중에서 가장 규모가 큰 것은 지방교육재정교부금이다.
④ 시·도교육비 특별회계의 세입 중에서 가장 큰 비중을 차지하는 것은 지방자치단체 일반회계로부터의 전입금이다.

해설

④ 시·도교육비 특별회계의 세입 중에서 가장 큰 비중을 차지하는 것은 지방교육재정교부금이다.

정답 ④

003 우리나라 교육재정에 대한 설명으로 옳지 않은 것은? 2014 국가직

① 공교육비는 공부담 교육비와 사부담 교육비로 나뉘는데, 학생 납입금은 사부담 교육비에 해당된다.
② 지방교육재정의 가장 큰 재원은 지방교육재정교부금 및 보조금이다.
③ 국가의 재정이 국민의 납세의무에 의해 재원을 확보하듯이 교육예산도 공권력에 의한 강제성을 전제로 한다.
④ 교육재정의 지출 가운데 시설비가 차지하는 비중이 인건비에 비해서 상대적으로 크다.

◈ 해설

④ 교육재정의 지출 가운데 인건비가 차지하는 비중이 가장 크다.

※ 정답 ④

004 교육재정 제도와 정책에 대한 설명으로 옳지 않은 것은? 2021 교육청

① 사립학교의 재원은 학생 등록금, 학교 법인으로부터의 전입금 두 가지로만 구성된다.
② 학부모 재원은 수업료, 입학금, 기성회비 혹은 학교 운영지원비로 구분할 수 있다.
③ 국세교육세는 교육세법에 의하여 세원과 세율이 결정되고, 지방교육세는 지방세법에 의하여 세원과 세율이 결정된다.
④ 중앙정부가 부담하는 지방교육재정 교부금 재원은 교육세 세입액 중 일부와 내국세의 일정 비율에 해당하는 금액으로 구성된다.

◈ 해설

사립학교법 제30조의2(학교회계의 설치) ② 학교회계는 다음 각호의 수입을 세입(歲入)으로 한다.
1. 국가의 일반회계나 지방자치단체의 교육비특별회계로부터 받은 전입금.
2. 제32조 제1항에 따라 학교운영위원회 심의를 거쳐 학부모가 부담하는 경비.
3. 제33조의 학교발전기금으로부터 받은 전입금. 4. 국가나 지방자치단체의 보조금 및 지원금. 5. 사용료 및 수수료. 6. 이월금.
7. 물품매각대금. 8. 그 밖의 수입

※ 정답 ①

005 교육재정의 특성으로 옳지 않은 것은? 2019 국가직

① 재정은 공공의 이익을 도모하는 국가 활동과 정부의 시책을 위해 사용되어야 한다는 공공성이 있다.
② 공권력을 통하여 기업과 국민 소득의 일부를 조세를 통해 정부의 수입으로 이전하는 강제성을 가지고 있다.
③ 수입이 결정된 후에 지출을 조정하는 양입제출(量入制出)의 원칙이 적용된다.
④ 존속기간이 길다고 하는 영속성을 특성으로 한다.

해설

③ 지출이 결정된 후에 수입을 조정하는 양출제입(量出制入)의 원칙이 적용된다.

정답 ③

006 민간경제와 교육재정의 특성을 비교한 설명으로 옳은 것은? 2013 국가직

① 민간경제는 등가교환 원칙에 의하여 수입을 조달하지만, 교육재정은 합의의 원칙에 의한다.
② 민간경제는 수입과 지출이 균형을 유지해야 하는 특성을 가지고 있는 반면, 교육재정은 항상 잉여획득을 기본 원칙으로 하여 거래가 이루어지고 있다.
③ 민간경제는 존속기간이 영속성을 가지고 있는 데 비해, 교육재정은 단기성을 가진다.
④ 민간경제는 양입제출의 회계원칙이 적용되는 데 반해, 교육재정은 양출제입의 원칙이 적용된다.

해설

④ 민간경제는 수입이 결정된 후에 지출을 조정하는 양입제출(量入制出)의 원칙이 적용되는데 반해, 교육재정은 지출이 결정된 후에 수입을 조정하는 양출제입(量出制入)의 원칙이 적용된다.

정답 ④

007 지방교육재정교부금제도에 대한 설명으로 옳지 않은 것은?   2018 국가직

① 기준재정수입액은 교육·학예에 관한 지방자치단체 교육비특별회계의 수입예상액으로 한다.
② 기준재정수입액을 산정하기 위한 각 측정단위의 단위당 금액을 단위비용이라 한다.
③ 교육부장관은 기준재정수입액이 기준재정수요액에 미치지 못하는 지방자치단체에 대해서는 그 부족한 금액을 기준으로 하여 보통교부금을 총액으로 교부한다.
④ 특별교부금은 지방교육행정 및 지방교육재정의 운용실적이 우수한 지방자치단체에 재정지원이 필요할 때 교부한다.

해설

지방교육재정교부금은 해당 지방정부의 기준재정수요액이 기준재정수입액을 초과하는 부분에 대해서 배분한다. 이때 기준재정수요액 = 측정단위 × 단위비용으로 계산되며, 측정단위와 단위비용은 교육부령으로 정하도록 되어 있다.
② 기준재정수입액이 아니라 기준재정수요액이다.

정답 ②

008 우리나라의 지방교육재정에 대한 설명으로 옳은 것은?   2015 국가직

① 교육세는 지방교육재정교부금의 재원에 포함되지 않는다.
② 광역시는 담배소비세의 100분의 45에 해당하는 금액을 교육비특별회계로 전출하여야 한다.
③ 교육부장관은 특별교부금의 사용에 관하여 조건을 붙이거나 용도를 제한할 수 없다.
④ 시·군·자치구는 고등학교 이하 각급학교의 교육에 소요되는 경비를 보조할 수 없다.

해설

① 교육세는 지방교육재정교부금의 재원에 포함된다.
  - 지방교육재정교부금 재원은 다음 각호의 금액을 합산한 금액으로 한다. 1. 해당 연도 내국세[목적세 및 종합부동산세, 담배에 부과하는 개별소비세 총액의 100분의 45 및 다른 법률에 따라 특별회계의 재원으로 사용되는 세목(稅目)의 해당 금액은 제외한다. 이하 같다] 총액의 1만분의 2,0792. 해당 연도 「교육세법」에 따른 교육세 세입액 중 「유아교육지원특별회계법」 제5조 제1항에서 정하는 금액을 제외한 금액
③ 교육부장관은 특별교부금의 사용에 관하여 조건을 붙이거나 용도를 제한할 수 있다.
④ 시·군·자치구는 고등학교 이하 각급학교의 교육에 소요되는 경비를 보조할 수 있다.

정답 ②

THEME 131 학교회계 예산운용 과정

기출공략

학교회계 예산운용 과정에 대해 키워드를 중심으로 정리하고 학교회계의 세입항목으로 국가의 일반회계나 지방자치단체의 교육비특별회계로부터 받은 전입금, 학교발전기금으로부터 받은 전입금, 국가나 지방자치단체의 보조금 및 지원금 등이 포함되는 것에 주의한다.

대표문제

2017 국가직

06 초·중등교육법 상 우리나라 국·공립 초등학교·중학교·고등학교 및 특수학교의 학교회계제도에 대한 설명으로 옳지 않은 것은?

① 학교회계의 회계연도는 매년 3월 1일에 시작하여 다음 해 2월 말일에 끝난다.
② 학교운영위원회 심의를 거쳐 학부모가 부담하는 경비는 학교 회계의 세입으로 한다.
③ 학교의 장은 회계연도마다 학교회계 세입세출예산안을 편성하여 학교운영위원회에 제출하여야 한다.
④ 지방자치단체의 교육비특별회계의 전입금은 학교회계의 세입항목이 아니다.

해설

④ 지방자치단체의 교육비특별회계의 전입금은 학교회계의 세입항목이다.
• 학교회계는 다음 각호의 수입을 세입(歲入)으로 한다.
1. 국가의 일반회계나 지방자치단체의 교육비특별회계로부터 받은 전입금, 2. 제32조 제1항에 따라 학교운영위원회 심의를 거쳐 학부모가 부담하는 경비, 3. 제33조의 학교발전기금으로부터 받은 전입금, 4. 국가나 지방자치단체의 보조금 및 지원금, 5. 사용료 및 수수료, 6. 이월금, 7. 물품매각대금, 8. 그 밖의 수입

정답 ④

> 이론 플러스

학교회계 예산운용 과정

- 각 교육청은 매년 예산편성기본지침을 작성하여 이를 회계연도 개시 3개월 전까지 소속 학교의 장에게 시달. 학교의 장은 예산편성 기본지침에 따라 예산안을 편성하되, 예산안의 편성에 있어서 교직원은 학교운영 및 교육활동에 필요한 경비를 기재한 예산요구서를 작성하여 학교의 장에게 제출할 수 있다.
- 학교장은 확정된 예산(안)을 학교운영위원회에 제출하여 심의 및 확정과정을 거쳐야 한다. 학교운영위원회 위원장은 학교운영위원회에 제출된 예산안을 회의 개최 7일 전까지 학교운영위원회 위원에게 통지하여야 한다. 학교운영위원회는 예산안을 회계연도 개시 5일 전까지 심의하여 학교장에게 그 결과를 통지하고, 학교장은 예산안 심의 결과를 통지받은 후 예산을 확정하여야 한다.
- 학교장은 회계연도 종료 후 2개월 이내에 학교회계 세입·세출결산서를 작성하여 학교운영위원회에 제출하여야 한다. 이후 학교운영위원회는 결산 심의 후 그 결과를 회계연도 종료 후 3개월 안에 학교장에게 통보하여야 한다.

관련 기출

001 초·중등교육법 상 국·공립학교 학교회계의 세입(歲入)에 해당하지 않는 것은?

2019 국가직

① 지방자치단체의 교육비특별회계로부터 받은 전입금
② 학교발전기금으로부터 받은 전입금
③ 사용료 및 수수료
④ 지방교육세

해설

정답 ④

002 「초·중등교육법」에 근거할 때, 학교회계에 대한 설명으로 옳은 것은? 2016 교육청

① 단위 학교 행정실장이 학교회계 세입세출예산안을 편성한다.
② 학교회계 세입세출예산안은 학교운영위원회의 심의를 거쳐야 한다.
③ 학교회계의 회계연도는 매년 1월 1일에 시작하여 12월 말일에 종료된다.
④ 학교발전기금으로부터 받은 전입금은 학교회계의 세입으로 할 수 없다.

해설

① 학교의 장은 학교회계 세입세출예산안을 편성한다.
③ 학교회계의 회계연도는 매년 3월 1일에 시작하여 2월 말일에 종료된다.
④ 학교발전기금으로부터 받은 전입금은 학교회계의 세입으로 할 수 있다.

정답 ②

THEME 132 학교예산편성 기법

기출공략
학교예산편성 기법 각각의 특징을 다른 기법과 구분해서 특히 장단점을 중심으로 정리해야 한다.

대표문제

2022 국가직

20 다음에 해당하는 학교예산 편성 기법은?

> ○ 달성하려는 목표와 사업이 무엇인가를 표시하고 이를 달성하는 데 필요한 비용을 명시해 주는 장점이 있다.
> ○ 예산 관리에 치중하여 계획을 소홀히하거나 회계 책임이 불분명한 단점도 있다.

① 기획 예산제도 ② 성과주의 예산제도
③ 영기준 예산제도 ④ 품목별 예산제도

해설

- 기획 예산제도 : 예산의 편성과 집행과정에 중점을 둔다. 최고 관리층의 합리적 의사결정에 역점을 둔다. 예산편성과 목표하는 바를 결합해 제한된 재원을 가장 적절히 배분하는 예산 기법이다. 그러나 정서적이고 심리적인 교수-학습체제를 단순화할 가능성이 있으며 성급한 실적평가로 인한 무리, 집권화, 하부조직의 권한을 위축시킬 수 있다.
- 영 기준 예산제도 : 전년도 예산은 전혀 없는 것으로 보거나 전혀 고려하지 않고, 모든 사업을 계획목표에 맞추어 재평가하며 그 우선순위에 따라 예산을 편성한다. 전년도 예산편성과 상관없이 신년도 사업을 평가하여 예산을 결정한다. 창의적이고 자발적인 사업의 구상과 실행을 유도할 수 있다. 사업이 기각되거나 평가 절하되면 비협조적 풍토가 야기될 수 있다.
- 품목별 예산제도 : 예산 항목을 경비의 성격과 위계에 따라 관, 항, 목, 세목 등으로 제도화하는 것으로 예산편성과정이 전년도의 기준에 인원증가 및 물가인상 등을 고려한 점증주의에 기초, 한정된 재정 규모 내에서 효율적인 배분을 강조하여 능률적이다.

정답 ②

> 이론 플러스

학교예산편성 기법

(1) 품목별 예산제도
- 입법부의 행정부에 대한 재정 통제에 중점을 둔 제도로 예산의 편성·분류를 정부가 구입·지출하고자 하는 물품 또는 서비스별로 하는 예산제도, 현재 우리가 사용하고 있는 예산제도로 전년도 예산에 따라 예산과 물가 상승률 그리고 신규 사업 등을 토대로 예산을 편성하므로 예산편성이 쉽고, 한정된 재정 규모 내에서 효율적인 배분을 강조하기 때문에 능률적이라는 장점이 있음. 그러나 무엇을 하는가 하는 활동과 사업계획이 나타나 있지 않은 문제를 가지고 있다. 따라서 예산은 정부 사업의 성격이나 목적을 나타내지 못하며 나아가서는 그 예산으로 이룬 사업성과도 알 수 없게 된다(이러한 결점을 제거하기 위해 등장한 것이 성과주의 예산제도).

(2) 성과주의 예산제도
- 수단보다는 그 수단으로 달성하려고 하는 기능과 사업이 무엇인가를 표시, 이 기능과 사업을 수행하기 위하여 비용이 얼마나 소요되는가를 명백히 밝혀주는 예산제도. 이 제도는 일반 국민의 정부 사업 목적이해가 용이, 정부의 계획수립과 입법부의 예산심의가 간편하고 예산편성 시 자금 배분 합리화, 예산집행 시 신축성, 실적 분석 결과를 다음 회계연도 예산에 직접 반영 가능 등의 장점이 있다. 그러나 이 제도의 핵심인 업무측정단위 선정과 측정이 어렵고 단위원가 계산이 어렵다는 본질적인 한계를 가지고 있다.

(3) 기획 예산제도
- 장기적인 계획수립과 단기적인 예산편성을 프로그램작성을 통해서 유기적으로 연결함으로써 자원 배분에 관한 의사결정을 일관성 있고 합리적으로 하려는 제도. 이 제도는 학교목표의 우선순위에 따라 지원을 합리적으로 조정할 수 있어서 예산의 절약과 지출의 효율화를 기할 수 있고 학교 체제를 통합적으로 운영할 수 있으며 학교의 목표와 프로그램과 예산을 체계화할 수 있고 연도별 학교목표와 이를 달성하기 위한 교육프로그램의 소요자원을 확인하며 연간기준으로 목표를 재검토할 수 있다. 그러나 지나친 중앙집권화 초래, 교육 달성 효과의 계량화 곤란, 간접비의 배분 문제, 환산 작업의 곤란 등의 단점을 가지고 있다.

(4) 영 기준 예산제도
- 전 회계연도의 예산에 구애받지 않고 의사결정 단위인 조직체의 모든 사업과 활동에 대하여 영 기준을 적용하여 체계적으로 비용-수익 분석 혹은 비용-효과 분석을 하고 그에 근거하여 우선순위가 높은 사업과 활동을 선택하며, 예산을 결정하는 예산제도이다.

관련 기출

001 학교예산 편성 기법 중 영기준 예산제도(Zero Based Budgeting System)의 장점으로 볼 수 없는 것은?

2016 국가직

① 우선순위가 높은 사업에 대한 집중 지원이 가능하다.
② 학교경영에 구성원의 폭넓은 참여를 유도할 수 있다.
③ 점증주의적 예산 편성 방식을 통해 시간과 노력의 부담을 경감할 수 있다.
④ 학교경영 계획과 예산이 일치함으로써 교장의 합리적이고 과학적인 학교경영을 지원할 수 있다.

해설

③은 품목별 예산제도이다.

정답 ③

002 다음의 특징과 가장 일치하는 학교예산편성제도는?

2015 교육청

○ 전년도 예산편성과 상관없이 신년도 사업을 평가하여 예산을 결정한다.
○ 창의적이고 자발적인 사업의 구상과 실행을 유도할 수 있다.
○ 사업이 기각되거나 평가 절하되면 비협조적 풍토가 야기될 수 있다.

① 기획 예산제도
② 품목별 예산제도
③ 영 기준 예산제도
④ 성과주의 예산제도

해설

정답 ③

003 다음 내용에 해당하는 교육예산 편성 기법은?

2008 국가직

전년도의 사업, 목표, 방법, 배정금액에 구애되지 않으면서 모든 업무 계획을 새롭게 수립하고 채택된 사업과 활동에 한해서 예산을 편성하는 방법으로, 학교의 모든 사업을 총체적으로 분석하여 우선순위를 결정한 뒤 예산을 편성한다.

① 품목별 예산제도
② 성과주의 예산제도
③ 기획 예산제도
④ 영기준 예산제

해설

정답 ④

004 다음 내용과 관련이 깊은 예산 제도는?

2009 교육청

○ 예산의 편성과 집행 과정에 중점을 둔다.
○ 최고 관리층의 합리적 의사결정에 역점을 둔다.
○ 예산편성과 목표하는 바를 결합시켜 제한된 재원을 가장 적절히 배분하는 예산 기법이다.

① 기획예산제도(PPBS)
② 영기준예산제도(ZBSS)
③ 성과주의 예산제도(PBS)
④ 과제관리 평가기법(PERT)

해설

정답 ①

THEME 133 교직에 대한 이해

> **기출공략**
>
> 교육공무원이 특정직공무원이고 교원과 교육전문직으로 나뉜다는 점, 기간제 교원의 임용 및 수석교사, 교장, 교감의 자격 등에 대한 이해가 필요하다.

> **대표문제**
>
> **2023 교육청**
>
> **01** 「사립학교법」의 내용으로 옳지 않은 것은?
>
> ① 학교법인의 설립 당초의 임원은 정관으로 정하여야 한다.
> ② 기간제 교원의 임용기간은 1년 이내로 하되, 필요한 경우 4년의 범위에서 그 기간을 연장할 수 있다.
> ③ 사립학교 교원은 권고에 의하여 사직을 당하지 아니한다.
> ④ 각급 학교의 장은 해당 학교를 설치·경영하는 학교법인 또는 사립학교경영자가 임용한다.
>
> **해설**
>
> 「교육공무원임용령」 제13조(기간제 교원의 임용)
> ③ 법 제32조제1항에 따라 임용되는 기간제교원의 임용기간은 1년 이내로 하며, 필요한 경우 3년의 범위에서 연장할 수 있다.
>
> **정답** ②

> 이론 플러스

교직에 대한 이해

(1) 교육직원의 분류
- 교육공무원은 경력직 공무원 중 특정직 공무원에 속하며 교원과 교육전문직으로 나뉜다. 교육전문직은 장학사, 장학관, 교육연구사, 교육연구관을 가리킨다.

(2) 교원의 자격
① 교장(원장) : 교감(원감)자격증을 가지고 3년 이상의 교육경력과 소정의 재교육을 받은 자, 학식·덕망이 높은 자로서 대통령령이 정하는 기준에 해당한다고 교육부장관의 인정을 받은 자
② 교감(원감) : 정교사(1급) 자격증을 가지고 3년 이상의 교육경력과 소정의 재교육을 받은 자
③ 수석교사 : 교사자격증을 소지한 사람으로서 15년 이상의 교육경력을 가지고 교수·연구에 우수한 자질과 능력을 가진 사람 중에서 대통령령으로 정하는 바에 따라 교육부장관이 정하는 연수 이수 결과를 바탕으로 검정·수여하는 자격증을 받은 사람
④ 교사 : 정교사(1급)의 자격기준은 정교사(2급) 자격증을 가진 자로서 3년 이상의 교육경력을 가지고 소정의 재교육을 받은 자

(3) 교원의 임용
- 기간제 교원의 임용 기간은 1년 이내, 필요한 경우 3년의 범위 안에서 연장 가능
- 수석 교사는 최초로 임용된 때부터 4년마다 대통령령으로 정하는 업적평가 및 연수실적 등을 반영한 재심사를 받아야 하며, 심사기준을 충족하지 못한 경우 대통령령으로 정하는 바에 따라 수석 교사로서의 직무 및 수당 등을 제한할 수 있다. 수석교사는 수업부담 경감, 수당 지급 등에 대하여 우대할 수 있다. 수석 교사는 임기 중에 교장·원장 또는 교감·원감 자격을 취득할 수 없다.

> 관련 기출

001 초·중등학교에 근무하는 교원과 직원의 신분에 대한 설명으로 옳은 것은? 2019 국가직

① 수석교사는 교육전문직원이다.
② 공립학교 행정실장은 교육공무원이다.
③ 교장은 별정직 공무원이다.
④ 공무원인 교원은 특정직 공무원이다.

해설

① 수석교사는 교원이다. 교육전문직원은 장학사, 장학관, 교육연구사 등을 가리킨다.

교육공무원	교원	조교, 전임강사, 조교수, 부교수, 교수
		초·중등 교사, 교감, 교장
		유치원 교사, 원감, 원장
	교육전문직	장학사, 장학관
		교육연구사, 교육연구관

▲ 교육공무원의 분류

② 공립학교 행정실장은 일반직 공무원이다.
③ 교장을 포함한 교육공무원은 특정직 공무원이다.

정답 ④

002

「교육공무원법」상 고등학교 이하 각급학교 기간제교원으로 임용할 수 있는 경우가 아닌 것은?

2019 교육청

① 교원이 병역 복무를 사유로 휴직하게 되어 후임자의 보충이 불가피한 경우
② 특정 교과를 한시적으로 담당하도록 할 필요가 있는 경우
③ 유치원 방과후 과정을 담당하도록 할 필요가 있는 경우
④ 학부모의 요구가 있는 경우

해설

제32조(기간제교원) ① 고등학교 이하 각급학교 교원의 임용권자는 다음 각 호의 어느 하나에 해당하는 경우에는 예산의 범위에서 기간을 정하여 교원 자격증을 가진 사람을 교원으로 임용할 수 있다.
1. 교원이 휴직하게 되어 후임자의 보충이 불가피한 경우
2. 교원이 파견·연수·정직·직위해제 등 대통령령으로 정하는 사유로 직무를 이탈하게 되어 후임자의 보충이 불가피한 경우
3. 특정 교과를 한시적으로 담당하도록 할 필요가 있는 경우
4. 교육공무원이었던 사람의 지식이나 경험을 활용할 필요가 있는 경우
5. 유치원 방과 후 과정을 담당하도록 할 필요가 있는 경우

정답 ④

공무원 시험 대비

003 현행 법령상 교원을 〈보기〉에서 고른 것은? 2018 교육청

• 보기 •
ㄱ. 교장   ㄴ. 교감
ㄷ. 행정실장   ㄹ. 교육연구사

① ㄱ, ㄴ   ② ㄱ, ㄷ
③ ㄴ, ㄹ   ④ ㄷ, ㄹ

✎ 해설

ㄷ. 행정실장은 일반직 공무원이다.
ㄹ. 교육연구사는 교육공무원 중 교육전문직에 해당한다.

정답 ①

004 『초·중등교육법』상 수석교사의 역할을 〈보기〉에서 모두 고른 것은? 2018 교육청

- 보기 -

ㄱ. 학생을 교육한다.
ㄴ. 교사의 교수·연구 활동을 지원한다.
ㄷ. 교무를 통할하고, 소속 교직원을 지도·감독한다.

① ㄱ
② ㄱ, ㄴ
③ ㄴ, ㄷ
④ ㄱ, ㄴ, ㄷ

해설

'수석교사제'란 수업 전문성이 있는 교사를 수석교사로 선발, 그 전문성을 다른 교사와 공유하는 교원 자격체계이다. 1급 정교사 가운데 교감과 교장을 거쳐 교육행정관리 전문가를 선택할 교사(교육행정관료), 학습 전문가를 선택할 교사(현장교육전문가)를 구분해서 교원 자격 체계를 이원화한 것이다. 즉, 교감·교장은 학교의 관리 및 행정업무를 맡게 되고, 수업 및 교사 지도는 수석교사가 담당하게 된다.

정답 ②

THEME 134 교원 인사이동 및 징계

> **기출공략**
>
> 교원의 인사이동 관련 용어 및 교원 징계의 효력에 대해서 정리하고 기억해야 한다.

대표문제

[2016 교육청]

19 교육공무원의 징계 효력에 대한 설명으로 옳은 것은?

① 정직된 자는 직무에는 종사하지만 3개월간 보수를 받지 못한다.
② 견책된 자는 직무에는 종사하지만 6개월간 승진과 승급이 제한된다.
③ 해임된 자는 공무원 신분은 보유하나 3개월간 직무에 종사할 수 없다.
④ 파면된 자는 공무원 관계로부터 배제되고 1년간 공무원으로 임용될 수 없다.

◈ 해설

①에서 정직된 자는 신분은 유지, 직무에 종사하지 못하는 것으로 1월 이상 3월 이하 기간 동안 보수의 3분의 2를 감한다.
③에서 해임된 자는 공무원 관계로부터 배제되며 3년간 공무원에 임용될 수 없다.
④에서 파면된 자는 공무원 관계로부터 배제되고 5년간 공무원으로 임용될 수 없다.

☀ **정답 ②**

이론 플러스

교원의 인사이동

① 전직 : 교육공무원의 종류와 자격을 달리하여 임용하는 것
② 전보 : 같은 직위 및 자격에서 근무기관이나 부서를 달리하여 임용
③ 강임 : 같은 종류의 직무에서 하위 직위에 임용하는 것
④ 직군 : 직무의 성질이 유사한 직렬의 군
⑤ 직렬 : 직무의 종류가 유사하고 그 책임과 곤란성의 정도가 서로 다른 직급의 군
⑥ 직류 : 같은 직렬 내에서 담당 분야가 같은 직무의 군

교원의 징계

징계의 종류		효력
경징계	견책	과오에 대해 훈계하고 회개하는 것
	감봉	1월 이상 3월 이하 기간 동안 보수의 3분의 1을 감하는 것
중징계	정직	신분은 유지, 직무에 종사하지 못하는 것으로 1월 이상 3월 이하 기간 동안 보수의 3분의 2를 감한다.
	강등	동종의 직무 내에서 하위 직위에 임명하고 신분은 유지하나 3개월동안 직무에 종사하지 못하며 그 기간 중 보수의 3분의 2를 감하는 징계이다.
	해임	교원관계가 소멸되지만 금품 및 향응수수, 공금의 횡령 및 유용에 의한 해임이 아닌 경우 퇴직급여 등의 지급은 받는다.
	파면	교원관계가 소멸되고 퇴직급여 등도 제한받는다.

▲ 징계의 효력

공무원시험 대비

관련 기출

001 「교육공무원법」상 교원의 전보에 해당하는 것은?
2015 국가직

① 교사가 장학사로 임용된 경우
② 도교육청 장학관이 교장으로 임용된 경우
③ 중학교 교사가 초등학교 교사로 임용된 경우
④ 교육지원청 장학사가 도교육청 장학사로 임용된 경우

해설

교원의 전보는 같은 직위 및 자격에서 근무기관이나 부서를 달리하여 임용하는 것을 말한다. 전직은 교육공무원의 종류와 자격을 달리하여 임용하는 것으로 ①②③은 전직에 해당한다.

정답 ④

002 각급학교 교원이 징계처분을 받았을 경우, 이에 불복하여 심사 및 구제절차를 요청할 수 있는 기관은?

2009 국가직

① 헌법재판소
② 교원소청심사위원회
③ 고충처리위원회
④ 교원징계재심위원회

해설

교원소청심사위원회는 「교원 지위 향상을 위한 특별법」 제7조 "각급 학교 교원의 징계처분, 기타 그 의사에 반하는 불리한 처분에 대한 재심을 하게 하기 위하여 교육인적자원부에 교원징계재심위원회를 둔다."는 규정에 따라 1991년 7월 16일 교원징계재심위원회라는 이름으로 개칭하였다. 그리고 2005년 1월 27일 교원소청심사위원회라는 현재의 이름으로 변경되었다.

정답 ②

003 전직에 해당하지 않는 것은? 2020 국가직
① 초등학교 교감이 장학사가 되었다.
② 초등학교 교사가 중학교 교사가 되었다.
③ 중학교 교장이 교육장이 되었다.
④ 중학교 교사가 특성화 고등학교 교사가 되었다.

해설

④는 전보에 해당한다.

정답 ④

004 현행 교육공무원법에 규정된 용어의 정의로 옳지 않은 것은? 2017 교육청
① 직위란 1명의 교육공무원에게 부여할 수 있는 직무와 책임을 말한다.
② 전직이란 교육공무원의 종류와 자격을 달리하여 임용하는 것을 말한다.
③ 강임이란 교육공무원의 직렬을 달리하여 하위 직위에 임용하는 것을 말한다.
④ 전보란 교육공무원을 같은 직위 및 자격에서 근무 기관이나 부서를 달리하여 임용하는 것을 말한다.

해설

③ 강임이란 같은 종류의 직무에서 하위 직위에 임용하는 것이다. 직렬은 직무의 종류가 유사하고 그 책임과 곤란성의 정도가 서로 다른 직급의 군을 가리킨다.

정답 ③

005 법령상 공무원의 징계종류에 해당하지 않는 것은?　　2007 교육청

① 파면
② 정직
③ 견책
④ 감봉
⑤ 직위해제

◈ 해설

직위해제와 경고는 행정조치이다.

☀ **정답** ⑤

006 A씨가 받은 국가 공무원법상의 징계유형은 어느 것인가?　　2007 교육청

> 직무종사는 안되고 보수는 2/3 감액, 종료일로부터 18개월 전에 처분기간까지 포함하여 승진, 승급 제한

① 해임
② 감봉
③ 정직
④ 견책
⑤ 직위해제

◈ 해설

주어진 보기의 내용은 정직과 관련된다. ⑤의 직위해제와 경고는 징계가 아니라 행정조치이다.

☀ **정답** ③

THEME 135 교원의 권리와 의무

기출공략

교원의 권리와 의무 관련해서 교원 노조설립 부분에 유의하여야 한다. 시·도 또는 전국단위로 교원노조를 조직할 수 있고, 시·군·구 또는 학교 단위 차원에서의 교원노조성립은 금지한다거나 단체교섭권은 인정하되, 단체행동권(쟁의행위)은 불허하며 단체교섭권과 관련, 단체협약체결권을 인정하되 법령·조례·예산에 의해 규정되는 내용과 법령 또는 조례에 따른 위임을 받아 규정되는 내용은 단체협약의 효력을 부인하고 성실이행의무를 부여하는 점 등에 주의할 필요가 있다. 불체포특권 관련해서도 현행범인이면 해당하지 않으며 어떤 상황에서도 정치 활동을 할 수 없다는 점을 기억해야 한다.

대표문제

2017 국가직

15 교육기본법에 명시된 교원에 관한 규정이 아닌 것은?

① 교원은 법률로 정하는 바에 따라 다른 공직에 취임할 수 있다.
② 교원은 특정한 정당이나 정파를 지지하거나 반대하기 위하여 학생을 지도하거나 선동하여서는 아니 된다.
③ 교사는 전문성을 바탕으로 학생을 교육한다.
④ 교원은 교원의 경제적·사회적 지위를 향상시키기 위하여 각 지방자치단체와 중앙에 교원단체를 조직할 수 있다.

해설

「교육기본법」제14조(교원) ① 학교교육에서 교원(敎員)의 전문성은 존중되며, 교원의 경제적·사회적 지위는 우대되고 그 신분은 보장된다.
② 교원은 교육자로서 갖추어야 할 품성과 자질을 향상시키기 위하여 노력하여야 한다.
③ 교원은 교육자로서 지녀야 할 윤리의식을 확립하고, 이를 바탕으로 학생에게 학습윤리를 지도하고 지식을 습득하게 하며, 학생 개개인의 적성을 계발할 수 있도록 노력하여야 한다.
④ 교원은 특정한 정당이나 정파를 지지하거나 반대하기 위하여 학생을 지도하거나 선동하여서는 아니 된다.
⑤ 교원은 법률로 정하는 바에 따라 다른 공직에 취임할 수 있다.
⑥ 교원의 임용·복무·보수 및 연금 등에 관하여 필요한 사항은 따로 법률로 정한다.

제15조(교원단체) ① 교원은 상호 협동하여 교육의 진흥과 문화의 창달에 노력하며, 교원의 경제적·사회적 지위를 향상시키기 위하여 각 지방자치단체와 중앙에 교원단체를 조직할 수 있다.
② 제1항에 따른 교원단체의 조직에 필요한 사항은 대통령령으로 정한다.

정답 ③

이론 플러스

교원의 권리와 의무

- **교원의 불체포특권** : 교원은 현행범인인 경우 외에는 소속 학교의 장의 동의 없이 학원 안에서 체포되지 아니한다.
- 교원은 법률로 정하는 바에 따라 다른 공직에 취임할 수 있다.
- 교원은 특정한 정당이나 정파를 지지하거나 반대하기 위하여 학생을 지도하거나 선동하여서는 아니 된다.
- 노동 기본권을 보장, 교원의 신분적 특수성을 고려하여 단결권, 단체교섭권은 인정하되, 단체행동권(쟁의행위)은 불허하며 단체교섭권과 관련, 단체협약체결권을 인정하되 법령·조례·예산에 의해 규정되는 내용과 법령 또는 조례에 의한 위임을 받아 규정되는 내용은 단체협약의 효력을 부인하고 성실이행의무를 부여함. 시·도 또는 전국단위로 교원노조를 조직하고, 학교 단위 차원에서의 교원노조성립은 금지하며, 가입자격은 「초·중등교육법」에 의한 교원으로 하되, 사용자 지위에 해당하는 학교설립·경영자, 교장, 교감 등의 가입은 제한하고 있다.
- 형의 선고나 징계처분 또는 법에서 정하는 사유에 의하지 아니하고는 본인의 의사에 반하여 강임·휴직 또는 면직을 당하지 아니한다.
- 권고에 의하여 사직을 당하지 아니한다.

관련 기출

001 현행 국가공무원법에 근거할 때, 교육공무원의 의무가 아닌 것은?
2015 교육청

① 종교에 따른 차별 없이 직무를 수행하여야 한다.
② 직무를 수행할 때 소속 상관의 직무상 명령에 복종하여야 한다.
③ 국민 전체의 봉사자로서 친절하고 공정하게 직무를 수행하여야 한다.
④ 직무의 전문성을 높이기 위해서 자기 개발과 부단한 연구를 하여야 한다.

해설

①은 종교중립의 의무, ②는 복종의 의무, ③은 친절·공정의 의무에 해당한다. 그 외 비밀엄수, 청렴의 의무, 품위 유지의 의무, 영리 업무 및 겸직 금지, 정치운동, 집단 행위의 금지 등이 있다.

정답 ④

002 우리나라 교원노동조합에 대한 설명으로 옳은 것은?
2010 국가직

① 기초자치단체인 시·군·구 단위에서 설립할 수 있다.
② 교원은 임용권자의 허가가 있는 경우에는 노동조합의 업무에만 종사할 수 있다.
③ 전문상담순회교사는 조합원이 될 수 없다.
④ 수업에 지장이 없는 한 정치활동을 할 수 있다.

해설

① 「초·중등교육법」에 따른 교원은 특별시·광역시·특별자치시·도·특별자치도(이하 "시·도"라 한다) 단위 또는 전국 단위로만 노동조합을 설립할 수 있다.
③ 전문상담순회교사는 조합원이 될 수 있다.
④ 어떠한 경우에도 교원은 정치활동을 할 수 없다.

정답 ②

003 현행 교육 관련법에서 교원에 대하여 규정하고 있는 내용으로 옳지 않은 것은?

2013 국가직

① 교원은 교육자로서 갖추어야 할 품성과 자질을 향상시키기 위하여 노력하여야 한다.
② 교권은 존중되어야 하며, 교원은 그 전문적 지위나 신분에 영향을 미치는 부당한 간섭을 받지 아니한다.
③ 교원은 특정한 정당이나 정파를 지지하거나 반대하기 위하여 학생을 지도하거나 선동하여서는 아니된다.
④ 교원은 어떠한 경우에도 소속 학교의 장의 동의 없이 학원 안에서 체포되지 아니한다.

해설

④ 교원은 현행범인인 경우 외에는 소속 학교의 장의 동의 없이 학원 안에서 체포되지 아니한다.

정답 ④

THEME 136 교원의 연수

기출공략
직무연수, 자격연수, 특별연수의 개념을 이해해야 한다.

대표문제

2019 국가직

03 2급 정교사인 사람이 1급 정교사가 되고자 할 때 받아야 하는 연수는?

① 직무연수
② 자격연수
③ 특별연수
④ 지정연수

해설
교원의 자격을 취득하기 위한 연수는 자격연수이다.

정답 ②

이론 플러스

교원 연수

- 교원연수는 교육의 이론·방법 및 직무수행에 필요한 능력배양을 위한 직무연수와 교원의 자격을 취득하기 위한 자격연수, 전문지식 습득을 위한 국내외 특별연수프로그램으로 국내외의 교육기관 및 연수기관에서 일정 기간 실시되는 특별연수로 구분한다.

관련 기출

001 교원의 특별연수에 해당하는 것은?   2018 교육청

① 박 교사는 특수분야 연수기관에서 개설한 종이접기 연수에 참여하였다.
② 황 교사는 교육청 소속 교육연수원에서 교육과정 개정에 따른 연수를 받았다.
③ 최 교사는 학습연구년 교사로 선정되어 대학의 연구소에서 1년간 연구 활동을 수행하였다.
④ 교직 4년차인 김 교사는 특수학교 1급 정교사 자격증을 취득하기 위한 연수에 참여하였다.

해설

①②는 직무연수, ④는 자격연수에 해당한다.

정답 ③

THEME 137 장학의 유형

기출공략

그동안 자주 출제가 되었던 영역으로 장학의 유형별 특징을 정확하게 이해하고 기억해야 한다.

대표문제

2021 교육청

01 다음 설명에 해당하는 교내 자율장학의 형태는?

> 교사들의 교수·학습 기술 향상을 위해 교장·교감이나 외부 장학요원, 전문가, 자원인사 등이 주도하는 개별적이고 체계적인 성격이 강한 조언활동이다. 주로 초임교사, 저경력교사 등을 대상으로 진행한다. 구체적인 형태로는 임상장학, 마이크로 티칭 등이 있다.

① 동료장학 ② 발달장학
③ 수업장학 ④ 자기장학

해설

③ 임상장학, 마이크로 티칭 등은 수업 장학의 형태이다. 임상장학은 교실현장에서 장학자와 교사와 일대일의 친밀한 관계 속에서 교사의 교수기술 향상과 계속적인 전문적 성장을 위하여 계획협의회, 수업관찰, 피드백협의회의 과정을 거치는 특별한 하나의 장학으로 교사의 필요에 의하여 이루어지는 장학이다. 마이크로티칭도 임상장학과 비슷한 과정을 거치는데 정식수업이 아닌 축소된 연습수업의 형태로 이루어진다.
① 동료장학은 같은 학교 교사들이 중심이 되어 수평적으로 이루어지는 장학으로 동 학년 혹은 동일 교과 구성원끼리 서로 수업을 관찰하고 교재 내용, 지도방법 등을 협의, 토의하는 장학이다.
② 발달장학은 교사의 발전 정도에 따라 다른 장학방법을 적용하고 장학에 의하여 발전 수준을 높여 나가는 장학이다.
④ 자기장학은 동기유발이 잘된 유능한 교사들은 자기 혼자서도 교수기술의 향상을 위해서 노력하여 장학적 기능을 발휘할 수 있다는 전제에서 스스로의 전문성을 높이는 활동들을 하는 것을 말하는데 자기장학이라도 계획서를 제출하고 그 결과를 보고해야 한다.

정답 ③

이론 플러스

장학의 유형

(1) **일반장학**(=교육장학, 학무장학) : 교육부나 교육청을 중심으로 이루어지는 장학활동, 교육운영 전반에 걸친 일반적 지도와 조언을 하는 장학이다.

(2) **수업(지원)장학** : 교육방법 개선을 목적으로 학생의 교육적 성취와 직결되는 교육활동, 즉 교수-학습지도, 교육과정개발, 생활지도, 학급경영 등을 장학의 주된 영역으로 삼는다. 수업장학 중에서도 가장 많은 비중을 차지하는 것이 임상장학이다. 그리고 임상장학에 마이크로티칭이 포함된다.

(3) **임상장학** : 교실현장에서 장학자와 교사와 일대일의 친밀한 관계 속에서 교사의 교수기술 향상과 계속적인 전문적 성장을 위하여 계획협의회, 수업관찰, 피드백협의회의 과정을 거치는 특별한 하나의 장학. 임상장학은 교사의 필요에 의하여, 교사의 요청에 의하여, 교사를 중심으로 이루어지는 장학이기 때문에 교사 중심 장학이라고 볼 수 있다. 수업에 초점을 맞추고, 수업 중에서도 교사가 문제점으로 삼는 부분에 제한하여 조금씩 개선해 나가려고 한다는 점이 특징이다. 마이크로티칭도 임상장학과 비슷한 과정을 거치는데 정식수업이 아닌 축소된 연습수업의 형태로 이루어진다.

(4) **발달장학** : 교사의 발전 정도에 따라 다른 장학방법을 적용하고 장학에 의하여 발전 수준을 높여 나가는 장학이다.

(5) **자율장학(자기장학)** : 자기 스스로 자신의 수업을 녹화 또는 녹음하였다가 분석할 수 있고, 학생이나 학부모, 동료 교사로부터 수업에 대한 피드백을 받을 수도 있고, 상급과정 대학원 과목을 수강할 수도 있고, 각종 세미나와 학회에 참석하고, 전문서적을 구독하여 전문성을 높일 수도 있다.

(6) **(협동적) 동료장학** : 같은 학교 교사들이 중심이 되어 수평적으로 이루어지는 장학으로 동 학년 혹은 동일 교과 구성원끼리 서로 수업을 관찰하고 교재 내용, 지도방법 등을 협의, 토의하는 장학이다. 협동을 바탕으로 자신들의 교육 활동의 개선과 전문적 성장을 위해 공동으로 노력하는 형태이다.

(7) **요청장학** : 학교장의 요청으로, 교과 담당 장학사가 현장에 나가 지도, 조언

(8) **컨설팅 장학** : 교원의 자발적 의뢰를 바탕으로 교수-학습과 관련된 전문성을 계발하기 위해 교내외의 전문성을 갖춘 사람들이 제공하는 조언활동.

(9) **약식장학(전통적 장학)** : 교장이나 교감이 간헐적으로 짧은 시간 동안 학습 순시나 수업 참관을 통해 교사들의 수업 및 학급경영 활동을 관찰하고 교사들에게 지도·조언을 제공하는 활동

공무원시험 대비

관련 기출

001 장학개념의 변천에 대한 설명으로 옳은 것은?
2020 국가직

① 관리장학은 학문중심 교육과정으로 인해 등장하였다.
② 협동장학은 조직의 규율과 절차, 효율성을 강조하였다.
③ 수업장학은 교육과정의 개발과 수업효과증진을 강조하였다.
④ 아동중심교육이 강조되던 시기에 발달장학이 널리 퍼졌다.

해설

①은 수업장학이다.
②는 관리장학으로 (과학적 관리론의 영향을 받아) 조직의 규율과 절차, 효율성을 강조하였다.
④는 협동장학이다. 협동장학은 장학자들이 관리 감독자이기보다는 협력자 조력자로서의 역할을 수행한다. 민주적 측면을 너무 강조한 나머지 참여적 장학이 아닌 자유방임적 장학에 머무르게 되었다는 비판을 받았다.

정답 ③

002 다음 설명에 해당하는 것은?

2020 교육청

- 학교교사가 공동으로 노력하도록 함으로써 장학활동을 위해 학교의 인적 자원을 최대한 활용할 수 있다.
- 수업개선 전략에 대한 책임감을 부여함으로써 수업개선에 기여할 수 있다는 성취감을 갖게 할 수 있다.
- 교사관계를 증진할 수 있고, 학교 및 학생 교육에 대한 적극적인 자세와 전문적 신장을 도모할 수 있다.

① 임상장학
② 동료장학
③ 약식장학
④ 자기장학

해설

① 임상장학은 교실현장에서 장학자와 교사와 일대일의 친밀한 관계 속에서 교사의 교수기술 향상과 계속적인 전문적 성장을 위하여 계획협의회, 수업관찰, 피드백협의회의 과정을 거치는 특별한 장학이다.
③ 약식장학은 교장이나 교감이 간헐적으로 짧은 시간 동안 학습 순시나 수업 참관을 통해 교사들의 수업 및 학급경영 활동을 관찰하고 교사들에게 지도·조언을 제공하는 활동이다.
④ 자기장학은 동기유발이 잘된 유능한 교사들은 자기 혼자서도 교수기술의 향상을 위해서 노력하여 장학적 기능을 발휘할 수 있다는 전제에서 스스로의 전문성을 높이는 활동들을 하는 것을 말하는데 자기장학이라도 계획서를 제출하고 그 결과를 보고해야 한다.

정답 ②

003 김 교장이 실시하고자 하는 장학의 종류는?　　　2018 교육청

> 김 교장: 교사들이 좀 더 수업을 잘 하도록 지원하기 위해서는 수업 장면을 살펴봐야겠습니다.
> 박 교감: 공개수업을 참관해 보면 미리 짠 각본처럼 준비된 수업을 하니 정확한 실상을 알기가 어렵습니다.
> 김 교장: 교사들이 거부반응을 보일지 모르지만 복도에서라도 교실수업 장면을 살펴보고 필요한 조언을 해야겠습니다.

① 약식장학　　　② 자기장학
③ 중앙장학　　　④ 확인장학

해설

① 약식장학은 교장이나 교감이 간헐적으로 짧은 시간 동안 학습 순시나 수업 참관을 통해 교사들의 수업 및 학급경영 활동을 관찰하고 교사들에게 지도·조언을 제공하는 활동을 말한다.

정답 ①

004 장학의 유형에 대한 설명으로 옳지 않은 것은?　　　2018 국가직

① 임상장학 – 학급 내에서 수업의 질을 개선하기 위한 것으로, 교사와 학생사이에서 이루어지는 상호작용에 초점을 둔다.
② 약식장학 – 평상시에 교장 및 교감의 계획과 주도하에 이루어지는 것으로, 다른 장학형태의 보완적인 성격을 지닌다.
③ 동료장학 – 수업전략을 개발하기 위한 것으로, 교사 간에 상호협력하는 장학형태이다.
④ 요청장학 – 교내 자율장학으로, 사전 예방차원에서 전문적이고 집중적인 지원이 필요한 경우 이루어지는 장학형태이다.

해설

요청장학은 교사들끼리 자율장학을 하는 과정에서 교사들만으로 해결할 수 없는 문제를 해결하기 위해 장학담당자의 필요성을 느껴 장학자를 초청함으로써 이루어지는 장학이다.

정답 ④

005 다음에 해당하는 장학의 유형은?   2016 국가직

- 학생들의 수업평가 결과 활용
- 자신의 수업을 녹화하여 분석·평가
- 대학원에 진학하여 전공 교과 또는 교육학 영역의 전문성 신장

① 약식 장학 ② 자기 장학
③ 컨설팅 장학 ④ 동료 장학

해설

② 자기장학에 대한 설명이다. 자기장학이라도 계획서를 제출하고 그 결과를 보고해야 한다.

정답 ②

006 장학의 유형과 그에 대한 설명으로 옳지 않은 것은?   2012 국가직

① 자기장학 - 교수활동의 전문성을 반영한 장학형태이다.
② 동료장학 - 인적자원활용이 극대화라는 측면에 장점이 있다.
③ 임상장학 - 학교운영 전반에 대한 진단 및 임상적 처방이 목적이다.
④ 약식장학 - 교장이나 교감 등 주로 학교의 관리자에 의해 이루어진다.

해설

③ 임상장학은 교실현장에서 장학자와 교사와 일대일의 친밀한 관계 속에서 교사의 교수기술 향상과 계속적인 전문적 성장을 위하여 계획협의회, 수업관찰, 피드백협의회의 과정을 거치는 특별한 장학이다.

정답 ③

007 다음과 같은 특징을 갖고 있는 장학의 유형은?
2009 국가직

- 지역 교육청의 학교담당자가 중심이 되어 실시한다.
- '학교 현황 및 장학록'을 작성하여 누가적으로 기록함으로써 학교교육 평가에 활용하기도 한다.
- 교육과정의 운영, 생활지도, 도의교육, 과학·실업교육, 보건·체육교육 등 학교교육 전반에 걸쳐 전문적이고 지속적인 지원을 제공한다.

① 동료 장학
② 요청 장학
③ 담임 장학
④ 임상 장학

해설

정답 ③

008 다음 글에서 선택적 장학 중 약식장학의 주요 특징만 묶은 것은?
2007 국가직

ㄱ. 교사의 자율성과 협동성을 기초로 한다.
ㄴ. 다른 장학형태에 대하여 보완적이고 대안적인 성격을 갖는다.
ㄷ. 교사들 간에 동료적인 관계 속에서 서로 가르치고 배운다.
ㄹ. 간헐적이고 짧은 시간 동안의 학습 순시나 수업참관을 중심활동으로 한다.

① ㄱ, ㄴ
② ㄱ, ㄷ
③ ㄴ, ㄹ
④ ㄷ, ㄹ

해설

정답 ③

009 다음 내용에 해당되는 장학 방법으로 가장 적합한 것은?

2009 교육청

- 희망하는 학교를 대상으로 우선 실시
- 교과 교육 활동(수업, 평가) 등 대상 기관의 필요에 따라 특정 영역 선정 가능
- 단위 학교의 현안 과제에 대하여 장학 담당자와 교사들이 함께 해결 방안을 모색하는 맞춤형 장학

① 임상장학
② 약식장학
③ 동료장학
④ 컨설팅장학

해설

④ 컨설팅 장학은 교원의 자발적 의뢰를 바탕으로 교수–학습과 관련된 전문성을 계발하기 위해 교내외의 전문성을 갖춘 사람들이 제공하는 조언활동을 가리킨다.

정답 ④

지아쌤의
교육학개론
테마별 기출뽀개기

APPENDIX

부록

테마별 키워드로 개념 다지기

APPENDIX 부록 테마별 키워드로 개념 다지기

THEME 01. 교육의 개념

(1) 교육에 대한 비유
① ___의 비유(=주입의 비유) : 교육만능설, 로크의 백지설, _____ 교육관
② 성장의 비유 : 루소, _____ 교육관
③ _____의 비유 : 교육은 학생을 '문명화된 삶의 양식', 즉 인류 문화유산에 ___시키는 일이다. 성년식의 비유는 교육내용과 교육방법의 관계가 분리되지 않고 서로 관련되어 있음을 보여준다.

(2) 교육의 정의 방식
④ _____ 정의 : 교육을 "인간행동의 계획적인 변화"라고 규정하는 정의
⑤ _____ 정의 : 의사소통을 위해 복잡한 현상을 무엇이라 부르자고 약속하는 정의
⑥ _____(서술적) 정의 : 하나의 개념을 이미 알고 있는 다른 말로 설명함으로써 그 개념이 무엇인지 알려주는 정의, 가치판단을 배제한 가치 중립적 태도를 지향함
⑦ _____ 정의(강령적 정의) : 하나의 정의에 '어떻게 해야 하는가? 어떻게 하는 것이 옳은가?'와 같은 규범 내지 강령이 들어 있는 정의, 가치판단이나 가치 주장을 담고 있다.

정답 : ① 주형의, 전통적 ② 진보주의 ③ 성년식, 입문 ④ 조작적 ⑤ 약정적 ⑥ 기술적 ⑦ 규범적

THEME 02. 고대 삼국시기의 교육

(1) 고구려의 교육
① ___ : 우리나라 최초의 유교식 학교, 왕족이나 귀족 자제들을 대상으로 함
② ___ : 민간 교육기관이자 서민 자제들의 교육 장소, 문·무·겸전을 추구한 우리나라 최초 사학교육기관, 오경과 함께 ___을 교재로 사용

(2) 백제의 교육
③ 태학/오경___, 전업박사 → 체계적인 학교 교육 및 ___을 주 내용으로 하는 인문교양교육과 전문기술교육이 있었음을 시사함

(3) 신라의 교육
  ④ _____ : 진흥왕 말년(576)에 '원화' 제도를 개편하여 만들어짐, 유·불·선 삼교의 이념을 통합하여 탄생한 청년조직, 문·무 양 방면에서 지도적 인재를 양성하고 선발하는 역할을 함, 세속오계를 교육이념으로 함

정답 ①태학 ②경당 ③박사 ④화랑도

THEME 03. 남북국시기의 교육

(1) 통일신라의 교육
  ① 중앙에 '국학'이라는 ___식 대학을 설립하고, 지방의 9주에도 지방 관학인 ___을 설립하고 조교를 둠.
  ② 국학 : ___나 ___를 두어 교육하게 함. ___, ___을 필수로 하여 오경과 문선을 세 코스로 나누어 가르침, _두품 이상, 수학 기간은 9년을 원칙으로 함, _____를 도입하여 독서의 정도에 따라 관직에 진출시킴

(2) 발해의 교육
  ③ _____ : 왕실의 귀족 집안의 자제들을 교육하는 유교식 대학
  ④ ___교육의 흔적 : 정효공주(757~792)의 묘지명

정답 ①유교, 국학 ②박사, 조교, 논어, 효경 5, 독서삼품과 ③주자감 ④유교

THEME 04. 고려시대의 교육

① 국자감 : ① ___와 조교가 교육을 담당, 유학부와 기술부의 ___체제로 운영됨, 예종 때에 국자감에 설치한 _재에는 무학도 포함되어 있었으며 장학재단으로 _____를 설치, ___과 ___를 필수과목으로 함.
② ___십이도의 발달(십이공도) : 개경에는 '십이도'로 불렸던 열두 개의 유명한 ___이 존재
③ 고려 말 학당의 설립과 함께 중앙에는 최고 학부인 _____과 그 하위 학교인 ___이 존재하고, 각 지방에는 ___가 위치하는 고려의 관학체제가 틀을 갖춤
④ 향교 : 지방의 ___, 문묘가 설립되어 성현들에 대한 제사가 이루어졌다.

⑤ 학당 : 조선시대 사부학당의 시초가 된 ___은 자체 ___를 가지고 있지 않았으며 ___수준의 관립학교
⑥ 서당(___ 교육기관)

> **정답**
> ①사학, 이철, 7, 운영고, 문묘, 고등학, ②사부, 사학, ③양현고, 원점, ④과음, 원점, ⑤오부, 문묘, 응등 ⑨사립

THEME 05. 조선시대의 관학 체계

① _____ : 중앙에 설립된 최고 학부이자 대학, 문묘와 학당이 공존하는 _____의 형태 입학자격은 ___, ___를 원칙으로 함, 성균관에서 아침, 저녁으로 도기에 표기를 하면 원점 1점을 부여하였는데 총 ____을 획득해야 문과 대과에 응시할 자격을 줌(____).
② _____ : 성균관의 부속(예비) 학교와 같은 성격을 지니며 운영 또한 성균관에서 총괄, 향교와 비슷한 수준의 교육기관 역할, 향교와 달리 자체 문묘가 ___.
③ ___ : 조선시대의 향교는 부·목·군·현에 _____ 원칙에 따라 설치된 지방 (사학/관학), 16세 이상의 ___ 이외에 일반 ___에게도 입학자격이 부여됨, 문묘와 학당을 양대 축으로 한 ___의 구조, 교관으로는 중앙에서 파견하는 ___와 ___가 있었다.

> **정답**
> ①성균관, 문묘, 생원, 진사, 300, 원점식제 ②사부학당, 없다 ③향교, 1음 1교, 균관, 양반, 평민, 묘학, 교수, 훈도

THEME 06. 조선시대의 사학 체계 및 실학파

① ___ : 주세붕의 _____서원이 최초, ___이 백운동서원에 조정의 사액을 바라는 글을 올리고 국가의 지원을 요청, 이에 명종은 '소수서원'이라고 쓴 현판을 내림. 이로써 소수서원은 조선 최초의 ___서원이 됨. __(제사) 기능을 갖추고 ___ 또는 학규로 불리는 자체의 규약이 있으며 (위기지학/위인지학)의 이념을 표방
② ___ : 민간 교육기관이라는 성격과 면 단위 이하의 마을에 소재한 교육기관
③ 1732년(영조 8)에 반포된 조현명의 _____에 이르면 향촌 서당을 기반으로 한 조선 후기 지방 교육 체제 개편 방안이 구체적으로 제시, 위로부터 도에서 각 고을을 거쳐 면과 그 아래의 동리에 이르는 행정구역의 위계와 결부된 전일적 교육체제의 수립을 지향
④ '_____'는 조선 후기에 등장한 비판적 유학지식인들로 _____은 『_____』의 〈학교사목〉에서 향상·방상에서 출발하여 읍학·사학, 영학·중학을 거쳐 태학으로 이어지는 4단계의 위계적 학교

체제 수립을 제안, _____도 『_____』의 〈교민지법〉에서 행정조직과 일치하는 위계적 학교제도의 수립을 제안.

> **정답**
> ①사도 ②이율곡 ③학교모범 ④기자실기 ⑤동호문답 ⑥격몽요결 ⑦성학집요 ⑧정암 ⑨다산 ⑩경세유표

THEME 07. 과거제도

① _____로 불리는 정규 과거시험은 매 3년마다 치러졌으며, 수시로 열리는 부정기 과거시험으로는 ___시, _시, 알성시, 정시, 춘당대시 등이 있었다.

(1) 생원·진사시(소과)

② 각각 초시와 복시 2단계, 초시는 각 ___별로, 복시는 초시 합격자들을 ___에 모아 치러졌다. ___에 합격하면 생원 또는 진사의 칭호를 얻게 되고, 성균관에 입학할 수 있는 자격을 갖는다.

③ 소과의 생원시는 사서오경에 관한 논술시험, 진사시에서는 시부 중심의 ___적 능력을 시험

④ 복시의 시험과목은 초시와 같으나, 복시 응시자들은 소학(小學)과 가례(家禮)에 대한 독습여부를 평가받는 학례강이라는 ___시험을 통과해야만 했다.

(2) 문과(대과)

⑤ '대과'로서 ___, ___, ___의 3단계로 구성

⑥ 대과 응시자격으로 생원 혹은 진사가 된 후 성균관 원점 ___점을 받도록 요구

⑦ 지역별로 치르는 ___에서는 총 240명을 선발하고, 초시 합격자들을 모아 서울에서 치르는 ___에서는 최종적으로 33명을 선발, 회시에서는 먼저 『경국대전』과 『가례』에 대한 ___시험인 전례강을 치른 다음 본시험에 나아간다.

⑧ 마지막 단계인 ___는 일종의 순위 시험이다.

⑨ 생원, 진사 및 잡과 합격자에게 ___, 문과와 무과는 ___가 주어짐

> **정답**
> ①식년시 ②증광시 ③별시 ④예비 ⑤초시 ⑥회시 ⑦강서 ⑧전시 ⑨백패 ⑩홍패

THEME 08. 자찬교재의 등장과 활용

(1) 조선전기 자찬교재

① _____ : ___의 '유학 입문용 교재', 사서오경의 핵심내용을 도표로 그리고 설명을 덧붙임
② _____ : ____가 저술, 동몽들이 무엇보다 먼저 익혀야 할 내용을 경(經)과 사(史)로 나누어 제시한 책, 단군에서 조선에 이르는 우리나라의 역사를 기술하고 있는 최초의 교재
③ ___ : 『천자문』의 문제점을 비판하며 등장한 자찬 한자 학습교재, 유합의 원칙(한자를 같은 종류끼리 묶어서 제시하는 것)을 사용
④ _____ : ____이 지은 한자 학습서로서, 상·중·하 3권으로 나누어 33개 항목에 걸쳐 총 3,360자를 담고 있다. 책머리의 범례에 '언문자모'를 실어놓았는데 이는 한글 자음과 모음의 읽는 법과 자·모음의 결합에 의하여 글자가 만들어지는 원리 등을 체계적으로 설명한 것으로 최초의 ___교본
⑤ _____ : 군신·부자·부부의 '삼강'에 모범이 될 만한 충신·효자·열녀들의 행실을 모아 그림을 그리고 설명을 덧붙인 ___ 교육용 교재, 우리나라 최초로 실물 삽화를 담고 있는 책
⑥ ___ : 최초의 여성용 교재

(2) 조선후기 자찬교재

⑦ _____ : ____이 편찬, 하학의 지침서, '하학'은 비근한 것, 즉 가까이 있어 알고 실천하기 쉬운 것들에 대한 공부이고, 그 핵심은 날마다 행하는 떳떳한 윤리로 하학공부가 참된 공부의 시작이 되어야 한다고 주장
⑧ _____ : ____가 저술한 가학용 교재로서, 사전과 부의, 동규 세 편으로 나누어 선비와 부녀자, 아동이 일상생활에서 지키고 실천해야 할 바를 제시
⑨ _____ : 황덕길이 지은 책, 『소학』의 형식을 그대로 채용하여 편찬, 우리 아이들의 교육에는 우리 선현들의 말씀과 행정을 담은 우리의 교재가 더 효과적이라는 생각에서 편찬된 책
⑩ _____ : 장혼의 '듣는 것보다 보는 것', '먼 것보다 가까운 것'이 더 우선해야 한다는 교육관이 반영, 책의 내용이 유교적 윤리 규범의 테두리 안에 머물지 않고 자연과 사회, 역사 속에서 아동이나 청소년들의 견문을 넓히는 데 도움이 된다고 판단되는 다양한 사건이나 현상, 이야기들로 구성
⑪ _____ : ____이 『천자문』의 내용 및 체계상의 결점을 극복하고자 하는 목적으로 엮은 한자 학습용 교재, 상·하 양 권으로 나누어 각각 1,000자의 한자를 수록하여 모두 2,000자로 구성, '유합'의 원칙을 강조

THEME 09. 개화기 교육 : 신식학교의 등장과 갑오·광무개혁

신식학교의 등장과 발달

(1) 관립 신식학교
① _____ : 영어 통역관 양성을 위한 학당으로 출발, '통변학교'로도 불림
② _____ : 1886년 9월에 설립한 대표적인 관립 신식 교육기관, '육영공원'은 '엘리트 양성을 위한 관립학교'라는 뜻으로, 고급의 신식학교
③ _____ : 1888년에 설립한 '무예 수련을 위한 관립학교'로서 신식 무관을 양성

(2) 기독교계 신식학교
④ _____ : 1885년 서울에 설립되었던 중등과정의 사립학교, 선교사 아펜젤러가 세운 최초로 외국인이 설립한 근대적 사학

(3) 민간 신식학교
⑤ _____ : 한국 최초의 근대식 사립학교, 초등 및 중등교육을 함.
⑥ _____ : 1899년 안창호가 세운 초등과정의 학교, 남녀공학을 실시한 최초의 소학교, 학교의 명칭은 점진적으로 공부와 수양을 계속하여 민족의 힘을 길러야 한다는 안창호의 점진론을 나타내고 있다. 이는 그가 평소에 강조하던 ___역행사상을 그대로 담은 것이다.
⑦ _____ : 1908년에 안창호가 평양에 세운 ___교육기관

갑오·광무개혁과 근대교육의 제도화

⑧ _____(갑오경장) : 1894년~1896년까지의 일련의 개혁운동, ___제도를 폐지, 문벌과 반상제도의 혁파, 문존무비의 차별폐지
⑨ ___ 14조 반포(1895년 1월 7일)
⑩ 고종의 _____가 반포(1895년 2월)
근대적 국민교육 제도 수립의지를 국가 차원에서 선포한 것으로 교육을 '국가를 보존하는 근본'으로 인식하고 '___'을 버리고 실용에 힘써야 할 것이라 강조하며 ___, ___, 지양을 교육의 3대 강령으로 제시, 1895년 이후 근대적 교육개혁이 의욕적으로 추진되었으나 1895년 _____와 _____, 소학교 4~5개교 정도가 설치된 것을 제외하고는 기타중학교나 실업학교, 전문학교 등은 설립되지 못함.
⑪ _____ : 1899년, 초등교육 기관으로는 관·공·사립의 소학교가 설립되고, 중등교육기관으로는 _____와 사범학교, 외국어학교, 의학교, 농상공학교, 광무학교, 법관양성소 등이 설립됨.

THEME 10. 일제강점기의 조선교육령

① 제1차 조선교육령(1911~1922) : ____ 교육, 명칭과 수업연한 모두 격을 낮추어 차별, ___에 대한 통제를 강화하여 민족교육을 억제
② 제2차 조선교육령(1922~1938) : 1919년의 3·1운동을 계기로 ___통치로 전환, 보통학교와 고등보통학교의 수업연한을 각각 ___과 ___으로 연장, 조선어를 ___과목으로 지정, 대학 설립이 가능한 법적 기초 마련→ _____ 설립
③ 제3차 조선교육령(1938~1943) : 전시체제 중심으로 전환, '내선일체'의 이념을 강화, '소학교'로, '중학교'와 '고등여학교'로 ___을 통일, 그러나 민족 별학체제는 유지, 1941년에는 기존의 소학교를 '국민학교'로 개칭, 필수과목이었던 조선어와 조선역사를 ___과목으로 변경
④ 제4차 조선교육령(1943~1945) : 1941년 태평양전쟁을 개시한 일제는 전시총동원 체제로 재구축, 중학교의 수업연한이 ___으로 단축되고 전문학교도 3~6개월이 단축됨, 학교의 군사체제화

☀ 정답   ①차별적, 사상 ②문화, 6, 5, 필수, 경성제국대학 ③명칭, 수의 ④4년

THEME 11. 고대 그리스의 교육 : 소크라테스, 플라톤, 아리스토텔레스

① 소크라테스(B.C. 470~399)
  • 덕(德)과 지식은 동일(실천지, 주지주의), 교육방법으로 _____(반어법, 산파술)을 사용(___), 절대적이고 객관적인 진리의 존재를 역설함.
② 플라톤(B.C. 427~347)
  • 국가는 타고난 ___에 적합한 교육을 시켜야한다.
  • ___교육에 있어서 최초의 옹호자.
  • 철인왕 사상, 이데아의 세계(___), 동굴의 비유
③ 아리스토텔레스(B.C. 384~322)
  • 형상 질료론, (일원론/이원론)
  • 모든 존재자는 이후에 무언가로 실현해 나갈 요소를 그 속에 이미 함유하고 있다(___).
  • 교육적 이상형-___, 시민의 자질로 도덕적 탁월성과 지적인 탁월성을 언급
  • 교육의 궁극적 목적은 사람들로 하여금 _____ 삶을 살도록 하는 것이다.
  • 시민은 ___교육을, 시민이 아닌 사람들은 직업교육을 받도록 한다.
  • 주의주의, 즉 의지나 욕구를 강조, 이성적 능력의 계발뿐만 아니라 ___형성 중시

☀ 정답   ①대화법, 기억회생 ②능력, 여자, 이원론 ③잠재성, 시민, 행복한, 자유, 덕성

THEME 12. 소피스트들과 이소크라테스(Isocrates)

① (이소크라테스/소피스트들)는(은) 젊은이들에게 수사학의 기술을 가르쳐 유능한 대중 연설가로 키우는 것이 목적이었으나, (이소크라테스/소피스트들)는(은) 수사학의 기술과 함께 이들에게 인간의 정신을 도야하도록 가르쳤다.
② (이소크라테스/소피스트들)는(은) 출세위주의 입신양명에 교육목적을 두었다.
③ 자유분방한 소피스트들은 법과 권위를 당연한 것으로 받아들이지 않는 (절대/회의)주의적 도덕관을 가졌으나, 이소크라테스(Isocrates)는 (상대/보편)적인 인간교육 이념을 확산시켰다. ④ 이소크라테스는 플라톤이 세운 아카데미아(Academia)보다 5년 (늦은/앞선) 정치적 공간에서 벌어질 '___'를 위한 학교를 세웠다.

☀ 정답 ① 소피스트들 ② 이소크라테스 ③ 회의, 보편 ④ 앞선, 수사

THEME 13. 로마시대의 교육

(1) 공화정시대의 로마교육
① 가부장적 권위에 입각한 _____이 교육의 근간
② 일종의 사립학교로 설립된 학교인 _____에서는 읽기, 말하기, 셈하기와 같은 ___ 교육이 행해졌다. 가정교육에 비해 ___적인 역할임.
③ 초등학교 단계인 _____ 이외에 중등학교에 해당하는 ___학교도 이 시기에 출현

(2) 제정시대 로마의 교육
④ 가정교육과 사회교육은 쇠퇴, ___교육이 융성 → 정치인 양성에 교육의 목적을 둠, ___적이면서 ___적인 문화 기반을 구축하는 특성을 지님
⑤ 제정시대 초등학교인 _____는 공화정 시대처럼 읽기, 쓰기, 셈하기 등의 3R's 교육과 12동판법을 중점으로 하는 교육을 실시
⑥ 중등교육을 담당하는 ___학교는 당시 고등교육의 예비과정으로서 7 자유과를 새로운 교양과목으로 부과하였다.
⑦ 고등교육기관으로 ___학교, 철학학교, 법률학교가 있었으며 ___학교는 지도자를 양성하는 교육기관이었다.

☀ 정답 ① 가정교육 ② 루두스, 초보 ③ 루두스, 문법 ④ 학교, 실제, 광범 ⑤ 루두스 ⑥ 문법 ⑦ 수사, 수사

THEME 14. 중세 기독교 사회의 교육

① ___학교 : 초보적 3R 교육
② _____ 학교 : 수도사들을 중심으로 한 교육과 외부의 일반인을 대상으로 한 기독교 교육
③ ___학교 : 성직자 교육, _____ 철학의 중심지가 됨
④ ___교육은 중요한 위치를 지님
⑤ 도시의 발달 → 도시의 경제, 사회를 이끌고 갈 인간의 필요 → 시민학교(길드학교) 출현, ___학교는 특정 직업에서 숙련된 장인이 행하는 도제교육의 형식을 취함, 중세 사회가 인류사에 공헌한 발견 중 하나는 ___

주요사상가

⑥ 아우구스티누스 : ___철학과 신_____ 학파의 철학을 종합, 이성은 지성에 복종하는 ___적 역할, 7 ___ 교과를 주요 교육내용으로 삼음
⑦ 토마스 아퀴나스 : 『_____』, _____ 철학을 바탕으로 기독교 교리를 체계화, 교사의 조력행위, 특히 논리적 과정을 통해 끄집어내는 것이 중요하다고 주장, 진리의 절대적 준거를 신뢰하면서 인류의 오래된 유산으로서 고전의 가치를 다시금 강조한 ___주의에 영향을 끼침.

> ☀ 정답
> ①문답 ②수도원 ③사원 ④기사 ⑤도시, 대학 ⑥플라톤, 플라톤, 보조 자유 ⑦신학대전, 아리스토텔레스

THEME 15. 르네상스 및 종교개혁

① 르네상스 및 _____ 운동 : 고대문화를 ___하고 인간적 가치를 ___하고자 하는 ___주의 교육에 관한 관심으로 라틴어 중심의 고대문화 학습을 위한 학교들이 설립됨.
② 종교개혁 : ___(만인 제사직), 칼뱅 등의 선구자들에 의하여 구교의 권위를 무너뜨리는 데 크게 기여, 라틴어 대신 모국어로 된 성서들이 번역되었고 성서해독을 위한 기본적 문해교육이 강조, 루터는 국가의 ___교육에 대한 책무를 강조, 모든 직업을 하나님의 소명으로 보는 루터의 소명론은 이후에 ___의 직업윤리로 이어짐 → 보통교육사상(여성 교육의 필요성), 공교육제도 혹은 _____의 설립에 기반이 됨

> ☀ 정답
> ①인문주의, 부활, 회복, 인문 ②루터, 공교육, 칼뱅, 의무교육제도

THEME 16. 실학주의(리얼리즘)

① _____(언어적) 실학주의 : 고전을 중요한 교육요소로 활용하긴 하지만 실용성, 실제적
② _____ 실학주의 : 몽테뉴, 교육의 목적은 '___(紳士)' 양성에 있으며 신사는 인문적 교양을 갖춘 인간이 아니라 실생활의 다양한 접촉을 하는 데 유능한 사회인을 가리킴, 중요시하는 교육내용은 풍부한 _____ 경험 그 자체이다.
③ _____(과학적) 실학주의 : 라트케, 베이컨, 코메니우스 등, 코메니우스는 『_____』, 『_____』 등의 저서를 통하여 자연적 성장의 원리에 근거한 ___ 중시의 접근을 통한 언어 및 세계 이해를 강조, 교육형식은 실물 관찰주의와 실험주의를 강조, 대중적인 교육형식을 취함. 관찰과 실천(행동)에 의한 ___훈련을 강조, 귀납법에 입각한 사물 학습도 시, 교육을 이끌어가는 방법상의 원리를 ___에서 찾는다.

※ 정답 : ① 인문주의 ② 사회주의, 신사, 사회 ③ 감각적 실학주의, 대교수학, 감각, 감각, 자연

THEME 17. 계몽주의 교육

① 계몽주의 : __세기 자유를 속박하는 인위적인 제도나 관습에 저항하는 _____적 세계관
② 계몽주의 교육방법의 원칙은 첫째, 교육은 _____ 자연의 원리에 합당해야 한다는 것이고, 둘째, _____에 기초한 교육이다. 교육의 목표를 구체적으로 사회적 분업에 따른 _____ 인간을 양성하는 데 둔다. 그 결과 유용성과 기능성이 인간 교육의 원칙이 되어 전인적 능력과는 거리가 먼 '파편화된' 인간을 길러냈다는 비판을 받음 → _____
셋째, 실물을 이용한 직관적 교육방법이다. 계몽주의는 _____석 사고를 교육적으로 철저히 활용, 이는 계몽주의가 17세기 _____ 교육사조의 계승자임을 확인해준다.

※ 정답 : ① 합리주의, 18 ② 합리성, 유용한, 자연주의, 실리주의, 실학주의

THEME 18. 신인문주의와 교육

① ___
저서 『___』에서 "조물주의 손에서는 선하게 태어난 인간이 인간의 손으로 넘어오면서 타락했다."는 유명한 명제부터 시작하여 에밀이라는 소년의 성장 과정을 제시함으로써 _____ 교육학에 큰 영향을 주었다.

② _____
이론가보다는 실천가, 스위스에서 빈민대중의 교육에 직접적으로 관여하면서 직관주의적 교육원리 및 실물교수법을 적용하였다.

③ _____
윤리학과 심리학을 기반으로 하여 교육학을 학적으로 체계화시킨 학자, 헤르바르트는 교육의 주요 목적을 _____ 품성을 기르는 데에 두고, 자라나는 세대들로 하여금 자신이 속한 사회의 규범을 습득하고 행동적으로 안정된 인간으로 살아가게 하는데 있다고 주장한다. 그는 도덕적 품성은 다섯 가지 기본이념(㉠내적 자유, ㉡_____, ㉢호의, ㉣정의, ㉤_____ 혹은 보상의 이념)이 서로 결합되어 실현되는 성질이라고 보았다.

헤르바르트의 4단계 교수론

㉠_____ : 학습자로서는 오늘 배울 내용이 무엇인지 아는 단계요, 교사에게는 가르칠 주제를 쉬우면서 분명하게 제시하는 단계이다. 대체로 수업상황에서 도입부에 해당한다.

㉡_____ : 이전에 배운 주제와 새로 배울 내용을 결합시킨다. 교사로서는 이미 가르친 주제와 연계되는 새로운 혹은 심화된 내용을 선정하는 것이 관건이고, 학습자는 이 상황에서 사전 경험을 회상하면서 새로 배우는 주제를 그와 관련짓는다.

㉢_____ : 학습내용이 일종의 질서가 잡힌 구조임을 가리키며 새로 배운 주제를 기존의 지식체계 내에 위치시키는 단계로 학습자에게 가장 중요한 단계이다.

㉣_____ : 오늘날 우리가 사용하는 용어로 적용 및 응용에 해당되며, 새로 배운 주제를 응용하는 과정이다.

정답
①누구 ②페스탈로치 ③헤르바르트 도덕적, ㉠명료화, ㉤보상지기 ㉡완전성 ㉢호의 ㉤공평성

THEME 19. 진보주의 : 아동중심교육, 경험(생활)중심교육

① 루소 : 저서 『___』, '자연의 본성을 따르는 교육', 자연인을 위한 교육, (적극적/소극적) 교육, ___ 중심 교육사상

② 페스탈로치 : ___학교, ___ 교육, 전인교육, ___교육, 민중의 역사의식 함양, 지역 간, 계층 간의 화해 중시, 노작(작업, 근로) 교수의 원리, 직관교수의 원리, 실물과 경험에 의한 직관교육의 실시, 합자연의 원리, 자발성의 원리, 방법의 원리, 생활공동체의 원리

③ 프뢰벨 : ___교육사상의 기틀을 잡았으며, 유치원 교육의 선구자(은물(Gabe)), ___가 교육이라는 획기적인 발상의 전환

④ 듀이 : ___주의, ___주의, _____ 사고

> 정답   ①이데아 ②소크라테스 ③아리스토텔레스 ④실용 ⑤진보 ⑥반성적

THEME 20. 항존주의

① 교육을 통하여 최고 속성인 이성을 계발, 이성 혹은 지성의 단련은 논리학, 수사학, 문법, 수학 교육을 통하여 이루어지며, 특히 수 세기 동안에 거쳐 이루어진 위대한 저서, ___을 정하여 읽게 함으로써 현대 사회의 문화적 혼란을 극복할 수 있다고 믿었다.
② 진리 획득에 있어 ___을 강조하였다.

> 정답   ①고전 ②직관

THEME 21. 본질주의

① 학교는 교수, 훈육을 강조하는 프로그램으로 인간 고유의 ___을 최대한 개발하여 학생들을 문명화해야 한다. 본질주의 교육사상은 표현 그대로 본질적인 것을 강조하는데, 여기서 본질적인 것이란 사람들이 살아가는 데 필요불가결한 과거와 현재의 인간 ___을 의미한다. 역사를 통하여 인간 경험이 축적되고 _____이 전수되어 왔다면 그 문화의 본질은 오늘 우리에게도 필수불가결하다는 주장이다. 본질주의에서 생각하는 교육의 목적은 ___전수이다.
② 인류의 ___과 ___유산을 소중히 여기며 교육을 통해 문화의 주요 요소들을 다음 세대에 ___할 것을 강조한다.

> 정답   ①능력, 문화유산, 문화 ②문화, 사상적, 전달

THEME 22. 실존주의

① ___의 주체성과 자율성을 강조, 사르트르는 "___은 ___에 앞선다."고 하면서 객관적으로 주어진 것으로 판단하던 본질에 대한 전통적 철학의 경향에 도전하였다. 실존은 단순한 객관적 존재가 아니라, 행동하는 _____ 존재, 즉 자기의 존재에 대하여 질문하고 지각하며 자유를 행사하고 그것에 ___을 지는 존재이다.
② 실존주의 교육사상의 의의는 보편화와 획일화를 지향하는 현대교육의 경향을 인간의 개성과 _____을 최대한 존중하는 교육으로 이끌고자 했다는 점에 있다.
③ ___는 자신의 철학적 원리라고 할 수 있는 '대화', '___', '관계' 또는 '사이'의 개념을 철학은 물론 종교, 윤리, 사회, 그리고 교육에 적용하여 만남과 대화의 사상을 펼치고 있다.

:☀: 정답   ① 실존, 실존, 본질, 주체적, 책임 ② 주체성 ③ 부버, 만남

THEME 23. 분석적 교육철학

① 셰플러에 따르면 분석적 교육철학은 교육이라는 대상에 관한 ___들을 분석철학적인 방법으로 탐구하는 학문으로, 기존 교육사상들의 "신념, 판단 및 논의의 가정들을 형성하고 있는 개념적 장치를 _____하고 개념들의 일관성과 타당성의 검토를 통해 언어의 혼란으로 빚어진 교육문제를 ___하는 일에 관심 둔다"
② 피터스의 교육의 개념적 기준들 : 교육의 ___적, ___적, ___적 기준
③ 허스트의 지식의 형식들과 사회적 활동들 : ___ 교육의 의미를 '지식의 ___'들의 중요성을 통해서 설명, '전기 허스트'는 지식의 ___들의 교육을 통한 ___교육의 개념으로, '후기 허스트'는 사회적 ___(social practice)들의 교육을 통한 보다 풍성한 인간 삶의 추구라는 논제로 요약될 수 있다.

:☀: 정답   ① 언어와 개념, 분석, 인지 ② 규범, 인지, 과정 ③ 자유, 형식, 형식, 자유, 활동

THEME 24. 프랑크푸르트 학파와 비판이론

① 대표적인 학자로 호르크하이머, 아도르노, _____, 하버마스 등이 있다.
② _____ 이성의 문제를 지적, 지식의 가치중립성을 (인정/불인정)
③ _____는 의사소통행위에 의한 이 세계의 합리화가 가능하다고 주장한다. 그는 도구적 이성의

원리에 따라 운영되고 있는 '체제'의 측면 말고 우리 삶이 영위되는 또 하나의 합리적인 영역인
'_____'영역에서 작동하는 합리성을 '_____ 합리성', 그리고 이 합리성에 따라 이루어지
는 행위를 '의사소통적 행위'라고 부른다.

> **정답**
> ①의사소통, ②도구적, ③생활세계, 의사소통, 의사소통적

THEME 25. 피아제의 인지발달단계

① ___ : 자신이 이미 가지고 있는 ___ 또는 인지구조에 맞추어 새로운 경험을 이해하는 인지과정
② ___ : 기존의 ___ 이 새로운 경험을 동화하는 데 적합하지 않아 인지 갈등이 유발되어 지적 ___
   __ 상태가 될 때 새로운 경험에 맞도록 자신이 가지고 있는 도식이나 구조를 바꾸는 인지과정
③ 인지발달단계 : _____ → _____ → _____조작기 → _____조작기
④ 피아제의 인지발달단계 이론의 기본 전제
   ㉠ 모든 아동이 _____ 순서로 네 단계를 거쳐 발달한다.
   ㉡ 각 단계는 그 이전 단계의 인지구조들이 통합되어 나타나기 때문에 다음 단계는 이전단계와
      ___으로 다르며 수준이 더 높다.
   ㉢ 어느 한 단계도 건너뛸 수는 (있으며/없으며), 각 단계를 거치는 속도는 아동에 따라 개인차
      가 (있다/없다).
   ㉣ 발달단계는 문화적 보편성이 (있다/없다).

> **정답**
> ①동화, 도식, ②조절, 도식, ③감각운동기, 전조작기, 구체적, 형식적, ④㉠정해진, ㉡질적, ㉢없으며, 있다, ㉣있다.

THEME 26. 비고츠키의 인지발달이론

① _____영역 : 아동이 스스로의 힘으로 문제를 해결할 수 있는 _____과 성인이나 유능한
   또래로부터 도움을 받아 문제를 해결할 수 있는 _____수준의 중간 영역을 의미하며, 아동의
   학습은 이 영역에서 일어난다.
② ___설정 : 문제해결을 위한 교사의 힌트 또는 친구들과의 협동학습은 학습자의 인지발달을 앞당
   길 수 있다.
③ 언어 : 피아제와 달리 언어가 인지발달에 _____ 역할을 한다.

피아제와 비고츠키 이론의 비교

④ _____는 학습이 발달을 주도한다고 보는 반면 _____는 발달에 기초하여 학습이 이루어진다고 본다.

⑤ _____는 아동은 스스로 세계를 구조화하고 이해하는 존재라고 생각한 반면 _____는 아동이 타인과의 관계에서 영향받아 성장하는 _____ 존재임을 강조한다.

⑥ _____는 혼잣말을 미성숙하고 자기중심적 언어로 보지만 _____는 혼잣말이 자신의 사고를 위한 수단, 문제해결을 위한 사고의 도구라고 생각한다.

⑦ _____는 사회적 지식이 개인 내적 지식으로 내면화된다고 보는 반면 _____는 개인 내적 지식이 사회적 지식으로 확대 또는 외면화된다고 본다.

> **정답**
> ① 비고츠키, 피아제 ② 피아제, 비고츠키 ③ 중요성 ④ 비고츠키, 피아제 ⑤ 피아제, 비고츠키, 사회적
> ⑥ 피아제, 비고츠키 ⑦ 피아제, 비고츠키

THEME 27. 프로이트의 심리성적 발달이론

① 주요개념
  ㉠ 의식 : 개인이 현재 자각하고 있는 생각
  ㉡ _____ : 의식과 무의식의 중간에 있는 자각
  ㉢ 무의식 : 개인이 자각하지 못하는 경험과 기억
  ㉣ _____ : 인간의 정신활동과 육체활동의 모든 근원이 되는 심리적 에너지

② 성격의 구조
  ㉠ _____ : 태어날 때부터 존재하는 인간의 가장 기본적인 생물적 충동
  ㉡ ___ : 판단력과 분별력을 지님으로써 원초아를 통괄하려는 힘, 원초아와 초자아 사이에서 현실적으로 개체를 적절히 유지시키는 기능을 함
  ㉢ _____ : 자아를 매개체로 원초아의 욕구를 억압하는 작용, ___의 체계나 자아 이상의 두 가지 하위체계가 포함되며 ___원리에 의해 작용

③ 성격의 발달
  ㉠___(출생~1세) → ㉡____(2세~3세) → ㉢____(=남근기, 4세~5세) → ㉣____(6세~12세,13세) → ㉤____(12세, 13세 이후의 사춘기)

④ 방어기제
  ㉠_____ : 정반대되는 행동으로 자신의 욕구나 동기를 은폐
  ㉡ ___ : 불안하지 않았던 과거로 돌아가고자 하는 것
  ㉢ ___ : 위협적이고 외상적인 사건 혹은 그 사건과 관련된 감정을 생각하거나 심지어 인정하는 것조차 거부하는 것

ⓔ ___ : 다른 사람에게 그 원인을 돌리는 것
ⓔ 전위(___) : 충동을 다른 대상으로 ___하여 표현하는 것
ⓗ ___ : 사회적으로 수용 가능한 형태와 방법을 통하여 표현되는 것
ⓢ 억압 : _____의 깊은 곳에 억눌러 버림
ⓞ _____ : 여우의 신포도

THEME 28. 에릭슨의 심리사회적 발달이론

(1) 주요개념
 ① _____ 위기 : 발달의 각 단계에는 심리사회적 위기가 있다.
 ② _____ 분화의 원리(점성적 원리) : 인간발달이 선천적으로 예정된 시점에 따라 이루어진다는 것이다.

(2) 성격의 발달
 ① 기본적 _____ 대 불신감(출생~1세) : 프로이트의 _____
 ② _____ 대 의심 및 수치심(2~3세) : 프로이트의 _____
 ③ _____ 대 _____(3세~5세) : 프로이트의 _____(남근기)
 ④ _____ 대 열등감(6세~13세) : 프로이트의 잠복기
 ⑤ 정체감 대 _____(12세~18세 사춘기) : _____ ___기간, 이전의 발달적 위기가 다시 반복됨
 ⑥ _____ 대 고립(성인초기)
 ⑦ _____ 대 침체(중년기)
 ⑧ 통합성 대 절망(노인기)

THEME 29. 마샤의 정체성 지위이론

정체성 지위	정체성 위기경험 여부	과업에 대한 전념 여부
정체감 ①____	×	×
정체감 ②____	×	○
정체감 ③____	○	×
정체감 ④____	○	○

☀ 정답   ① 혼미 ② 상실(유실) ③ 유예 ④ 성취

THEME 30. 보울비의 애착형성이론

① 영아가 주 양육자와 형성하는 강한 정서적 결속인 ____이 영아의 생존 및 심리, 사회적 발달에 중요한 영향을 미친다는 이론

단계	시기	특징
1단계	0~3개월	인간에 대한 무분별한(②_____)반응성
2단계	3~6개월	낯익은 사람에게(③_____)초점 맞추기
3단계	6개월~3세	④____ 접근 추구
4단계	3세~아동기말	⑤____ 행동

☀ 정답   ① 애착 ② 사회적 ③ 사회성 ④ 능동적 ⑤ 동반자

THEME 31. 브론펜브레너의 생태학적 이론

① ____체계 : 아동이 ____ 접하는 환경으로 가정, 학교, 부모, 친구, 선생님 등이 포함
② ____체계 : 다양한 미시체계 간의 ____관계, 아동과 부모, 학생과 교사, 학부모와 교사, 친구들은 서로 연결되어 영향을 미침
③ ____체계 : 아동이 포함되지 않지만, 아동에게 ____적인 영향을 주는 외부체계 혹은 기관과 미시체계 사이의 연결로 이루어짐, 대중매체, 이웃, 사회복지기관, 지역정부기관, 부모의 ____, 가족의 친구 등을 포함하는 개인에게 더 큰 영향을 주는 체계

④ ___체계 : ___적 영향, 개인에게 영향을 미치는 관념, 법, 관습 등
⑤ ___체계 : 시간의 차원으로 일생동안 일어나는 인간의 변화와 사회역사적 환경의 변화를 포함

> 정답   ①미시 체계 ②중간 ③외부 ④거시, 문화 ⑤시간

THEME 32. 도덕성 발달이론 : 피아제, 콜버그, 길리건

피아제의 도덕성 발달이론

① __도덕성 : 2~4세의 아동, 도덕적 인식 ×
② 도덕적 실재론에 따른 _____ 도덕성 : 5~9세의 아동, 도덕적 사실주의
③ 도덕적 상대론에 의한 _____ 도덕성 : 8~11세의 아동

콜버그의 도덕성 발달이론

④ 인습 ___ 수준	1단계 복종과 ___ 지향
	2단계 개인적 ___주의 지향
⑤ 인습 수준	3단계 대인간 조화 또는 ___소년/소녀 지향
	4단계 사회___와 권위 지향
⑥ 인습 ___ 수준	5단계 사회___ 지향
	6단계 _____ 윤리 원리 지향

길리건의 도덕성 발달이론

⑦ 콜버그의 도덕성 발달이론이 ___중심의 이론이며 여성의 도덕성 판단기준은 남성과 다르다고 비판하며 ___윤리로서의 도덕성을 강조
⑧ 1단계 : 개인적 생존지향/ _____-책임감과 관계성을 중시하는 쪽으로 발달
⑨ 2단계 : 자기___/전환기-더 넓은 범위에서의 배려와 희생 고려
⑩ 3단계 : _____의 도덕적 지향

> 정답   ①타율적 ②타율적 ③자율적 ④전인습, 처벌 ⑤이익 ⑥착한 ⑦정의, 계약 ⑧보편적 ⑨남성, 배려 ⑩전환기 ⑪희생 ⑫비폭력

THEME 33. 지능이론

① 스피어만의 _____이론(2요인설, g요인설)
② 서스톤의 기초정신 능력이론 : ___ 가지의 기초정신능력
③ 길포드의 지력___론 : ___, ___, ___의 세 차원으로 구성
④ 카텔의 유동적 지능과 결정적 지능 : _____ 지능은 문화적 영향을 받지 않고 문화적으로 보편적인 일반요인으로서 생물학적·_____으로 결정되는 요인, _____ 지능은 ___ 및 경험, 문화적 영향에 의해 발달하는 지능으로 가정환경 및 ___의 정도, 직업 등의 영향을 받는다.
⑤ 카텔-혼-캐롤의 지능이론(CHC 이론) : _____ 지능이론
⑥ 가드너의 _____이론 : 지능은 사회문화적 맥락의 영향을 ___, 서로 ___적인 __개의 지능으로 구성, 누구나 ___지능과 ___지능을 지니고 있다.
⑦ 스턴버그의 _____이론 : ___지능, ___지능, ___지능
  ㉠ 세 가지 하위지능은 초기이론인 ___지능이론의 하위요소에서 추출한 것
  ㉡ 하위요소 : 요소(___), 경험, 일상적 상황(___)

THEME 34. 창의성

① 길포드는 지능___모형에서 창의적 사고는 지능구조의 한 부분인 _____ 사고 능력을 포함하는 것으로 보았다. 그는 확산적 사고의 요인을 많은 답을 내는 _____과 다양한 답을 내는 _____, 그리고 남들이 생각하지 못하는 답을 내는 _____, 아이디어를 세심하게 발전시킬 수 있는 _____이라고 보았다. 또한 창의적 사고에는 이러한 확산적 사고에 추가로 문제에 대한 민감성과 재정의 능력이 포함된다고 하였다.
② 에드워드는 창의성을 (수평/수직)적 사고로 정의
③ 극소수의 사람만이 지니는 능력이 아니라 누구나 교육이나 ___을 통해 생산적인 사고를 할 수 있다.
④ 지능과 창의성은 어느 정도까지만 관계가 있고 그 이상에서는 ___의 능력

THEME 35. 영재교육

① 영재의 의미 : 렌즐리에 따르면, 영재성의 세 가지 요소는 평균이상의 ___, 높은 _____, 강한 _____이다.

:bulb: 정답   ① 능력, 창의성, 과제집착력

THEME 36. 특수학습자 유형

① 지적장애(___지체) : ___기능과 개념적·사회적·실제적 적응기술로 표현되는 ___ 행동에 있어서 심각한 제한을 가지는 것으로 규정
② 학습장애 : ___적인 지적 능력을 가지고 있으면서도 특정 영역의 학습에 심각한 결함을 보이는 경우
③ 주의력결핍 과잉행동장애(ADHD)
④ 정서·행동장애
⑤ ___교육 : 정상화, 주류화, 최소제한환경의 개념을 포함

:bulb: 정답   ① 정신, 지적, 적응 ② 평균 ⑤ 통합

THEME 37. 장 의존성 대 장 독립성 인지양식

학습유형	
① 장 독립형	② 장 의존형
• _____으로 지각	• _____으로 지각
• 섬세한 방식으로 경험 : 구조나 제한조건을 부여	• _____ 방식으로 경험 : 주어진 구조에 고착
• 개념을 구체적으로 ___	• 개념의 _____ 관계를 봄 : 폭넓은 구별
• 사회 과목을 단지 과제로 학습	• 사회 과목을 가장 _ 학습
• 개념 그 자체에 관심	• 자신의 ___과 관련된 자료에 관심
• 자기 자신이 세운 목표와 강화를 가짐.	• _____ 부과된 목표와 강화를 요구
• 자신이 _____할 수 있음.	• 구조화된 것을 ___함.
• 비판에 영향을 ___ 받음.	• 비판에 영향을 ___ 받음.
• 개념 획득을 위해 가설검증 접근	• 개념 획득을 위해 관망자적 접근

:bulb: 정답   ① 분석, 구, 구조화, 분리 ② 전체, 전반적, 경험, 관계, 잘, 경험, 외부에서, 선호, 많이

THEME 38. 행동주의 학습이론

① _____ 조건형성
  ㉠ 자극에 대한 정서적·심리적 ___(연합이론, S-R이론)
  ㉡ 고전적 조건형성의 적용 : 역조건 형성, 노출법, _____ 둔감법
② _____ 조건형성
  ㉠ 행동한 결과로 주어지는 자극(___)에 따라 일어나는 변화
  ㉡ 강화는 바람직한 행동을 증가시키는 방법으로 _____(칭찬스티커, 칭찬)와 _____(준비물을 잘 챙겨오는 학생에게 교실 청소를 면제시켜줌)가 있다. 반면, 벌은 바람직하지 않은 행동의 빈도를 ___시키는 방법으로 정적 벌(꾸중, 벌)과 부적 벌(외출 금지, 좋아하는 스포츠 활동 금지, 타임 아웃 등)이 있다.
  ㉢ _____는 학습자에게 빈번하게 일어나는 행동이 상대적으로 덜 빈번하게 일어나는 행동의 빈도를 증가시키기 위한 ___물로 사용될 수 있다.
  ㉣ 조작적 조건형성의 적용 : 조형, 행동수정(소거(무시하기)), 차별강화, 포만 등 사용)
  ㉤ 부분 강화 계획의 종류

_____ 강화계획	일정한 시간 간격을 기준으로 강화가 제시되는 것, 한 학기 동안 고정적으로 시행하는 시험, 전체 3시간의 자율학습시간 중에 교사가 1시간마다 학생들의 학습점검 실시
_____ 강화계획	강화가 제시되는 시기를 학생들이 예측할 수 없도록 설정하여 행동의 빈도를 증가시키고 유지하는 방법
_____ 강화계획	정해진 반응 횟수에 따라 강화물이 제시되는 것, 예를 들어, 영어단어 20개를 외우면 10분의 휴식을 주는 경우
_____ 강화계획	학생들이 강화물을 얻기 위해서 수행해야 하는 수행 횟수를 전혀 예측하지 못하도록 강화물을 제시하는 것, 예 독서권장프로그램에서의 강화 시기

③ _____ 학습이론
  ㉠ 직접적인 강화나 벌 없이도 다른 사람의 행동을 ___하고 모방하는 것으로 새로운 학습이 습득된다고 본다. 이 이론은 환경이 인간행동에 일방적으로 영향을 미친다는 행동주의 이론(고전적, 조작적 조건형성이론)에 반대하여 개인을 둘러싸고 있는 환경과 행동의 ___작용을 강조함
  ㉡ _____의 관찰학습 : _____단계, ___단계, ___단계, _____단계
  ㉢ ___단계는 주의집중을 통해 얻은 모델의 행동이 학습자의 기억에 전이되는 단계이다. 재생단계는 모델의 기억된 행동을 능숙하게 ___하는 단계이다. _____ 단계는 앞서 3단계에 모두 관여하는 것으로, 행동을 실제로 할 것인지의 여부는 동기화 과정에 달려있고 이 과정에서 실제 능력보다 _____(특정한 과제를 수행할 때 필요한 일련의 행동을 조직하고 완성할 수 있다는 자신의 능력에 대한 믿음)이 더 큰 영향을 준다.

※ 정답
① 교과서, ② 응용, ③ 개체차, ④ 유의미화습, ⑤ 과정, ⑥ 수정리테이션, ⑦ 유지, ⑧ 강화, ⑨ 결과, ⑩ 가능성, ⑪ 초인지적, ⑫ 시연인지, ⑬ 관찰, ⑭ 파지, ⑮ 통운성, ⑯ 재생, ⑰ 파지, ⑱ 동기, 재생, 자기효능감

THEME 39. 인지주의 학습이론

(1) ___학습(___주의, 게슈탈트)
  ① 학습자는 세상을 지각할 때 외부자극을 단순히 합하는 것 ___의 작업을 수행한다.
  ② 문제 장면에 존재하는 다양한 요소의 관계를 파악하는 ___에 주목한다.

(2) _____이론
  ③ 감각기관으로 들어오는 모든 정보는 우선 _____(감각등록기)에 매우 짧은 시간 동안 저장된다. 이들 중에서 중요하다고 판단된 정보는 주의와 지각의 과정을 거쳐 _____(단기기억)으로 이동한다. 작업기억은 기억용량과 저장시간이 제한되어 있다. 따라서 파지가 필요한 정보는 _____ 과정을 거쳐 용량과 저장 기간의 제한이 없는 _____에 저장된다. 저장된 정보는 필요에 따라 인출되어 작업기억을 통해 반응으로 나타난다. 그리고 이 모든 과정은 ____에 의해 통제 및 조절된다.
  ④ _____ : 새로운 정보를 시각적 또는 언어적 상징의 형태로 전환하여 장기기억에 저장하는 과정으로 조직화, 심상, 정교화 등의 과정이 있다.
    ㉠ _____-새로운 정보를 장기기억에 저장되어 있는 정보와 ___
    ㉡ _____-정보를 기억할 때 ___로 묶거나 위계 관계를 만드는 것
    ㉢ ___-새로운 정보를 우리의 마음속에 ___으로 만드는 과정

※ 정답
(1) 통찰학습, 이상 ② 관계성 (2) 정보처리이론 ③ 감각기억, 작업기억, 부호화, 장기기억, 초인지 ④ 부호화 ㉠ 정교화, 관련 ㉡ 조직화, 범주 ㉢ 심상, 그림

THEME 40. 동기화 이론

(1) 목표지향성 이론
  ① ___목표 : 학습 과정 자체에 가치를 부여, 자신의 유능감을 발전시키는 것을 중요하게 생각, 도전 추구

② ___목표 : 자신의 유능함과 능력이 다른 사람의 능력과 어떻게 비교되는가에 초점을 둔 목표, 능력입증

(2) 귀인이론

귀인	차원 분류		예시
____	내부	안정 / 통제불가능	나는 어학에 소질이 없어.
____		불안정 / 통제 가능	시험공부를 열심히 하지 못했어
_____	외부	안정 / 통제불가능	영어시험이 너무 어려웠어
____		불안정 / 통제불가능	운이 나빠서 공부하지 않은 부분에서 시험문제가 출제되었어.

③ 학습자가 성공과 실패를 (외적/내적) 요인으로, (안정적/불안정적) 요인으로, (통제가능한/통제불가능한) 요인으로 귀인할 때 동기는 증가한다.

☀ 정답 (1)① 수행 ② 수행 (2) 능력, 노력, 과제난이도, 운 ③ 내적, 불안정적, 통제가능한

THEME 41. 생활지도의 영역과 활동

① 학생___활동 : 학생을 이해하고 지원하기 위한 각종 자료 수집
② _____활동 : 학생, 교사, 학부모 등이 요구하는 정보(교육정보, 직업정보, 개인 및 사회적응 정보)를 수집해서 제공, 학교 자체에서 조사하거나 각종 인쇄물을 이용해 수집·정리·보관
③ ___활동 : 생활지도에서 핵심적인 활동
④ ___활동[정치활동] : 학생의 능력이나 흥미에 맞게 적절하게 ___하는 활동
⑤ ___활동 : 일정 기간 생활지도를 받았던 학생이 진학하거나 졸업한 후 사회적응을 제대로 하고 있는지를 지속적으로 확인하는 활동

☀ 정답 ① 조사 ② 정보제공 ③ 상담 ④ 배치 ⑤ 추수

THEME 42. 청소년 비행이론

① _____ 이론 : _____의 이론을 발전시켜 머튼이 정립, 문화적인 가치와 사회적 수단 간의 불일치로 인한 사회·심리적 긴장 상태에서 벗어나고자 비행을 시도

② ___이론 : 일탈 혹은 범죄행동이 특정 행동에 대한 사회문화적 ___와 ___의 결과로 규정된다고 보는 이론
③ _____이론 : 인간은 누구나 일탈 행동을 할 수 있는 _____을 가지고 있다고 전제, 인간의 일탈 행동을 억제하는 _____가 약해졌을 때 일탈 행동이나 범죄가 발생
④ _____이론 : 모든 종류의 범죄와 비행은 ___된 것으로 비행학습은 가까운 친구들로부터 이루어진다.
⑤ 비행___문화이론 : 하류계층 청소년들의 비행행위는 중산층의 규범과 가치에 대한 반항

THEME 43. 홀랜드의 직업흥미이론

① 인접한 직업흥미유형간에 상관도가 __고, 반대편과는 상관도가 가장 __다.

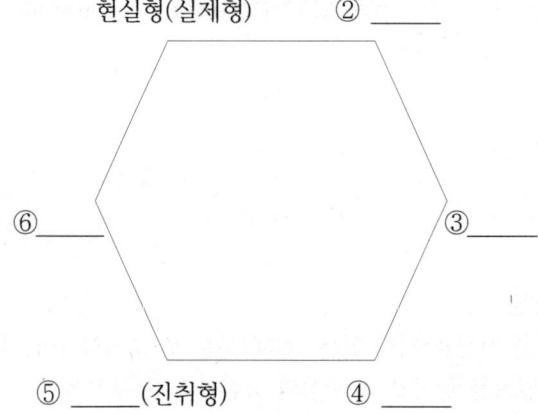

THEME 44. 정신분석상담이론

① 프로이트의 정신분석 상담이론 : 상담의 목적은 내담자의 _____을 의식화하는 것이다. _____, 꿈 분석, ___, ___, 해석 등과 같은 다양한 상담기법을 사용

② 아들러의 개인심리학적 상담이론 : 인간으로서 누구나 느끼는 _____을 극복하여 자기완성을 이룰 것을 강조하면서, 자기완성을 위한 필수요인으로서 열등감을 (부정/긍정)적인 측면에서 보았다.

> 정답　① 사상방위, 차이, ② 자율성, ③ 발음상, 긍정

THEME 45. 행동주의 상담이론

① 인간의 부적응 문제를 관찰과 측정이 가능한 (내현적/외현적) 행동으로 설명하며 (과거/현재) 경험보다는 (과거/현재)의 문제 행동에 초점을 둔다.
② 대표 학자로는 스키너, 울페, 행동주의와 인지심리학의 다리 역할을 한 _____ 등이 있다.
③ 부적응 행동을 감소시키는 기법 : 소거, 노출법, _____ 둔감법
④ 적응 행동을 증진하는 기법 : ___조성, 모델링, ___경제

> 정답　① 외현적, 현재, 현재 ② 반두라 ③ 체계적 ④ 행동, 토큰

THEME 46. 인간중심 상담이론

(1) 펄스(F. Perls)의 게슈탈트(Gestalt) 상담
① 게슈탈트란, 자신의 욕구나 감정을 하나의 의미 있는 (전체/부분)로 조직화하여 지각한 것을 말한다. ② 게슈탈트 상담에서 게슈탈트를 형성할 때 관심의 초점이 되는 부분을 ___이라 하고, 관심 밖에 놓여 있는 부분을 ___이라고 한다. 게슈탈트를 형성한다는 것은 어느 한순간에 가장 중요한 욕구나 감정을 ___으로 떠올린다는 것이다. ③ 전경과 배경의 교체는 자연스러워야 하는데, 과거에 만성적인 부정적 정서의 경험이나 외상적 사건은 교체과정에 방해가 될 수 있다. 이런 경우 고정된 게슈탈트가 형성되고, 이를 _____ 과제라고 한다. 이것은 새로운 게슈탈트의 형성을 방해하는 요인이 된다.

(2) 로저스의 인간중심 상담
④ 인간의 ____과 가능성에 대한 신뢰를 바탕으로 ____가 창시한 이론으로, 인간의 ___의지와 _____에 초점을 두고 인간을 연구하는 _____ 심리학을 기반으로 한다. ⑤ 로저스는 상담이론과 기법에 대한 상담자의 지식보다 상담자의 태도와 인간적 특성이 중요하며 상담자가 내담자와 맺는 ___의 질이 상담결과를 결정하는 중요한 요인이라고 강조하였다. ⑥ 상담기법

으로 _____(진실하려고 노력하기, 진솔성), _____ 긍정과 존중, _____ 이해, 지금-여기 _____을 들 수 있다.

(3) 실존주의 상담

⑦ 인간에 대한 실존주의 철학의 기본 가정을 현상학적 방법과 결합시켜 내담자에게 자신의 ___세계를 있는 그대로 자각하고 이해하도록 하며, 지금-여기의 자기 자신을 ___하도록 하는 데 목표를 두는 상담 접근법이다. ⑧ 기본 가정은 다음과 같다. 첫째, ___은 본질에 선행한다(우리가 하고 있는 것이 우리가 누구인가를 결정). 둘째, 우리는 선택할 자유가 있으며 선택한 결과에 ___이 있다. 셋째, 인간의 삶은 항상 ___에 대한 견해를 가지고 영위된다. ⑨ 실존의 방식으로 주변세계(환경), 공존세계, ___세계(자신의 세계), 영적세계가 있다. 상담자는 내담자의 어떤 존재의 방식이 가장 문제인가를 파악하여 그를 조력하는 것이 필요하다.

> **정답**
> ①진실성 ②무조건적 ③공감적 ④즉시성 ⑤현상학적 ⑥자각 ⑦실존 ⑧책임 ⑨죽음 ⑩고유세계

THEME 47. 인지적 상담이론

(1) 합리적 정서행동 상담이론

① 앨버트 엘리스가 개발, 인간은 객관적 사실 때문에 혼란스러워 하는 것이 아니라 그 사실에 대한 자신의 관점(_____ 신념) 때문에 혼란스러워한다는 것을 강조, 이를 ___하는 데 도움을 주는 상담이론 ② 개인의 ___체계, 즉 ___방식의 중요성을 강조. 또한, 인간의 인지, 정서, 행동이 상호작용하는 과정에서 ___가 핵심이 되어 정서와 행동에 영향을 미친다고 주장 ③ 'ABC 이론'으로 알려져 있는 ABCDEF는 상담과정에서도 중요한 치료절차로 이용되는데, 이는 선행사건(A) → 신념(B) → 결과(C) → 논박(D) → 효과(E) → 감정(F)을 나타낸다. 즉, 어떤 ___의 발생(activating events : A) 후에 그 사건에 대해 가지는 자신의 _____ 신념(irrational belief : B) 때문에 인간의 불안이나 우울, 열등감, 시기, 질투 등의 정서적 ___(consequence : C)이 일어난다. 이러한 혼란된 정서는 합리적 신념에 의해 효과적으로 ___(dispute : D)될 때 사라진다. 이러한 논박의 결과로 새로운 철학이나 새로운 인지체계를 가져오는 ___(effects : E)와 그에 따른 ___(feeling : F)을 갖게 된다.

(2) 현실요법

④ 글래서가 ___, ___, 옳고 그름의 세 가지 개념을 토대로 소개한 상담 접근이다. ___ 시점을 강조하고, 내담자의 생각과 행동의 변화를 유도하여 보다 나은 삶을 살 수 있도록 조력하는 데 초점을 두는 상담 ⑤ 내담자의 자기 결정을 강조하면서 결과보다는 과정을 중요시한다. 상담 장면에서 내담자의 ___을 인정하지 않는다. 그 대신 자신이 선택하고 결정한 것에 대한 ___을

질 수 있도록 격려한다. 질문하기, 직면하기, 역설적 기법, 유머 사용하기 등의 상담기법이 있다.

(3) 교류분석
⑥ 번(E. Berne)은 내담자가 갖는 ___ 상태를 바탕으로 의사소통의 ___가 어떻게 이루어지는 가를 탐색하여 조력, 인간의 의식적인 측면을 강조하며, 특히 세 가지 자아(___자아/___자아/아동자아) 중에서 합리적 생각의 주역인 ___자아 상태가 가장 원활하게 기능하는 것을 중요하게 본다.

> 정답
① 비합리적 ② 수용 ③ 가치 ④ 시기 ⑤ 시의적절 ⑥ 자아 ⑦ 감정 ⑧ 부모 ⑨ 성인 ⑩ 성숙

THEME 48. 교육평가모형

① ___중심모형: _____는 교육평가는 교육목표를 설정하고 그에 따라 교육내용을 선정하고 조직하여 교수–학습을 실시한 이후에 설정된 목표가 달성되었는지를 확인하고 판단하는 과정이라고 주장하였다.
② 의사결정모형(CIPP 평가모형): _____은 평가를 _____을 위한 정보를 제공하는 일이라고 규정하였다.
③ _____평가모형: 스크리븐은 의도한 효과를 중시하는 목표 중심 평가뿐만 아니라 목표 이외의 __효과를 평가하는 '탈목표평가'를 중시하였다.
④ 예술적 비평모형: _____는 예술적 교육과정에 근거한 참 평가를 주장, 이를 위해 교육과정 평가자는 교육현상을 보고 교육활동의 질을 판단할 수 있는 '교육적 _____'을 지녀야 한다고 하였다.

> 정답
① 목표 타일러 ② 스터플빔 의사결정 ③ 탈목표 부수적 ④ 아이즈너 감식안

THEME 49. 명명, 서열, 등간, 비율, 절대척도

① ___척도: 수가 지닌 특성이 없는 척도, 성별, 인종, 색깔 등
② ___척도: 사물이나 사람의 상대적 서열을 표시하기 위하여 쓰이는 척도, 학생들의 성적의 등위, 키 순서 등
③ ___척도: 임의 영점이나 가설적 단위를 지니고 있으며 동일한 측정단위 간격에 동일한 수적 차이를 부여하는 척도, 온도와 검사점수 등

④ ___척도 : 절대영점과 가상적 단위를 지니고 있으며, 동일한 간격에 동일한 수적 차이를 부여하는 척도, 무게, 길이 등
⑤ ___척도 : 절대영점과 절대단위를 지닌다. 사람 수와 자동차 수 등

정답   ① 명명 ② 서열 ③ 동간 ④ 비율 ⑤ 절대

THEME 50. 참고준거에 의한 평가의 종류

① ___참조평가 : 규준집단(또래집단)의 성취정도와 비교하여 어느 정도의 수준인가를 평가, (절대/상대)평가, 학생선발 및 분류에 유용, (내재적/외재적) 동기유발, 과도한 경쟁
② ___참조평가 : 성취목표(절대적 ___)에 해당 학생이 도달하였는지 여부를 평가, (절대/상대)평가, (내재적/외재적) 동기유발, 성취감을 더 느끼게 함, 일정 점수 이상을 획득한 대상에게 ___을 부여할 때 주로 사용, (형성/진단)평가를 통해 학생의 성취수준에 맞게 준거를 조절
③ ___참조평가 : 학생이 지니고 있는 ___에 비추어 얼마나 최선을 다하였는지를 평가
④ ___참조평가 : 교육과정을 통하여 얼마나 ___하였느냐에 관심을 두는 평가, 사전 측정치와 현재 측정치의 상관이 (높을수록/낮을수록) 타당한 결과를 얻는다.

정답   ① 규준, 상대, 외재적 ② 준거, 기준, 상대, 내재적, 자격증, 진단 ③ 능력 ④ 성장, 성장, 낮을수록

THEME 51. 교수-학습 진행에 의한 평가

① ___평가 : 수업이 진행되기 전 학생의 _____ 행동을 평가, 각 학생의 수준에 맞게 학생을 분류·배치, 적절한 교수법을 투입, 학습의 극대화를 추구
② ___평가 : 수업 과정 _에 실시하는 평가로, 교사는 수업 과정의 장단점을 파악할 수 있고, 이러한 피드백은 교수 내용이나 수업 속도를 수정하는 자료로 사용, 학생은 즉각적인 피드백을 받는다. (규준/준거)참조적이다.
③ ___평가(총합평가) : 모든 수업 과정이 끝난 후, 최종으로 학생의 성취 수준을 평가하기 위해 실시, 교수-학습을 진행한 교사보다는 교과 내용 _____와 교육 평가 전문가에 의하여 제작된 ___검사를 주로 사용한다.

정답   ① 진단, 출발점 ② 형성, 중, 준거 ③ 총괄, 전문가, 표준화

THEME 52. 정의적 행동특성의 측정방법

① **질문법**: 측정 용이, ___반응, 가치 _____ 경향 등에 의해 응답 내용의 진위 확인이 어려워 결과 해석에 유의해야 한다.
② **___법**: 매우 반대-반대-그저 그렇다-찬성-매우 찬성 중에서 답하게 함
③ **관찰법**: 정의적 행동특성을 측정하는 가장 _____ 측정방법이다. 질문지에 의한 응답 결과의 문제를 줄이기 위하여 사용한다.
④ **체크리스트법**: 광범위하고 다양한 형태의 질문으로 측정하고자 하는 특성을 보다 (구체적/종합적)으로 평가하고자 하는 측정방법
⑤ **_____법**: 오스굿이 제안, 사물, 인간, 사건 등에 대한 의미를 공간 속에서 측정하는 방법으로 개념의 의미를 양극의 뜻을 갖는 대비되는 형용사군으로 만들어서 의미를 측정
⑥ **___적 방법**: 주제통각검사와 잉크반점검사, 그림검사 등
⑦ **_____**: 새로운 집단을 조직하거나 기존의 집단구조를 재구성할 때 유용, 학생의 사회성 발달 정도를 파악하고 사회적 적응을 위해 도움을 필요로 하는 학생을 찾아내고 그 원인을 진단하고자 할 때, 집단의 응집력과 집단 내 학생들 간의 수평적·수직적 관계를 분석하고자 할 때 유용, 집단 내 개인의 사회적 ___를 알아낼 수 있다. 측정 결과를 개인 및 집단에 적용할 수 있다.

정답 ① 긍정적, 중립화 ② 평정법 ③ 종합적 ⑤ 의미분석 ⑥ 투사 ⑦ 사회성측정법, 위치

THEME 53. 수행평가

① **수행평가의 특징**
첫째, 교사의 전문적인 판단이 매우 중요한 평가방식이다. 둘째, 학생이 정답을 선택하는 것이 아니라, 스스로 답을 ___하거나 행동으로 나타내는 방식이다. 셋째, 교육목표가 제대로 달성되고 있는지 알기 위해 ___ 상황에서 학생이 그동안 배운 지식이나 기술을 평가하는 방식이다. 넷째, 교육의 결과뿐만 아니라 교육의 ___도 중시하는 평가방식이다. 다섯째, 학생의 발달과정을 종합적으로 파악하고자 하며, 이를 위해 지속적이고 전체적인 평가가 이루어져야 한다. 여섯째, 고차적 사고능력을 포함한 인지능력뿐만 아니라 행동발달, 흥미, 태도와 같은 정의적 영역 그리고 심동적 영역에 대한 전인적이고 ___적인 평가를 목적으로 한다.
② **수행평가의 채점**: 신뢰도와 객관성을 확보하기 위해 _____ 활용, 루브릭은 (준거/규준)참조적 평가이다. 루브릭은 (간단/복잡)하고 (구체적/추상적)일수록 신뢰도와 타당도가 더 높게 나타남
③ **수행평가의 유형**: 대표적인 유형으로는 _____, 프로젝트, 협동학습, 논술, 구술, 토의·토론, 실험·실습, 면접, 관찰, 자기평가 및 동료평가 보고서, 연구보고서 작성 등이 있다.

정답 ① 구성, 실제, 과정, 종합 ② 루브릭, 준거, 구체적 ③ 포트폴리오

THEME 54. 좋은 검사도구의 조건(신뢰도, 타당도, 객관도, 실용도)

(1) _____
  1) _____ 신뢰도 : 같은 검사를 같은 대상자에게 두 번 실시
  2) _____ 신뢰도 : 문항 특성이 비슷한 검사를 두 벌 제작, 같은 대상자에게 실시
  3) _____ 신뢰도 : 검사를 구성하고 있는 부분 검사 또는 문항 간의 일관성 정도
    ① ___ 신뢰도 -한 개의 검사를 제작, 두 개의 검사로 나누어 상관계수를 산출
    ② _____ 신뢰도 -문항 하나하나를 하나의 검사로 간주, 유사성과 일관성을 검증
      (KR(Kuder-Richardson)-20, KR-21, Hoyt 신뢰도, Cronbach의 알파(α))
  4) 검사자 신뢰도(_____)
    ① 검사자 내 신뢰도
    ② 검사자 간 신뢰도 - 상관계수법, 일반화가능도이론, 일치도 통계, 코헨의 카파(Kappa) 공식

(2) _____(검사의 합목적성)
  1) ___ 타당도(=논리적 타당도, 교과 타당도, 교육과정 타당도) : _____를 작성
  2) ___ 타당도(=경험적 타당도) : 외적인 준거와 비교
    ① ___ 타당도(=공유타당도) - 이미 검증된 검사를 준거로 사용
    ② ___ 타당도(=예언타당도) - 검사 후 준거 자료를 수집, 상관을 산출하는 방법
  3) ___ 타당도(=구성타당도) : 검사가 이론적 구인이나 특성을 어느 정도 설명하는지와 관련

(3) _____ : 측정 및 검사도구의 편리성과 비용의 적절함 등을 고려

(4) 신뢰도와 타당도의 관계 : 신뢰도가 높지 않으면 타당도를 확보할 수 없지만, 신뢰도가 높다고 해서 항상 타당도가 높은 것은 아니다. 반대로 _____가 높으면 _____도 높다.

> **정답** (1)신뢰도 1)검사-재검사 2)동형검사 3)내적일관성신뢰도 ①반분 ②문항내적합치도 4)객관도 (2)타당도 1)내용 2)준거관련타당도 ①공인 ②예언 3)구인 (3)실용도 (4)타당도, 신뢰도

THEME 55. 표집방법

(1) 무선 표집
  ① 단순무선 표집방법 : 모집단의 모든 구성원이 표집될 확률이 ___
  ② 유층 표집방법 : 모집단을 다양한 하위집단으로 분할한 후에 각 하위집단으로부터 표본을 ___으로 표집하는 방법
  ③ 군집 표집 : 모집단(서울시 고등학생)이 어떤 하위집단(학교)으로 구성되어 있는 경우에 _____을 표집의 단위로 사용하는 경우이다.

(2) 비무선표집
① ___표집 : 연구자의 편의대로 표집 가능한 표본을 구하는 모든 경우
② ___표집 : 표본의 크기가 모집단에 비하여 너무 ___ 경우(예, 0.01%)에, 연구자의 이론에 따라 목표집단을 편의로 선정하는 방법이다.
③ ___표집 : 모집단에 일련번호를 부여한 후에 한 번호를 선정하고 동일한 간격만큼 뛰어넘어 표집하는 방법이다.
④ ___표집 : 표집이 현실적으로 어렵고, 모집단의 크기가 불분명한 경우에 적용된다.

⚙ 정답 (1)①우연 ②유의적 유층 ③계가 ④눈덩이

THEME 56. 문항분석 : 고전검사이론 & 문항반응이론

고전검사이론

① 검사 ___에 의하여 분석하는 이론, 관찰점수는 진점수와 ___점수로 이루어졌다고 가정
② 문항난이도는 문항의 쉽고 어려운 정도를 나타내는 지수로서, 총 피험자 중 답을 맞힌 피험자의 비율, 즉 확률이 된다. 값이 크면 난이도가 (어렵다/쉽다).
③ 문항___는 문항이 피험자를 변별하는 정도를 나타내는 지수, 문항점수와 피험자 총점의 ___ 계수에 의해 추정된다.

문항반응이론

④ 문항 하나하나에 근거하여 각 문항마다 ___ 문항특성___에 의하여 문항을 분석한다.
⑤ _____의 ___ 개념과 피험자 ___의 불변성 개념을 유지
⑥ 문항난이도는 문항의 답을 맞힐 확률이 .5에 해당되는 능력 수준의 점, -2에서 +2사이에 존재하며, 값이 클수록 그 문항은 (어렵다/쉽다)고 해석한다.
⑦ 문항변별도는 문항이 피험자의 능력수준을 변별하는 정도로 문항특성곡선의 ___가 나타낸다. 기울기가 가파를수록 변별도가 (낮다/높다).
⑧ 문항추측도는 능력이 전혀 없는 학생이 ___에 의해 문항의 답을 맞힐 수 있는 확률로 (X/Y)___에 해당한다.

⚙ 정답 ①문항 ②변별도 ③상관 ④고유한 곡선 ⑤문항특성 능력 ⑥어렵다 ⑦기울기 높다 ⑧추측 사분면

THEME 57. 검사점수

(1) 퍼센타일(백분위)

(2) 표준점수
　① Z점수 : 평균을 __, 표준편차를 __로 하는 점수,
　　$Z = \dfrac{점수 - 평균}{표준편차}$
　② T점수 : 평균을 __, 표준편차는 __으로 하는 점수
　　T = _____
　③ 스테나인 : 9개 범주의 표준점수, 평균을 5, 표준편차를 2로 표준화
　　_%, _%, __%, 17%, 20%, 20%, 17%, 12%, 7%, 4%

(3) 상관계수(적률상관계수)
　피어슨, 두 변인 간의 상관의 정도를 나타내는 계수, 기본 가정은 두 변인의 ___적 관계 및 어느 한 변인에 대한 다른 변인의 분포의 분산이 같아야 하며(_____성), 두 변인의 ___분포를 가정한다.

정답 ① 0, 1 ② 50, 10, 50 + 10Z ③ 4, 7, 12 (3) 직선, 등분산, 정규

THEME 58. 교육평등론

① 제도적 차별을 철폐해서 모두에게 동등한 기회를 허용하고자 하는 관점은 교육기회의 _____ 평등 관점이다.
② 취학을 가로막는 경제적, 지리적, 사회적 제반 장해를 제거해주는 취학을 보장해주는 대책은 교육기회의 _____ 평등이다.
③ 학교의 교육여건과 교육이 진행되는 모든 과정이 평등해야 한다고 보는 관점은 교육___의 평등에 해당한다.
④ 롤스의 ___적 평등주의의 영향을 받은 관점은 교육___의 평등이다.

정답 ① 허용적 ② 보장적 ③ 조건, ④ 보상, 결과

THEME 59. 터너의 교육선발의 특징

① 호퍼는 교육선발의 특징을 (선발형식/선발기준)에 따라서는 선발의 중앙집권화와 표준화의 정도에 따라 형식성이 강한 것과 약한 것으로 분류한다.
② 호퍼는 선발시기에 따라 초등학교 단계에서 중요한 선발을 실시하는 ___선발과 대학 단계에 이르러서야 선발이 이루어지는 ___선발로 나눈다.
③ 호퍼는 선발대상에 따라 특별한 자질을 구비한 사람만을 뽑아야한다는 (보편주의/특수주의)와 누구나 교육받을 가치를 가지고 있다고 믿는 (보편주의/특수주의)로 나눈다.
④ 호퍼의 선발기준에 따르면 사회의 이익을 우선적으로 고려하여 선발하는 ___주의와 개인의 자아실현을 강조하는 ___주의로 나눌 수 있다.
⑤ 터너는 사회이동에 영향을 미치는 사회규범이 사회마다 다르다고 주장하며 교육선발을 ___형과 ___형으로 나누어 제시하였다.

정답 ① 선발형식 ② 조기, 지연 ③ 특수주의, 보편주의 ④ 집단, 개인 ⑤ 후원, 경쟁

THEME 60. 시험의 기능

① 시험의 기능으로는 크게 _____ 기능과 _____ 기능이 있다.

정답 ① 교육적, 사회적

THEME 61. 교육의 확대와 원인 – 지위경쟁이론

[Keyword로 개념다지기]

① _____이론은 학력을 지위획득의 수단으로 본다.

정답 지위경쟁이론

THEME 62. 학업성취격차와 원인

① 흑인들의 지능이 백인들의 지능보다 낮기 때문에 흑인들이 낮은 학업성취를 보인다고 주장한 사람은 (젠슨/젠크스)이다.
② (젠슨/젠크스)는 유전적 요인이 아닌 환경적 요인 때문에 소수 인종의 학업성취가 낮다고 주장하였다.
③ (문화/사회)자본은 규범, 연결망(network), 신뢰, 호혜성 등의 개념을 요소로 하여 사람들의 상호 작용을 통해 얻을 수 있는 무형의 자산을 가리키는 개념이다.
④ (문화/사회) 자본의 구성요소에는 가정에서 사용하는 언어의 특성, 부모의 자녀에 대한 동기유발 수준, 문화 활동 참여, 가정의 독서습관 등이 포함된다.
⑤ 고전문학지식, 예술에 대한 감수성 등 _____은 학업성취에 (직접/간접) 영향을 미치는 데 비하여 다른 학부모들과의 유대 형성, 학교운영위원회 참여 등 _____은 학교의 교육 활동에 매개되어 영향을 미친다.

정답 ①젠슨 ②젠크스 ③사회 ④문화 ⑤문화자본, 직접, 사회자본

THEME 63. 구조기능론 & 갈등론

①____적 관점은 학교가 개인을 사회적 존재로 성장시킨다고 본다. 학교는 ②___주의에 따라 학생을 선발하고 교육 수준에 따라 인재를 적재적소에 배치하는 기능을 한다. 반면, ③____적 관점은 학교가 기존의 불평등한 계층구조를 ④____한다고 본다. 학교는 교육내용뿐만 아니라 교육 분위기를 통해 기존의 계층구조를 정당화하는 교육을 한다.

정답 ①기능 ②능력 ③갈등론 ④재생산

THEME 64. 구조기능론 - 뒤르켐, 파슨스, 드리븐 등

① ____은 사회화를 ____ 사회화와 ___ 사회화로 구분하면서 도덕교육을 강조하였다. 그리고 사회의 동질성을 유지하기 위해 한 사회의 공통적인 감성과 신념, 집단의식을 새로운 세대에 내면화시키는 ____ 사회화가 필요하다고 주장하였다. 한편, ___사회화는 개인이 속하게 되는 특정 직업세계와 같은 특수환경이 요구하는 신체적, 지적, 도덕적 특성의 함양을 가리킨다.

② _____는 뒤르켐과 마찬가지로 학교교육의 사회화 기능을 강조하는 동시에 산업사회에서의 인력배치기능을 부각시킴으로써 사회적 ___기능도 강조하였다.
③ _____은 학교에서 습득하는 가치(규범)에 주목하여 학교에서 학생들이 공통적으로 습득하게 되는 규범으로 다음의 네 가지를 언급한다. 첫째 _____은 독립적으로 숙제를 하고 시험을 치르도록 강요한다. 둘째, _____은 최선을 다하여 높은 성적을 받는 것이 가치로운 것이라고 주장한다. 셋째, _____은 동일연령의 학생들이 같은 내용과 과제를 공유함으로써 형성되며 _____은 각 개인이 학년이나 학교의 수준이 높아지면서 흥미와 적성에 맞는 분야에 한정하여 그 분야의 교육을 집중적으로 수행함으로서 학습하게 되는 것이다.

※ 정답   ①파슨스 ②파슨스 ③선발 ③드리븐 독립성 ②성취성 보편성 특정성

THEME 65. 경제적 재생산론 : 보울스와 진티스

① _____와 _____는 _____ 재생산이라는 개념을 사용하여 학교교육이 자본주의 경제체제를 재생산하는 데 어떻게 기여하는지 그 메커니즘을 설명하고 학교 교육체제에서 학생이 미래에 차지할 경제적 위치를 반영하여 차별적 사회화가 이루어진다는 ___이론을 주장하였다.

※ 정답   ①보울스 진티스 경제적 상응

THEME 66. 문화적 재생산론 : 부르디외(문화자본)

① 지배집단이 자신들의 문화를 학교 교육에 투입시켜 불평등한 사회적 관계를 정당화한다고 주장하는 이론은 (문화적/경제적) 재생산론이다.
② 문화적 재생산이론에 따르면 학교에서 가치 있다고 여겨지는 _____을 많이 소유한 사람이 그렇지 못한 사람에 비해 성공할 가능성이 높다. 그러므로 능력주의가 지배하는 현대사회에서 부모의 사회경제적 지위가 ___ 재생산을 통해 자녀에게 합법적으로 세습된다는 것이다.
③ 문화 자본에는 예술 작품과 같이 객체화된 것, 학력이나 자격과 같이 제도화된 것, 일종의 행동 성향처럼 습성화된 것이 있는데, 이 중에서 습성화된 것을 _____라고 부른다.
④ 학교에서는 '(물리적/상징적) 폭력'을 행사하여 지배와 종속을 강화하며, 학교교육을 통해 자본가 계급의 '_____(habitus)'를 노동자 계급의 아동들에게 주입하여 기존의 질서를 유지시켜 나간다.

※ 정답   ①문화적 ②문화자본 문화적 ③아비투스 ④상징적 아비투스

THEME 67. 갈등론 - 번스타인, 애플, 일리치, 프레이리, 알튀세르 등

① 마르크스
② 보울스와 진티스 : _____ 재생산론, 상응이론
③ 알튀세르 : 억압적 국가기구와 _____ 국가기구
④ 부르디외와 번스타인 : _____ 재생산론
   - 부르디외의 ___자본(아비투스)과 문화적 재생산
   - _____의 정교한 어법과 _____ 화법
⑤ 애플, 프레이리, 지루, 윌리스 등 : 저항이론
   - 애플의 문화적 _____ 이론
   - 프레이리의 의식화 교육, _____ 교육
   - 지루의 간파 및 ___기능
   - 윌리스의 _학교적 저항 문화
⑥ 종속이론 : 카노이의 문화적 ___주의/제국주의 이론

정답 ②경제적 ③이념적 ④문화적, 문화, 번스타인, 제한된 ⑤헤게모니, 문제제기식, 목소리 ⑥식민

THEME 68. 포스트모던적 관점

다원주의, ①_정초주의, (대서사/②_____), 몸의 중시, 연대주의, ③_권위주의

정답 ①반 ②소서사 ③반

THEME 69. 신자유주의적 관점

① 신자유주의적 관점 : 공립학교의 _____, 학부모의 학교_____
② 교육비 지불보증제도 : _____제도
③ 신자유주의적인 학교유형
   _____, 교부금지원학교, _____

정답 ①민영화, 선택권 ②바우처 ③협약학교, 마그넷 스쿨

THEME 70. 신교육사회학(교육과정사회학)

① 신교육사회학의 등장(영국) : 영(Young)
   = _____, 비판적 교육과정이론(미국) ; 이글스턴, 애플, 애니온 등
② 애플의 문화적 _____ 지배
③ _____ : 학교는 죽었다
④ 일리치 : 탈학교사회→ _____ 제도, 학습을 위한 _____(학습망)
⑤ 프레이리 : _____ 교육, 의식화 교육

☀ 정답 ①교육사회학 ②헤게모니 ③라이머 ④공생적제도 ⑤학습자치망

THEME 71. 문화실조론

① 문화 실조론 : 학업성취가 유전적으로 결정되는 것이 아니라 가정의 문화적 ___에 의해 상당히 영향을 받는다고 주장, 취학 전 교육적 조치에 따라 학업성취 실패를 교정할 수 있다고 보기 때문에 ____교육 정책의 이론적 기초를 제공하였다. 저소득층 취학 전 아동과 그 가정을 대상으로 한 _____ 프로그램이 대표적인 보상교육 프로그램이다.
② 문화상대주의와 문화정치학 : 문화실조론이 실패 원인을 가정의 ___에서 찾는 데 반해, 이 입장에서는 소수집단과 주류집단의 문화간, 학교와 가정의 문화 간 ___에서 찾는다.

☀ 정답 ①결손, 보상, 헤드스타트 ②결손 ③차이

THEME 72. 다문화교육

① (베네트/뱅크스)는 인종, 성, 계층을 막론하여 ___ 학생이 문화적, 민족적 다양성이 증대되는 오늘날의 세계를 살아가는 데 필요한 지식과 기술, 태도를 함양하도록 하는 총체적 교육개혁 운동으로 정의한다.
② (베네트/뱅크스)는 다문화 교육을 민주주의의 신념과 가치에 기초를 두고, 상호의존성이 높은 세계, 문화적으로 다양한 사회 안에서 문화 (단일/다원)주의를 지지하는 교수-학습 방법으로 정의하였다.

☀ 정답 ①뱅크스 ②베네트 다원

THEME 73. 평생교육의 개념

우리나라 「평생교육법」에서 규정하고 있는 좁은 의미의 평생교육은 학교의 정규 교육과정을 (포함한/제외한) 모든 형태의 조직적인 교육 경험을 총칭하는 의미이다.
넓은 의미에서 평생교육의 정의는 학교교육을 포함하여 개인의 전 생애, 전 삶의 공간에서 형식의 구애 없이 참여하는 교육 및 학습을 총칭하는 용어이다.

:bulb: 정답   제외한

THEME 74. 데이브(R. Dave)와 스캐거(R. Skager)의 평생교육의 개념적 특징(1977)

① 전체성 : 학교교육뿐만 아니라 학교밖에서 이루어지는 ____ 교육
② 통합성 : 출생에서 죽을때까지, 가정, 학교, 사회교육을 ____
③ ____ : 어떤 형편에 있는 학습자도 교육을 받을 수 있게 함
④ 민주성 : 학습자가 ____ 종류와 양의 교육
⑤ ___와 동기부여 : 호기심, 지적 탐구력에 기초한 학습기회 제공 및 동기자극
⑥ 교육____(교육력) : ____ 학습을 위한 학습방법, 체험의 기회, 평가방법 등의 개선, ____ 학습
⑦ 다양한 전개양식 : 다양한 생활양식에 학습의 형태와 방법을 상응시킴
⑧ 삶의 질과 학습 : 삶의 질을 향상시키기 위한 능력개발에 도움을 줌

:bulb: 정답   ①모든 ②통합 ③융통성 ④다양한 ⑤자기 ⑥가능성, 효율적, 자기주도

THEME 75. 형식교육과 비형식 교육의 특징

① ____교육 = 학교교육
② 비형식 교육 : 제도적으로 규정되어 있는 형식교육체제 이외의 ____된 교육활동, 교수자의 자격 요건이나 교육 방법이 프로그램의 상황과 조건에 따라 ____인 경우가 많고 형식을 갖추고 있으나 ___ 등을 수여하지 않음
③ ____ 교육(학습) : 체계나 형식이 없고, 의도하지 않은 상황에서 발생
④ ____ 학습 : 학습과 무관한 일상적 활동 중에 얻어지는 부산물

:bulb: 정답   ①형식 ②조직화, 유동적, 졸업장 ③무형식 ④우연적

THEME 76. 유네스코의 평생교육

① 랭그랑의 ___교육에 대한 입문(1965년)
② 포르의 ___를 위한 학습(1972년)
③ 들로르의 ___ : 그 안에 담겨있는 보물(1996)
- 알기 위한 학습
- 행하기 위한 학습
- ___하기 위한 학습
- ___ ___ 위한 학습

정답: ① 평생 ② 존재 ③ 학습, 존재, 함께 살기

THEME 77. OECD의 순환교육

① OECD의 ___교육 : 사회에 진출한 사람들을 다시 정규교육 기관에 입학하게 하여 재학습의 기회를 주는 교육으로 종합적인 ___ 정책이다.

정답: ① 순환, 사회

THEME 78. 성인교육(안드라고지)

① 안드라고지의 개념 : ___
② 자기주도적 학습 : 안드라고지의 특성은 _____ 학습에 있다.

정답: ① 놀스 ② 자기주도적

THEME 79. 평생학습도시

① _____의 학습사회론의 영향(1968년)
② 최초의 도시 : ___ 가께가와시(1979년)
③ 우리나라 최초의 도시 : _____(2001년)

「평생교육법」 제15조(평생학습도시) (2021년 지방직)

① 국가는 지역사회의 평생교육 활성화를 위하여 특별자치시, 시·군 및 자치구를 대상으로 _____ _____를 지정 및 지원_____.
② 제1항에 따른 평생학습도시 간의 연계·협력 및 정보교류의 증진을 위하여 _____를 둘 수 있다.
③ 제2항에 따른 전국평생학습도시협의회의 구성·운영에 필요한 사항은 _____으로 정한다.
④ 제1항에 따른 평생학습도시의 지정 및 지원에 필요한 사항은 _____이 정한다.

THEME 80. 「평생교육법」 제29조 【학교의 평생교육】

① 「초·중등교육법」 및 「고등교육법」에 따른 각급학교의 장은 평생교육을 실시하는 경우 평생교육의 이념에 따라 교육과정과 방법을 _____ 관점으로 개발·시행하도록 하며, 학교를 중심으로 공동체 및 지역문화 개발에 노력하여야 한다.
② 각급학교의 장은 해당 학교의 교육여건을 고려하여 학생·학부모와 지역 주민의 요구에 부합하는 평생교육을 직접 실시하거나 지방자치단체 또는 민간에 위탁하여 실시할 수 있다. 다만, ___를 목적으로 하는 법인 및 단체는 제외한다.
③ 제2항에 따른 학교의 평생교육을 실시하기 위하여 각급학교의 교실·도서관·체육관, 그 밖의 시설을 ___하여야 한다.
④ 제2항 및 제3항에 따라 학교의 장이 학교를 개방할 경우 개방시간 동안의 해당 시설의 관리·운영에 필요한 사항은 해당 지방자치단체의 ___로 정한다.

THEME 81. 평생교육법

「평생교육법」 제2조(정의)
이 법에서 사용하는 용어의 정의는 다음과 같다.
1. "평생교육"이란 ___의 정규교육과정을 제외한 학력_____, 성인 _____교육, ___능력 향상 교육, 성인 _____ 역량 향상교육, _____교육, _____교육, _____교육 등을 포함하는 모

든 형태의 조직적인 교육활동을 말한다.
2. "평생교육기관"이란 다음 각 목의 어느 하나에 해당하는 시설·법인 또는 단체를 말한다.
   가. 이 법에 따라 인가·등록·신고된 시설·법인 또는 단체
   나. 「학원의 설립·운영 및 과외교습에 관한 법률」에 따른 학원 중 _____교습학원을 제외한 평생직업교육을 실시하는 학원
   다. 그 밖에 다른 법령에 따라 평생교육을 주된 목적으로 하는 시설·법인 또는 단체
3. "_____교육"(이하 "문해교육"이라 한다)이란 일상생활을 영위하는데 필요한 문자해득(文字解得)능력을 포함한 사회적·문화적으로 요청되는 기초생활능력 등을 갖출 수 있도록 하는 조직화된 교육프로그램을 말한다.
6. "성인 _____역량 향상교육"(이하 "성인 진로교육"이라 한다)이란 성인이 자신에게 적합한 직업을 찾고 진로를 인식·탐색·준비·결정 및 관리할 수 있도록 진로수업·진로심리검사·진로상담·진로정보·진로체험 및 취업지원 등을 제공하는 활동을 말한다.

정답 1.초등, 공무원시험대비, 2.학교교과, 3.문자해득, 사회장애인, 문해학습자, 진로정보, 6.진로개발

THEME 82. 평생교육의 주요제도 : 평생교육사, 학점인정제도, 독학학위제, 학습계좌제, 학습휴가제 등

① 「평생교육법」 제24조(_____) ① 교육부장관은 평생교육 전문인력을 양성하기 위하여 다음 각 호의 어느 하나에 해당하는 사람에게 _____의 자격을 부여하며, 자격을 부여받은 사람에게는 자격증을 발급하여야 한다.
② _____는 평생교육의 기획·진행·분석·평가 및 교수업무를 수행한다.
③ _____의 등급, 직무범위, 이수과정, 연수 및 자격증의 교부절차 등에 필요한 사항은 _____으로 정한다.
④ 「평생교육법」 제23조(_____) ①교육부장관은 국민의 평생교육을 촉진하고 인적자원의 개발·관리를 위하여 _____(국민의 개인적 학습경험을 종합적으로 집중 관리하는 제도를 말한다)를 도입·운영할 수 있도록 노력하여야 한다.
⑤ 평생학습계좌제는 수록 정보를 평생학습이력_____와 평생학습이력철로 이원화하고 있다.
⑥ _____는 「학점인정 등에 관한 법률」에 따라 개인이 획득한 다양한 학습경험과 자격 내용을 학점으로 인정해 전문대학 또는 대학교에 준하는 학위를 수여하는 제도이다. 학사 학위를 취득하기 위해서는 140학점을 이수해야 하며, 전문학사 학위 가운데 2년제의 경우 __학점이상, 3년제의 경우는 120학점을 이수해야 한다.
⑦ 학점인정 교과목뿐만 아니라 독학학위제 이수경험, 국가자격증 취득 경험 등으로 보충할 수 있어 (폐쇄적/개방적) 학습체제로서의 성격을 갖는다.

⑧ _____의 시험은 ___과정 인정시험, 전공 ___과정 인정시험, 전공 ___과정 인정시험, _____ 종합시험 총 네 과정으로 구분할 수 있다. 다른 학습활동의 결과로 국가기술자격을 취득하여 보유하고 있거나 법에서 정하는 각종 시험에 합격한 경우를 인정하여 4단계 시험의 일부를 면제받을 수 있다. 그러나 어떠한 경우에도 _____종합시험은 반드시 치러야 한다. 시험에 응시할 수 있는 사람은 _____ 졸업이나 이와 같은 수준 이상의 학력(學力)이 있다고 인정된 사람이어야 한다. 교육부장관은 독학학위제의 시험 실시 권한을 평생교육_____에게 위탁하고 있다.

⑨ 「평생교육법」 제8조(_____ 및 학습비지원)
국가, 지방자치단체와 공공기관의 장 또는 각종 사업의 경영자는 소속 지원의 평생학습기회를 확대하기 위하여 유급 또는 무급의 학습휴가를 실시하거나 도서비, 교육비, 연구비 등 학습비를 지원할 수 있다.

⑩ 「평생교육법」 16조의2(평생교육_____의 발급 등)
국가 및 지방자치단체는 모든 국민에게 평생교육의 기회를 제공할 수 있도록 신청을 받아 _____을 발급할 수 있다. 교육부장관은 평생교육소외계층에게 우선적으로 평생교육이용권을 발급할 수 있도록 대통령령으로 신청자의 요건을 정할 수 있다.

※ 정답
① 평생교육사 ② 평생교육사 ③ 평생교육사 ④ 평생학습도시 ⑤ 학습계좌 ⑥ 학점 ⑦ 해당 ⑧ 독학학위제, 교양, 전공기초, 전공심화, 학위취득, 학위취득, 고등학교, 진흥원 ⑨ 학습휴가 ⑩ 평생교육이용권, 평생교육이용권

THEME 83. 교육과정의 유형

① ___적 교육과정(형식적, 계획된 교육과정)
② ___적 교육과정 : 학교나 학교에서 의도되거나 계획되지 않았는데도 아동들에게 이루어진 모든 종류의 학습경험, 학교의 문화___를 중시, ___중에 가지게 되는 경험
③ _____ : 배울 만한 ___가 있음에도 공식적 교육과정이나 수업에서 ___된 교과나 지식, 사고 양식 등, _____에 의해 주장됨

※ 정답
① 공식 ② 잠재, 풍토, 생활 ③ 영교육과정, 가치, 배제, 아이즈너

THEME 84. 타일러의 교육과정 개발 모형

(1) 교육과정 개발단계
① 교육___의 설정　　② 학습 ___의 선정
③ 학습 경험의 ___　　④ 학습경험의 ___

(2) 교육목표설정 절차
① 학습자, ___, 교과의 세 자원을 조사·연구
② ___적인 교육목표를 진술
③ 교육철학과 학습_____이라는 체에 거름
④ ___의 변화를 명시한 최종 교육목표를 진술

(3) 타일러는 교육목표를 진술할 때 '___목표'로 진술할 것을 강조, '내용'과 '행동'을 이원화하여 동시에 명시할 것을 요구(이원분류표 작성)

정답: (1)①목표 ②내용 ③조직 ④평가 (2)①사회 ②잠정 ③심리학 ④행동 (3)행동

THEME 85. 블룸의 교육목표 분류

(1) ___과 그의 동료 학자들은 교육목표를 세분화할 필요를 느끼고 분류학이라는 개념을 활용하여 '_____ 영역'에 관한 교육목표를 지식, 이해, ___, ___, 종합, 평가로 분류하였다.
① 지식 – 자료 혹은 정보를 ___한다.
② 이해 – 의미를 ___한다. 어떤 문제를 자신의 말로 규정할 수 있다.
③ 응용(적용) – 배운 개념을 새로운 상황에서 적절히 사용하고, 나름대로의 추상화가 가능, 수업시간에 배운 것을 새로운 상황에 ___한다.
④ 분석 – 자료 혹은 개념을 구성요소로 ___하여 그것의 조직구조를 이해한다. 사실과 ___을 분별한다.
⑤ 종합 – 다양한 요소들을 구조화하고 패턴화, 부분들을 함께 합쳐 하나의 ___를 만들고 거기에 새로운 의미 혹은 ___를 부여한다.
⑥ 평가 – 생각, 사상, 자료의 가치를 ___한다. 가장 효과적인 해결책을 선택한다.

정답: (1)블룸, 인지적, 응용, 분석 ①기억 ②이해 ③응용 ④분해, 추론 ⑤총체, 구조 ⑥판단

THEME 86. 워커의 자연주의적 교육과정 개발 모형

① ___ 상황에서 교육과정이 어떻게 개발되는가를 참여 관찰하면서 발견한 것을 토대로 교육과정 개발과정을 설명하는 틀을 만들고, 이를 _____ 모형이라고 명명하였다.
② 교육과정 개발자들의 의견이 타협되고 조정되는 과정을 강조하므로 ___ 지향적, 또한 교육과정 개발자들이 교육과정 개발과정에서 실제로 따르고 있는 절차를 기술하고 있다는 점에서 '_____' 모형이라고 할 수 있다.
③ 워커의 모형에 따르면, 교육과정 개발과정에서 참여자들은 서로 다른 자신들의 견해를 표방하는 '___(platform)' 단계와, 다양한 대안들에 대한 논쟁을 거쳐 합의에 이르는 '___(deliberation)' 단계를 거쳐 ___ 단계에서 선택한 대안을 실천 가능한 것으로 구체화하는 '___(design)'의 단계를 밟게 된다.

THEME 87. 교육내용의 조직 원리

① ___ : 어느 한 수준이나 시기의 교육과정이 다루는 폭과 깊이
② _____ : 교육과정에 들어있는 중요한 개념이나 기술이 각 학년에 반복적으로 제시되는 것
③ _____ : _____을 포함하면서도 그것을 넘어서는 것. 즉, 교육과정의 중요한 기술이나 개념이 계속해서 반복 학습될 수 있도록 조직해야 하지만 그와 더불어 해당 기술이나 개념의 폭과 깊이가 더해질 수 있도록 조직
④ _____ : 교육내용들의 관련성을 바탕으로 교육과정 계획 내에 포함된 모든 형태의 지식과 경험의 연결
⑤ ___적 연계성 : 교육과정의 조직에 있어서 상급과정과 하급과정 사이의 연관성 또는 계속성
⑥ ___적 연계성 : 한 학년 한 학기 또는 한 과정에서 교육하는 여러 교과 또는 여러 영역 사이의 횡적 연관성

THEME 88. 교육과정 발달의 역사 : 교과중심, 경험중심, 학문중심 교육과정 등

① ___중심 교육과정(=전통적인 교육과정)
   - 교과 지식은 인류의 문화적 ___으로 교육의 중심이 되어야 함
② ___중심 교육과정(=생활중심 교육, ___중심 교육)
   - 학자로는 ___, ___ 등이 있다.
   - 아동의 ___와 능동적인 참여를 중시함.
③ ___중심 교육과정
   - 지식의 체계를 전달하려는 교과중심 교육과정과는 달리, 그 교과의 개념이나 법칙과 관련된 원리와 사고체계를 학습자들이 스스로 ___하는 것을 중요시함.
   - 교과의 내용 면에서는 체계적인 개념과 법칙, 즉 '지식의 ___'를 강조하고, 학습방법 면에서는 ___학습과 탐구학습을 강조하였다.
   - 브루너의 ___형 교육과정 : 교육내용으로서의 '지식의 ___'는 교육의 수준에 관계없이 그 성격에 있어서 동일하며, 이 동일한 성격의 내용이 학년 수준이 높아짐에 따라 더 폭넓게, 또 깊이 있게 가르쳐져야 한다.
   - _____, 허___(지식의 형식)
④ ___중심 교육과정
   - 현대사회의 비인간화 문제를 극복하고 교육의 _____를 주장하는 가운데 등장한 교육과정 유형, ___주의와 ___주의 심리학에 토대를 두고 있으며 교육목표는 ___실현과 전인 형성을 지향한다. 지적 능력의 성취보다는 ___적 특성의 발달을 보다 중시
⑤ 교육과정의 _____화 운동(재개념주의)
   - _____는 학교교육의 병폐를 치유하기 위해 교육의 출발점을 바꾸는 것, 즉 '안으로부터의 시작'을 제안, 각 개인의 '주관적 내면'에서 출발하자고 주장함.
   - _____적인 방법(='쿠레레의 방법')은 일종의 '자기분석 방법' 혹은 '자기이해 방법' '___, ___, 분석, 종합'이라는 네 단계에 걸쳐 자기 경험과 인식의 변화에 대하여 떠오르는 생각을 기록하는 방법이다.

THEME 89. 우리나라의 국가 교육과정

2015 개정교육과정

① 미래 사회가 요구하는 핵심역량을 갖춘 '_____ 인재'상 제시하고 이를 위해 _____역량, _____처리역량, _____ 사고역량, _____ 감성 역량, ___소통 역량, _____역량을 제시함

② 국어, 수학, 영어, 사회, 과학 교과에서 모든 학생이 고등학교 단계에서 반드시 배워야 할 내용으로 구성된 '___과목'을 개발

③ ___ 교과 또는 단원 신설 : 안전 교육을 강화하기 위하여 초등학교에서는 1~2학년 수업 시수를 1시간 ___ 창의적 체험 활동 시간을 활용해 체험 중심의 '안전한 생활'을 편성·운영

④ 중학교 ___학기제의 편성·운영 근거를 마련

2022 개정교육과정

⑤ 미래 사회가 요구하는 _____과 창의성을 갖춘 ___적인 사람

⑥ 고교_____를 전면 도입

⑦ 2022 개정교육과정 주요 특징

초등	3~6학년 ___교과목 도입
중등	자유학기제 1년 → _____로 축소
고등	국어·수학·영어 총 수업시간 ___(425시간 → 320시간) 사회탐구 중 '한국지리, 동아시아사, 정치와 법, 경제, 윤리와 사상'은 일반선택에서 제외
공통	디지털 소양 위한 ___교육 강화, 기후 ___ 교육 초6, 중3, 고3 2학기 등 학교급별 전환 시기에 ___연계학기 신설

✻ 정답

① 창의융합형, 자기관리, 지식정보, 창의적, 인지, 공동체, 의사소통, 심미적 ② 공통 ③ 안전, 늘려 ④ 자유 ⑤ 포용성, 주도 ⑥ 학점제 ⑦ 선택, 한학기, 축소, 정보, 위기, 진로

THEME 90. 브루너의 발견학습

① 브루너는 학습주제의 (내용/구조)에 대한 정확한 이해, (수용/능동)적 학습, 학습에서의 (귀납/연역)적 추리의 가치를 강조하였다.

② 동일한 지식의 구조라도 다양한 방식으로 표현될 수 있다. 지식의 표현 양식은 학습자의 인지발달수준에 따라 행동이나 활동을 통해 표현하는 ___적 표현방식, 그림이나 심상 등으로 표현되는 ___적 표현방식, 추상적인 언어나 기호로 표현되는 ___적 표현방식의 순서로 발달해 나간다.

학생의 인지발달단계에 맞게 표현방식을 달리하면 어떤 연령의 아동에게도 효과적으로 가르칠 수 있다. → ____교육과정
③ 학습의 효과는 학습의 ___을 어떻게 조직하느냐와 관련되어 있다.
④ 지식의 ___를 이해하게 되면 학습자 스스로가 사고를 진행할 수 있으며, 최소한의 지식으로 많은 것을 알 수 있다. 학습자의 특성에 맞게 개별화되어 제공, (외적/내적) 보상보다 (외적/내적) 보상이 중요하다.

정답 ① 나선형 ② 내용 지식 ③ 계열 ④ 구조, 외적, 내적

THEME 91. 오수벨의 유의미 학습을 위한 설명식 교수이론

① ___ 중심적인 수업, 학습자는 (수용/발견)을 통해서 지식을 습득, 일반적인 원리나 규칙을 학습한 뒤에 세부적인 정보를 학습해 가는 (귀납적/연역적) 학습
② 새로운 과제의 학습은 활성화된 ___지식이 새로운 학습과제에 의해 의미를 구성하면서 인지 구조가 성숙하고 발전하는 것, 학습을 ___으로 규정하는데, 먼저 학습된 ___지식들은 다음에 학습될 지식의 ___자 역할을 한다. 여기서 포섭이란 학습자의 인지구조에 이미 존재하고 있는 개념이 새로운 개념이나 아이디어를 흡수하여 인지구조에 ___시키는 작용이다.
③ _____란 학습자가 이미 알고 있는 것과 배울 것 사이를 ___하는 교육적 장치

정답 ① 교사, 수용, 연역적 ② 장기, 포섭, 장기, 포섭, 정착 ③ 선행조직자, 연결

THEME 92. 캐롤의 학교학습모형

① 학생들의 학습 정도를 시간의 ___로 본다. 즉, 학생들의 학습성취도의 개인차를 학습에 _____시간량과 학습에 ___(사용)한 시간량의 비(比)로 설명하고 있다.
② ___은 최적의 학습 조건하에서 학습 과제를 일정한 수준으로 성취하는 데 필요한 시간, 수업 _____은 학습자가 수업내용, 교사의 설명, 제시된 과제를 이해하는 정도, _____는 일정한 학습과제를 수행할 수 있도록 학습자들에게 허용된 최대한의 시간, 수업의 __은 교수자가 제시하는 학습 내용과 과제와 관련된 설명, 구성, 제공 방식 등의 수업의 수준, 학습 _____은 학습을 지속할 수 있는 시간으로 학습___라고 할 수 있다.
③ 학습의 정도＝학습기회, (가)_____/적성, 수업이해력, (나)_____

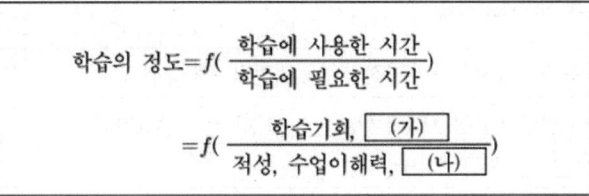

✸ 정답 ① 물량, 발전율, ② 적성, ③ 이해력, 혹은 ⑥ 지구력, 찰, ⑤ 용기, ③(가)학습기회, (나)지구력

THEME 93. 구성주의적(학습자중심) 교수학습이론

(1) 구성주의는 학습을 '학습자의 ___적인 지식 창출'로 본다. 이러한 관점은 학습을 수동적인 지식의 전수로 보는 기존의 관점과는 매우 대조적이다. 구성주의에서 지식은 객관적인 것이 아니라 ___ 되는 것이고, 학습자는 지식을 ___하는 능동적 존재다. 구성주의적 사고는 다음과 같이 수업 설계 원리에 많은 변화를 준다.
① _____ 중심의 학습환경을 지향한다.
② ___적 과제와 맥락을 강조한다.
③ ___ 해결 중심의 학습을 제공한다.
④ 교수자는 학습자가 의미를 구성하는 과정을 도와주는 _____나 촉진자가 되어야 한다.
⑤ ___학습을 강조한다.
⑥ 구성주의적 학습환경이 개인의 인지과정과 지식의 ___에 초점을 두므로 평가도 학습자들의 역동적인 학습환경과 지식의 전이를 반영해야 한다.

✸ 정답 (1)능동, 구성, 구성 ①학습자 ②실제 ③문제 ④조력자 ⑤협동 ⑥전이

THEME 94. 인지적 도제학습이론

① ___	•특정영역지식 •발견전략 •통제전략 •학습전략
② 전략(___)	•모델링 •코칭 •스캐폴딩(___설정) •___화(발화) •_____ 사고 •탐구
③ 제시___	•복잡성 증가 •다양성 증가• ___에서 ___으로 기능 제시
④ 학습의 ___적 측면(사회학)	•상황에 기초한 학습 •_____의 실제활동 경험하기 •___적 동기 유발 •협동심 유발 •경쟁심 유발

▲ 인지적 도제학습에서의 학습환경의 설계 틀

(정답) ①내용 ②방법, 비계, 명료 ,반성적 ③순서, 쉬운, 어려운 ④사회적, 전문가, 내재적

THEME 95. 문제중심학습(Problem-Based Learning : PBL)

① ____로부터 시작하며, 실생활에서 경험할 수 있는 _구조화되고 _____인 문제이다. ② _____ 중심 환경이다. 소그룹을 통한 협동학습과 자기주도적 학습을 병행함으로써 실제적인 학습과정을 거치게 된다. ③ 교사의 역할을 '지식 전달자'에서 '학습진행자 또는 _____'로 전환시킨다.

(정답) ①문제, 비, 실제적 ②학습자 ③촉진자

THEME 96. 상황학습이론

• 학습의 전이는 하나의 맥락(context)에서 이루어진 학습이 그 후 다른 맥락에서의 학습 효과에 영향을 미치는 것으로 앞에 실시했던 학습이 뒤에 실시할 학습에 영향을 주는 것을 의미
  ① _____ 전이 : 선행학습이 새로운 학습의 이해를 촉진하는 현상, 바이올린 연주자가 피아니스트 보다 비올라를 더 쉽게 배울 수 있다.
  ② _____ 전이 : 선행학습이 새로운 학습의 이해를 방해하는 현상, 영어단어가 불어단어를 외우는 것을 방해할 수 있다.
  ③ _____ 전이 : 한 분야에서 학습한 것을 다른 분야 또는 실생활에 적용하는 것
  ④ _____ 전이 : 기본 학습 이후의 고차원적이고 복잡한 학습에 적용되는 것, 수학에서 사칙연산을 배우는 일이 이후에 방정식을 푸는 데 기초가 되는 것

(정답) ①긍정적 ②부정적 ③수평적 ④수직적

THEME 97. 교육공학의 정의와 영역

① 교육공학이란 적절한 공학적 과정과 자원을 ___하고 ___하며, ___하여 학습을 촉진하고 수행을 향상시키기 위한 연구와 윤리적 실천이다.
② ___와 ___을 통한 창출, ___ 및 관리, 평가

> 정답: ① 활용, 관리, ② 과정, 매체, 활용

THEME 98. ADDIE모형

① ___단계 : 요구분석, 학습자 특성 분석, 환경 및 맥락 분석, 학습과제 분석 및 출발점 수준 진단 등
② ___단계 : 학습목표의 명세화, 수업 평가 전략 및 평가도구의 설계, 수업 내용의 계열화, 수업전략 및 매체의 선정 등을 기획함으로써 전반적인 수업의 _____ 또는 수업설계안을 만들어낸다.
③ ___단계 : 수업의 청사진에 따라 수업에서 사용할 다양한 유형의 자료들을 실제로 개발하고 제작하는 활동수행
④ ___ 단계 : 개발된 수업 프로그램을 실제 수업 현장에 사용하거나 교육과정에 반영하면서 계속 유지하거나 필요한 경우 수정, 보완하는 등의 활동을 수행
⑤ ___ 단계 : 평가하는 활동 수행, ___평가와 총괄평가로 구분

> 정답: ① 분석 ② 설계, 청사진 ③ 개발 ④ 실행 ⑤ 평가, 형성

THEME 99. 딕과 케리의 수업체제설계모형

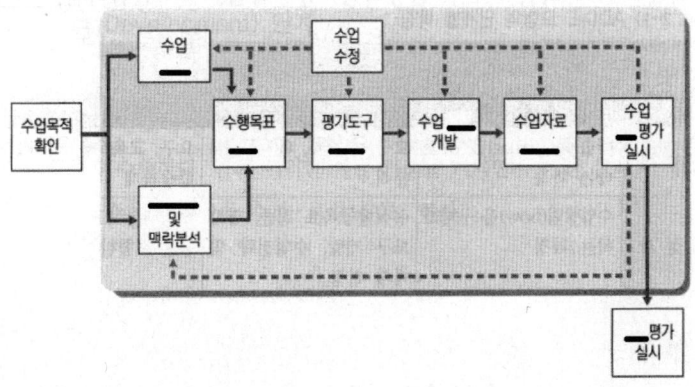

> 정답: 수업목적 확인 → 수업분석 및 학습자 분석 → 성취목표 기술 → 평가도구 개발 → 수업전략 개발 → 수업자료 개발 및 선정 → 형성평가 실시 → 총괄평가 실시

THEME 100. 가네의 학습의 조건

(1) 학습결과
① _____ : 학습자가 자신의 용어를 사용하여 정보를 진술하는 능력
② _____ : 지적 기능은 ___적 지식, 지식을 활용하는 능력
③ _____ : 자신의 내적 인지 과정을 조절, 통제하는 _인지적 사고기능
④ _____ : 신체적 기능을 의미
⑤ ___ : 특정한 방식으로 행동하는 것을 선택하는 것으로 개인의 선호 경향성

(2) 학습조건 : 학습결과(목표)에 따라 학습의 ___도 달라져야 함

(3) 수업사태

구분	인지과정	교수사태
학습을 위한 준비	주의집중	주의집중 유발
	기대	수업목표 제시
	작업기억으로 재생	①_____ 자극
획득과 수행	선택적 지각	②_____ 제시
	의미론적③ _____	④_____ 제공
	재생과 반응	수행 유도
학습의 전이	강화	피드백 제공
	재생을 위한 암시	형성평가
	일반화	파지와⑤ ___ 높이기

▲ 학습자의 인지과정과 교수사태(단계)

(4) 학습의 위계
• 지적 기능의 학습은 ___학습, 자극-반응학습, ___학습, 언어연합학습, ___학습, ___학습, 규칙학습, 고차적 규칙학습의 8가지 유형으로 나뉘며 제시된 순서대로 ___를 이룬다.

THEME 101. 켈러의 ARCS 동기이론

① _____ : 비일상적인 내용이나 사건을 제시함으로써 학습자의 _____ 를 유발
② _____ : 친밀한 예문이나 배경 지식, 실용성에 중점을 둔 목표를 제시
③ _____ : 성공기회, 학습요건(학습의 필요조건 제시), 개인적 통제(개인적 조절감 증대)의 하위범주로 나뉜다.
④ _____ : 적절한 강화계획을 세워, 의미 있는 강화나 보상을 제공한다.

※ 정답 ①주의집중, 흥미 ②관련성 ③자신감 ④만족감

THEME 102. 협동학습

(1) 협동 학습의 형태
① _____(Student Team Achievement Division : STAD)
② _____ 게임 모형(Teams-Games-Tournaments : TGT)
③ 직소(Jigsaw) : _____ 집단 有
④ ___적 협동학습(Co-Op Co-Op) : 자유롭게 과제를 나누어 맡음

(2) 협동 학습의 기본 요소
①___적인 상호___성 ② 면대면을 통한 ___작용 ③ ___적인 책무성 ④ ___적 기술 ⑤ 집단 내 구성원은 ___적으로, 집단끼리는 ___적으로 구성

※ 정답 (1)①성취과제분담학습 ②팀경쟁 ③전문가 ④자율 (2)①긍정적, 의존성 ②상호 ③개별 ④사회 ⑤이질, 동질

THEME 103. 프로그램 학습(programmed learning)

① 프로그램 학습은 하나의 주어진 학습과제의 내용을 작은 분절(分節)로 구조화하여 단계적으로 학습할 수 있도록 함으로써, 누구나 학습 목표에 쉽게 도달할 수 있도록 제작한 _____ 학습의 한 형태이다.
② 1926년 프레시(L. Pressy)에 의해 처음으로 고안된 교수기계(teaching machine)가 출발점이 되어 발전된 수업형태이다. 프로그램 수업은 스키너식의 직선형과 크라우더식인 분지형의 둘로 크게 나누어진다. 어느 유형이건 기본적으로 _____ 이론에 바탕을 둔 수업방식이다.

③ 프로그램 수업이 가지는 대표적 특징은 아동의 _____ 반응을 유도하며, 아동이 행한 반응에 대해 즉각적으로 _____(feedback)해 주며, 아동이 각자 자기 속도에 맞추어 학습할 수 있도록 스몰스텝(small step)으로 구성되어 있다는 점이다.

> **정답** ① 능동 ② 강화 ③ 피드백

THEME 104. 테크놀로지 활용 수업

(1) **디지털 _____** : 디지털사회의 구성원으로서의 자주적인 삶을 살아가기 위해 필요한 기본 소양으로 윤리적 태도를 가지고 디지털 기술을 이해·활용하여 정보의 탐색 및 관리, 창작을 통해 문제를 해결하는 실천적 역량

(2) **테크놀로지 활용 교실수업**
 ① _____ : 인터넷 네트워크 기술을 바탕으로 다양한 매체를 활용, 시간과 장소의 제약 없이 학습자가 다른 학습자, 교수자, 학습 내용과 활발한 상호작용을 하면서, 다양한 학습경험을 할 수 있도록 지원하는 체제
 ② _____학습 : ___교육의 한 형태로서 학습자들이 서로 ___되어 있고 상호작용적인 시스템을 통해 학습자를 자원 및 교수자와 연결하는 제도적 기반을 둔 형식교육, 원격교육을 위해 라디오, 텔레비전, 컴퓨터 등 다양한 테크놀로지가 활용될 수 있는데, 온라인 학습은 인터넷을 매개로 학습이 이루어진다.
 ③ _____러닝 : 이동성(mobility)이 있는 무선의 매체들을 활용한 교육, 기기의 __, 즉 매체 및 콘텐츠의 접근(Content), 정보의 포착과 저장(Capture), 반응의 산출(Compute), 의사소통(Communicate) 기능 활용을 강조
 ④ _____ 학습 : 시간, 장소, 환경 등에 구애받지 않고 언제, 어디서나 자신이 원하는 학습을 즉각적으로 수행할 수 있는 학습자 중심의 통합적인 학습체제
 ⑤ ___러닝
  • 블렌디드 러닝, 거꾸로 학습, 역전학습, 역진행학습, 반전학습으로 불리며, 학교에서의 강의식 수업과 집에서의 숙제로 구성된 전형적인 학습과정을 거꾸로 하는 교육모형

> **정답** (1) 리터러시 (2) ①이러닝 ②온라인, 원격, 연결 ③모바일 4C ④유비쿼터스 ⑤플립

THEME 105. 교육행정의 개념

① 교육에 관한 행정(국가 ___ 론) : 교육행정이 일반행정의 한 영역으로 간주되어 안정성이 있는 반면 중앙집권적인 형태를 띠고, 교육의 전문성과 특수성을 반영하기 어렵다.
② 교육을 위한 행정(___ 주의론, ___ 정비설) : 교육의 본래 목적이 강조된다. 즉, 행정보다는 ___ 그 자체를 강조한다.

> 정답: ① 통치권 ② 기능, 조건, 교육

THEME 106. 교육행정의 과정

페욜의 산업관리론
① ___(Planning) : 미래를 예측하고 행동계획을 수립하는 일
② ___(Organizing) : 인적, 물적 자원을 조직하고 체계화하는 일
③ ___(Commanding) : 구성원으로 하여금 과업을 수행하도록 하는 일
④ ___(Coordinating) : 모든 활동을 ___하고 상호 ___하는 일
⑤ ___(Controlling) : 정해진 규칙과 명령에 따라 일이 이루어지고 있는가를 확인

> 정답: ① 기획 ② 조직 ③ 명령 ④ 조정, 통합, 조정 ⑤ 통제

THEME 107. 교육행정의 원리

① 법치행정의 원리(= ___의 원리) : 모든 행정행위는 __에 의거하고 __이 정하는 범위 내에서 이루어지는 것을 원칙으로 한다.
② ___의 원리 : 이해당사자들의 의사를 적극적으로 ___하고 그들을 의사결정과정에 적절하게 ___시켜야 한다.
③ ___의 원리 : 최소한의 시간과 노력을 투입하고 최대한의 효과를 얻으려는 ___의 원리이다. 민주성의 원리와 상충할 수도 있다.
④ 자주성의 원리(=자율성의 원리) : 학교나 지방교육 행정기관이 그 조직의 관리, 운영에 관하여 필요한 기준을 ___적으로 설정, 집행하며, 조직 발전에 필요한 제반 정책을 ___으로 결정하는 것을 의미한다.
⑤ 안정성의 원리 : 교육활동의 ___과 지속성을 유지함으로써 안정성을 확보하려는 원리

⑥ _____의 원리 : 교육행정에는 끊임없는 사회 변화에 능동적인 대처로 변화를 주도하고 조절하는 능력이 요구된다.
⑦ _____의 원리 : 능력에 따른 교육기회의 균등을 법에 국민의 권리로 명시
⑧ 권한의 _____ 원리(= 적도집권의 원리) : 중앙과 지방 사이의 적정한 권한 배분, 교육청과 단위학교, 단위학교 내의 구성원 간에 권한의 배분

※ 정답
①합법성, 법, ②민주성, 참여, ③효율성, ④사기, 녹지사, ⑤안정성, ⑥적응성, ⑦기회균등
⑧분권성

THEME 108. 과학적 관리론

① _____ 관리론 : 과학적 관리의 원리를 교육에 도입
② _____ : 학교에서도 생산품(학생)과 생산방법(교육방법)을 표준화하고, 생산자(교원)의 자격, 교육, 훈련에 과학적 관리의 원리를 적용해야 한다고 주장. 또 교육시설의 최대 활용, 교직원 수의 최소화 및 ___의 최대화, 교육에서의 낭비 제거, 행정기능 ___를 통한 교수 활동의 효과성 제고 등을 강조.
③ _____ : 교육행정가가 ___경영의 원리에 따라 업무를 수행할 것을 주장, 교육행정에 적용되는 과학적 관리의 본질을 성과의 측정과 비교, 성과 달성의 조건, 수단, 시간에 대한 비교분석, 좋은 성과를 가져오는 수단의 채택과 활용으로 설명.

※ 정답
①과학적, ②보비트, 돈, 활용, ③테일러, 기업

THEME 109. 관료제론과 교육행정

① ___는 특정한 명령이 구성원들에 의해 준수될 가능성인 ___가 정당화되는 방법에 따라 전통적 권위, 신비적 권위, 합리적·합법적 권위로 나누면서, 합리적·합법적 권위에 의한 관료적 지배의 순수성을 주장하며 이상적 관료제를 제시
② 학교의 조직구조는 두 가지 특성, 즉 법적·제도적 측면에서는 관료제적 속성을 가지면서, 교수-학습을 중심으로 한 교사의 전문성 측면에서는 _____조직으로서의 속성을 갖는다.

순기능	관료제 특성	역기능
전문성	③____	권태
합리성	④_____ 배제	사기저하
엄격한 순응과 조정	⑤___의 위계	의사소통 저해
계속성과 통일성	⑥_____	경직성/본말전도
유인체제	⑦___ 지향성	업적/연공서열 갈등

▲ 베버 관료제의 순기능과 역기능

정답 ① 분업, ② 개인적, ③ 권위, ④ 규정과 규칙, ⑤ 경력, ⑦ 경력

THEME 110. 인간관계론

① 과학적 관리론의 반작용으로 대두됨. 인간관계론의 시작은 '___실험'에서 찾을 수 있다. 연구자들은 물리적인 조건이 향상되거나 그렇지 않더라도 생산성이 증가한다는 것을 발견하고, 물리적인 조건보다 조직원의 _____인 요인이 생산성에 영향을 미친다고 밝혔다. 핵심은 ___에 대한 관심과 배려
② 교육행정에서는 인간관계론이 민주행정의 원리를 제시하는 계기를 제공하고 민주적 지도성, 민주적 조직 형태의 확립, 구성원 참여의 확대, 상호작용과 신뢰구축 등을 강조하는 _____ 원리가 확대되는 결과를 가져왔다.

정답 ① 호손, 인간적, 인간 ② 민주적

THEME 111. 학교조직의 유형

① **블라우와 스코트의 구분**: 누가 조직의 주요 _____이냐에 따라 ___조직(조직구성원, 정당, 종교단체 등), ___조직(조직소유자), ___조직(고객,학교 등), 공공___조직(일반대중전체, 관공서 등)으로 분류
② **카츠와 칸의 구분**: 조직의 본질적 ___이 무엇인지에 따라 생산적 또는 _____ 조직, ___조직(학교, 병원 등), ___조직(대학 등), 관리적 또는 정치적 조직으로 분류

③ 에치오니의 분류 : 조직의 ___사용과 구성원의 ___형태에 의해 분류

참여 형태

		소외적	타산적	도덕적
권력의 유형	강제적	[____]조직 예) 형무소		
	보상적		[____]조직 예) 기업체	
	규범적			[____]조직 예) 학교

▲ 에치오니의 권력-참여관계의 조직 유형

④ 칼슨의 분류 : 봉사조직을 고객___권과 참여___권 여부에 따라 분류

Carlson	고객선발권 참여선택권 여부	유형 Ⅰ(_____)	대학이나 병원, 일반 복지후생 기관
		유형 Ⅱ(조직선택권만)	미국주립대학, 지역사회대학, 직업교육
		유형 Ⅲ(고객참여선택만)	강압조직(이론적으로 가능하나 실제로는 없다.)
		유형 Ⅳ(_____)	의무교육기관인 학교, 교도소

※ 정답

① 수혜자, 공희, 사업, 봉사, 호혜 ② 권력, 참여 ③ 공리, 강제적, 규범적 ④ 선발, 참여, 야생조직, 온상조직

THEME 112. 학교조직의 성격

(1) _____ · 전문적 성격의 ___구조

(2) 조직화된 _____ 조직

　① 목표의 _____ : 교육조직의 목적이 구체적이지 못하며 또 분명하지 않음

　② _____ 과학적 기법 : 목적을 달성하기 위해서 사용하는 방법이 과학적으로 분명하지 않다.

　③ _____ 참여 : 학교조직의 구성원들인 학생, 교사, 행정가 등이 고정적이지 못하고 유동적, 조직의 중요한 의사결정에 그때 누가 참여하느냐에 따라 다른 결정을 내릴 수도 있다.

(3) _____ - 학교조직은 특성상 자율성과 자유_____을 가지고 있으며, 때로는 교사도 형식적인 교장의 지시와 통제를 받을 뿐이기 때문에 기업이나 군대와는 달리 구조적으로 _____을 특징으로 한다.

> 정답   (1) 평균적, 이동 (2) 남성화 (3) 이완결합체제, 재량권, 느슨함

THEME 113. 학교풍토

교사행동 (동료적, 친밀한, 일탈적)		학교장 행동(지원적, 지시적, 제한적)	
		개방	폐쇄
	개방	① _____	② _____
	폐쇄	③ _____	④ _____

▲ Hoy 등의 OCDQ-RE의 학교풍토 유형

> 정답   ①개방풍토 ②몰입풍토 ③일탈풍토 ④폐쇄풍토

THEME 114. 상황적 리더십 이론

(1) _____의 상황적응적 리더십 모형
① 리더의 효과성을 리더와 구성원의 ___, ___구조, 리더의 지위 ___을 조합한 상황의 _____을 통해 설명하였다. 그는 가장 싫어하는 동료척도(LPC : Least Preferred Co-worker scale)를 활용, LPC 점수가 ___ 리더는 관계지향적 리더로, LPC 점수가 ___ 사람은 과업지향적 리더로 보았다. 상황의 호의성에 따라 효과적인 리더가 _____고 설명하였다.
② LPC 점수가 낮은 ___지향적 리더는 상황이 호의적이거나(Ⅰ, Ⅱ, Ⅲ), 비호의적인 경우(Ⅶ, Ⅷ)에는 _____이며, LPC 점수가 높은 ___지향적 리더는 상황의 호의성이 중간수준(Ⅳ, Ⅴ, Ⅵ)인 경우에 효과적임

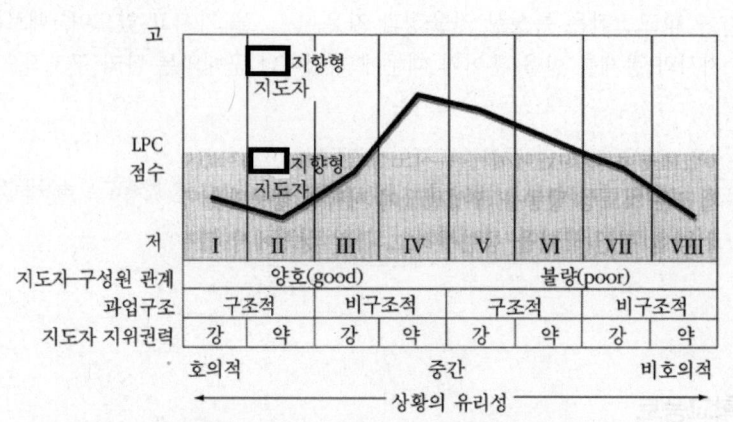

▲ 피들러의 상황에 따른 효과적인 리더십 유형

(2) 하우스의 ___-___ 이론
• 리더의 행동, 상황적 요인, 구성원의 지각, 효과성으로 구성

(3) ___의 3차원 리더십 모형
• 과업지향성과 관계지향성에 _____을 추가하여 3차원을 제시, 리더십이 처한 과업수행 기술, 조직 철학, 상급자 동료, 부하직원 등 네 가지 ___적 요소에 따라 리더십의 효과가 달라진다고 주장

(4) ___와 블랜차드의 ___적 리더십 이론
• 구성원의 _____를 상황적 요인으로 설정하여, 구성원의 _____에 리더 행동 유형이 적합하게 매치될 때 리더십의 효과가 높아질 수 있다고 함. 구성원의 성숙도는 직무수행 역량이 반영된 ___에 대한 성숙도와 어떠한 일을 하고자 하는 ___와 의지수준이 반영된 심리적 성숙도로 구분된다.

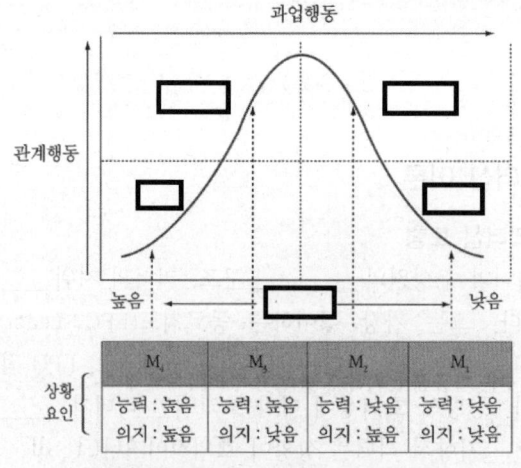

▲ 허쉬와 블랜차드의 상황적 리더십 모형

THEME 115. 새로운 리더십이론

① _____ 리더십 : '4개의 I'- 구성원들로부터 신뢰와 존경을 받고, 변화를 수용할 수 있는 토대를 마련하는 _____(idealized Influence), 조직의 문제점들이 해결될 수 있다고 믿도록 구성원의 기대를 변화시키는 영감적 ___유발(Inspirational Motivation), 구성원들이 창의적으로 문제에 접근할 수 있도록 하는 ___ 자극(Intellectual Stimulation), 성취나 성장 욕구가 강한 개인들에게 특별한 관심을 기울이는 ___적 배려(Individualized Consideraion)
② _____적 리더십(베버) : 사람들로 하여금 자발적으로 복종하게 하는 권위
③ ___적 리더십 : 인간의 의미추구 욕구를 만족시킴으로써 그 구성원을 조직의 주인으로 만들고, 조직의 제도적 통합을 가능하게 하는 리더십.
④ 슈퍼리더십(= ___리더십) : 초 우량 리더십, 구성원 각자가 스스로를 지도할 수 있도록 만들 수 있는 리더십. 자율적으로 자신의 지도력을 발휘할 수 있게 되는 것을 의미.
⑤ _____ 리더십 : 슈퍼리더십과 비슷한 개념으로 지도자의 _____과 추종자의 자율성 확보를 통하여 지도자는 스스로 '지도자의 지도자'가 되고 추종자는 '자기지도자'가 되도록 이끄는 리더십이다.
⑥ _____ 리더십 : 지도성에 대한 _____적 사고를 부정, 학교 구성원 모두가 ___의 지도성을 실행하면서 학교 조직의 효과성을 극대화하는 것을 목표로 한다.

THEME 116. 동기의 내용이론

① 매슬로우의 ___계층이론
② 알더퍼의 ERG 이론 : ___욕구(E : Existence need), ___욕구(R : Related need), ___욕구(G : Growth need)
③ _____의 _____ : 만족과 '불만족'은 서로 _____ 별개의 차원, 즉, 만족의 반대는 불만족이 아니라 '만족이 없는 상태', 즉 무만족이며, 불만족의 반대는 만족이 아니라 '불만이 없는', 즉 직무 불만족이라는 사실을 발견. 직무만족을 가져다주는 내용으로 밝혀진 요인들은 ___요인 또는 ___요인이라 부르고, 직무 불만족을 가져다주는 것으로 밝혀진 내용들을 ___요인 또는 _____ 요인이라 부름.
④ 맥그리거의 _____
⑤ 아지리스(Chris Argyris)의 _____

THEME 117. 동기의 과정이론

① 브룸(Vroom)의 _____
  • ___란 여러 자발적인 행위들 가운데에서 개인의 선택을 지배하는 과정
  • 기대이론은 성과, ___, 수단성, 유인가의 네 요소로 구성된다.
  • 동기의 강도는 기대, 수단성, _____가 모두 높을 때 높아짐
  ※ 성과-만족이론은 기대이론을 수정보완한 것으로 보상의 양뿐 아니라 그 보상이 _____ 지각하는 정도가 만족을 결정한다고 본다.
② _____이론 : 아담스의 사회적 ___이론, 한 개인이 타인에 비해 얼마나 공정한 대우를 받고 있다고 느끼는가에 초점을 둔 이론
③ 목표설정이론
  • 로크, 스티어스 외, ___를 달성하려는 의도가 개인의 ___를 일으키고 과업 수행을 높이는 주요한 동인이 된다는 가정에 기반

정답 ①기대이론, 동기, 보상, 유인가, 공정하다고 ②공정성, 공정 ③목표, 동기

THEME 118. 캠벨의 정책수립과정모형

①_____ 단계로 교육정책 결정이 전국적 또는 세계적 범위에서 발생하는 중요한 정치적·경제적·사회적·기술공학적 힘의 작용으로 출발 ②존경받는 개인 또는 _____ 집단이 주도하는 교육개혁에 대한 건의와 같이 기본적 힘에 대한 일종의 반응으로 나타나는 _____ 단계이다. 예컨대, 보통 국가 수준에서 행해지는 조사연구보고서 등에 의하여 선도되는 운동. ③_____ 활동 단계로서, 정책 결정에 선행되는 공공 토의나 논쟁을 의미한다. 전국적으로 또는 지역 단위로 _____ ·정당·매스컴 등이 앞장서서 전개함으로써 정책 결정 분위기를 조성하는 단계 ④___ 단계로서, 이는 행정부나 입법부에 의한 정책 형성의 최종단계

정답 ①기본적 힘의 작용 ②전문가, 건의활동 ③공공토의, 매스컴 ④입법

THEME 119. 의사결정에 관한 관점

①구분	_____ 관점	_____ 관점	_____ 관점	_____ 관점
②중심개념	목표 달성을 극대화하는 선택	___에 의한 선택	협상에 의한 선택	선택은 _____ 결과
③의사결정의 목적	조직목표 달성	조직목표 달성	_____의 목표달성	상징적 의미의 목표 달성
④적합한 조직형태	관료제, 중앙집권적 조직	_____ 조직	대립된 ___가 존재하고 협상이 용이한 조직	달성할 목표가 분명하지 않은 조직
⑤조직환경	폐쇄체제	___체제	개방체제	개방체제
특징	규범적	규범적	기술적	기술적

▲ 의사결정에 관한 관점

:☀: 정답 ①합리적, ②참여적, ③정치적, ④우연적, ⑤이완결합, ⑥전문적, ⑦개방, ⑧이해, ⑨집단, ⑩우연

THEME 120. 교육정책 결정모형

① ___모델 : 최선의 해결책을 합리적으로 선택, _____ 강조
② ___모델 : 객관적인 자료를 바탕으로 여러 대안을 모색하지만 현실적으로 최적의 대안을 선택할 수 없으므로 만족할 만한 내안을 선택
③ ___모델 : 기존의 정책이나 결정을 점진적으로 수정, 획기적인 대안의 선택보다는 현행정책과 비슷한 다소 향상된 정책결정에 만족, 온건지향적, _____
④ 혼합모델 : ___모델 + ___모델, 정책이나 기본방향은 ___모델, 세부적인 사항은 ___모델을 따름
⑤ ___모델 : 합리모델과 점증모델의 절충을 시도했으나 합리성과 _____을 동시에 고려하는 최적치를 추구, 초 합리적인 요인을 의사결정에 포함
⑥ _____모델 : 의사결정에 있어서 _____, ___ 선택으로 의사결정이 이루어짐, '조직화 된 _____ 조직' 상황에서 일어나는 의사결정 모델

:☀: 정답 ①합리, 능률성 ②만족 ③점증, 보수적 ④합리, 점증, 합리, 점증 ⑤최적, 초합리성 ⑥쓰레기통, 불분명, 우연

THEME 121. 토마스의 갈등관리이론

① _____ : 상대방을 희생시키고 자신의 갈등을 해소하는 형, 신속한 결정이 요구되는 긴급한 상황, 조직의 성장에 중요한 문제일 때 적합하다.
② _____ : 자신의 욕구 충족은 포기하더라도 상대방의 갈등이 해소되도록 노력하는 방법, 자기가 잘못한 것을 알았을 때, 조화와 안정이 특히 중요할 때, 패배가 불가피하여 손실을 극소화해야 할 때
③ _____ : 다수의 이익을 우선하기 위해 양측이 상호교환과 희생을 통해 부분적 만족을 취함으로써 갈등을 해소하는 유형, 복잡한 문제에 대한 일시적인 해결책을 얻고자 할 때
④ _____ : 양쪽이 다 만족할 수 있는 갈등해소책을 적극적으로 찾는 방법, 양자에게 모두 이익을 주는 최선의 방법. 합의와 헌신이 필요할 때, 양자의 관심사가 매우 중요하여 통합적인 해결책만이 수용될 수 있을 때
⑤ _____ : 갈등이 없었던 것처럼 행동하여 이를 의도적으로 피하는 방법으로 자기뿐만 아니라 상대방의 관심사마저 무시하는 유형, 쟁점이 사소한 것일 때, 해결에 들어가는 비용이 효과보다 클 때 적합한다.

☀ 정답   ① 경쟁형 ② 공응형 ③ 타협형 ④ 협력형 ⑤ 회피형

THEME 122. 조하리 창 이론

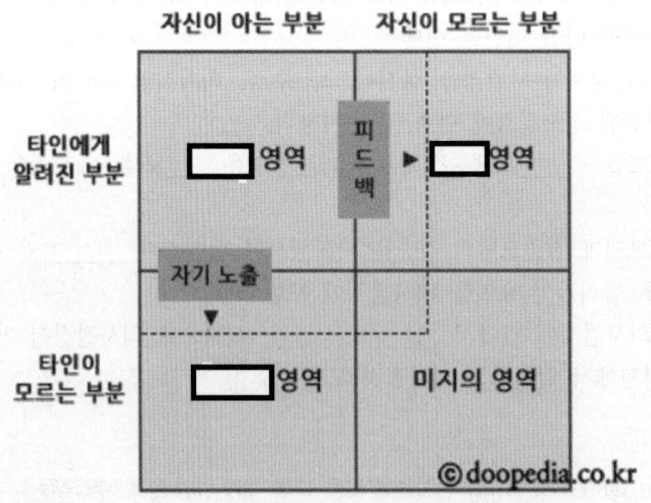

☀ 정답   (왼쪽 상에서 시계방향으로) ① 맹점 ② 비밀 ③ 공개

THEME 123. 교육기본법 외 일부 법률 개정사항

(1) 교육기본법 개정 사항
① '사회교육'을 ____교육으로 용어 변경
② 남녀평등교육을 ____평등교육으로 변경 및 체계화를 위한 근거마련
③ 교육____ 강화 : 국가와 지방자치단체 간 공동 주체의 모호성을 해소하고, 교육____ 실현을 위한 지방자치단체의 교육시책 수립 실시 권한을 명시하여 국가와 지방자치단체의 학교 운영 _____과 참여 보장을 명확히 함
④ 학급당 학생 수 _____
⑤ _____교육을 위해 필요한 시책을 수립·실시하도록 의무화

(2) 주요 교육 관련법 개정사항
① 사립학교 교원 신규채용 시, 교육청에 ____시험 ____하도록 하여 채용, 다만, 대통령령으로 정하는 바에 따라 시·도교육감의 승인을 받은 경우 ×
② 학교법인임원의 _____ 확보를 위해 결격기간 연장 및 당연퇴직 근거 마련
③ 관할청이 사립학교 사무직원에 대해 징계를 요구할 수 있도록 하여 지도·감독의 ____성 제고
④ 사립학교 학교운영위원회 ____기구화하여, 학교의 예산안 및 결산을 학교운영위원회의 ____ 사항으로 하되, 학교헌장과 학칙의 제정 또는 개정은 ____사항으로 유지

(3) 교권 보호 4법(교육지위법, 초·중등교육법, 교육기본법, 유아교육법) 개정안 세부 내용(2023년 9월 27일 일부개정, 2024년 3월 1일 시행)
① 교육지위법(교원의 지위 향상 및 교육활동 보호를 위한 특별법) 개정안에는 교육활동 침해행위 유형을 공무집행방해·무고죄를 포함한 ____ 민원까지 확대, 교원이 아동학대 범죄로 신고된 경우 정당한 사유가 없는 한 직위해제를 ____하고 관련 조사·수사시 _____ 의견제출을 의무화, 교육감이 교원을 각종 소송으로부터 보호, 학교안전공제회 등에 위탁, 교권보호위원회를 각급 학교에서 _____으로 이관, 가해자와 피해 교원을 즉시 분리, 학교장의 교육활동 침해행위 축소·은폐를 ____하는 등의 내용이 담겼다.
② 초·중등교육법 개정안은 교원의 _____ 학생생활지도를 아동학대 행위로 보지 않도록 하고, 보호자에 의한 교직원 또는 다른 학생의 인권침해행위를 금지했다. 학교 민원은 ____이 책임지도록 했다.
③ 교육기본법 개정안은 부모 등 보호자가 학교의 정당한 교육활동에 협조하고 존중할 ____를 명확하게 규정했다. (유아교육법 개정사항 제외)
④ 교권 침해행위의 생활기록부 기재와 아동학대 사례 판단위원회 설치 등은 국회 교육위원회 심사 과정에서 ____됐다.

THEME 124. 교육법의 체계와 내용

① ___ : 교육에 관한 최상위규범, 국회의 의결을 거쳐 ___투표로 제·개정
② ___ : 법률은 입법부인 ___에서 정하는 법(국가 간 협정사항도 법률의 지위를 갖는다.)
③ ___ : ___에서 만든 법. 즉, 행정부 수반인 대통령이 만든 법은 대통령령, 총리가 만든 법은 총리령, 장관이 만든 법은 부령이라고 한다.
④ **자치법규** : 지방자치단체가 만드는 법. 지방자치단체는 의결기구와 집행기구로 나뉜다. 의결기구란 광역자치단체인 시·도 의회와 기초자치단체인 시·군·구 의회를 말한다. 집행기구란 자치단체장을 말하는데 광역자치단체장인 시장, 도지사와 기초자치단체장인 시장, 군수, 구청장을 말한다. 아울러 교육 특별자치단체장이라 할 수 있는 시·도 교육감도 (의결/집행)기구이다. 이때 지방의회가 만드는 법을 ___라 하며, 자치단체장이 만드는 법을 ___이라 한다. 특히 교육감이 만드는 법을 _____이라 한다. 교육감은 집행기구이지만 두 가지의 입법권을 갖고 있는데, 하나는 ____작성권이고 다른 하나가 바로 교육___ 제정권이다.

• **법 적용의 우선 원칙**
⑤(관습법/성문법) 우선의 원칙 ⑥(상위법/하위법) 우선의 원칙이다. ⑦(구법/신법) 우선의 원칙이다. 후번이 선번보다 우선한다. ⑧(특별법/일반법) 우선의 원칙이다. 예컨대, 노동조합법보다 교원노조법이 우선한다.

> 정답 ① 헌법, 국민 ② 법률, 국회 ③ 명령, 행정부 ④ 집행, 조례, 규칙, 교육규칙, 예산, 규칙 ⑤ 성문법 ⑥ 상위법 ⑦ 신법 ⑧ 특별법

THEME 125. 대한민국 「헌법」

제31조 ① 모든 국민은 능력에 따라 균등하게 교육을 받을 권리를 가진다(교육___ 조항). ② 모든 국민은 그 보호하는 자녀에게 적어도 초등교육과 ___이 정하는 교육을 받게 할 의무를 진다(___교육 조항). ③ 의무교육은 무상으로 한다(___교육 조항). ④ 교육의 자주성·_____·정치적 _____ 및 대학의 _____은 법률이 정하는 바에 의하여 보장된다. ⑤ 국가는 ___교육을 진흥하여야 한다. ⑥ 학교교육 및 평생교육을 포함한 교육제도와 그 운영, 교육재정 및 교원의 지위에 관한 기본적인 사항은 ___로 정한다(교육제도 ___주의).

> 정답 ① 평등 ② 법률, 의무 ③ 무상 ④ 전문성, 중립성, 자율성 ⑤ 평생 ⑥ 법률, 법정

THEME 126. 교육관련 주요 법령사항

① 「초·중등교육법」에 따르면, ___교육을 받고 있는 학생(_____ 이하)은 ___시킬 수 없다.
② 의무교육 단계인 _____ 교육과 의무교육 단계는 아니지만, ___교육인 고등학교 교육에서 입학금, 수업료, 학교운영지원비, 교과용 도서 구입비에 대하여 국가 및 지방자치단체가 부담하고, 학교의 설립자·경영자는 학생과 보호자로부터 이를 받을 수 ___.
③ 특성화중학교의 장은 학생을 선발하는 경우 ___시험에 의한 전형을 실시하여서는 아니 된다.
④ 교육과정 운영에 따라 일반고등학교, _____고등학교, _____고등학교로 구분, 자율성을 기준으로 자율고등학교(____사립학교, _____고등학교)가 있다. 특수분야의 전문적인 교육을 목적으로 하는 학교는 _____고등학교이다. 소질과 적성 및 능력이 유사한 학생을 대상으로 특정 분야의 인재양성을 목적으로 하는 교육 또는 자연현장실습 등 체험 위주의 교육을 전문적으로 실시하는 고등학교는 _____고등학교이다.
⑤ 교육감은 학교폭력의 실태를 파악하고 학교폭력에 대한 효율적인 예방대책을 수립하기 위하여 학교폭력 실태조사를 연 ___이상 실시하고 그 결과를 공표하여야 한다. 의무교육과정에 있는 가해 학생에 대하여는 ___처분을 적용하지 아니하며, 심의위원회는 가해학생이 특별교육을 이수할 경우 해당 학생의 보호자도 함께 교육을 받게 하여야 한다.
⑥ 방과후학교 과정 또한 ___교육이 금지되며, 단, 학교의 _____ 중 편성·운영되는 경우, 도시 저소득층 밀집 학교 등에서 운영되는 경우와 「영재교육 진흥법」에 따른 영재교육기관의 영재교육, 「조기진급 또는 조기졸업 대상자, 체육·예술 교과(군), 기술·가정 교과(군), 실과·제2외국어·한문·교양 교과(군), 전문 교과, 초등학교 1학년과 2학년의 ___ 방과후학교 과정 등에서는 적용이 배제되고 있다.

THEME 127. 지방교육자치제도

① (광역/기초)지방의회에 '교육·학예에 관한 의안과 청원 등을 심사·의결하기 위하여' 상임위원회 형태로 _____를 두고 있다. 한편 시·도의 교육·학예에 관한 사무의 (심의/집행)기관으로 교육감을 두고 있는데 교육감 밑에 국가공무원으로 보하는 부교육감과 필요한 보조기관(교육장)을 두고 있다. _____은 교육감이 추천한 자를 교육부 장관의 제청으로 국무총리를 거쳐 대통령이 임명한다. 기초단위 시·도의 교육·학예에 관한 사무를 분장하기 위하여 교육지원청이 있다. 교육지원청은 장학관으로 보임하는 교육장을 두고 있는데, 교육장은 시·도의 교육·학예에 관한 사무를 위임받아 분장한다.

「지방교육자치에 관한 법률」
② 지방교육자치제의 실시 단위는 (시·군·구/시·도) (기초/광역)자치단체를 단위로 한다.
③ 제24조 【교육감후보자의 자격】 교육감후보자가 되려는 사람은 해당 시·도지사의 피선거권이 있는 사람으로서 후보자등록신청개시일부터 과거 ___ 동안 정당의 당원이 아닌 사람이어야 한다. 교육감 후보자가 되려는 사람은 후보자등록신청개시일을 기준으로 다음 각호의 어느 하나에 해당하는 경력이 ___ 이상 있거나 교육경력이나 교육행정경력 중 어느 하나에 해당하는 경력을 합한 경력이 ___ 이상 있는 사람이어야 한다.
④ **교육감**: 시·도의 교육·학예에 관한 사무의 집행기관이다. 교육·학예에 관한 _____의 제정에 관한 사항을 관장한다. 주민은 교육감을 ___할 권리를 가진다. 교육감의 임기는 ___이며 ___에 걸쳐 재임할 수 있다.

☀ 정답 ① 광역, ② 시·도, ③ 1년, 3년, 3년, ④ 교육규칙, 직선, 4년, 3기

THEME 128. 학교운영위원회

① 「초·중등교육법」제31조(학교운영위원회의 설치)
  • 학교운영의 자율성을 높이고 지역의 실정과 특성에 맞는 다양하고도 창의적인 교육을 할 수 있도록 초등학교·중학교·고등학교·특수학교 및 각종학교에 학교운영위원회를 (구성·운영하여야 한다/구성·운영할 수 있다).
② 학교운영위원회의 기능
  • "학교헌장과 학칙의 제정 또는 개정"을 포함한 모든 사항에 대하여 국립·공립학교의 경우에는 ___하고, 사립학교에 두는 학교운영위원회의 경우에는 "학교헌장과 학칙의 제정 또는 개정"에 대해서는 ___하고, 나머지 사항에 대해서는 ___한다고 되어 있다. 국공립학교 및 사립학교의 학교운영위원회에서는 학교운영위원회 _____ 명의로 학교 발전을 위한 기금을 조성하여 운영, 사용할 수 있는데, 이에 관해서는 심의권과 함께 _____을 갖는다.
③ 학교운영위원회의 정수 및 구성
  • 정원은 최대 ___을 넘지 않으며 학부모위원, 교원위원, 지역위원으로 구성
  • 선출방법은 학부모위원 및 교원위원(학교장은 _____ 위원)을 뽑고 학부모 위원 및 교원 위원의 추천을 받아 ___위원을 선출한다.
  • 위원장 및 부위원장 선출은 학부모 위원과 지역 위원 중에서 선출(___ 위원 제외)

☀ 정답 ① 구성·운영하여야 한다, ② 자문, 심의, 자문, 심의, ③ 15명, 당연직, 지역, 교원

THEME 129. 교육비의 분류

① **직접교육비** : 교육을 받기 위해 납입금, 교재대 혹은 정부 수준의 교육예산 등과 같이 ____적으로 재화나 용역을 소비하는 것
② **간접교육비** : 교육을 받기 위해 소비한 직접교육비를 다른 용도로 소비했을 경우를 가정했을 때의 ____소득 또는 기회비용
③ **공교육비** : 배분의 과정이 공공의 ____절차를 통해 이루어짐. 학생이 내는 납입금은 학교나 정부의 ____회계를 통해 이루어지고 있는 공교육비, 공부담 공교육비와 사부담 공교육비가 있다.
④ **사교육비** : 학생들의 교재비, 사설 학원비 등과 같이 개인의 ____계획에 의해 집행

:☀: 정답   ① 직접 ② 상실 ③ 회계 ④ 사적

THEME 130. 교육재정제도

(1) 정부재원

① 국립대학을 포함한 국립교육기관과 교육부가 직접 수행하는 사업 지원을 위한 (일반/특별)회계 재원과 지방교육지원을 위한 _____ 재원으로 구성
② 교부금 재원은 다음 각호의 금액을 _____ 금액으로 한다. 1. 해당 연도 내국세[목적세 및 종합부동산세, 담배에 부과하는 개별소비세 총액의 100분의 45 및 다른 법률에 따라 특별회계의 재원으로 사용되는 세목(稅目)의 해당 금액은 제외한다. 이하 같다] 총액의 1만분의 2,0792. 해당 연도 「교육세법」에 따른 교육세 세입액 중 「유아교육지원특별회계법」 제5조 제1항에서 정하는 금액을 제외한 금액
③ 국고_____은 중앙정부가 재정을 이전하면서 사용 용도를 제한하고 있는 재원이며, _____은 사용 용도가 정해지지 않은 채로 중앙정부로부터 이전되는 재원을 말한다. 지방교육재정교부금은 해당 지방정부의 기준재정_____이 _____을 초과하는 부분에 대해서 배분한다. 이때 기준재정수요액=_____×_____으로 계산되며, 측정단위와 단위비용은 (교육부/대통령)령으로 정하도록 되어 있다.
④ 국가가 지방자치단체에 교부하는 교부금은 보통교부금과 특별교부금으로 나눈다. 교육부 (특별/일반)회계의 세출 내역 중에서 가장 규모가 큰 것은 _____이다. 시·도교육비 (특별/일반)회계의 세입 중에서 가장 큰 비중을 차지하는 것은 중앙지방재정교부금과 국고보조금을 포함한 중앙정부로부터의 ____수입이다.

(2) 학부모 재원

⑤ 학부모 재원은 교육비(특별/일반)회계 재원인 입학금 및 수업료, 학교회계 재원인 학부모 부담 경비 및 고등학교 학교운영지원비로 나누어볼 수 있다.

> **정답**
> ① 시개정과목 ② 금품 ③ 기일 ④ 수인 ⑤ 기일 ⑥ 상수인용 ⑦ 경영위원회 ⑧ 기술개선안 ⑨ 시개정과목

THEME 131. 학교회계 예산운용 과정

① 각 교육청은 매년 예산편성기본지침을 작성하여 이를 회계연도 개시 _____ 전까지 소속 학교의 장에게 시달. 학교의 장은 예산편성 기본지침에 따라 예산안을 편성한다.

② 학교장은 확정된 예산(안)을 _____에 제출하여 심의 및 확정과정을 거쳐야 한다. 학교운영위원회 _____은 학교운영위원회에 제출된 예산안을 회의 개최 ___ 전까지 학교운영위원회 위원에게 통지하여야 한다. 학교운영위원회는 예산안을 회계연도 개시 ___ 전까지 심의하여 학교장에게 그 결과를 통지하고, 학교장은 예산안 심의 결과를 통지받은 후 예산을 확정하여야 한다.

③ 학교장은 회계연도 종료 후 _____ 이내에 학교회계 세입·세출결산서를 작성하여 학교운영위원회에 제출하여야 한다. 이후 학교운영위원회는 결산 심의 후 그 결과를 회계연도 종료 후 _____ 안에 학교장에게 통보하여야 한다.

> **정답**
> ①3개월 ②학교운영위원회, 위원장, 7일, 5일 ③2개월, 3개월

THEME 132. 학교예산편성 기법

① _____ 예산제도 : 예산의 편성·분류를 정부가 구입·지출하고자 하는 ___ 또는 _____별로 하는 예산제도, 현재 우리가 사용하고 있는 예산제도로 전년도 예산에 따라 예산과 물가 상승률 그리고 신규 사업 등을 토대로 예산을 편성하므로 예산편성이 ___, 한정된 재정 규모 내에서 효율적인 배분을 강조하기 때문에 ___적이라는 장점이 있음. 그러나 무엇을 하는가 하는 활동과 사업계획이 나타나 있지 않은 문제를 가지고 있다.(이러한 결점을 제거하기 위해 등장한 것이 _____ 예산제도).

② _____ 예산제도 : 수단보다는 그 수단으로 달성하려고 하는 기능과 ___이 무엇인가를 표시, 이 기능과 사업을 수행하기 위하여 비용이 얼마나 소요되는가를 명백히 밝혀주는 예산제도. 이 제도는 일반 국민의 정부 ___ 목적이해가 용이, 정부의 계획수립과 입법부의 예산심의가 간편하고 예산편성 시 자금 배분 합리화, 예산집행 시 신축성, 실적 분석 결과를 다음 회계연도 예산에 직접 반영 가능 등의 장점. 그러나 이 제도의 핵심인 업무측정단위 선정과 측정이 _____ 단위원

가 계산이 어렵다는 본질적인 한계를 가지고 있다.

③ ___ 예산제도 : 장기적인 ___수립과 단기적인 예산편성을 프로그램작성을 통해서 유기적으로 연결함으로써 자원 배분에 관한 의사결정을 일관성 있고 합리적으로 하려는 제도. 이 제도는 학교목표의 _____에 따라 지원을 합리적으로 조정할 수 있어서 예산의 절약과 지출의 효율화를 기할 수 있고 학교 체제를 통합적으로 운영할 수 있으며 학교의 목표와 프로그램과 예산을 체계화할 수 있고 연도별 학교목표와 이를 달성하기 위한 교육프로그램의 소요자원을 확인하며 연간 기준으로 목표를 재검토할 수 있다. 그러나 지나친 ___집권화 초래, 교육 달성 효과의 계량화 곤란, 간접비의 배분 문제, 환산 작업의 곤란 등의 단점을 가지고 있다.

④ _____ 예산제도 : 전 회계연도의 예산에 구애받지 ___ 의사결정 단위인 조직체의 모든 사업과 활동에 대하여 영 기준을 적용하여 체계적으로 비용-수익 분석 혹은 비용-효과 분석을 하고 그에 근거하여 우선순위가 높은 사업과 활동을 선택하며, 예산을 결정하는 예산제도이다.

☀ 정답

① 품목별, 통제 ② 성과주의, 사업, 사업, 단위원가 ③ 기획, 계획, 우선순위, 중앙 ④ 영 기준, 않고

THEME 133. 교직에 대한 이해

① 교육공무원은 경력직 공무원 중 (별정직/특정직) 공무원에 속하며 교원과 교육_____으로 나뉜다. 교육전문직은 장학사, 장학관, 교육연구사, 교육연구관이 있다.
② **교장(원장)** : 교감(원감)자격증을 가지고 ___ 이상의 교육경력과 소정의 재교육을 받은 자, 학식·덕망이 높은 자로서 대통령령이 정하는 기준에 해당한다고 교육부장관의 인정을 받은 자
③ **교감(원감)** : 정교사(1급) 자격증을 가지고 ___ 이상의 교육경력과 소정의 재교육을 받은 자
④ **수석교사** : 교사자격증을 소지한 사람으로서 ____ 이상의 교육경력을 가지고 교수·연구에 우수한 자질과 능력을 가진 사람 중에서 대통령령으로 정하는 바에 따라 교육부장관이 정하는 연수 이수 결과를 바탕으로 검정·수여하는 자격증을 받은 사람, 최초로 임용된 때부터 ___마다 대통령령으로 정하는 업적평가 및 연수실적 등을 반영한 재심사를 받아야 하며, 심사기준을 충족하지 못한 경우 대통령령으로 정하는 바에 따라 수석 교사로서의 직무 및 수당 등을 제한할 수 있다. 수석교사는 수업부담 경감, 수당 지급 등에 대하여 우대할 수 있다. 수석 교사는 임기 중에 교장·원장 또는 교감·원감 자격을 취득할 수 (있다/없다).
⑤ **교사** : 정교사(1급)의 자격기준은 정교사(2급) 자격증을 가진 자로서 ___ 이상의 교육경력을 가지고 소정의 재교육을 받은 자
⑥ 기간제 교원의 임용 기간은 ___ 이내, 필요한 경우 ___의 범위 안에서 연장 가능

☀ 정답

① 특정직, 전문직 ② 3년 ③ 3년 ④ 15년, 4년, 없다 ⑤ 3년 ⑥ 1년, 3년

THEME 134. 교원의 인사이동

① ___ : 교육공무원의 종류와 자격을 달리하여 임용하는 것
② ___ : 같은 직위 및 자격에서 근무기관이나 부서를 달리하여 임용
③ ___ : 같은 종류의 직무에서 ___ 직위에 임용하는 것
④ 직군 : 직무의 성질이 ___한 직렬의 군
⑤ ___ : 직무의 종류가 유사하고 그 책임과 곤란성의 정도가 서로 다른 직급의 군
⑥ 교원의 징계

징계의 종류		효력
경징계	___	과오에 대해 훈계하고 회개하는 것
	감봉	1월 이상 3월 이하 기간 동안 보수의 _____을 감하는 것
중징계	___	신분은 유지, 직무에 종사하지 못하는 것으로 1월 이상 3월 이하 기간 동안 보수의 _____를 감한다.
	강등	동종의 직무 내에서 ___ 직위에 임명하고 신분은 유지하나 3개월동안 직무에 종사하지 못하며 그 기간 중 보수의 3분의 2를 감하는 징계이다.
	___	교원관계가 소멸되지만 금품 및 향응수수, 공금의 횡령 및 유용에 의한 해임이 아닌 경우 _____ 등의 지급은 받는다.
	파면	교원관계가 소멸되고 퇴직급여 등도 제한받는다.

▲ 징계의 효력

(정답) ①전직 ②전보 ③전임, 하위 ④유사 ⑤직렬 ⑥견책, 2/3, 정직, 1/3, 하위, 해임, 퇴직급여

THEME 135. 교원의 권리와 의무

① 교원의 _____특권 : 교원은 _____인 경우 외에는 소속 학교의 장의 동의 없이 학원 안에서 체포되지 아니한다.
② 교원은 법률로 정하는 바에 따라 다른 공직에 취임할 수 ___.
③ 교원은 특정한 정당이나 정파를 지지하거나 반대하기 위하여 학생을 지도하거나 선동하여서는 _____.
④ 노동 기본권을 보장, 교원의 신분적 특수성을 고려하여 단결권, 단체교섭권은 인정하되, _____(쟁의행위)은 불허하며 단체교섭권과 관련, 단체협약체결권을 인정하되 법령·조례·예산에 의해 규정되는 내용과 법령 또는 조례에 의한 위임을 받아 규정되는 내용은 단체협약의 효력을 부인하고 성실이행의무를 부여함. 시·도 또는 ___단위로 교원노조를 조직하고, ___ 단위 차원

에서의 교원노조성립은 ___하며, 가입자격은 「초·중등교육법」에 의한 교원으로 하되, 사용자 지위에 해당하는 학교설립·경영자, 교장, 교감 등의 가입은 ___하고 있다.
⑤ 형의 선고나 징계처분 또는 법에서 정하는 사유에 의하지 아니하고는 본인의 의사에 반하여 강임·휴직 또는 면직을 당하지 _____.
⑥ ___에 의하여 사직을 당하지 아니한다.

정답 ①복종의, 품위유지 ②있다 ③아니다 ④직장이탈금지, 집단 행위, 시가, 겸직 ⑤아니한다 ⑥권고

THEME 136. 교원 연수

① 교원연수는 교육의 이론·방법 및 직무수행에 필요한 능력배양을 위한 ___연수와 교원의 자격을 취득하기 위한 ___연수, 전문지식 습득을 위한 국내외 특별연수프로그램으로 국내외의 교육기관 및 연수기관에서 일정 기간 실시되는 ___연수로 구분한다.

정답 ①직무, 자격, 특별

THEME 137. 장학의 유형

① ___(지원)장학 : 교육방법 개선을 목적으로 학생의 교육적 성취와 직결되는 교육활동, 즉 교수-학습지도, 교육과정개발, 생활지도, 학급경영 등을 장학의 주된 영역으로 삼는다. 수업장학 중에서도 가장 많은 비중을 차지하는 것이 ___장학이다. 그리고 ___장학에 _____이 포함된다.
② ___장학 : 교실현장에서 장학자와 교사와 일대일의 친밀한 관계 속에서 교사의 교수기술 향상과 계속적인 전문적 성장을 위하여 계획협의회, 수업관찰, 피드백협의회의 과정을 거치는 특별한 하나의 장학. 수업에 초점을 맞추고, 수업 중에서도 교사가 문제점으로 삼는 부분에 제한하여 조금씩 개선해 나가려고 한다는 점이 특징, _____도 임상장학과 비슷한 과정을 거치는데 정식수업이 아닌 ___된 연습 수업의 형태로 이루어진다.
③ ___장학 : 교사의 발전 정도에 따라 다른 장학 방법을 적용하고 장학에 의하여 발전 수준을 높여 나가는 장학이다.
④ ___장학(자기장학) : 자기 스스로 자신의 수업을 녹화 또는 녹음하였다가 분석할 수 있고, 학생이나 학부모, 동료 교사로부터 수업에 대한 피드백을 받을 수도 있고, 상급과정 대학원 과목을 수

강할 수도 있고, 각종 세미나와 학회에 참석하고, 전문서적을 구독하여 전문성을 높일 수도 있다.
⑤ **(협동적) ___장학**: 같은 학교 교사들이 중심이 되어 (수직/수평)적으로 이루어지는 장학으로 동학년 혹은 동일 교과 구성원끼리 서로 수업을 관찰하고 교재 내용, 지도방법 등을 협의, 토의하는 장학이다. ___을 바탕으로 자신들의 교육 활동의 개선과 전문적 성장을 위해 공동으로 노력하는 형태이다.
⑥ ___장학(전통적 장학): 교장이나 교감이 간헐적으로 짧은 시간 동안 학습 순시나 수업 참관을 통해 교사들의 수업 및 학급경영 활동을 관찰하고 교사들에게 지도·조언을 제공하는 활동

> **정답** ① 수업, 장학, 장학 ② 임상장학, 마이크로티칭 ③ 임상장학, 마이크로티칭 ④ 수업분석 ⑤ 발달 ⑥ 자율 ⑤ 동료, 수평, 동료 ⑥ 약식

김지아

약력
- 동국대 일반대학원 교육학석사
- 동국대 일반대학원 교육정책 박사
- 동국대 교직과목 강의
- 교과부 및 각 지역 교육청 정책연구 참여
- 에듀에프엠 교육학개론 전임강사

저서
- 지아쌤의 교육학개론(에프엠)

지아쌤의 교육학개론
테마별 기출뽀개기

초 판 인 쇄	2023년 10월 17일
초 판 발 행	2023년 10월 23일
편 저 자	김지아
발 행 인	김용한
등 록	제319-2012-22호
발 행 처	에듀에프엠
주 소	서울 동작구 노량진 1동 217-43(202호)
교 재 문 의	TEL) 02-6004-5476 / FAX) 02-822-2320
학 습 문 의	www.edufm.net
I S B N	979-11-6170-175-2

본서의 무단 전재·복제 행위는 저작권법에 의거, 5년 이하의 징역 또는 5,000만원 이하의 벌금에 처하거나 이를 병과할 수 있습니다.

저자와의 협의 하에 인지를 생략합니다.

정가 34,000원